Rethinking
Reconstructing
Reproducing

*

"精神译丛"
在汉语的国土
展望世界
致力于
当代精神生活的
反思、重建与再生产

*

Sur la reproduction

Louis Althusser

——————

精神译丛·徐晔 陈越 主编
阿尔都塞著作集·陈越 编

[法] 路易·阿尔都塞 著　吴子枫 译

——————

论再生产

西北大学出版社

本书翻译受国家社会科学基金一般项目

（项目号：08BZW006）支持。

路易·阿尔都塞

纪念路易·阿尔都塞(Louis Althusser)诞辰一百周年

1918—2018

谨以此译作

献给我的父亲母亲

他们曾与亿万普通劳动者一起

参与一个社会主义国家的生产

目 录

中文版阿尔都塞著作集序(艾蒂安·巴利巴尔) / 1

法文版序:阿尔都塞和"意识形态国家机器"(艾蒂安·巴利巴尔) / 1

法文版导言:请你重读阿尔都塞(雅克·比岱) / 19

法文版编者说明(雅克·比岱) / 34

生产关系的再生产 / 41
 告读者 / 43
 第一章 什么是哲学? / 59
 第二章 什么是生产方式? / 75
 第三章 论生产条件的再生产 / 119
 第四章 下层建筑和上层建筑 / 131
 第五章 法 / 139
 第六章 国家和国家机器 / 163
 第七章 关于法国资本主义社会形态中政治的和工会的意识形态国家机器的简要说明 / 205
 第八章 政治的和工会的意识形态国家机器 / 221
 第九章 论生产关系的再生产 / 281
 第十章 生产关系的再生产与革命 / 295

第十一章　再论"法"。它的现实:法律的意识形态国家
　　　　　机器　／　321

第十二章　论意识形态　／　333

附录　论生产关系对生产力的优先性　／　395

关于意识形态国家机器的说明　／　411

意识形态和意识形态国家机器(研究笔记)　／　435

译名对照表　／　503

译后记　／　537

中文版阿尔都塞著作集序

艾蒂安·巴利巴尔

为这套大规模的中文版阿尔都塞著作集作序,是我莫大的荣幸。我从1960年到1965年在巴黎高等师范学校跟随路易·阿尔都塞(1918—1990)学习,后来又成为他的合作者(尤其是《阅读〈资本论〉》的合作者,这部集体著作来源于1964—1965年他指导下的研讨班)①。这份荣幸来自这套中文版著作集的负责人,尤其是吴志峰(吴子枫)先生的一再友好要求。后者去年受邀作为访问学者到尤里姆街的高师专事阿尔都塞研究,并特地去查阅了存于"当代出版纪念研究所"(IMEC)的阿尔都塞资料。他在巴黎找到我,和我进行了几次非常有趣的交谈。我要感谢他们的这份信任,并向他们表达我的友情。当然,我也要向这里出版的这些著作的未来读者表达我的友情。由于这些著作来自遥远的大陆,

---

① 路易·阿尔都塞、艾蒂安·巴利巴尔(Etienne Balibar)、罗歇·埃斯塔布莱(Roger Establet)、皮埃尔·马舍雷(Pierre Macherey)、雅克·朗西埃(Jacques Rancière),《阅读〈资本论〉》(*Lire le Capital*, 1965),修订新版,法国大学出版社(Presses Universitaires de France)"战车"(Quadrige)丛书,1996年。

长期以来在传播方面存在着种种困难；由于这个大陆与中国有着非常不一样的现代历史(尽管我们现在已经共同进入了"全球化"时代)；由于这些著作可以追溯到一个属于"历史的"过去的时代(只有对于其中一些老人不能这么说)，也就是说一个被遗忘的时代——所以对中国读者来说，要重新把握他们将要读到的这些文本的意图和言外之意，可能会有一些困难。我相信编者的介绍和注解会大大降低这项任务的难度。就我而言，我这里只想对阿尔都塞这个人以及他的著作进行一个总体的、介绍性的评述，然后我要指出一些理由，说明为什么阿尔都塞著作的中文译本尤其显得有意义，甚至尤其重要。

路易·阿尔都塞是欧洲 20 世纪"批判的"马克思主义的伟大人物之一。他的著作在若干年间曾引起世界性的轰动，然后才进入相对被遗忘的状态。然而，这种状态现在似乎正在让位于一种新的兴趣，部分原因在于，这位哲学家大量的未刊稿在身后出版，非常明显地改变并扩展了我们对他的思想的认识；另一部分原因在于这样一个事实：相对于阿尔都塞去世之时(恰逢"冷战"结束)，世界形势又发生了新变化，他所提出来的一些问题，或者说他所提出来的一些概念，现在似乎又再次有助于我们对当前的时代进行反思，哪怕那些问题或概念已经有了与先前不一样的意义(这也是必然的)。

阿尔都塞 1918 年出生于阿尔及尔的一个小资产阶级家庭(确切地说，不能算是一个"侨民"家庭，而是一个在阿尔及利亚工作的公务员和雇员家庭)，既受到非常古典的学校教育，又受到非常严格的宗教教育。他似乎在青少年时期就已经是一名非常虔诚的天主教徒，有神秘主义倾向，政治上也偏于保守。1939 年，阿尔都塞通过了巴黎高等师范学校（这是法国培养科学、人文学科教师和研究者的主要机构，招收学生的数量非常有限）的入学考试，就在他准备学习哲学时，第二次世界大战突然爆发了。他的生活因此被整个地打乱。他被动员入伍，其后与成千上万溃败的法国士兵一起，被德军俘虏。他被送到一个战俘营（stalag），在那里待了五年。尽管如此，由于他（作为战俘营护士）的关押条件相对来说好一些，所以可以读书、劳动，并建立大量社会联系，其中就包括与一些共产主义青年战士之间的联系。获得自由后，他恢复了在高师的学习，并很快就通过了教师学衔考试（学习结束时的会考），然后又被任命为准备参加教师学衔考试的学生的辅导教师。他在这个职位上一直干到自己职业生涯结束，并且正是在这个职位上指导了几代法国哲学家，其中有一些后来很出名，比如福柯、德里达、塞尔、布尔迪厄、巴迪乌、布弗雷斯、朗西埃等等。有很短一段时期，阿尔都塞继续留在一些天主教战斗团体里（但这次是一些左翼倾向的团体，特别是那些依靠"工人教士"经验、很快就被天主教会谴责并驱逐的团体）①，为它们写了一些短文

---

① 这是一个叫"教会青年"（Jeunesse de l'Eglise）的团体，组织者是蒙蒂克拉尔神父（Père Maurice Montuclard O. P.）和他的女伴玛丽·奥贝坦（Marie Aubertin）。蒂埃里·科克（Thierry Keck）的著作《教会青年（1936—1955）：法国进步主义危机的根源》（*Jeunesse de l'Eglise 1936—1955. Aux sources de la crise progressiste en France*）[艾蒂安·富尤（Etienne Fouilloux）作序，巴黎，Karthala 出版社，2004年]为青年阿尔都塞在"教会青年"团体中所发挥的重要作用、为他在团体中与其他成员结下的长久友谊提供了大量细节。关于前者，扬·穆利耶·布唐（Yann Moulier Boutang）在他的传记中也已指出（指布唐的《路易·阿尔都塞传》——译注）。

章。1948年,阿尔都塞加入了法国共产党,当时法共的领导人是莫里斯·多列士。法共在德占时期的抵抗运动中为自己赢得了荣誉,并依靠苏联(苏联先是在1943年通过第三国际,而后又通过共产党和工人党情报局,掌控着法共的政策和领导人)的威望,在当时成为法国最有力量的政党,与戴高乐主义势均力敌。当时,尽管党在雅尔塔协定的框架下实际上放弃了夺取政权的努力,但革命的希望依然很大。同一时期,阿尔都塞认识了埃莱娜·里特曼-勒戈蒂安,后者成了他的伴侣,再后来成了他的妻子。埃莱娜比阿尔都塞大将近十岁①,战前就已经是法共党员了,此时还是一个地下党抵抗组织的成员。但在事情并非总是能得到澄清的情况下,她被指控有"托派倾向",并被开除出党。她对阿尔都塞政治观念的形成,尤其是在他对共产主义运动史的表述方面,影响很大。

冷战期间,共产党人知识分子即便没有成为镇压②的对象,至少也是怀疑的对象,同时他们本身也因知识上的极端宗派主义态度而变得孤立(这种知识上的宗派主义态度的基础,是日丹诺夫1947年宣布的"两种科学"的哲学教条——这种教条还扩展到了哲学、文学和艺术领域)。这期间阿尔都塞主要只在一些教育学杂志发表了几篇文章,他在这些文章中提出了关于"历史唯物主

---

① 埃莱娜(1910—1980)比阿尔都塞(1918—1990)实际大八岁。——译注

② "镇压"原文为"répression",在本书中,我们将依据上下文并根据中文表达习惯将它分别译为"镇压"或"压迫",即当它与"剥削"成对出现时,译为"压迫";当它与"意识形态"成对出现时,译为"镇压"。另外值得注意的是,精神分析中的"压抑"也是这个词。——译注

义"和"辩证唯物主义"的一些论点;他还就历史哲学中一些占统治地位的思潮进行了一次讨论。所以他当时与"战斗的马克思主义"保持着距离。① 在教授古典哲学之外,他个人的工作主要涉及政治哲学和启蒙运动时期的唯物主义者,以及帕斯卡尔和斯宾诺莎,后两位作为古典时期"反人道主义"的反命题形象,自始至终都是阿尔都塞获得灵感的源泉。在接下来研究"黑格尔哲学中的内容观念"②的"高等教育文凭"论文中,阿尔都塞同样在继续深化他对黑格尔和"马克思哲学著作"的认识,尤其是那些当时才刚出版的马克思青年时期的著作。毫无疑问,阿尔都塞的政治观念在当时与共产党内占统治地位的路线是一致的,尤其是在"社会主义阵营"发生危机(如1956年的匈牙利革命)和殖民地发生战争(包括阿尔及利亚战争,法共对起义持有限的支持态度)的时刻。③

---

① 青年阿尔都塞在一篇文章的题铭中以颇具斯大林主义特点的口吻引用了日丹诺夫的话(阿尔都塞引用的话是"黑格尔的问题早已经解决了"。——译注)。这篇《回到黑格尔:大学修正主义的最后废话》(*Le retour à Hegel. Dernier mot du révisionnisme universitaire*)是为了反对让·伊波利特(Jean Hyppolite)而写的,后者不久就成为他在高师的朋友和合作者,并经常以自己对黑格尔的阐释反对科耶夫(Kojève)的阐释。这篇文章1950年发表在《新批评》(*La Nouvelle Critique*)上,后收入《哲学与政治文集》(*Écrits philosophiques et politiques*)第一卷,Stock/IMEC出版社,1994年,第243-260页。

② 1947年10月,阿尔都塞在巴什拉的指导下完成高等教育文凭论文《论G. W. F. 黑格尔思想中的内容》(*Du contenu dans la pensée de G. W. F. Hegel*)。正文中提到的标题与这里的实际标题不同。——译注

③ 从这种观点看,他在1978年的未刊稿《局限中的马克思》(«Marx dans ses limites»)中对戴高乐主义的分析非常具有启发性。参见《哲学与政治文集》第一卷,前引,第428页及以下。

接下来的时期具有一种完全不同的特性。随着1956年苏共二十大对"斯大林罪行"的披露,以及随后1961年二十二大"去斯大林化"运动的掀起,整个共产主义世界("铁幕"内外)都进入了一个混乱期,再也没有从中恢复过来。但马克思的思想却正在获得巨大声誉,尤其是在那些青年大学生当中——他们受到反帝战争榜样(特别是阿尔及利亚战争和越南战争)和古巴革命成功的激发,从而感受到专制社会结构的危机正在加剧。让-保罗·萨特,当时法国最著名的哲学家,在他1960年的《辩证理性批判》中宣布:马克思主义是"我们时代不可超越的哲学地平线"①。而马克思主义理论的性质问题,无论是对于共产党组织和它的许多战士来说,还是对于大量的知识分子,尤其是哲学家以及人文科学方面的专家、艺术家和作家来说,都成了一个很伤脑筋的问题。阿尔都塞的几次干预——关系到对马克思思想的阐释和对"社会主义人道主义"难题的阐释——产生了预料不到的反响,先是在法国,后来又波及国外。1965年出版《保卫马克思》(由写于1960年至1965年的文章汇编而成)和《阅读〈资本论〉》(和他的学生艾蒂安·巴利巴尔、罗歇·埃斯塔布莱、皮埃尔·马舍雷和雅克·朗西埃合著)之后,阿尔都塞成了著名哲学家,无论在法国还是在海外,无论是在共

---

① "因此,它[马克思主义]仍然是我们时代的哲学:它是不可超越的,因为产生它的环境还没有被超越。[……]但是,只要社会关系的变化和技术进步还未把人从匮乏的桎梏中解放出来,马克思的命题在我看来就是一种不可超越的证明。"参见 Jean-Paul Sartre, *Critique de la raison dialectique* [1960], Paris, Gallimard, 1985, pp. 36, 39;也参见《辩证理性批判》,林骧华等译,安徽文艺出版社,1998年,第28,32页。译文有修改。——译注

产党和马克思主义圈子内,还是在那个圈子外,都引发了大量争论和论战。他似乎成了他自己后来所说的"人道主义论争"(它搅动了整个法国哲学界)的主角之一。阿尔都塞所捍卫的与基督教的、存在主义的、马克思主义的人道主义相对立的"理论反人道主义",显然以一种间接的方式,不仅从哲学的层面,而且还从政治的层面,否定了赫鲁晓夫去斯大林化运动中占统治地位的倾向。他抨击经济主义和人道主义的结合,因为在他眼里,这种结合是占统治地位的资产阶级意识形态的特征,但有些人却以此为名,预言两种社会体系即资本主义和社会主义会"合流"。不过,他是通过一些与(列宁去世后被斯大林理论化并在整个共产主义世界被官方化了的)"辩证唯物主义"毫不相关的理论工具,以一种哲学观的名义来进行抨击的。阿尔都塞提出的哲学观,不顾一些文本上的明显事实,抛弃了马克思主义当中的黑格尔遗产,转而依靠斯宾诺莎的理智主义和唯物主义。在阿尔都塞的哲学观看来,斯宾诺莎是意识形态理论的真正奠基人,因为他把意识形态看作是构成个人主体性的社会想象结构——这是一种马克思预示了但同时又"错失了"的理论。正因为如此,阿尔都塞的哲学观强有力地促进了斯宾诺莎研究和斯宾诺莎主义影响的"复兴"——他的这整个时期都打下了这种影响的印记。阿尔都塞的哲学观还同时从卡瓦耶斯(1903—1944)、巴什拉(1884—1962)和康吉莱姆(1904—1995)的"历史的认识论"中借来一种观念,认为"常识"和"科学认识"之间存在着一种非连续性(或"断裂"),所以可以将知识的辩证法思考为一种没有合目的性的过程,这个过程通过概念的要素展开,也并不是服从于意识的优先地位。而在笛卡尔、康德和现象学对真理的理论阐述中,意识的标准是占统治地位的。最后,这种哲学在马克思的思想和弗洛伊德的思想之间寻求一种"联盟"。弗洛伊德作为精神分析的奠基人,当时仍然被官方马克思主义忽视甚至拒斥,但另一方面,他的这个地位却被拉康(1901—1981)所复兴。对于阿尔都塞来说,这里关键的是既要指出意识形态与无意识之间的相互构成关系,又要建构一种关于时间性和因果性因而也是关于实践的新观念。

由于所有这些创新,阿尔都塞的哲学话语大大超出了马克思主义者的争论圈子,更确切地说,他将这些争论变成了另一个更普遍的哲学事业的一个方面,那个哲学事业不久就被称为**结构主义**(尽管这个词的含义并不明确)。因此,阿尔都塞成了结构主义和马克思主义的相遇点,得到了双方的滋养。在他的学生看来,他为两者的"融合"带来了希望。像所有结构主义者一样,他发展了一套关于**主体**的理论,这个**主体**实际上不是认识和意志的理想的"起源"①,而是诸多社会实践的、各种制度的、语言的、各种想象形态的"后果",是一种"结构的行动"②。与其他结构主义者

---

① "起源"原文"origine",同时也有"起点"的意思。值得指出的是,阿尔都塞一贯反对"起源论",在他看来,唯物主义哲学家(比如伊壁鸠鲁)"不谈论世界的起源(origine)这个无意义的问题,而是谈论世界的开始(commencement)"。参见《写给非哲学家的哲学入门》(*Initiation à la philosophie pour les non-philosophes*),法国大学出版社,2014 年,第 66 页。——译注

② "结构的行动"(action de la structure)这个词是由阿尔都塞和拉康共同的门徒伊夫·迪鲁(Yves Duroux)、雅克-阿兰·米勒(Jacques-Alain Miller)、让-克洛德·米尔内(Jean-Claude Milner)所组成的那个团体发明的。参见再版的《分析手册》(*Cahiers pour l'Analyse*)(这是高等师范学校认识论小组的刊物),金斯顿大学(Université de Kingston)主持编印,第 9 卷(文章只署了 J.-A. 米勒的名字)(http://cahiers.kingston.ac.uk/pdf/cpa9.6.miller.pdf)。

不同，他试图定义的结构概念不是（像在数学、语言学甚至人类学中那样）以识别形式的**不变式**为基础，而是以多重**社会关系**的"被过度决定的"结合（其具体形象在每种历史**形势**中都会有所改变）为基础。他希望这样能够让结构的概念不但服务于对社会**再生产**现象的分析，而且还首先服务于对**革命**阶段现象的分析（在他看来，当代社会主义革命就是革命的典范）。这样一来，历史就可以被同时思考为（没有主体的）过程和（没有合目的性的）事件。

我一直认为，这种哲学的建构，或更确切地说，由这种哲学建构所确立起来的研究计划，构成了一项伟大的事业，它的全部可能性还没有被穷尽。它身后还留下了好些未完成的难题性，比如对理论和艺术作品进行"症状阅读"的难题性（它肯定影响了德里达的"解构"），还有"有差别的历史时间性"的难题性（时常接近于被阿尔都塞完全忽视了的瓦尔特·本雅明的思想）——这两种难题性都包含在《阅读〈资本论〉》阿尔都塞所写的那部分当中。但在接下来的时期，从1968年五月事件之前开始（虽然阿尔都塞没有参与其中，但这个事件给他带来了创伤性的后果），阿尔都塞对自己的哲学进行了根本的改写。他进入了一个**自我批评**期，然后在新的基础上**重构**了自己的思想，但那些基础从来就没有一劳永逸地确定下来。他没有忘记斯宾诺莎，但通过放弃结构主义和"认识论断裂"，他力图为哲学，并由此为历史理论，赋予一种直接得多的政治性。由于法共官方发言人和他自己一些（成为在五月运动之后建立起来的"毛主义"组织生力军的）青年学生同时指责他低估了阶级斗争以及哲学中的阶级立场的重要性，阿尔都塞开始重新估价这种重要性，虽然是根据他自己的方式。这里不能忘记的是,这种尝试是在一种特别的语境中展开的,这个语境就是,在欧洲,发生了重要的社会运动和社会斗争,同时在"左派"即极端革命派倾向与改良主义倾向之间产生了分裂,改良主义在20世纪70年代的结果是所谓的"欧洲共产主义"的形成,而后者在改变法国、意大利和西班牙的政治博弈方面最终失败,随后被新自由主义浪潮所淹没。当时阿尔都塞似乎通过一种他力图为自己的思想所发明的新配置,撤退到一些更经典的"马克思主义"难题上去了(但另一方面,"后结构主义"哲学家们却越来越远离马克思主义;尽管在这个诊断底下,还需要作更细致的辨别)。然而,他的有些难题还是获得了广泛的共鸣,这一点我们在今天可以更清楚地感觉到。尤其是他关于"意识形态唤问"①"意识形态国家机器"构成的理论就是这样——它是1970年从当时一份还

---

① "唤问"原文为"interpellation",其动词形式为"interpeller",它的含义有:(1)(为询问而)招呼,呼喊;(2)(议员向政府)质询,质问;(3)[法]督促(当事人回答问题或履行某一行为);(4)(警察)呼喊,追问、质问,检查某人的身份;(5)强使正视,迫使承认;(6)呼唤(命运),造访。詹姆逊把它解释为"社会秩序把我们当作个人来对我们说话并且可以称呼我们名字的方式",国内最早的《意识形态和意识形态国家机器》译本译为"询唤",系捏合"询问"和"召唤"的生造词,语感牵强,故不取。我们最初使用了"传唤"的译法(参见《哲学与政治:阿尔都塞读本》,陈越编,吉林人民出版社,2003年),似更通顺;但由于"传唤"在法语中另有专词,与此不同,且"传唤"在汉语中专指"司法机关通知诉讼当事人于指定的时间、地点到案所采取的一种措施",用法过于狭窄,也不理想。考虑到这个词既是一个带有法律意味的用语,同时又用在并非严格司法的场合,我们把它改译为"唤问",取其"唤来问讯"之意(清·黄六鸿《福惠全书·编审·立局亲审》有"如审某里某甲,本甲户长,先投户单,逐户唤问"一说)。在有的地方也译为"呼唤"。——译注

没发表的手稿《论社会关系的再生产》①中抽出来的。这一理论对于分析**臣服**和**主体化**过程具有重大贡献。今天,在当时未发表的部分公之于世后,我们会发现,对于他的一些同时代人,例如被他们自己的"象征资本"和"权力关系"问题所纠缠的布尔迪厄和福柯来说,它代表了一种激励和巨大的挑战。它在今天尤其启发着一些法权理论家和强调话语"述行性"的女性主义者(尤其是朱迪斯·巴特勒)。② 阿尔都塞关于马基雅维利的遗著《马基雅维利和我们》(写于1972—1976年)出版后,也让我们能更好地了解那些关于意识形态臣服形式再生产的思考,是如何与关于集体政治行动的思考接合在一起的,因为政治行动总要以"挫败"意识形态为前提。这些思考响应着他对哲学的"实用主义的"新定义。哲学不是认识的方法论或对历史概念的辩证考察,而是一种"理论中的阶级斗争",或更一般地说,是一种思想的**战略**运用,旨在辨别出——哪怕最抽象的——话语之间的"力量对比",这种力量对比所产生的作用不是保持(葛兰西曾称之为**领导权**作用)就是抵抗和背叛事物的现存状态。

这一时期阿尔都塞的哲学工作(经常因各种政治论争和他自己不时的躁狂抑郁症的影响而打断和分心),与其说是建立了一

---

① 路易·阿尔都塞,《论再生产》(*Sur la reproduction*),法国大学出版社,"今日马克思:交锋"丛书(Collection «Actuel Marx：Confrontations»),2011年第2版。

② 见朱迪斯·巴特勒(Judith Butler)《权力的精神生活:臣服的理论》(*The Psychic Life of Power, Theories in Subjection*, 1997)和《易兴奋的言辞:述行语的政治》(*Excitable Speech. A Politics of the Performative*, 1997)。

个体系,不如说是构成了一片堆放着各种开放性问题的大工地,其中**主体性和政治行动**之间关系的难题,以某种方式替代了**社会结构和历史形势**之间关系的难题。更确切地说,他是要使这个难题变得复杂化,在某种程度上是要解构它。比起此前的阶段,这个时期更少完整的体系性建构,更少可以被视为"阿尔都塞哲学"原理的结论性"论点"。但这一时期存在着一种"理论实践",一种时而大胆时而更具防御性的思考的努力,它证明了一种受到马克思主义启发的思想的转化能力,证明了在当下和当下的变化中追问现实性(actualité),也就是说在追问(福柯所说的)"我们之所是的存在论"时,政治与哲学之间的交叉相关性。我们都知道,这种努力被一连串(相互之间可能并非没有联系的)悲剧性事件所打断:首先,在集体方面,是"现实的社会主义"和马克思主义思想的全面化危机开始了(在 1977 年 11 月由持不同政见的意大利共产主义团体《宣言报》组织的关于"后革命社会中的权力和对立"威尼斯研讨会上,阿尔都塞本人通过一次著名的发言对这一危机作出了诊断)[①];其次,在个人方面,是阿尔都塞 1980年 11 月在躁狂抑郁症发作时杀死了自己的妻子埃莱娜(这导致他被关入精神病院,直到 20 世纪 80 年代中期才从那里离开过

[①]《宣言:后革命社会中的权力和对立》(*Il Manifesto*: *Pouvoir et opposition dans les sociétés postrévolutionnaires*),色伊出版社(Editions du Seuil),1978 年。阿尔都塞这次发言的文本现在还收入阿尔都塞另一文集《马基雅维利的孤独》(*Solitude de Machiavel*)中,伊夫·桑多默(Yves Sintomer)整理并评注,法国大学出版社,"今日马克思:交锋"丛书,1998 年(第 267 - 280 页)。(阿尔都塞在会议上所作的发言题为《马克思主义终于危机了!》——译注)

几年)。

一些重要的同时也比以前更为片段式的文稿(虽然其中有几篇比较长)恰好产生于接下来的时期。首先是一部自传文本《来日方长》(写于1984年),其中披露了和他的生活、思想变化有关的一些珍贵资料——这部著作的中文版已经先于这套阿尔都塞著作集出版了。① 正如通常在自传写作中也会有"辩护的"一面那样,因为阿尔都塞的这部自传受到他自我批评倾向甚或自我惩罚倾向的过度决定,所以最好不要把它所包含的那些"披露"或"忏悔"全部当真。我们仍缺少一部完整的阿尔都塞传记(扬·穆利耶·布唐早就开始写的《阿尔都塞传》至今没有完成)。② 大家尤其会注意到这一时期专门围绕"偶然唯物主义"这个观念所写的那些断章残篇。"偶然唯物主义"是阿尔都塞为了反对"辩证唯物主义"而造的一个词,他用它来命名一条看不见的线索。这条线把古代希腊-拉丁原子论哲学家(德谟克利特、伊壁鸠鲁、卢克莱修)与一些经典然而又异类的思想家,如马基雅维利(因为他关于"能力"和"幸运"统治着政治事件的理论)、斯宾诺莎(因为他对自然和历史中合目的性观念的坚决反对)、卢梭(因为他在《论人与人之间不平等的起源和基础》中把人类文明的开始

---

① 阿尔都塞《来日方长》,蔡鸿滨译,陈越校,上海人民出版社,2013年。——译注

② 扬·穆利耶·布唐(Yann Moulier Boutang),《路易·阿尔都塞传(第一部分)》[*Louis Althusser : une biographie* (*1re partie*)](即《路易·阿尔都塞传:神话的形成(1918—1956)》——译注),Grasset出版社,1992年(2002年再版袖珍本)。

描绘为一系列偶然事件)、阿尔都塞所阐释的马克思(阿尔都塞把马克思从其黑格尔主义中"捞了"出来),乃至与当代哲学的某些方面比如德里达(因为他对起源观念的批判和他关于踪迹"播撒"的理论)连接了起来。说实话,关于偶然唯物主义的那些主题在阿尔都塞思想中算不上是全新的,它们只是以一种新的哲学"代码"重新表述了那些从一开始就存在的立场,并使之变得更激进了(尤其是由于阿尔都塞强调,在对历史进行概念化的过程中,"形势"具有优先性)——这一点已经由最近一些评论者明确地指了出来①。与那些主题共存的是一种对共产主义的表述:共产主义不是人类发展的一个未来"阶段",而是一种"生活方式",或一些在资产阶级社会"空隙"中就**已经存在**的、逃避各种商品形式统治的实践的集合。这个隐喻可以远溯到伊壁鸠鲁,中间还经过马克思(关于商品交换在传统共同体"缝隙"或"边缘"发展)的一些提法②。这些主题的未完成性、片段性,与一

---

① 尤其见爱米利奥·德·伊波拉(Emilio de Ipola)的著作《阿尔都塞:无尽的永别》(*Althusser, El infinito adios*), Siglo XXI Editores, 2007 年(法文译本 *Althusser. L'adieu infini*, 艾蒂安·巴利巴尔序, 法国大学出版社, 2012 年), 以及沃伦·蒙塔格(Warren Montag)的著作《阿尔都塞及其同时代人:哲学的永久战争》(*Althusser and His Contemporaries*:*Philosophy's Perpetual War*), 杜克大学出版社(Duke University Press), 2013 年。

② 参见马克思《资本论》,《马克思恩格斯文集》第五卷, 人民出版社, 2009 年, 第 97 页:"在商品生产者的社会里, 一般的社会生产关系是这样的:生产者把他们的产品当作商品, 从而当作价值来对待, 而且通过这种物的形式, 把他们的私人劳动当作等同的人类劳动来互相发生关系。对于这种社会来说, 崇拜抽象人的基督教, 特别是资产阶级发展阶段的基督教, 如新教、自

个时代(我们的时代)的精神是相一致的。这个时代的特点就是,一方面,各种权力关系和统治关系是否能持久,还具有很大的不确定性;另一方面,文化和社会的变化正在成倍增加,它们是不是

然神教等等,是最适当的宗教形式。在古亚细亚的、古希腊罗马等等的生产方式下,产品变为商品、从而人作为商品生产者而存在的现象,处于从属地位,但是共同体越是走向没落阶段,这种现象就越是重要。真正的商业民族只存在于古代世界的空隙中,就像伊壁鸠鲁的神只存在于世界的空隙中,或者犹太人只存在于波兰社会的缝隙中一样。这些古老的社会生产机体比资产阶级的社会生产机体简单明了得多,但它们或者以个人尚未成熟,尚未脱掉同其他人的自然血缘联系的脐带为基础,或者以直接的统治和服从的关系为基础。它们存在的条件是:劳动生产力处于低级发展阶段,与此相应,人们在物质生活生产过程内部的关系,即他们彼此之间以及他们同自然之间的关系是很狭隘的。这种实际的狭隘性,观念地反映在古代的自然宗教和民间宗教中。只有当实际日常生活的关系,在人们面前表现为人与人之间和人与自然之间极明白而合理的关系的时候,现实世界的宗教反映才会消失。只有当社会生活过程即物质生产过程的形态,作为自由结合的人的产物,处于人的有意识有计划的控制之下的时候,它才会把自己的神秘的纱幕揭掉。但是,这需要有一定的社会物质基础或一系列物质生存条件,而这些条件本身又是长期的、痛苦的历史发展的自然产物。"另见《来日方长》中阿尔都塞本人的论述:"当时我坚持这样的看法:从现在起,'共产主义的小岛'便存在于我们社会的'空隙'里(空隙,这个词是马克思——仿照伊壁鸠鲁的诸神在世界中的形象——用于描述古代世界最初的商业中心的),**在那里商品关系不占支配地位**。实际上,我认为——我在这一点上的思考是和马克思的思想相一致的——共产主义的唯一可能的定义——如果有朝一日它在世界上存在的话——就是**没有商品关系**,因而没有阶级剥削和国家统治的关系。我认为在我们当今的世界上,确实存在着许许多多的人类关系的小团体,都是没有任何商品关系的。这些共产主义的空隙通过什么途径才能遍及整个世界呢?没有人能够预见——无论如何,不能再以苏联的途径为榜样了。"见阿尔都塞《来日方长》,前引,第240 −241页。——译注

会"结合"成某种独特的文化形式(同时也更是政治形式),则完全无法预见。在这种语境中,"最后的阿尔都塞"的断章残篇,具有撼动其他已确立的价值的巨大价值(因为它们永远盯着一部分人对另一部分人的统治问题,盯着被统治者获得解放的希望问题)。但是,我们显然不应该期待这些文章能为我们所生活的世界提供完整而切近的解释。

今天中国公众将有一套中文版阿尔都塞著作集,这是一件非常重要、非常令人高兴的事,因为迄今为止,翻译到中国的阿尔都塞著作还非非常少。① 当然,这套著作集的出版是一个更大的进程的一部分,这个进程让这个国家的知识分子、大学师生甚至广大公众,能够接触到"资本主义"西方知识生产的整个成果(而他们曾经在几十年间得不到这样的机会),因而这个进程也会使

---

① 感谢吴志峰先生提供的线索,我很高兴在这里提醒大家,早在1984年10月,商务印书馆(北京)就出版了顾良先生翻译的《保卫马克思》(附有1972年的《自我批评材料》)。这是个"内部发行"版,只有某些"内部"读者可以得到。在此之前,顾良先生翻译了《马克思主义和人道主义》一文,发表在《哲学译丛》1979年12月第6期上,这是中国发表的第一篇阿尔都塞的文章。1983年,乔治·拉比卡在巴黎十大(楠泰尔大学)组织召开纪念马克思逝世100周年研讨会,我在会上认识了顾良先生,从此我们成为了朋友。顾良先生是外文出版社(北京)的专业译者(顾良先生当时实际上在中央编译局工作。——译注),尤其参加过毛泽东著作法文版的翻译,但同时他还利用挤出来的"自由时间",把一些自己认为重要的法国哲学家和历史学家的著作翻译成中文。顾良先生是把阿尔都塞著作翻译成中文的先行者,在这里我要向他致敬。(此前译者有误,阿尔都塞第一篇被译为中文的文章实际上是《矛盾与过度决定》["Contradiction et Surdétermination"],译者为丁象恭[即徐懋庸],译文发表在1964年《哲学译丛》第7期,标题译为《矛盾与多元的决定》。——译注)

得这套著作集的出版在这个"全球化"世界的知识交流中发挥重要作用(正如在其他领域已经发生的情况那样)。当然,希望法国公众自己也能更多地了解中国过去曾经发生和今天正在发生的哲学争论。而就目前来说,除了一些专家之外,翻译上的不充分构成了一个几乎不可克服的障碍。最后,这还有可能引起我们对翻译问题及其对思想范畴和历史命运的普遍性产生影响的方式进行共同的思考。① 但我想,中国读者之所以对阿尔都塞的知识和政治轨迹感兴趣,还有一些特别的原因:因为阿尔都塞多次与中国有交集,更确切地说,与在"毛泽东思想"指引下建设的中国共产主义有交集,并深受后者的影响。从另一方面来说,我们自己也需要对阿尔都塞与中国的这种相遇持一种批判的眼光,因为它很可能过于依赖一些在西方流传的神话,其中一些变形和过分的东西必须得到纠正。中国读者对我们向他们传回的他们的历史形象所作的反应,在这方面毫无疑问会对我们有所帮助。

阿尔都塞与毛泽东思想的第一次"相遇"发生在两个时刻,都与《矛盾论》有关,这一文本现在通常见于"四篇哲学论文"②,后者被认为是毛泽东根据自己 1937 年在延安印发的关于辩证唯物

---

① 在英语世界,这方面出现了一批特别值得关注的著作,比如刘禾(Lydia H. Liu)的研究(她在纽约哥伦比亚大学任教)。参见刘禾主编的《交换的符码:全球化流通中的翻译难题》(Tokens of Exchange: The Problem of Translation in Global Circulations),1999 年由杜克大学出版社出版。

② 应指 Quatre essais philosophiques(《毛泽东的四篇哲学论文》法文版),外文出版社 1966 年出版,内收《实践论》《矛盾论》《关于正确处理人民内部矛盾的问题》《人的正确思想是从哪里来的?》等四篇论文。——译注

主义的讲授提纲而写成的①。早在1952年,《矛盾论》就被翻译成法文,刊登在法共官方刊物《共产主义手册》上。今天我们了解到,对这篇文章的阅读让阿尔都塞震惊,并给他带来了启示。② 一

---

① 毛泽东原标题为《辩证法唯物论(讲授提纲)》,系使用了"matérialisme dialectique"的旧译法。据《毛泽东著作选读》(人民出版社,1986年,第179页)的说明,《矛盾论》是《辩证法唯物论(讲授提纲)》第三章中的一节《矛盾统一法则》。"这个讲授提纲一九三七年九月曾印过油印本,一九四零年由延安八路军军政杂志社出版单行本,均未署作者姓名。《矛盾论》,一九五二年四月一日在《人民日报》正式发表。"又据布唐《路易·阿尔都塞传:神话的形成》(前引,第473页),毛泽东《矛盾论》的法文译本分两期发表于《共产主义手册》(1951年2月号、1952年8月号)。另外,此处作者有误,四篇哲学论文中的《关于正确处理人民内部矛盾的问题》是毛泽东1957年2月27日在最高国务会议第十一次(扩大)会议上的讲话,《人的正确思想是从哪里来的?》是毛泽东1963年5月修改《中共中央关于目前农村工作中若干问题的决定(草案)》时增写的一段话,两者都不是根据关于辩证唯物主义的讲授提纲而写成的。——译注

② 这些信息哲学家吕西安·塞夫早就告诉了我。在2015年3月《思想》杂志组织召开的阿尔都塞著作研讨会上,吕西安·塞夫在演讲中又再次提到这一点。塞夫本人过去也是阿尔都塞在高师的学生,然后又成为阿尔都塞的朋友,他是20世纪60年代法共内部围绕辩证法和马克思主义人道主义问题进行的争论的主角之一。在(1966年在阿尔让特伊召开的中央委员会上)法共领导层用各打五十大板的方式"解决"了罗歇·加罗蒂的人道主义马克思主义和阿尔都塞的"反人道主义"马克思主义之间的冲突之后,吕西安·塞夫正式成为党的哲学家,虽然他在"辩证法的颠倒"和哲学人类学的可能性问题上与阿尔都塞观点相左,但他与后者却一直保持着非常要好的私人关系,他们之间的通信持续了三十多年。已经预告要出版的他们之间的通信集,对于理解法国共产主义这一时期的历史和阿尔都塞在其中所占据的位置来说,将成为一份首屈一指的重要文献。

方面,作为不到三年以前获得胜利的中国革命的领袖,毛对阿尔都塞来说似乎是一个"新列宁":实际上自1917年以来,共产党的领袖第一次既是一位一流的马克思主义哲学家(即一位货真价实的哲学家),又是一位天才的政治战略家,他将革命力量引向了胜利,并显示了自己有能力用概念的方式对革命胜利的根据进行思考。因此,他是理论和实践相统一的化身。另一方面,毛的论述完全围绕着"事物对立统一的法则"进行,把它当作"唯物辩证法的最根本法则",而没有暗示任何别的"法则"(这与斯大林1938年在《论辩证唯物主义和历史唯物主义》——它本身受到恩格斯《自然辩证法》笔记的启发——中的论述相反),尤其是,毛还完全忽略了"否定之否定"这条在官方马克思主义当中最明显地从黑格尔"逻辑学"那里继承下来的法则。最后,在阐述"主要矛盾和次要矛盾""矛盾的主要方面和次要方面""对抗性矛盾和非对抗性矛盾"等概念,在阐述这些不同的项之间相互转化的可能性(这决定了它们在政治上的使用)时,毛没有满足于形式上的说明,而是大量提及中国革命的特殊性(尤其是中国革命与民族主义之间关系的变化)。根据吕西安·塞夫的证词,阿尔都塞当时认为,人们正面临着马克思主义哲学史上的一次决定性革新,可以完全更新关于马克思主义哲学的理解和教学(尤其在"党校"中),结束在他看来构成这方面特点的教条主义和形式主义。然而在当时,阿尔都塞对这些启示还没有进行任何公开的运用。①

---

① 关于这些哲学文本是否能归到毛泽东名下的问题,尤其是它们与毛泽东此前学习过并能从中得到启发的苏联"范本"相比具有多少原创性的问题,引发了大量的讨论和争论:参见尼克·奈特(Nick Knight)的详细研究

这种运用出现在十年之后。当时为了回应由他的文章《矛盾与过度决定》(最初发表于1962年12月,后收入1965年出版的《保卫马克思》)所引发的批评,他在一篇标题就叫《关于唯物辩证法(论起源的不平衡)》的文章(该文发表于《思想》杂志1963年8月号,后也收入《保卫马克思》)中提出,要对唯物辩证法的难题进行全面的改写。我不想在这里概述这篇论文的内容,大家可以在中文版《保卫马克思》中读到它;它是阿尔都塞最著名的文章之一,是我在上文描述过的他最初那套哲学的

《1923—1945年的中国马克思主义哲学:从瞿秋白到毛泽东》(*Marxist Philosophy in China: From Qu Qiubai to Mao Zedong, 1923—1945*),多德雷赫特(Dordrecht),斯普林格(Springer)出版社,2005年。从这本书中我们可以特别了解到,《矛盾论》的研究只是毛泽东围绕"辩证法的规律"所作的几次报告之一,这就意味着事实上他并没有"排除否定之否定"。尽管如此,毛泽东只愿意发表(大概还重新加工了)这次论矛盾作为"对立同一"的报告,让它广为发行,这个事实本身就完全可以说明问题。另一方面,1966年出版的"哲学论文"集还包括其他文本(尤其是其中的《实践论》同样来自延安的讲稿),而阿尔都塞从来没有对那些文本感兴趣。[注意,正文中的"对立统一"和脚注中的"对立同一",原文分别为"unité des contraires"和"identité des contraires",它们均来自对《矛盾论》的法文翻译。而《矛盾论》原文中的"同一(性)"和"统一(性)"两种提法,意思是等同的。如文中明确指出,"同一性、统一性、一致性、互相渗透、互相贯通、互相信赖(或依存)、互相联结或互相合作,这些不同的名词都是一个意思。"参见《毛泽东著作选读》,人民出版社,1986年,第168页。在引用列宁的论述时,毛泽东也把"统一"和"同一"看作是可以互换的同义词,如上引第173页,"列宁说:'对立的统一(一致、同一、合一),是有条件的、一时的、暂存的、相对的。'"——译注]

"基石"①。我只想提醒大家注意一个事实：阿尔都塞在这里把毛变成了两种观念的持有人甚至是发明人。在他看来，这两种观念标志着与马克思主义中黑格尔遗产的"断裂"：一是关于一个总体（本质上是社会的、历史的总体，如1917年的俄国、20世纪30年代的中国、60年代的法国）的各构成部分的**复杂性**的观念，这种复杂性不能化约为一个简单而唯一的原则，甚或某种本质的表现；二是关于构成一切发展或过程的**不平衡性**的观念，这种不平衡性使得矛盾的加剧带来的不是"超越"（就像黑格尔的否定之否定模式一样），而是"移置""凝缩"和"决裂"。以上涉及的只是阿尔都塞对毛的观念发挥的"纯"哲学方面，但还应该考察这种发挥的政治"形势"的维度。问题来自这样一个事实，即在1963年，毛泽东对法国共产党来说还是一位不知名的作者，而且无论如何，人们认为他不够正统（此外葛兰西也一样被认为不够正统，虽然理由相反）。这种糟糕的接受状况，是由中共和苏共之间在政治上已经很明显的不和所过度决定的，这种不和包含着20世纪国家共产主义大分裂的某些预兆，也标志着它的开始。在这种冲突中，法共采取了自己的立场，最终站在苏联一边，也就是赞同赫鲁晓夫，反对毛，但这种归顺并非是立即就发生的，远非如此。1956年苏共二十大召开之时，在自己的讲话中引用斯大林（1953年去世）的共产党领袖只有多列士和毛，而且他们联手反对公开发表赫鲁晓夫揭露斯大林罪行、掀起去斯大林化运动的"秘密报告"。

---

① "基石"的提法来自列宁，参见《马克思主义的三个来源和三个组成部分》，《列宁选集》第二卷，人民出版社，2014年，第312页："剩余价值学说是马克思经济理论的基石。"——译注

这时阿尔都塞在自己的文章中批判人道主义,宣布"个人崇拜"范畴无效(说它"在马克思主义中是找不到的"),拒绝用"斯大林主义"这个概念(他总是更喜欢用"斯大林偏向"的概念),最后,更是赞美毛的哲学天才并加以援引,这些合在一起,在法共的干部和领袖们身上造成的后果,怎么能不加以考虑呢?这些极可能是在努力延续旧的方式,以抵制"去斯大林化",而不是为"从左面批判"斯大林主义提供新的基础——尽管"从左面批判"斯大林主义可能与他的目标更加一致。对此还要补充的是,法国共产党(和其他共产党)中的去斯大林化更多地只是说说而已,并没有实际行动,而且根本没有触动党的运行方式(所谓"民主集中制")。

这显然不是要通过附加评注的方式(就像他对待毛泽东的《矛盾论》一样)把阿尔都塞的意图归结为一些战术上的考虑,或归结为把赌注押在党的机器内部张力上的尝试。我更相信他想指出,面对任何控制和任何被强加的纪律,一个共产党人知识分子(其介入现实是无可厚非的)可以并且应该完全自由地把他随便在哪里发现的理论好处"占为己有"(何况他还同样引用过葛兰西,尽管是以更多带有批评的方式引用,同时又力求把后者从当时被利用的方式中剥离出来。因为葛兰西当时被用于为陶里亚蒂领导下的意大利共产党的路线辩护,而这条路线带有"极端赫鲁晓夫色彩",赞成一种更激进的去斯大林化运动)。但我同样认为,阿尔都塞不可能这么天真,会不知道在共产主义世界对理论权威的引用,总是起着对知识分子进行鉴别和分类的作用。想根据那些引用本身来避免"偏向"是靠不住的。无论如何,这些引用事后肯定使得阿尔都塞更容易与"亲华"立场接近,尽管这又带来了一些新的误会。①

接近和误会出现在几年之后,出现在我们可以视为阿尔都塞与毛主义**第二次相遇**的时刻。但这次的相遇发生在全然不同的环境中,并且有着完全不同的目标。1966年12月,受到中国当局的鼓舞,一部分人从共产主义大学生联盟分裂出来,正式创建了"毛主义"组织马列共青联(UJCML),这个团体的许多领袖人物都是阿尔都塞的学生或门徒,尤其是罗贝尔·林阿尔,阿尔都塞一直与他保持着友好关系,后来还和他一道对许多主题进行了反思:从苏联突然转向极权政体的根源,到"工人调查"的战斗实践。这些个人的原因并不是孤立的。在当时西方一些最激进(或最反对由西方共产党实施的不太成功的"议会民主"战略)的共产党人知识分子身上,可以看到对中国"文化大革命"(1966年正式发动)的巨大兴趣。他们把这场革命阐释为或不如说想象为一场由

---

① 关于这篇序言,我和刘禾有过一次通信,她提到一个值得以后探索的问题。她说:"我在重新思考1964年阿尔都塞对人道主义的批判,联想到差不多同时在中国也曾发生类似的辩论,尤其是周扬的文学批评。阿尔都塞和周扬都把苏联作为靶子。那么我想问一下,阿尔都塞当时对周扬1963—1964年期间的文章有没有了解?他读过周扬吗?比如他能不能看到《北京周报》(*Pekin Information*)上的那些文章?法共和左翼知识分子当时有没有订阅那份刊物?如果没有的话,你们通过其他什么渠道能看到中国马列理论家在20世纪60年代所发表的文章?"我的回答是,阿尔都塞恐怕没听说过那场辩论,至少我本人不记得他提起过,而且这方面也没有翻译。刘禾在给我的信中还说:"无论阿尔都塞还是周扬(他是文学批评家,曾当过文化部副部长),都在批评赫鲁晓夫的修正主义。因此毫不奇怪,两人对'人道主义'也有同样的批评,都称之为'小资产阶级意识形态'。我对这个问题很感兴趣,因为周扬

青年工人和大学生发动的、受到反对自己党内"资产阶级化"领导人和社会主义中"资本主义倾向"的毛泽东支持的激进民主化运动,目的是反对中国党和政府内的官僚主义。因此,阿尔都塞从毛主义运动伊始就对它持同情态度(虽然他肯定是反对分裂的),并且在某些时候,任由自己在法共的纪律(他总是希望对法共施加影响)和与毛主义青年的合作之间"玩两面手法"。恰好1967年发表了一篇《论文化大革命》的匿名文章("马列共青联"理论和政治机关刊物《马列主义手册》第14期,出版时间署的是1966年11—12月),人们很快就知道,这篇文章实际上是阿尔都塞写的。① 在这篇文章中,阿尔都塞虽然也援引了中国共产党解释"文化大革命"、为"文化大革命"辩护的声明,但他以自己重建的历史

曾出席继万隆会议之后亚非作家协会1958年在塔什干举办的第一次大会,在那次大会上,第三世界作家是以'人道主义'的名义谴责殖民主义和帝国主义的,[我认为弗朗兹·法农《全世界受苦的人》(Les Damnés de la Terre)也同属一个思想脉络]。你对'中共与苏共之间的政治分歧'这一语境中出现的'社会主义人道主义'的讨论,作了精彩的分析,这让我对万隆精神所体现的人道主义与社会主义人道主义之间的复杂纠缠,产生很大的兴趣。在我看来,这里的关键似乎是人道主义的地缘政治,而非'小资产阶级意识形态'的问题。我强调地缘政治的原因是,美国国务院曾经暗中让几个亚洲国家(巴基斯坦、菲律宾、日本等国)代表美国对万隆会议进行渗透,迫使周恩来对《世界人权宣言》中的一些人权条款作出让步。目前已经解密的美国国务院的档案提醒我们,恐怕还要同时关注冷战中在马克思主义的辩论之外的'人道主义'话语。"

① 我们可以在电子期刊《错位:阿尔都塞研究》上看到这篇文章,它是2013年贴到该网站的:http://scholar.oxy.edu/decalages/vol1/iss1/8/(参考阿尔都塞《来日方长》,前引,第366页。——译注)。

唯物主义为基础,给出了一种阐释。而早在《保卫马克思》和《阅读〈资本论〉》中,他就已经开始从社会形态各层级或层面的角度重建历史唯物主义了。"文化大革命"作为"群众的意识形态革命",是要对意识形态上层建筑进行革命,这正如夺取政权是解决政治上层建筑问题,改造生产关系是解决经济下层建筑问题一样。而这场发生在意识形态上层建筑中的革命,从长远来说,本身将成为其他两种革命成功的条件,因而作为阶级斗争的决定性环节,它恰好在意识形态中展开(构成意识形态的除了观念之外还有姿态和风俗——人们会在他后来对"意识形态国家机器"的定义中发现这种观点)。①

这样玩两面手法,使阿尔都塞在政治上和情感上付出了极高的代价。因为其结果是,这两个阵营的发言人立即就以极其粗暴的方式揭露了他。所以我们要思考一下,是什么促使阿尔都塞冒这样的风险。除了我上面提到过的那些个人原因,还要考虑到这样一个事实,即他所凭借的是错误的信息,它们实际上来自宣传,而在中国发生的那些事件的真正细节他并不清楚。他从那些信

---

① 在简要介绍阿尔都塞与毛主义的"第二次相遇"时,我主要关注他与创建"马列共青联"的那些大学生之间的关系。那些人有很多是阿尔都塞的学生和朋友,在我看来这方面是主要的。我把另一个问题搁在了一边:要了解阿尔都塞后来在什么时候与夏尔·贝特兰(Charles Bettelheim)——贝特兰本人经常访问北京(他还炫耀过自己与周恩来的私人关系),并在国际共产主义运动的分裂中站在中国一边——建立了联系。无论如何,这最晚是在《阅读〈资本论〉》出版之后发生的事情。《阅读〈资本论〉》产生了一个长期后果,决定了两"拨"研究者之间的合作,这一点可以从他们某些出版物找到一些蛛丝马迹。

息中看到"从左面批判斯大林主义"的一些要素,但其实这种批判可能并不存在,或者并不是"主要方面"。除此之外,我认为还有一种更一般的原因,植根于阿尔都塞最深刻的"共产主义"信念。国际共产主义运动的分裂在他看来是一场悲剧,不但削弱了"社会主义阵营",还削弱了反资本主义和反帝国主义的整体力量。但他认为,或者他希望这只是暂时的,因为要共同对抗帝国主义。他显然没想到,恰恰相反,这次正好是帝国主义和资本主义可以在社会主义国家之间"玩弄"意识形态和地缘政治的对抗把戏,好让它们服从自己的战略,为它们"改换阵营"铺平道路。我推想当时阿尔都塞还认为,一旦统一重新到来,"马克思主义哲学家"必将在那一天齐聚一堂,携手并进,复兴重铸马克思主义理论的革命事业,在某种程度上像"正在消失的"中间人那样起作用(或"消失在自己的干预中",像他1968年在《列宁和哲学》中所写的那样)。以上原因(当然只是从我这一方面提出的假设),说明了为什么阿尔都塞想要同时保持与两个阵营的友好关系,或不与任何人决裂(这显然是无法实现的目标,并注定会反过来对他自己不利)。

我并不想暗示阿尔都塞与"毛泽东思想"以及与西方毛主义运动之间关系的变迁,包含着他哲学思想和政治思想转移的"秘密",尽管前者有助于解释那些内在的张力;我更不想暗示那些关系的变迁构成了中国读者今天对阿尔都塞思想及其历史感兴趣的主要原因。尽管如此,我还是想承担一切风险对它们进行总结,为的是一个超出趣闻轶事的理由:在当今世界,中国占据着一个完全是悖论性的位置……为了预见我们共同的未来,我们既需要理解它的真实历史,也需要理解之前它在国外被接受的形象

(特别是研究"革命"和"阶级斗争"的哲学家和理论家所接受的形象),以便把两者区别开来,形成一些新概念,建立一些新形象。阿尔都塞著作在中国公众中的传播,以及对这些著作语境的尽可能准确的认识,是上述理解的一部分(哪怕是微小的部分)。

最后,我要再次感谢请我写这篇序言的朋友,并祝已经开始出版的这套著作集的所有未来读者阅读愉快,希望他们带着尽可能批判的态度和最具想象力的方式去阅读。

2015 年 3 月 22 日于巴黎

(吴子枫 译)

法文版序：

阿尔都塞和"意识形态国家机器"①

艾蒂安·巴利巴尔

雅克·比岱和法国大学出版社建议我为阿尔都塞的遗著《论再生产》的再版写一篇补充性的介绍文字，以表示支持——他们1995年编辑出版该著作后，就一直向我提出这个请求——，这个建议打动了我，让我感到荣幸，我也非常高兴他们接受我用几年前所写的一篇文章作为对他们这项出版事业的支持。这篇文章虽然用其他语言发表过，但还没有用法文刊发过。它就是我为这部著作的"论意识形态"那一章的希伯来语译本（阿里拉·阿祖雷

---

① 这篇序言是《论再生产》再版时（初版时间为1995年，再版时间为2011年）增补的，具体情况可参见正文。要说明的是，巴利巴尔先生2013年给译者发了一份经过少量修改的电子稿，并表示文章应该以此为准，所以本文完全以该电子稿为底本译出，凡与第二版《论再生产》序言有出入的地方，均以译注的形式标明。——译注

编)所写的序。① 我不想改动这篇文章,因为,实际上在这篇文章中,我就那个整体——不管人们乐意与否,对"意识形态国家机器"的发挥构成了那个整体最突出的部分——的结构和蕴涵向自己提出了一些问题,并力图将那些问题表达了出来;同时,我也尽我所能地回顾了这部著作写作和它某些部分出版(我相当深入地参与了这件事)时的环境。我还想利用这个机会,把我们对阿尔都塞著作的阅读与一位同仁联系起来,她个人的著作(特别涉及视觉艺术的"生产方式")在当代"理论"中占有重要位置。在我看来,她站在被以色列压迫的巴勒斯坦人民的立场上争取正义的战斗绝对令人敬佩。阿尔都塞的某些作品,虽然迄今已有40余年,并且出自完全不同的语境,但却作为一种知识、道德和政治资源出现在这里,或者跨越地球,出现在另一些地方,这对我来说真是一堂绝妙的历史课。②

阿尔都塞论意识形态国家机器的这个文本今天第一次被翻译成希伯来语,我应朋友阿里拉·阿祖雷之请写一篇介绍文章。对于她的恳请和等待,我深表感谢。在这篇简短的介绍中,我不想详细

---

① 雷斯令出版社(Resling),特拉维夫(Tel Aviv),2003年。
② 大家尤其可以读一读阿里拉·阿祖雷(Ariella Azoulay)的《摄影的公民契约》(*The Civil Contract of Photography*),区域丛书(Zone Books),2008年;《国家行为——巴勒斯坦-以色列,1967—2007:图说占领史》(*Atto di Stato. Palestina-Israele, 1967—2007. Storia fotografica dell'occupazione*),蒙达多利出版社(Mondadori),2008年;还有写于2008—2009年以色列入侵加沙时的诗歌"我们都是巴勒斯坦人"(*Nous sommes tous des palestinien*)(http://www.mediapart.fr/club/blog/ariella-azoulay/230209/nous-sommes-tous-des-palestiniens)。

评论这个文本,而只想就它的身份和它的写作情况提供几点说明。

我认为可以说,这个文本已经成为、并将继续是阿尔都塞最重要的文本之一:是要描绘他的思想特征就必须参考的文本之一;是使用了烙有他自己名字的"印记"因而可被直接辨认出来的那些概念(这里的"意识形态国家机器""意识形态唤问"①,其他地方的"认识论断裂""症状阅读",等等)的文本之一;最后,它铭刻进了马克思主义、结构主义和后结构主义的后继传统中②,成为当代哲学仍在继续研究的文本之一。然而,它的身份完全是悖论性的,甚至把它放在一部片段式的、未完成的、其内容绝大部分是在身后才出版的著作中来看,也是如此。

那么,首先,它是什么样的文本?它的出版和再版方式,使我们今天不可能赋予它某种唯一的身份,也不可能确切地标出它的边界。相反,有必要提及它的历史,并把它归入到各不相同、有时还是对立的整体中,以便理解为什么那些被它当作自己的对象、并在此后一直伴随着它或规定着对它的阅读的那些评论,能够如此地不一致。今天翻译的这个文本,是阿尔都塞去世五年之后,由雅克·比岱负责于1995年出版的那卷阿尔都塞遗著③的"第十二章:论意识形态"(第204 – 239 页④)。这是一个合理的选择,因为这样一来,

---

① 关于"唤问"(interpellation)的译法,详见第364页译注。——译注
② 比如参见朱迪斯·巴特勒(Judith Butler)的著作《权力的精神生活:臣服的理论》(*The psychic life of power. Theories in subjection*),劳特里奇出版社(Routledge),1997年[法文译本,列奥·谢尔(Loé Scheer),2002年]。
③ 即指本书。——译注
④ 原文是"第205 – 242页",有误,据实际情况改正,这里的页码指本书页边码。——译注

读者将得到一个阿尔都塞专门针对意识形态作出独立发挥的既一致又完整的版本。但这个文本最初完全不是以这种形式传播,然后重新出版、翻译成各种文字并被阅读和引起争论的。这个文本的第一版——标题为"意识形态和意识形态国家机器(研究笔记)",先是发表在《思想》杂志(1970年6月第151期)上,然后收入《立场》(社会出版社,1976年)一书中——,一方面因为把对"论生产条件的再生产"的发挥置于关于"意识形态机制"的理论之前,所以更长一些;另一方面,它在自身的发挥过程中又有所删节。它由"正在进行中的一项研究的两个摘要部分构成",目的是引起讨论。由于上述正在进行中的研究从来没有完成过,在作者生前也没有发表过,反倒是关于这篇文章的讨论在不同的国家非常激烈、持续不断,所以可以肯定,绝大多数评论者将继续参考的正是这个"历史"版。因此,我要回顾一下有关的环境和造成这种混乱局面的原因。

雅克·比岱在他的文献考证的导言中指出,作为那些发挥来源的、标题为"论上层建筑"的完整手稿有两个版本,两个都是未完成的。第一个版本约有150页,撰写日期是1969年3—4月;第二个版本约有200页,没有标明日期,是对第一个版本的修改和扩展。由第三章("论生产条件的再生产")、第四章("下层建筑和上层建筑")①、第六章("国家和国家机器")、第九章("论生产关系的再生产")和第十二章("论意识形态")的摘要组成的1970年的那篇文章,其内容介于"这两个版本之间",但包含了一些删节、衔接和补充。如果不解释清楚是什么致使阿尔都塞就这样提供一份不完整的拼合物来代替一个"完整的"但未完成的、并且事

---

① 关于"下层建筑"和"上层建筑"的译法,详见第56页译注。——译注

实上也不可能完成的文本,就无法理解上述的一切。

为此,必须追溯阿尔都塞错综复杂的病情(精神病学家们称之为"躁狂抑郁症")和当时的政治环境。1968 年 5—6 月间,在阿尔都塞自己事后力图定性为"青年学生群众的意识形态造反"①(而这可能并非偶然)的那些"事件"发生时,阿尔都塞因为处于抑郁期正在巴黎一家诊所接受治疗,与外界断绝了联系。接下来几个月,在估测了法国和国外的社会形势及政治氛围的重要变化之后,在和自己一些朋友、学生(他们有些人在运动中多少有些活跃)有时激烈的讨论过程中尝试着阐明了那些"事件"的意义之后,阿尔都塞曾提出,通过重新研究关于"基础和上层建筑"之间关系的马克思主义理论问题,为正在进行中的加工工作②贡献一份自己的力量。当时,我加入的一个团体(同时加入的还有皮埃尔·马舍雷、罗歇·埃斯塔布莱、克里斯蒂安·博德洛和米歇尔·托尔)已经着手在前期笔记和公众参与的基础上编辑一部关于资本主义社会("生产方式")学校教育理论的集体著作(原计划规模宏大)。我们特别决定采用一套术语,包括一些概念,如"学校形式"(以《资本论》第一部分中的"商品形式"为模型)和"学校机器"(以《路易·波拿巴的雾月十八日》和马克思其他"政

---

① 参见路易·阿尔都塞,《关于米歇尔·韦雷"论大学生的五月"一文》("A propos de l'article de Michel Verret sur Mai étudiant"),载《思想》(*La Pensée*)1949 年(实际为 1969 年。——译注)6 月第 145 期,以及给玛丽亚-安东尼塔·玛契奥琪(Maria-Antonietta Macchiocchi)的信,由玛契奥琪收入其著作《从意大利共产党内致阿尔都塞的信》(*Lettere dall'interno del PCI a Louis Althusser*)中出版,费尔特里内利出版社(Feltrinelli),1969 年(该著作的法文版没有收入这封信)。

② 指理论加工工作。——译注

治著作"中的"国家机器"为模型)。① 我们约定,这两项加工工作(我们的和阿尔都塞的)必须重新接合起来并形成对质,以便最终得出一种共同的学说。我们觉得自己正在"西方的"马克思主义内部形成一个有独创思想的学派。1968年以及接下来几个月的群众罢工和社会运动,在马克思主义左派中传播了一种看法,认为当时已经进入了一个可能带来一些根本转变的新的革命周期。然而,与经典模式相比,许多不同之处也一目了然(那些不同之处将那些"正统的"马克思主义者——人们把他们,包括阿尔都塞本人,同阶级斗争的优先性、同政治上有组织的工人运动的优先性捆绑在一起——置于某种微妙境地)。1968年的斗争不仅同时影响了"社会主义阵营"国家和"资本主义阵营"国家(从中国到波兰,从美国到巴西,中间还有捷克斯洛伐克、法国、德国和意大利),而且还(至少在表面上)赋予那些"全新的社会运动"以头等重要的作用,其中就包括同某些重要的"权威"机构如学校、家庭甚至教会②的公开危机联系在一起的大学生(甚至一些小学生)运动。从他早期引起轰动的文章开始③,阿尔都塞就重视尽一切力量发展或甚至锻造一种关于意识形态的"马克思主义"理论,以改造或重建历史唯物主义。这种重视当然给他一种感觉,让他感到能够解释当代政治现象的

---

① 这项工作遗留下来但此后没有发表过的那些部分(参考后文)已经存放于当代出版纪念研究所(IMEC),附属于由该研究所建立并不断充实的"阿尔都塞"资料库。(这个注释是根据作者电子稿补入的。——译注)

② "甚至教会"是根据作者电子稿补入的。——译注

③ 首先是1965年的《保卫马克思》(*Pour Marx*),它由1961—1965年这段时期的文章结集而成。

新颖性。但这种重视也使他(同时使我们和他一起)面对一个挑战,在当时那种知识环境中,要应对这个挑战并不容易。因为一方面,以各种不可调和的倾向倚仗马克思主义的政治组织日益严重分裂;另一方面,许多"批判的"理论家越来越避开引用马克思①。

  这些计划没有一个按照预想的那样实现。抑郁期之后的阿尔都塞,一如既往地处于一种兴奋的工作状态中,他在几周之内就手写了一份具有一部书的形式但未完成的草稿,并把它交由"学校团体"②传阅。这个团体虽然在他之前就已经独立地开始工作了,但进展却比他更慢,此时还在对布尔迪厄、涂尔干、弗雷内和克鲁普斯卡娅进行批判性的阅读,还在制作工人子弟和资产者子弟接受学校教育的统计图表。自那以后,关键的是如何把我们所达到的对学校机器的分析和阿尔都塞提出的"意识形态国家机器"及其资本主义生产关系再生产功能的一般观念"缝合"起来。然而,尽管我们在术语和一些观念上相近,但我们最终未能

---

① 米歇尔·福柯(Michel Foucault)的演变在这方面是最典型的,他在20世纪70年代毫不含糊地得出了一些反马克思主义的表达方式(formulations)[参看比如1976年《性史》第一卷《求知意志》(*Histoire de la sexualité*, I: *La volonté de savoir*),以及现在已经以《必须保卫社会》(«Il faut défendre la société»)为名出版的同一年的讲稿——它包含着对意识形态、机器和意识形态机器等概念的直率的批评]。然而,今天有可能在更长、更复杂的演变中去定位福柯与马克思主义的关系问题(其中他与阿尔都塞私人的、精神的、单位同事的关系,并不是唯一的决定因素,但肯定是始终起作用的决定因素),而不是使这个问题相对化。

② "学校团体"(groupe école)即上文提到的那个研究学校问题的团体,成员除巴利巴尔外,还有皮埃尔·马舍雷、罗歇·埃斯塔布莱、克里斯蒂安·博德洛和米歇尔·托尔。——译注

达成一致,反而由此导致了一次总停顿。此外,以下事实又带来了政治上的紧张:我们中有一些人感到自己与一些毛主义团体(马列共青联①,还有无产阶级左派)更接近,而另一些人(包括阿尔都塞本人)认为有必要留在"党内"(即官方共产党内)②。"理论的自主性"完全失败了⋯⋯在他那一方面,阿尔都塞很快再一次病倒:可能不仅仅是因为那些紧张带来的冲击,或更宽泛地说,不仅仅因为这让他对党的忠诚经受了考验(当他许多亲近的门生制造分裂并要求他也加入,最终还把他说成是修正主义,指责他背叛时,党却指控他是左派思想导师);还因为他的精神状态的总体恶化——这种恶化由来已久,并在接下来的年月中日益加剧。结果,在进行中的那些工作整体中断,并一直停留在未完成状态。③ 阿尔都塞《论再生产》手稿可以列入撰写于1968到1980年间进展不一的其他文本的系列之中。那些文本通常以"论文"或"通俗的"随笔形式,以历

---

① 原文为"UJCML",是"马克思列宁主义共产主义青年联合会"(Union des jeunesses communists maxistes-léninistes)的缩写。——译注

② 在1984年的"自传"《来日方长》(在他逝世后于1992年由Stock/IMEC出版社出版)中,阿尔都塞对这个"策略"作了一番阴谋论的阐述,我并不认同他的阐述,但可以肯定的是,企图通过在各种敌对的、受限制从而处于秘密状态(回过头来看,我觉得真可笑)的组织中无所适从的知识分子,来维持一个共同工作的团体,当时必定显得难以为继。

③ 在接下来的时间里,克里斯蒂安·博德洛(Christian Baudelot)和罗歇·埃斯塔布莱(Roger Establet)"挽救"了部分论学校的集体手稿,根据他们自己的观点完成了它,并由此出了一部书:《法国的资本主义学校》(*L'École capitaliste en France*),马斯佩罗出版社(Maspero),1971年;相应地,米歇尔·托尔(Michel Tort)出版了《智商》(*Le Q. I.*)一书,马斯佩罗出版社,1974年。

史唯物主义的经典马克思主义叙述为典范,在病情减轻期间写出,它们还停留在未完成状态,其中有一些现在已收在几部遗著中出版。

然而1970年,当阿尔都塞重新返回工作生活时,受到一些朋友特别是《思想》杂志的编辑秘书马塞尔·科尔尼的恳求,把自己正在进行的研究的一部分公之于众。他当时认为,对意识形态的某种发挥会再次推进讨论,而他本人希望利用这种讨论来重新开始工作。由此就有了以《意识形态和意识形态国家机器》为题的摘要的"拼合物"的发表。这本来是一个临时性的解决办法,但命运将赋予它一种决定性的或至少长久的重要性,因为对它的评论、使用和批评得以确立,是由于相信了那些把两项根本上不连贯的发挥重新接合起来而唤起的印象:一项以"生产关系的再生产"问题为中心,另一项以唤问、承认和保证的"意识形态"机制为中心。在这两者疑难的相遇点,是"A.I.E."①这个难解的概念或词组。② 这个概念

---

① "A.I.E."是"意识形态国家机器"的法文缩写,后文中的"ISA"和"AIS"分别是"意识形态国家机器"的英文和意大利文缩写。——译注

② 为了改正这篇简短的介绍可能造成的这样一个印象,即认为这是一段只有精神危机,只有流产的计划的完全消极时期,明智的做法是指出,在同一段时期,阿尔都塞还在从事另一项可以说是"私人的"计划。我们今天知道了这项计划的结果,它绝对令人钦佩,但他的大部分合作者当时还不知道它的存在:那是一部关于马基雅维利(以及——通过这个迂回——关于政治概念本身)的著作。参见《马基雅维利和我们》,收入《哲学与政治文集》(Écrits philosophiques et politiques)第二卷,Stock/IMEC出版社1995年版[论马基雅维利的那篇文章在别的语种中有独立的版本,包括英文和意大利文版;现在又有了法文袖珍版:阿尔都塞《马基雅维利和我们》,塔朗迪耶出版社(Tallandier),2009年,该书由艾蒂安·巴利巴尔作序,后面还附有弗朗索瓦·马特龙的两篇文章]。

此后进入一系列别的语言中(ISA,AIS,等等)。①

在原初版本(我这样称呼1970年的那篇文章)中,那些被保留和修改的摘要由几行省略号分开。这些省略号,尤其是分开那两项主要发挥的几行,产生了一种出乎意料的作用:它们使一个不在场(阿尔都塞著作最出色的编者和评论者之一弗朗索瓦·马特龙会说是一个"虚空",他就这样连环套似地使用这位哲学家最喜欢的词语之一)②变得有形了,这个不在场同时也是最重要最可怕的难题所在。我的感觉一直是,阿尔都塞这个文本的知识繁殖力,恰好与在这种决定性的衔接附近表现为省略号的既显著又隐秘的思想中止有关。读者被诱导,为了自己而去寻找难题的"解决办法"。他们或者想象那种"解决办法"是阿尔都塞本人的,而出于某种神秘的原因,他不愿或不能把它贡献出来;或者明白了阿尔都塞本人事实上并没有掌握"解决办法",于是寻求途径去发挥和改造每一个能得到的半成品以便自己去完成它。毫无疑问,他们不可能知道、而手稿的完整出版在今天使人们能够发现的,是在阿尔都塞那里构成"不在场的环节"的东西:主要是对**法**的发挥和对**革命**的发挥,而处于它们之间的,是对"经典"马克思主义国家概念进行"拓展"的提议。

---

① "这个概念此后进入一系列别的语言中(ISA,AIS,等等)"是根据作者电子稿补入的。——译注

② 弗朗索瓦·马特龙(F. Matheron)《阿尔都塞著作中虚空的循环》(«La récurrence du vide chez Louis Althusser»),收入《在今天阅读阿尔都塞》(*Lire Althusser aujourd'hui*),先将来时(Futur Antérieur)丛书,L'Harmattan 出版社,1997年,第 23–48 页[参考路易·阿尔都塞《马基雅维利和我们》(*Machiavel et nous*),塔朗迪耶出版社(Tallandier),2009年,前引]。

在第一项发挥中,阿尔都塞从实际上与法律实证主义传统(它背后是关于法及法有别于道德的康德主义定义)相当接近的论点出发,强调法的"镇压"性。他的结论是:法不足以保证占统治地位的社会关系的稳定或再生产,因此"在功能上"必然需要一种意识形态的作用力的补充。在第二项发挥中,他(过分谨慎地)竭力去说明,人们怎样才能既思考剥削条件的永世长存,又思考它出现中断的必然性:马克思主义尝试把理论与实践结合起来的习惯性的交叉点。其中最有意思的,可能是重复了先前发挥过的对政治斗争的**时间性的差别**的重视:一种是"短的"时间性,即在公共领域展开的阶级斗争(它的赌注是国家政权)的时间性;另一种是"长的"时间性,即打破公私之分的樊篱、在**意识形态的物质性**中展开的阶级斗争。① 但这个半成品(通过它在写作上的困境)只是突出了阿尔都塞所遇到的那个疑难:虽然"意识形态的阶级斗争"为政治斗争准备了条件,并对政治斗争的承担者("革命阶级")进行动员,因而决定着政治斗争本身的作用力,但它本身不可能是对政治的历史"终审"②。它自

---

① 阿尔都塞借助自己非常熟悉的 18 世纪法国哲学家孟德斯鸠和卢梭的支持,提出要在这种物质性或意识形态的"实践"性(形式化为"意识形态国家机器")中看到经典"风俗"理论的等价物——与此相反的是把意识形态当作观念或意见王国的"唯心主义"理论。

② 这里"终审"的原文为"dernière instance",与下文常用到的"归根到底"一词相同。其中"instances"一词,还有"恳求""部门"等意思,作为专业名词,又有"诉讼"和"法院"等意思,在有的地方也译为"层级"。——译注

己的作用力要靠两种异质的"物质性"之间谜一般的短路。①"归根到底起决定作用的是下层建筑"。因此,当代读者对阿尔都塞关于中间那些部分发挥的认识,丝毫不会减轻他们的困惑,相反,由于这种认识用完满的外表代替了虚空的显而易见性,反而可能会麻痹他们的理论想象力。因此我认为——尽管情况令人沮丧、甚至(总而言之)肯定是悲剧性的——,阿尔都塞不得不以这种形式,即不是以一篇关于历史唯物主义的(伪)论文的形式,而是以对未知事物的两个异质且"开放的"命题的拼贴形式发表他的文章,这是一件超常的"客观偶然事件"。

在让读者面对阿尔都塞本人的文字之前,有待自问的是,在今天,我们如何才能思考这种异质性的后果。在我看来,在这一点上,可以提出两个假设。一方面,(政治的、社会的、知识的)历史已经完全打破了这两种话语哪怕是可疑的统一(而此前阿尔都塞的"结构的马克思主义"的计划就是将它们结合起来,使它们相互支援),并将它们抛回到那些人们实际上不再熟悉的语境;但这并不是说由此可以认为那种尝试是荒谬的,因为这种尝试告诉我

---

① 说实话,这里仅仅是重复经常在马克思那里,尤其是在著名的《〈政治经济学批判〉序言》(1859年)中出现的一个疑难。不同的是,马克思谈到了"生产力"的物质性和"社会意识形式"在革命形势中的"相遇"。而阿尔都塞通过强调意识形态本身是物质的,并在很大程度上是无意识的这一事实,试图转移哲学上的这个经典困难,但他并没有真正说明,同一个"阶级斗争"的形式概念如何能把历史的物质性一网打尽。同样的难题在阿尔都塞1976年12月给自己那篇文章的外文(西班牙语和德语)译本所补充的文章《关于意识形态国家机器的说明》(雅克·比岱出版的《论再生产》第249–263页)中也涉及了。稍后我会再回到这篇文章。

们,他的时代有许多理论上的要求,并见证了一种其教育意义还远未丧失的、非凡而严肃的精神(或"对自己的话语后果负责的精神")。另一方面,语境的分离以自己的方式,见证了一个表现形式多样的问题的普遍存在:"主体"的问题,以及与它不可割裂的政治的"主体化"问题,显然,这个问题总是同时处于多重思想视野中。

阿尔都塞对"生产关系的再生产"的发挥,建立在一种关于结构的概念基础上,对于这个概念,人们可以说他本质上是"功能主义的",而他本人也被迫经常为此进行自我辩护。① 这里的关键毋宁在于,把正好在占统治地位的资本主义体系的先天"脆弱"点(也就是说,在某种意义上,正如阿尔都塞接下来所说的,它的偶然性的点)上与这个体系**断裂**的可能性甚至必然性写下来。对马克思文本的阅读启示我们,应该把这个点与一种广义的社会"再生产"概念等同起来。因此,阿尔都塞在所有这些或多或少未完成的、深深地打上了"历史唯物主义"传统语言烙印的文章中,努力在战略上把那个结构对它自身的所有**反对行动**的要素集中在这一点上,使它们变成阶级斗争的优先对象和场所。可以说,他的灵感是极端列宁主义的,因为他并不满足于把有组织的阶级斗争的目标限定为"国家政权"和"国家机器",而是要把"国家机

---

① 尤其是在上文提到的《关于意识形态国家机器的说明》一文中。这篇文章以对"革命党"身份的漫长讨论作结。一方面,从其阶级基础和历史目标来说,"革命党"本质上"外在于国家";然而另一方面,它又经由意识形态国家机器的中介而结构性地"臣服"于统治阶级。这篇说明不断地影射以葛兰西"阵地战"思想的名义走上"西欧共产主义"议会道路的欧洲(法国和意大利)共产党在当代的实践,并直率地陈述了与这种政治逻辑进行"决裂"的必要性。

器"一分为二,以便能把"意识形态的统治"和以"国家的意识形态"(对阿尔都塞来说,在资产阶级的时代,"国家的意识形态"多半是**法律**意识形态)为基础的种种意识形态表述和实践的潜在集中化包括进来。因此,一切都好像是阿尔都塞在**强化**并强调资产阶级统治和国家隐秘力量的"极权"形象,为的是最终(以矛盾修饰的方式)达到颠覆它的可能性。"最牢固的"环节,也潜在地是"最薄弱的"环节……由此也得出他与葛兰西的分歧。具体说来,就是拒绝葛兰西的"领导权"概念,坚持革命**党**(或革命运动)相对于资产阶级"上层建筑"整个系统的**外在性**,以及与此相关的,它相对于人民群众和工人阶级的实践的内在性,或它的批判的内在性。但这只是转移难题。我们得承认,一个组织可以外在于该组织的各种意识形态形式(无疑也是各种机器形式),这种观念是完全难以理解的。①

阿尔都塞意识形态研究的另一个方面,事实上属于另一个完

---

① 这个观念与(《国家与革命》中)"从国家到非国家的过渡形式"(État-non-État)的列宁主义观念没有多大的区别,也就是说,它通过对过渡阶段的预支,或通过将过渡阶段"追溯"到未及夺取政权之时,**给过渡阶段取了个名字**,并把它构成为自己的条件。["état-non-état"直译即"国家—非国家",来自列宁对恩格斯提法的翻译,参见列宁《马克思主义论国家》,宋书声、籍维立译,人民出版社,1974年,第24页:"'巴黎公社已经不是原来意义上的国家了。'(那末是什么呢? 显然是从国家到非国家的过渡形式!)"另参见列宁《国家与革命》,人民出版社,2015年,第57页:"马克思从社会主义和政治斗争的全部历史中得出结论:国家一定会消失;国家消失的过渡形式(从国家到非国家的过渡),将是'组织成为统治阶级的无产阶级'。"——译注]

全不同的背景。关于"意识形态一般"具有一种结构的观念,非但不是来自马克思主义传统,而且事实上参考的是关于"结构"的另一种观念。虽然阿尔都塞指出了它与马克思的某些评论,尤其是《德意志意识形态》(他对它进行了"症状"阅读)中的某些评论("意识形态没有自己的历史")之间的相似性,但这只不过证明了马克思和马克思主义完全不是一码事。就阿尔都塞本人的著作来说,那种观念涉及一系列文本,它们依次出现于 1964 年的短评《弗洛伊德和拉康》(1976 年收入《立场》一书)和 1976(或 1977)年的文本《论马克思和弗洛伊德》(发表于《第比利斯精神分析大会会刊》)①之间。尤其还要提到的是之前收入在《保卫马克思》中的两篇短评,即《"小剧院",贝尔多拉西和布莱希特》(1962)和《马克思主义和人道主义》(1963)。阿尔都塞通过那些文章,持续地研究了**主体的想象性构成**,把它当作是根本的"意识形态后果②",或更确切地说,当作**意识形态结构的后果**(但很显然,这里存在着一个循环,因为意识形态结构的典型后果恰恰就是构成"诸主体③"。对此还可以补充说,如果结构主义运动——

---

① 参考路易·阿尔都塞《论马克思和弗洛伊德》(« Sur Marx et Freud »),收入由奥利弗·科尔佩和弗朗索瓦·马特龙编辑出版的文集《精神分析论集》(*Écrits sur la psychanalyse*),Stock/IMEC 出版社,1993 年,第222 – 245 页。

② 这里"后果"一词原文为"effet",也有"作用"或"效应""效果"的意思,在本译著中,根据上下文,有时候也译为"作用",凡在译为"意识形态(的)后果"的地方,也可以译为"意识形态(的)效应"。——译注

③ "诸主体"原文为"subjets",即前文"主体"的复数形式。另,法语中的"subjet",既表示"主体",又有"臣民"的意思。——译注

阿尔都塞以自己的方式参与了这场运动①——的主要目标确实就是思考**主体的构成**，以代替思考经典的先验哲学的"构成的主体"②的话，那么在这里，意识形态就只不过是结构的另一个名称而已）。这项研究（正如大家将看到，尤其是从"主体的构成"的第一个阶段向第二、第三个阶段过渡的环节：唤问、承认、保证）是通过对从黑格尔、弗洛伊德、费尔巴哈和斯宾诺莎等人那里借来的理论模型进行加工而展开的（这一切是在斯宾诺莎的总庇护下进行的，被归于他的功劳是他开创了一门关于想象物及其社会作用力的批判哲学）。这当然不是一种"完成了的"理论（但这样要求是否有意义呢？）。解释的关键之一（人们可以站在外面对它进行评判，但它也指示着时代形势中的一些难题的循环和概念的循环），显然在于在"象征界"问题上与拉康的潜在争论（今天大学生们经常问到这个问题）。"象征界"的那些能指基本上是阿尔都塞从一神教话语那里借来的，特别是两处引文，一处是摩西立教（"我是你的仆人摩西"），一处是对福音书的重复—改写（"你是彼得"）。在这一点上，我们可以说，为了得到想象界的某种内部

---

① 像许多其他人一样，对于结构主义，阿尔都塞也经历了承认和误认、接近和远离的交替过程。所有结构主义者或准结构主义者（列维·斯特劳斯例外）都在某个特定的时刻说过："我不是结构主义者"，或者甚至说："我什么都是，除了结构主义者"。关于这种在形式上使他们的关系变得更接近的俏皮话，参考我的研究《结构主义：主体的革除？》（"Le structuralisme: une destitution du sujet?"），载《形而上学和道德评论》（*Revue de Métaphysique et de Morale*），2005年1月，第1期。（最后一句话是根据作者电子稿补入的。——译注）

② "主体的构成"和"构成的主体"原文分别为"constitution du sujet"和"sujet constituant"，后者即"有构成能力的主体"。——译注

的"功能",他非常粗暴地把拉康的象征界拉回到了想象界领域和构成想象界特征的镜像关系领域。与此同时,显然,他隐含地提出了如何思考"实在界"的问题:在众所周知的拉康体系中,"实在界"构成解释无意识进程的第三根柱石。一切都似乎在指出,阿尔都塞拒绝像拉康站在自己的立场所做的那样,把"实在界"视为某种不可能之事的**消极**功能,或创伤性的、不可象征化从而不可表述的事件的消极功能,总之某种先验的"自在之物"的消极功能。那么,与想象界的**物质性**相关的实在界的**积极性**由什么组成呢?在这个文本的地平线上所暗示(但也仍然是以非常莫测高深的方式暗示)的是,这个问题可能无法与"坏主体"的问题割裂开来。① 所谓"坏主体",就是无法成功地"自动运转起来"的"主体",就是抵抗唤问的"主体"。我们还可以说,这里关键的是主体相对于唤问的回路在**力量上的剩余**(这种剩余恰恰来自主体的**缺陷**)——尽管是唤问构成了主体或给主体以"形式"。不过人们注意到(人们早就经常注意到),这一点在阿尔都塞那里成为一个奇怪的保留,人们认为也可以把这种保留解释为某种形式的抵抗或

---

① 阿尔都塞在这个方向进行冒险的那些话,可能有许多要归功于他与米歇尔·佩舍(Michel Pêcheux)的交谈。佩舍是阿尔都塞围绕马克思主义和精神分析之间关系的争论问题(vexata quaestio)的主要对话者之一(最有独创性的,也是最不容易满足的对话者),在他在《拉帕里斯的真理》(*Les vérités de la Palice*)("理论"丛书,马斯佩罗出版社,1975年)中尝试对阿尔都塞关于唤问的论点进行引申之前,曾用化名托马斯·赫伯特(Thomas Herbert)在《分析手册》(*Cahiers pour l'analyse*)(1966年、1968年)上发表了两篇针对"关于意识形态的一般理论"的文章。(这个注释是根据作者电子稿补入的。——译注)

否认……

对我来说,作进一步的介绍或讨论,提供一种无所不知的幻象,当然不成问题,但我更愿意停留在这些问题上。人们会明白,这些问题的确不是从今天才开始的。为了响应阿里拉的恳请,我刚才尝试着描绘了阿尔都塞著作本身的物质性;然而,当我回头看这种描绘时,我发现,我还是有意无意地暗示,我刚才描述的那个拼合物的合不到一起的两"半",有一个共同的没影点①,也就是**实践**的问题:对于使革命成为可想象的"无组织的组织"这一观念,对于能在想象界的形式本身中表明那种外在性或积极性的"反主体唤问"观念(通过这种观念,他仍不知不觉地处在构成关系中),这是一个可能的共同名称。说实话,这个暗示散发着"68年人"(我当然还是)的不知悔改的气息,它仅仅是给事物取了个名字,什么问题也没解决。希望阿尔都塞这个文本的当前读者,通过对它这样或那样的构型,还能找到其他钥匙来打开这个文本,以赋予它意义。

2003 年 6 月 29 日于伊萨卡
2011 年 1 月 14 日于欧文

---

① "没影点"(un point de fuite):在焦点透视法中,纵深方向平行的直线在无穷远处最终汇聚消失的点,也称为消失点或焦点。——译注

法文版导言：

请你重读阿尔都塞

雅克·比岱

《生产关系的再生产》①一书终于和读者见面了。阿尔都塞曾从这份手稿中抽出著名的《意识形态和意识形态国家机器》一文,发表在1970年的《思想》杂志上。②

在这部著作中,阿尔都塞条分缕析地阐述了他的唯物史观,阐述了资本主义社会再生产的种种条件,以及为了终止那种再生产而要进行的革命斗争。把关于意识形态及其"机器"的那些命题重新放回这一方案的整体和作者的政治思想背景之中,我们才能看出它们的目的以及它们的前提。

这部作品似乎属于另一个时代。在某种程度上,它确实见证

---

① 本书标题"论再生产"中的"再生产"即"生产关系的再生产"(La reproduction des rapports de production)的简称。——译注

② 这篇文章发表于1970年6月《思想》(La Pensée)杂志第151期上。——译注

了从那以后就不再可能有的一些观点。然而,时隔25年,它依然保持着独特的理论激发力。它还使我们面对一个在当前比在任何时候都不可能觉得过时的问题:在一个声称以自由和平等为理想的社会,一部分人对另一部分人的统治,是通过什么样的条件而不断地重新进行着自我再生产的?

这份手稿首先是一份战斗性的教学文本,它同时也是阿尔都塞思想最理想的入门书。但它一步步向我们展示了阿尔都塞独创性概念的加工过程。因此,它要求一种多层次的阅读:既把它作为包含着一个时代见证的政治文本来阅读,又作为以阿尔都塞式范畴来表达的对资本主义的分析来阅读,还把它作为关于"意识形态国家机器"和意识形态的"唤问"功能的(新)理论来阅读。

政治文本,理论文本

这个文本充斥着1968年五月运动的气息,那是大学生的五月,也是工人的五月,是法国历史上规模最大的罢工罢课运动的五月。共产主义记忆就这样似乎被提上日程的激进变革的前景唤醒了。阿尔都塞充满激情地度过了那段日子,并把它们铭刻进了社会主义革命的漫长岁月中。当时他心中想到的是"一个工人运动的阶级斗争在全球各个角落兴起的世纪"(是那些"成千上万的无名工人战士"等等,见第168页[①])。在无可怀疑的未来,"我们将进入一个社会主义在整个大地上取得胜利的世纪(……)革

[①] 这里的页码指原书页码。雅克·比岱原文中标注的仍然是本书第一版(1995年版)的页码,为方便读者检索,译者把它们全部换成了第二版的页码(即本书的页边码),不再一一注明。——译注

命已然提上日程。一百年之后,甚至或许五十年之后,世界的面貌将为之一变:革命将在全球占上风"(第39页)。阿尔都塞想到了"许多正在或将要投身"到这场政治斗争中去的"青年战士"(第166页),他正是间接地在对他们说话。

那些对阿尔都塞的了解仅限于其哲学著作的读者,肯定会感到大吃一惊。在资本主义制度下进行政治的和工会的斗争的构想,由"无产阶级及其盟友"掌握政权的模式,以及无产阶级专政的模式,这一切最主要的参照是列宁主义,"莫里斯·多列士的列宁主义"(第166页)。这一点可以从他所沿用的布尔什维克的革命词汇和第三国际的词汇看出来:"通过工会组织起来的""群众""必须"在"作为无产阶级先锋队的党"的"领导下走向真正的革命目标"(第168页)。阿尔都塞明确地将自己定位在被他指认为是"马克思主义经典作家"的谱系中。"在这里,我们将小心翼翼地踏进一个领域,**事实上**,在我们之前,马克思、列宁、斯大林和毛早就进入这个领域了,只是他们没有以理论的形式,把在他们的经验和做法中所隐含的决定性进步系统化。为什么呢?因为这些经验和做法首先还停留在**政治实践的领域**"(第110页)。"斯大林忽略了这些问题"(第127页)。这简直令人无法相信。斯大林的名字在后来发表在《思想》上的那篇文章中消失了。无论如何,这种在截然不同的地点和截然不同的时刻对列宁主义的想象性重复,包含着某种超现实主义的东西。特别是在那个时刻,阿尔都塞所依靠的党明显提出了截然不同的战略,这个战略的思想基础是:通过对重要生产资料的公有化这一渐进、合法的过程而走向社会主义。

然而,这种宣布忠诚或显示忠贞的做法以及不现实的态度所带来的有点慷慨激昂的政治夸张,并不能阻挡这部著作中的前进步伐,也不该妨碍我们注意到,这部著作包含着一项具有巨大重要性的理论研究。这也不是说,在对历史的这种独特看法和他为了理解资本主义的社会结构和存在而提出的概念体系之间不存在密切的关系。而是说,尽管他的参照所依据的是"马克思列宁主义哲学"(第35页)、"我们的哲学"(第37页),我们还是很快就会明白,就算这里涉及了马克思列宁主义,阿尔都塞的思想也丝毫不属于一般意义上的正统的"马克思列宁主义"。在今天,我们理应重新把它看作是知识激发的独立策源地。

每当阿尔都塞着重指出传统理论的单纯"描述性的"特征时,理论干预的重要性就向我们显示出来。那些理论涉及的主题有:下层建筑/上层建筑(第91页)的地形学,生产力与生产关系的适应性(第55页,第197页),马克思主义的国家"理论"(第107页),法的"理论"(第199页),意识形态"理论"(第204页)。对于所有这些主题,即对于全部马克思主义学说,他提出要以"理论本身"(第107页,第199页)去超越那种"描述性"的形式(第83页),那种在本质上"不稳定的"形式。在谦虚的外表下——仅仅提供关于"有限的几点"的"一些还不为人知的具体细节"(第42页)——,最终是要在还仅仅是一种描述的地方,生产出一套名副其实的理论。

对意识形态国家机器理论的重读

第一章引入了阿尔都塞的一个论点,即哲学在形式上以社会冲突和科学工作为前提,哲学史是由许多形势所构成的序列,当"政治—经济事件和决定性的科学事件"(第49页)①汇合时,新

---

① 雅克·比岱没有严格按照原文来引用,具体原文参见括号中页码所在的正文。——译注

东西就在那些形势中出现。阿尔都塞将马克思的贡献定位为"科学的"贡献:他发现了"历史大陆"(第53页),即制定了一套能为各门社会科学奠定坚实基础的理论。

接下来的各章,即使在某种程度上是对一些"经典论点"(第54页)的回顾,也仍然为我们提供了对一些重要范畴的清晰表达。在对历史唯物主义的阿尔都塞式的解释中,这些范畴占据着支配地位:任何"社会形态"都产生于某种"占统治地位的生产方式";在生产关系和生产力之间的关系(它构成了下层建筑)中,正是生产关系发挥着决定性的作用(阿尔都塞在附录中进一步发挥了这个观点)①;而在这个模型的整体中,是下层建筑而不是上层建筑("法、国家、意识形态")"归根到底起决定作用"(第56页)。

这份手稿的独特贡献当然是从第五章到第十二章对"意识形态国家机器"和"意识形态"的发挥。

这部著作的出版,将给我们一个重新阅读它们,从而也许是重新思考它们的机会。事实上,把《思想》上发表的那篇《意识形态和意识形态国家机器》中所选的片段重新纳入这个论述的整体中,就会看到,在阿尔都塞关于意识形态(及其机器)的论点与他对现代历史进程的看法之间,存在着密切的联系。事情本身非常顺理成章。关于结构的再生产理论,必然是关于结构改变的理论:其目的是揭露不变的条件——最后终结那种不变性的变化也在这种不变的条件中产生。阿尔都塞关于过程中的变化(比如向社会主义过渡过程中的变化)的思想,影响了他关于资本主义再

---

① 参见附录"论生产关系对生产力的优先性"。——译注

生产条件的观念,也影响了关于结构的不变性的思想。说到底,它无非是一种理论,只不过有两个入口:再生产和革命。那些未发表的部分在这里所照亮的东西正是由此而来的。

在我看来,我们应当明白,这个理论配置的枢纽是法权①(这是第五章和第十一章的主题)及其在社会主义革命进程中可能消亡(它与商品关系的消亡相关)的问题。我想指出,阿尔都塞所提出的这些问题在今天丝毫没有丧失其现实性,而且也没有在他提出问题的水平上得到切题的回答。

法权及其被宣告的消亡

关于法权的思想,虽然先于关于国家的思想被介绍,但它的基础却是把国家当作统治阶级的统治工具的国家理论。阿尔都塞反复说,国家机器很难"被阶级斗争所穿透",它是彻头彻尾的统治机器。资本主义和它之前的各种生产方式一样,这里的权力也由统治阶级来行使。诚然,被统治阶级的斗争会对社会产生影响,但只有统治阶级才行使"权力"。事实上,权力应被理解为是统治阶级相对于被统治阶级的力量的"剩余",不久之后,阿尔都塞就是这么说的:"阶级统治被认可是在国家中并通过国家而实现的,因为**只有统治阶级的力量才能进入那里并在那里得到承认**,不仅如此,统治阶级的力量还是国家唯一的'发动机',是在国家中唯一能被转化为权力、权利、法律和准则的能量"(见《局限中

---

① "法权"原文为"le droit","droit"有"法""权利""公正的""正当"等含义。在本书中,我们根据上下文分别将它译为"法""权利"或"法权"。为避免混淆,我们将另一个词即"loi"译为"法律"。——译注

的马克思》，1978 年，收入《哲学与政治文集》，Stock/IMEC 出版社，1994 年，第一卷，第 468 页）。法权远没有给统治带来矛盾，它本身只不过是统治的一个环节。这就是那个极端的论点：暴力通过国家这架机器转化为权力，于是产生了法权。这个论点支配着意识形态机器的难题性。

第五章即《法》那一章（在《意识形态和意识形态国家机器》一文中，这一章的内容完全没有被采用）明确给出了两种陈述。第一种是相当经典的陈述，但阿尔都塞使它显得异常明晰。这种陈述认为，法①的内容（它是不在场的）是生产关系。法虽然只有以阶级关系为根据才存在，但却只考虑个人（第 95 页）。所以，生产关系不是法律关系，它不是由"所有制"的形式来定义的。而革命也不是改变法律关系，不是生产资料私人所有制向集体所有制的过渡。革命包括自由联合的人对生产资料在实际上的共同"占有"。但这使得阿尔都塞提出一种更成问题的陈述，根据这种陈述，上述那种革命作为一个单一的过程，同时意味着法权的消亡和商品类型的交换的消亡。"法权的消亡只能意味着商品类型的交换的消亡，作为商品的财产的交换的消亡（……），意味着非商品的交换代替商品的交换。"（第 98 页）

在这一点上，阿尔都塞以其全部的一致性自觉地接受并表达了共产党的理论传统，这种传统也先后是第二国际和第三国际的传统。当然，他拒绝那种认为计划化可以为市场秩序提供替代办法的想法。相反，他力图详细说明第三种方案，它的力量

---

① 这里及下文中的"法"，与前文中的"法权"一样，原文都是"droit"，具体可参见"法"那一章。——译注

来自外部,特别以"群众干预"的形式出现,对于这种方案来说,计划化只不过是"辅助手段"(第99页注释)。他把"苏维埃政权加电气化"①解释成"政治干预加生产力的计划化"(同上)。在我看来,他似乎没有想到,计划好的秩序由于为从中央开始的特殊占有行为大开了方便之门,就不能化约为"生产力"的规定性(即工具合理性的规定性),相反,它正如商业的秩序一样,在自身中形成了某种"生产关系"即潜在的阶级关系的构型。

在法权问题和市场问题之间的关系上,我们再次发现了马克思的某些暧昧之处。阿尔都塞写道(这段话虽然确实存在,但却被删掉了,因而更加证明了其决心的犹豫不定,见第96页):我们无法谈论社会主义法权,"继续存在的法权……仍然是**资产阶级法权,因为只有作为商品的即资产阶级的法权它才是**法权。社会主义生产方式将废除一切法权。马克思曾……充分意识到这一点(……)"在这里,阿尔都塞似乎甚至比马克思走得更远。实际上,他从法权是阶级关系的实施的角度,将其阐述为是纯粹的统治条件。同样,资产阶级民主在他看来也只不过是"议会制或总统制民主机器形式下的资产阶级专政"(第139页),所以"就本质而言,阶级斗争还是在资产阶级民主合法形式之外展开"(第139页)。

---

① 参见列宁《全俄中央执行委员会和人民委员会关于对外对内政策的报告》,《列宁选集》第四卷,人民出版社,2012年,第364页:"共产主义就是苏维埃政权加全国电气化。"——译注

意识形态机器与国家机器①

　　这部著作的一个核心论点是,不能满足于关于下层建筑和上层建筑的那种隐喻的论述方法,因为这个隐喻会使人误入歧途。之所以这么说,是因为这个隐喻暗示着经济基础决定其余的一切。但在阿尔都塞看来,归根到底是社会生产关系标示着生产方式的特征,而生产关系的再生产是通过镇压性国家机器和意识形态国家机器共同来保障的。

　　关于意识形态国家机器的这个论点的有力之处,首先在于它来自对社会的这样一种解释:社会中渗透着、充斥着阶级关系,社会服从于阶级权力。而阶级权力的行使是通过各种机构得以实现的,不仅仅是通过国家机构(它们形成公共领域,与私人相聚的私人领域相对),还同样通过私人机构,比如教会、党派、工会、家庭、私人学校和各种文化团体等等。1970年的那篇文章贡献很大,它非常出色地(同时也是瞬息即逝地)抓住了如下事实:那些重大社会机构都是阶级统治关系的相关方。

---

　　① 这里前一个"机器"的原文是"appareillage",即"appareil"的集合名词形式,后一个"机器"的原文是"machinerie",即"machine"的集合名词形式。需要指出的是,阿尔都塞本人提到"国家机器"和"意识形态国家机器"时,用的都是"appareil"。"appareil"与"machine"的区别在于,前者词义比后者更宽泛,指一切由零件组成的、具有一定用途的机械性仪器或装置,后者主要指由某种动力带动的机械性装置或设备。但这两个词有时可以通用,用于比喻,均可指非机械性的人体器官或国家机构。另外值得指出的是,马克思在谈到国家机器时,用的是"Staatsmachine"或"Staatsmachinerie"。——译注

我们知道,阿尔都塞在这方面的灵感部分来自葛兰西,后者用"市民社会"(它与"政治社会"相对,也就是说与严格意义上的国家机关相对)这个名称来指那些(私人的和公共的)机构的整体,领导阶级的"领导权"(该阶级的意识形态的优势地位)就是通过那些机构得以实现的。但是葛兰西给意识形态这个概念赋予了世界观、知识、文化和伦理上的宽泛意义,他认为市民社会也是正在上升的阶级即无产阶级展开进步斗争的领地,因此革命过程本身就类似于对领导权的夺取。由此看来,阿尔都塞倒转了上述理解,他把所有的机构阐释为国家机器的组成部分,而资产阶级正是通过国家机器来保障自己的统治的。

他显然并没有忽视伴随着资产阶级法权和资产阶级民主而来的解放的可能性:在讨论法权的那章的开头提到康德和黑格尔就是证明(第93页)。① 他也没有忽视社会主义运动对整个社会的民主政治的作用(众所周知,他邀请人们在机构性的领地上进行政治斗争)。但是,他以某种方式悬置了这一思考。在一种阵发性的紧张状态中,他力图指出如下事实(事实上,只有当人们思考到极端时它才能被揭示出来):公共机构是"阶级斗争"(通过它,一个阶级强迫另一个阶级承认自己)的机关,它们保障着统治的再生产。在这里,他与霍布斯非常接近,只有一点不同(但确实是重大的不同),那就是对霍布斯来说,国家实现了社会的有效和解,终结了暴力,从而终结了每一个人对每一个人的战争;而对阿尔都塞来说,国家恰恰保障着社会暴力的行使,从而保障着一个阶级对另一个阶级的战争。

---

① 参见本书第五章"法"。——译注

这场一个阶级征服另一个阶级的战争,是通过利用商品关系,通过"认可"那些商品关系的法而进行的(第 198 页)。然而,正如阿尔都塞在"关于意识形态国家机器的说明"一文(这篇文章附在本书末尾)中所强调的那样,这个论点不是功能主义的。因为那些机器只不过是阶级斗争的工具:因此,阶级斗争优先于占统治地位的意识形态,优先于那些机器。诚然,"国家政治最终取决于阶级斗争中统治阶级的利益"(第 254 页),但"阶级斗争永远不会停息"①。阶级斗争无法被控制在再生产着统治的机器当中,因为它比那些机器更强大。

除此之外,阿尔都塞还补充说,法的各种安排只有在不得已的情况下才依靠镇压,而在一般情况下,规范是内在化的:它以道德意识形态的形式,作为一种唤问我们的(内在的)声音而出现。确切地说,作为一种把我们当作主体来唤问的声音而出现。

呼唤"唤问"②

通过要求我们重新思考把意识形态与上层建筑的其他组成部分并列在一起的经典讨论方式,通过把意识形态当作国家的意识形态从而把它纳入国家结构当中,阿尔都塞意味深长地颠覆了马克思主义的传统的难题性。他的分析带来的巨大好处在于,它赋予意识形态一种唯物主义的实在论身份,一种社会本体论的身份,同时这种分析还把意识形态假定为是一种"唤问",每个人都

---

① 参见第 416 页。——译注

② 这里"呼唤"和"唤问"的原文分别为"interpeller"和它的名词形式"interpellation",关于这个词的译法,详见第 364 页译注。——译注

通过这种"唤问"而被传唤(convoqué),并被构成为社会主体。以下就是他的两个论点:(1)意识形态并非"具有一种理想的、观念的或精神的存在,而是具有一种物质的存在",因为"一种意识形态总是存在于一种机器当中",而意识形态国家机器就是意识形态"实现"的场所(第217页);(2)"所有意识形态的功能(这种功能定义了意识形态本身)就在于把具体的个人'构成'为主体。"(第221页)

这里我想说(对此更详尽的论述,可参阅我的另一些著作①),这是一项根本性的理论贡献——哪怕在我看来它还需要进行大规模的概念重组——,并且这项贡献正好在于这两个论点之间的紧密关系。

大家应该不会反对我对阿尔都塞的话语加以延伸,再一次把它本身颠倒过来,并提出:他的话语是在把我们带向别处,而不是带向它要传唤我们去的地方。

因为不是"内心的声音"、意识的声音,而是一种公共的声音在唤问我们。它宣布我是自由的主体。这种话语就是现代宪法的话语,宪法的开篇必然是人权宣言②,它假定每个人都是"自

---

① 见《一般理论》(*Théorie générale*),法国大学出版社(PUF),1999年(中译本见比岱《总体理论》,陈原译,东方出版社,2010年。——译注);《对〈资本论〉的解释和重构》(*Explication et Reconstruction du Capital*),法国大学出版社,2007年;《国家—世界》(*L' État-monde*),法国大学出版社,2011年。[2011年补注]

② "人权宣言"的原文为"la déclaration des droits de l'homme",即"对人的各种权利的宣布"。——译注

由—平等的"①,宣布主权者是主体,主体是主权者,宣布我们自己服从作为主权者的自己。这种话语的唤问者的具体存在,不能根据使它得以历史性出现的事件来衡量,既不能根据它被记录的形式,也不能根据它所寄身的场所来衡量。从社会存在的意义上说,它的本体论身份由它所支配的机构的形式、由与它融为一体的实践、还**以同样的理由**由构成现代性的阶级斗争来规定。而对阶级斗争来说,"自由—平等"②的宣言构成了基本的参照。对这一唤问的这种参照,事实上在阶级斗争的每一刻都被唤起。阶级斗争明确地呼吁③那种唤问作为承诺必须如实兑现。

在阿尔都塞看来,意识形态和唤问都是"永恒的",也就是说,它是人类(humanité)的基本构成要素,但根据主体性构成形式的历史多样性,它们具有多样的历史形式。因此必须去理解所有"现代的"唤问方式。

作为人类的呼唤④,它只不过是人类的声明,仅仅是一种承诺,每一个人给每一个人的承诺,即每一个人只要承认自己是公民,他就成为公民。这是一条公约,仅仅是一条公约。

对国家持契约论观点的理论家们通常都没有注意到,这条公约并没有得到遵守。但马克思对这种破产给出了辩证的阐述:自

---

① 此处"自由—平等的"是用"自由的"和"平等的"连在一起而造的一个词"librégal"。——译注

② 这里"自由—平等"的原文为"liberté-égalité"。——译注

③ 这里的"呼吁"原文为"appelle",注意它与上文中的"唤问"(interpellation)与"唤起"(se rappelle)之间的关系。——译注

④ "呼唤"原文为"interpellation",即前文的"唤问",详见第364页译注。——译注

由—平等的契约关系"转变为自己的对立物"①,因为当通过市场形式来实现自身时,它就承认了统治着它的东西,特别是通过生产资料所有权,承认了对那些生产资料不充分的人或只拥有自己劳动力的人进行支配的权利(faculté)。对自由(自由出现在市场上)人的呼唤,变成了(总是已经是)一个圈套,变成了命令,它强制人们去遵守商业秩序,遵守确定这种秩序的法律形式,遵守为商业秩序辩护的种种表述,并适应那些表述所呼吁的实践。

尽管如此,自由—平等的承诺还在,把被统治者作为自由人、作为"自由—平等"的公约参与者的呼唤还在。但服从市场的自然的、因而是合法的秩序的命令却同时断言,商业秩序的自由也就是公民的自由本身。矛盾的是,这也就意味着,公民们共同自由地安排社会秩序,因而也就是被共同邀请(通过这种相互的然而作为**唤问**来说又是"单向的"呼唤而被邀请)去自由地依照他们对自由的想象来建立世界。那些试图冒这种风险的人,特别是从1917年开始,遇到了另一种局限,即对自由的公开允诺,一旦不再通过商品社会的契约性和合理性形式来兑现,就会转向另一种极端形式,首先以终于被找到的普遍意志的形式出现,但以这种名义出现的形式,也可能最终退化为行政化和计划化理性的社会合理性,带来其他的从属后果。

因此,在现代时期,"阶级"关系(阿尔都塞曾明确指出,阶级

---

① 参见马克思《资本论》第一卷,人民出版社,2004年,第673页:"……既然每一次交易始终符合商品交换的规律,资本家总是购买劳动力,工人总是出卖劳动力,甚至可以假定这种交易是按劳动力的实际价值进行的;那么很明显,以商品生产和商品流通为基础的占有规律或私有权规律,通过它本身的、内在的、不可避免的辩证法转变为自己的直接对立物。"——译注

关系归根到底构成了法的对象,虽然法并没有谈到它)最重要的形式只有从这种呼唤出发才能被理解。这种呼唤只是人类的呼唤,因而只是公约,在使其自身得以兑现的各种制度形式中,它具有一种与阶级关系的社会本体论相似的社会本体论身份,但在阶级关系中,它"转变为自己的对立物"。

奇怪的悖论:今天我们如果不从表现为自由与平等的呼唤的东西出发,就不知道如何去谈论剥削和大众的苦难、谈论对边缘地区的奴役和对人民的灭绝行为。可以合理地指出,马克思在《资本论》中正好就是这样做的。在《资本论》中,马克思——不是出于教学的目的,而是为了与对现代世界的"思考"的要求相一致——从商业伊甸园的状况谈起。在商业伊甸园里,每个人都承认对方是自由—平等的。

但这意味着人们①不再臣服于那种秩序。因此,这个表面的"悖论"也是这样一种悖论,即解放的前景,自由—平等的承诺变成现实的前景,通过这种悖论而依然是开放的,无限敞开的②。

1995 年于南特

---

① "人们"原文为单数"il"(他),根据其后动词的复数形式,应为"ils"(他们)的误植。——译注

② 我在正在写的一本书[《阿尔都塞与福柯,革命与反抗,唤问与生命政治》(*Althusser et Foucault, Révolution et Résistance, Interpellation et biopolitique*)]中提出了对阿尔都塞"唤问"论点的最新解释。[2011 年补注]

法文版编者说明

1. 这是首次出版《论生产关系的再生产》①手稿。此前阿尔都塞曾从这部手稿中抽出一些片段，组成他著名的《意识形态和意识形态国家机器》一文，发表在 1970 年 6 月《思想》杂志第 151 期上。这部著作最初的标题应该是"什么是马克思列宁主义哲学？"后来又改为"论上层建筑"，并被列入马斯佩罗出版社的"理论"丛书②。标题的变化表明，该计划在形成过程中发生了改变，最后成了对资本主义社会再生产理论的阐述。

2. 这部手稿相继有两个版本，都可以在当代出版纪念研究所（IMEC）查阅到。第一个版本是打字稿，共 150 页，标明的日期是 1969 年 3—4 月。第二个版本（它是目前这个版本的基础）包含了一系列修改和补充，篇幅增加了近三分之一，尤其是第二章，

---

① "论生产关系的再生产"原文为"Sur la reproduction des appareils de production"（"论生产机器的再生产"），其中"appareils"（机器）应为"rapports"（关系）的误植。——译注

② 马斯佩罗出版社曾在 1965 年至 1981 年出版了一套"理论"丛书，主编是阿尔都塞。——译注

进行了彻底的改写。然而这种修改还处于未完成状态。第二个版本的具体情况是:在第一个版本的一份复印件上,从开始部分直至第六章,阿尔都塞都在页间和页边加入了自己的修改,然后他插入了增补的一章,即"第七章:关于法国资本主义社会形态中政治的和工会的意识形态国家机器的简要说明"。接下来,他给第八章重新撰写了一个新的第 1 节,以代替先前第七章中的第 1 节和第 2 节。手稿剩下的部分基本上没有再改动。然而,由于插入了一个新的第七章,从那里开始,我们自然要变动后面章节的编号:阿尔都塞遗留手稿中的第八、九、十、十一章,在这里分别改为第九、十、十一、十二章。

作者显然还没有对整个文本进行最后的修订。除了一些必要的修复之外——老实说,这样的地方相当多(明显的语法错误,漏字,不准确的引文)——我们都严格尊重原文,包括由于未完成而带来的一些不完善之处,还有独特的图表,特别还有他大量运用的大写字母。阿尔都塞通常用大写来强调那些术语是在专门的意义上被使用的。①

3.《思想》上发表的那篇文章介于这两个版本之间,但与第二个版本有一些重合之处。它没有把第二个版本中的修改全部纳入进去,所以,第二个版本似乎在那以后被重新校订过。但另一方面,那篇文章包含了一些文风上的改进,一些意味深长的省

---

① 除个别专名外,凡原文首字母大写的词语,我们都用楷体表示;凡原文用斜体表示强调时,我们都用黑体表示;凡原文首字母大写且用斜体表示强调时,我们都用楷体加粗表示。——译注

略(一些历史参考资料和政治暗示),特别还包含了一些独立的发挥,尤其与第六章第3节、第十二章第1节和第7节相比。

但最重要的,也是出版本书的理由所在,是1970年的那篇文章与它所从中抽取的这个整体相比,是片段式的,而这个整体才构成了解释那篇文章的直接语境。实际上,那篇文章无非是整体复制了第三章、第四章和第九章,部分地重复了第六章和第十二章。因此,它没有包括以下一些章节:阐明作者意图的"告读者"、专论哲学的第一章、探讨"生产方式"的第二章、涉及法权的第五章和第十一章、讨论作为意识形态国家机器的工会和无产阶级政党问题的第七章和第八章、讨论再生产和革命的第十章,以及关于意识形态和意识形态机器的第六章第1、2节和第十二章第3节。

4. 必须指出,这部著作的第二卷——阿尔都塞在"告读者"的第一页就对它作了预告,在手稿的最后又再次作了预告——一直停留在计划当中,从来没有写出来过。

5. 目前的这一卷著作是手稿第二个版本的完整展示,我们给它选了一个标题:"论再生产"。它包含了一些有时候相当长的、在那篇文章中没有出现的注释,以及手稿中预示过的附录。除了发表在《思想》上的那篇文章,我们还把阿尔都塞后来写的另一篇文章收录在本书中,这篇文章就是没有用法文发表过的《关于意识形态国家机器的说明》,其标明的日期是1976年12月。阿尔都塞在这篇文章中重新思考了由《意识形态和意识形态国家机器》一文所引发的争论。这篇《说明》被收入西班牙语版文集《新著》(*Nuevos Escritos*)(巴塞罗那,LAIA,1978)和德文版《意识形态和意识形态国家机器》(汉堡/柏林,VSA,1977)中。

6. 可以把这部手稿与同时期的其他一些著作进行对照,它们一样,都打上了那段时期理论上和政治上极度激奋的烙印。那些著作首先包括1968年2月发表在《团结报》上的访谈《哲学作为革命的武器》;其次包括1969年3月21日发表在《人道报》上的《如何阅读〈资本论〉?》(它是一份更长的手稿的摘录,这份手稿同样可以在当代出版纪念研究所查阅到,阿尔都塞曾想以这份手稿为基础写一本书,并已将其标题确定为"革命的科学");最后还包括《马克思主义和阶级斗争》①,它标明的日期为1970年1月,是给玛尔塔·哈奈克尔②的著作《历史唯物主义基本原理》所写的"序"。这三篇文章后来都被重新收入了1976年社会出版社出版的《立场》一书。

7. 还必须着重指出,阿尔都塞当时与尤里姆街③的一个校

---

① 中文版参见《马克思主义和阶级斗争》("Marxisme et luttes de classe"),吴子枫译,载《新史学》第十四辑(大象出版社,2015年)。——译注

② 玛尔塔·哈奈克尔(Marta Harnecker,1937—),智利社会学家、政治学家、记者、社会活动家,1964年在巴黎结识阿尔都塞,并师从后者学习哲学。著有多部马克思主义著作,这些著作大量援引阿尔都塞,并在拉丁美洲广为印行。皮诺切特政变后,哈奈克尔被捕并被流放,后定居于古巴。——译注

③ 指代位于巴黎尤里姆街(Rue d'Ulm)的巴黎高等师范学校。——译注

友团体有着密切联系,其中尤其包括艾蒂安·巴利巴尔、皮埃尔·马舍雷、米歇尔·托尔、克里斯蒂安·博德洛、罗杰·埃斯塔布莱等人,他们围绕一项关于学校的研究计划进行合作(热内·巴利巴尔也参与其中),手稿对此曾有多次暗示。实质上,他在这个(提交给他们的)文本中所提出的那些命题,在某种程度上是对他们的研究的理论化。他们的研究以集体著作的形式存放于当代出版纪念研究所,其中有一些草稿内容丰富,特别是由艾蒂安·巴利巴尔和皮埃尔·马舍雷撰写的部分。该团体以解散而告终,那部著作也就一直停留在未完成状态。但正是在这种背景中,克里斯蒂安·博德洛和罗杰·埃斯塔布莱的《法国的资本主义学校》一书才得以完成,并于1971年出版。阿尔都塞曾密切关注该书的编辑工作,并计划给它写序。

在当时,"再生产"的主题在受马克思主义影响的批判社会学那里,是讨论的中心。皮埃尔·布尔迪厄和勒内·帕斯隆(他们在1971年出版了《再生产》①)在60年代曾应阿尔都塞之邀来到高等师范学校,他们的研究方式是阿尔都塞的学生和合作者们所熟悉的。阿尔都塞的学生和合作者们明确地希望发展出另一种表达方式,一种与阿尔都塞的难题性相契合的表达方式。

同样,其他一些作者的作品也产生于这种背景中,阿尔都塞与这些作者保持着书信往来(这些通信也可在当代出版纪念研究

---

① 中译本参见《再生产:一种教育系统理论的要点》,布尔迪约(本书统一为"厄")、帕斯隆著,邢克超译,商务印书馆,2002年。——译注

所的资料库中找到),他们的名字出现在《论再生产》的手稿中,其中特别要提到的有:埃马纽埃尔·泰雷①、尼科斯·普朗查斯②和夏尔·贝特兰③。

8.我要感谢弗朗索瓦·鲍达埃尔先生④,还有当代出版纪念研究所的主管人奥利维耶·科尔佩先生,他们同意将本手稿收入"今日马克思:交锋"丛书,由法国大学出版社出版。这套丛书还收入了一部由伊夫·桑多默⑤负责的阿尔都塞理论文集(将于

---

① 埃马纽埃尔·泰雷(Emmanuel Terray,1935—),法国当代人类学家,曾就读于高等师范学校,受过阿尔都塞影响。著有《马克思主义面对"原始"社会》《洞穴中的政治》等。——译注

② 尼科斯·普朗查斯(Nikos Poulantzas,1936—1979),希腊社会学家和哲学家。从青年时期起就对马克思主义政治理论怀有强烈兴趣,并加入了希腊共产党。1968年希腊共产党分裂后来到巴黎,成为阿尔都塞学派的核心成员,1979年自杀。著有《政治权力和社会阶级》《法西斯主义与专政》《专政的危机》《国家、权利和社会主义》等。——译注

③ 夏尔·贝特兰(Charles Bettelheim,1913—2006),法国当代著名经济学家和历史学家,索邦大学"工业化模式研究中心"创始人,曾任法中友好协会主席,著有《纳粹统治时期的德国经济》《苏联的阶级斗争》《苏联三十年代的工业化》《毛泽东逝世后的中国问题》等。——译注

④ 弗朗索瓦·鲍达埃尔(François Boddaert,1956—),阿尔都塞的外甥,也是阿尔都塞全部遗赠财产的继承人。——译注

⑤ 伊夫·桑多默(Yves Sintomer,1962—),巴黎第八大学政治学教授,著有《亚欧参与式预算:民主参与的核心挑战》等。——译注

1996年出版）①。

我要特别感谢弗朗索瓦·马特龙，阿尔都塞资料库的负责人，《哲学与政治文集》（Stock/IMEC出版社，1994年）的编者，他密切关注着这项出版工作，并以自己的建议为这项工作指明了道路。

我还要感谢苏妮亚·费勒黛丝（Sonia Feltesse），是她的耐心细致使辨认和编辑那些手稿得到了保障。

雅克·比岱

---

① 这里所说的文集指伊夫·桑多默编辑出版的《马基雅维利的孤独》（*Solitude de Machiavel*），法国大学出版社，1998年，里面收录了阿尔都塞的《列宁和哲学》《马基雅维利的孤独》等14篇论文。——译注

生产关系的再生产

La reproduction des rapports de production

告读者

Avertissement au lecteur

一

这本著作可能会在某些方面令读者感到惊讶和困惑,我要请这些读者注意以下事项。

1. 这本小书是一套著作的第一卷,而这套著作本该包括两卷。

第一卷探讨的是资本主义生产关系的再生产,第二卷要探讨的是资本主义社会形态中的阶级斗争。

出于众所周知的政治上和理论上的紧迫原因,我决定不再等待,而是出版第一卷,因为,除开探讨哲学的"附属部分"以外,它以某种方式自成一体。虽然这一卷最重要的内容不是出自即兴发挥,但我当时却不得不在极短的时间内写完这两百来页,以便让它能尽快面世。

我当时想,它可能有助于我们回到马克思列宁主义理论的那些基本原理——关于资本主义剥削、压迫①和意识形态化的性质的原理。特别是在我看来,要想很好地阐明保障资本主义生产条

---

① "压迫"原文为"répression",在本书中,我们将依据上下文并根据中文表达习惯将它分别译为"镇压"或"压迫",即当它与"剥削"成对出现时,译为"压迫";当它与"意识形态"成对出现时,译为"镇压"。另外值得注意的是,精神分析中的"压抑"也是这个词。——译注

件再生产的那个系统,这是必不可少的。那个系统只不过是资本主义剥削的手段,因为在资本主义制度中,有用物品的生产完全服从利润法则即剥削法则。

这部著作必须探讨(1)生产力的再生产;和(2)生产关系的再生产。

由于马克思在《资本论》第一卷(关于工资的理论:劳动力的再生产)和第二卷(关于生产资料再生产的理论)中曾详尽地探讨过生产力的再生产,所以在这个问题上,我的论述非常简要。相反,我对**生产关系的再生产**这个问题展开了详尽的探讨,因为对于这个问题,尽管马克思给我们留下过一些重要指示,但它们都不成系统。

保障生产关系再生产的那个系统,就是国家机器的系统,包括镇压性机器和诸意识形态机器①。

由此得出第一卷著作的标题:"**资本主义生产关系的再生产**"(剥削、压迫、意识形态)。

正如大家将会看到的那样,我冒了很大的风险在两个方面推进了那些论点,它们与马克思列宁主义工人运动的理论和实践完全一致,只是还没有以一种系统的理论形式得到陈述。由此,我提出了一种我称之为**意识形态国家机器**②的理论草图,以及一种

---

① 请注意,阿尔都塞在谈到"镇压性(国家)机器"时,用的往往是单数,在谈到"意识形态(国家)机器"时,用的都是复数。但除在这两个词对举从而有所对照的地方,译文涉及后者时一般都省略表示复数的"诸"。——译注

② 关于"意识形态国家机器"(Appareils idéologiques d'État)一词的译法,请参见本书译后记中的说明。——译注

关于**意识形态一般**①的运行的理论草图。

因为第一卷的分析在某些情况下依赖于一些只有在第二卷中才会得到详细说明的原理,所以我请求大家允许我进行某种理论上和政治上的"借贷"(在第二卷中我将尽量如期兑付)。

在第二卷中,我会试着着手讨论**资本主义社会形态中的阶级斗争**的难题。

2. 这第一卷从可能会令人惊讶的一章开始,即从讨论哲学的"性质"开始。可能更让人惊讶的是,在树立起了一些基础性的标杆之后,我又将关于哲学的问题丢在一边悬而不论,兜了一个非常大的圈子②之后,又去讨论资本主义生产关系再生产的问题。

那么,既然我本来完全可以从探讨生产方式的第二章开始,为什么却又要从讨论哲学的第一章开始呢?这是出于非常重要的理论上和政治上的原因,关于它们,我们将在第二卷的结尾处谈到,在那里我们将能够对以下问题作出答复:什么是马克思列宁主义哲学③?它的独创性在什么地方?为什么它是革命的武器?

对资本主义生产关系再生产的阐述之所以这样被置于哲学

---

① "意识形态一般"(Idéologie en général)这个提法是阿尔都塞仿照马克思的"生产一般"而提出来的,后文中还有"哲学一般""理论一般"的提法,也是如此。——译注

② 阿尔都塞经常使用"兜圈子"这一提法,在其他地方也译为"迂回"。——译注

③ [被删除的注释:"目前,我有意使用'马克思列宁主义哲学'这个词语。在文章的结尾处,我将提出另一种更正确的表达法。"]["表达法"原文是"formation"(形态),应为"formulation"(表达法)之误。——译注]

问题的庇护之下,并不是纯粹出于叙述上的考虑。

事实上的确如此:如果不通过第一卷(生产关系的再生产)和第二卷(阶级斗争)兜一个大圈子的话,我们就无法回答"**马克思列宁主义哲学由什么构成**"这个问题。

然而,既然哲学本身的问题(第一卷第一章)先于马克思列宁主义哲学的问题,为什么又要如此特别强调马克思列宁主义哲学的问题呢?

我之所以这样处理,不是因为从大学的专业分工来说我是哲学家,所以就出于专业原因,要么专谈自己知道的一点点东西,要么像商人一样"自卖自夸"。作为共产党员,我这样做是出于理论上和政治上的原因。

简言之,我的理由如下:

从属于马克思所创立的科学的一切理论(尤其是第一卷中关于生产关系再生产的理论),都依赖于一门革命的科学,而这门科学只有**在被马克思主义传统称之为辩证唯物主义哲学的基础上**,更确切地说,正如我们将要阐明和证明的那样,只有站在无产阶级的哲学立场上,才能为马克思所创立。因此,如果我们在理论领域中不站在无产阶级的立场上,就不可能理解,更不可能阐述和发展马克思主义理论,哪怕是在某个特定的方面——列宁已经令人钦佩地理解并阐明了这一点。既然一切哲学的本义就是在理论中代表一定阶级的立场,那么马克思列宁主义哲学的本义就是在理论中代表无产阶级的立场。

因此,对于所有对马克思主义理论的阐述和发展来说,首要的是辩证唯物主义哲学,即哲学中的无产阶级视点。在第二卷中我们将阐明,马克思列宁主义哲学不仅对马克思主义科学的发展、对"具体情况具体分析"(列宁)①(只有这种分析才使得马克思主义科学成为可能)的发展必不可少,而且对阶级斗争的政治实践同样必不可少。

如果情况确实如此,那么我们的第一卷从提出"什么是哲学"这个问题开始,就没什么好惊讶的了。我们将在第二卷的结尾处,指出马克思列宁主义哲学观的革命性,并确定它在政治实践和科学实践中的作用。到那时大家就会懂得哲学为什么的确是革命的武器,以及哲学如何成为革命的武器了。

二

尽管我刚才关于马克思列宁主义哲学在科学实践中(首先是在马克思所创立的历史理论中,同时也在其他的科学中)和在共产党的阶级斗争实践中的重要性的陈述,可能一下子就会被至少共产党员同志所赞同,但还是可能会有人甚至从马克思主义的观点出发对我提出反对意见。

人们可能反对我说,马克思列宁主义哲学(在经典传统中被称为辩证唯物主义)最重要的部分,很久以前就有人说过、写过了。确实,每一个人都知道,有大量著名的文本探讨过马克思及其后继者所创立的哲学。

比如马克思的《关于费尔巴哈的提纲》(1845)和《资本论》德

---

① 参见列宁《〈共产主义〉》,《列宁选集》第四卷,前引,第290页:"……马克思主义的精髓,马克思主义的活的灵魂:对具体情况作具体分析。"——译注

文版第二版的"跋";比如恩格斯的《反杜林论》(1877)的第一部分和《路德维希·费尔巴哈和德国古典哲学的终结》(1888);比如列宁的《唯物主义和经验批判主义》(1908)以及《辩证法手册》(1914—1915)①;比如斯大林的文章《论辩证唯物主义和历史唯物主义》(1938);比如毛泽东的《实践论》《矛盾论》(1937)和《人的正确思想是从哪里来的?》等等。

在这种情况下,为什么要重新提出关于马克思列宁主义哲学的问题呢?

1. 我们说:是为了进行总结,同时也为了提供一些必不可少的重要细节,为了更好地突出我们在哲学中进行阶级实践的政治—理论特性。

2. 但是,我们不能停留在这种仍然是思辨的叙述视点上。关键的不仅仅是"使人看见并理解"我们哲学的特殊性和新颖性。从现在开始,关键的是让它实践地发挥作用,简言之,关键的是让它针对一些科学的难题"工作起来"。

我们马上就会发现,如果没有我们的哲学的直接干预,仅凭对构成某种生产方式的统一体(生产力和生产关系的统一体)的简单分析(正如接下来马上就会做的那样),我们绝对无法在那些科学问题上看得一清二楚,从而也就绝对无法推进我们的认识。

正因为如此,我们说——我们这样说完全是出于上述历史的、理论的和实践的原因——时机已到,至少在我们这里,为了总

---

① 《辩证法手册》(*Cahiers sur la Dialectique*)即《黑格尔辩证法手册》(*Cahiers sur la dialectique Hegel*),系列斐伏尔和古特曼1938年翻译出版的列宁《哲学笔记》选本。——译注

结马克思列宁主义哲学,是时候阐明马克思列宁主义哲学的革命性,是时候对其某些方面进行详细说明,并立即(甚至就在今天)让它针对一些科学的难题(其中有些直接关系到阶级斗争的实践)"工作起来"了。

1. **时机已到**,因为我们必须进行总结,并且我们也能够进行总结了

自马克思和恩格斯以来,甚至自列宁的《唯物主义和经验批判主义》以来,我们学到了许多新东西。

今天,我们有了苏联革命和中国革命的许多非凡经验,有了社会主义建设的不同形式及其种种结果的教训,有了工人反对资本主义资产阶级的全部斗争的教诲,还有人民斗争的教诲(反法西斯斗争、"第三世界"国家的解放运动、越南人民反抗法国及美国帝国主义的胜利斗争、美国黑人的斗争、学生造反运动等等)。

我们不仅有工人运动伟大胜利的经验,也有关于其失败和危机的经验①。列宁屡次告诉我们:当我们懂得深入分析失败的原因以汲取教训时,失败就永远比成功充满更多的教诲,因为失败的后果迫使我们面对**事情的实质**。失败况且如此,就更不用说一场严重的危机了。

---

① 当前的危机由两个主要事件统治着:(1)二十大及其后续事件,它对20世纪30年代以来斯大林的一部分政策进行了指控;(2)国际共产主义运动的分裂,它对来自二十大的政治路线进行了指控。

当我们想到马克思从巴黎公社人民群众的首创精神中、从对公社失败原因的分析中所获得的启发；当我们想起列宁从1905年革命时期人民群众对苏维埃的发明中、从那次"总演习"的失败中所获得的所有启发，我们就不得不自问：**我们呢**？从史无前例的全部经验中，从那些挫折、失败，从当前"我们所拥有的"胜利中，从我们所置身其中的危机中，我们将获得什么呢？

这种非凡的经验能漠视哲学吗？相反，难道它不应该为由马克思主义工人运动所传播的革命哲学照亮道路，提供养料，并使之充实起来吗？

2. 我们同时也认为，**是时候**对马克思列宁主义哲学进行总结了

是时候了，因为对我们来说，恢复马克思列宁主义哲学的全部革命力量(或赋予它这种力量)，使其能够行使作为**革命的武器**的意识形态和政治功能，包括在我们所置身其中的危机中行使上述功能，已经刻不容缓，因为我们所置身其中的这个危机不应该掩盖另一个重要得多的危机。

我们不要在这里犯错误。只要意识到帝国主义所陷入的这场史无前例的危机，就足以从中得出它无法残存的结论。帝国主义的各种矛盾和它的受害者已经扼住了它的咽喉，人民已经对它发起了进攻。我们将进入一个社会主义在整个大地上取得胜利的世纪。只要注意到不可抵抗的人民斗争的洪流，就足以得出结论：在或远或近的期限内，经过一切可能的曲折(包括国际共产主

义运动的严重危机),革命已然提上日程。**一百年之后**,甚至或许五十年之后,世界的面貌将为之一变:革命将在全球占上风。

因此,给那些走向共产主义的人(他们的数量越来越多),特别是给那些来自工厂、农村和学校里的年轻人提供各种工具,让他们用马克思列宁主义的理论和阶级斗争的经验来武装自己,已经刻不容缓。马克思列宁主义哲学就是那些工具中的一种,因为它是一种革命的哲学:它是**唯一**革命的哲学。

对马克思列宁主义哲学进行总结,无非意味着:清楚地、并以最可能深入的方式去理解这种哲学是什么,它如何起作用,以及(根据马克思的提法)该如何利用它去"改造世界"而不是"解释世界"。

对马克思列宁主义哲学进行总结,同时意味着为了阐明和理解马克思列宁主义哲学,而提醒大家注意由马克思所创立的新科学即历史唯物主义的根本成就,**如果没有那些成就,马克思列宁主义哲学就不可能存在**。这同时也是提醒大家注意,如果马克思不先在哲学上采取无产阶级的(辩证唯物主义的)立场,那么他所创立的科学即历史唯物主义就不会存在。因此,可以从中得出结论:我们必须使这种哲学"工作起来",以明确并促进我们对马克思主义科学的认识,以便有能力去更清晰地分析当前的具体情况。

为了叙述上的明晰,让我们预告接下来的计划:要明白马克思列宁主义哲学为什么是革命的哲学,就必须明白把马克思列宁主义哲学与它之前的哲学区别开来的东西是什么。而为了能作出这种区分,就必须首先知道通常所说的哲学是什么。

由此引出一系列问题:

第一个问题:什么是哲学?

第二个问题:什么是马克思列宁主义哲学?

只要瞄上一眼,大家就会发现,按照上述顺序来提出这两个问题是必不可少的。

然而,这两个问题并不能定义我们的研究**计划**。为什么呢?

因为我们马上就会意识到,如果不先兜一个非常大的圈子,也就是说,如果不先阐述马克思主义历史科学(历史唯物主义是它的一般理论)的根本成果,我们就无法回答第二个问题:什么是马克思列宁主义哲学?

事实上,与所有哲学家(其中包括不少马克思主义哲学家)的自发想法相反,"什么是哲学"这个问题并**不隶属于哲学,甚至不隶属于马克思列宁主义哲学**。如果它隶属于哲学,那就意味着是由哲学本身来给哲学下定义。

除了极少数例外,在以往整个哲学史中,哲学总是这样来思考并这样来做的。正因为如此,哲学从根本上一直是唯心主义的。因为如果归根到底是哲学并且只有哲学本身有责任、有权利**定义自身**,那么这就是假定哲学**能认识**(*connaître*)**自己**,假定哲学是自我知识(Savoir de Soi),即绝对知识(Savoir absolu),无论它是公开地采用这个词(就像黑格尔所做的那样),还是虽然不说出来却在暗地里这样做(就像黑格尔之前的所有哲学家——除少数例外——所做的那样)。

因此,人们无须惊讶。如果我们想提出一种哲学定义,让它不再是关于哲学的简单的、主观的、从而是唯心主义的、非科学的

"自我意识",而是一种关于哲学的客观的、从而是科学的认识,我们就必须求助于**别的东西而不是哲学本身**:求助于能够让我们科学地认识哲学一般①的某门科学或某几门科学的理论原理。我们寻找的正是这些东西。大家会看到,我们将不得不将某些原理阐述得更明确,并尽我们所能地把一些认识向前推进。

正如大家所见,这门科学及由它所派生的其他科学,都取决于一个史无前例的发现,马克思通过这个发现为科学认识开辟了一块新"大陆",历史大陆。关于这一科学发现的一般理论叫作**历史唯物主义**。

因此,为了能够实现我们的目标,即给哲学下一个**科学的**定义,我们将不得不兜一个大圈子,先谈谈我们所需要的由历史唯物主义带来的科学成果。

正是这个圈子,最终会说明我们研究计划的性质。我要依次列出本研究各章的标题如下②:

第一章 什么是哲学?
第二章 什么是生产方式?
第三章 论生产条件的再生产

---

① "哲学一般"(la philosophie en général)这个提法是阿尔都塞仿照马克思的"生产一般"而提出来的,后文中还有"意识形态一般""理论一般"的提法,也是如此。——译注

② [在手稿的第二个版本中(当前的版本以它为基础),阿尔都塞插入了增补的一章,因此,本书章节的编号从第八章开始进行了调整。(参见前面的编者说明。)]

第四章　下层建筑和上层建筑①

第五章　法

第六章　国家和国家机器

第七章　政治的和工会的意识形态国家机器

第八章　生产关系的再生产

第九章　生产关系的再生产与革命

第十章　作为意识形态国家机器的法

第十一章　意识形态一般

为了预防所有误会、曲解和毫无根据的指责，我要把话说在前头，预先告诉读者，**郑重地**告诉他们，我所采用的叙述顺序虽然会带来很大的不便，但任何其他不同的叙述顺序都无法与之相比。

事实上，这个第一卷打算先探讨上层建筑（国家和各种国家机器）发挥生产关系再生产功能的模式，然而，如果不引入阶级斗争，就无法讨论国家、法和意识形态。看上去，似乎理所当然应该考虑相反的叙述顺序，在讨论国家、法和意识形态之前先讨论阶级斗争，但这第二种叙述顺序同样会碰上相反的困难：事实上，如果不先讨论国家、法和意识形态，就不可能讨论阶级和阶级斗争。这样一来，我们就陷入了一个循环，因为必须**同时讨论所有的东西**。原因很简单，因为在现实中，我们所要探讨的东西是整体运

---

① 原文为"infrastructure"和"supersturcture"，通译为"基础"和"上层建筑"，但在本书中，为了与"base"（基础）相区分，也为了突出这个对子的"隐喻的""描述性的特征"（详见本书第四章），我们把这两个词译为"下层建筑"和"上层建筑"，相应地，凡译为"基础"的地方，原文都是"base"。——译注

转的,它们虽然以一种非常明确的方式整个地相互依赖,却对自己的复杂运行和彼此间的区别完全不在意。但为了理解它们,我们必须对其进行区分,并且尤其要以我们所选定的**叙述顺序**对它们作出解释。

既然我们要说的内容的最重要的部分,在有限的几点上触及了上层建筑的一些还不为人知的具体细节,并且既然无论如何必须作出选择,那么我们选择在理论和教学上最有利的叙述顺序,就很合情合理。因为,通过接下来的部分,大家会明白,我们之所以认为必须采用我们所选定的叙述顺序,还有一些根本原因。

因此,从某一个时刻开始(在我们的分析中,这个时刻很靠前),**阶级斗争**会以一系列后果的形式不断出现。离开阶级斗争的现实,离开它在我们的分析对象之外(然而又在其中)的存在,那些后果是难以理解的。不过,既然我们不能预先说明阶级斗争理论(原因自不待言),那么,我们就不得不在对造成它们的各种后果的原因进行透彻阐述之前,不断引入那些后果。

由于阶级斗争在其现实中造成的后果,**远远超出了我们在第一卷所分析的对象中将要遇到的阶级斗争的后果**,所以明确上述问题就更为重要。我们要直截了当地预先提出这个原则,以防有人对我们进行毫无根据的指责——除非指责我们在叙述顺序上的不可避免的片面性。但即使我们采用了另一种叙述顺序(即在讨论国家之前,先从讨论阶级斗争开始),人们也完全可以对我们进行同样的、只不过是相反的指责。因此,在这一点上,我们不是要求读者宽容,而只是请求读者理解:因为如果想让叙述显得条理清楚思路清晰,实际上就不可能同时探讨所有的问题。

最后两点说明。

我们当然会要求自己尽可能地做到清晰明了。

虽然如此,我们还是要预先告诉读者,为了忠于我们的计划,我们将不得不深入到一些往往很复杂的解释中去,它们要求读者有持久的注意力。这件事不取决于我们,因为我们在解释上的困难,与哲学、法、法的诸机器,以及意识形态等事物性质的客观复杂性有关。

最后,我们请读者实事求是地对待这本书,不要向它要求(对我们来说)不可能的东西。它只是一次尝试,是一项研究的开始。尽管它不是即兴之作,而是深思熟虑的结果,但它显然无法避免任何研究都可能会具有的不足、粗糙,当然还有错误。我们请求读者对冒着上述风险的人有所宽容,但同时我们也请求最严厉的批评帮助,当然,前提是它必须是**真正的批评**,也就是说,非常严肃的有根有据的批评,而不单单是没有理由的判断①。

恕我提出最后一个"警告":本书中提出来的任何观点都不应该以任何名义被当作"福音",无论是以什么名义都不应该。马克思曾要求他的读者"自己思考"②。这一准则对任何读者都适用,无论他们面对的文本优劣如何。

路易·阿尔都塞

---

① "没有理由的判断"原文为"jugement sans attendus",本义指法律上"没有理由的判决"。——译注

② 参见《资本论》第一版序言,《资本论》第一卷,前引,第 8 页:"因此,除了价值形式那一部分外,不能说这本书难懂。当然,我指的是那些想学到一些新东西、因而愿意自己思考的读者。"——译注

第一章

什么是哲学？

Qu'st -ce que la philosophie?

一、常识的哲学和哲学①

每个人都认为自己自发地就知道什么是哲学,然而,哲学对芸芸众生来说,却又被视为一项神秘、艰难、无缘企及的活动。怎么解释这种矛盾呢?

让我们更仔细一点审查这里的说法。

每个人之所以自发地就认为自己知道什么是哲学,那是基于这样的信念:人人或多或少都是**哲学家**,即便他们并不知道这一点(就像茹尔丹先生不知道自己说的是散文②)。

---

① "常识的哲学"(Philosophie du sens commun)的提法以及后文"人人都是哲学家"的提法均来自葛兰西《狱中札记》:"因此必须通过规定每个人都具有的这种'自发的'哲学(即常识和宗教)的特征,来证明人人都是哲学家。"见葛兰西《实践哲学》,徐崇温译,重庆出版社,1990年,第3页。译文有修改。——译注

② 原文为"Comme M. Jourdain: faisant de la prose sans le savoir",意思是无意间做了某事。典出莫里哀《贵人迷》第二幕第四场,茹尔丹先生请"哲学家"教他写一封信给他爱上的贵夫人,"哲学家"问他用"诗"还是用"散文",他对什么是"诗"什么是"散文"全然不懂,经"哲学家"解释,才闹明白自己一直在说"散文":"天啊!我说了四十多年的散文,一点也不晓得。"——译注

这正是意大利伟大的马克思主义理论家葛兰西所坚持的论点:"**人人都是哲学家**",葛兰西还提到了一些有趣的细节。他注意到,在人民大众的语言中,"以哲学处事"①这一表达意味着一种态度,这种态度本身就含有某种哲学观:它是跟**合理的必然性**这个观念联系在一起的。面对令人痛苦的事情,"以哲学处事"的人,就是能够退后一步,控制自己当下的反应,因而表现得很有理性的人:他理解并接受自己所遭遇的事情的**必然性**。

当然,葛兰西说,在这种态度里会有一种消极性的因素("成为哲学家",就是"料理自己的园子","只管自己的鸡毛蒜皮","用自己的观点看待一切"②,简言之,通常也就是**顺从必然性**,并蜷缩到这种顺从中去:蜷缩到自己的私人生活、内心生活和琐屑事务中去,等着"事情了结")。葛兰西并不否认这一点,但他要强调的事实是,这种消极性以悖论的方式包含着对某种必然的、可

---

① 原文为"prendre les choses avec philosophie",直译为"用哲学的态度对待事物",意译过来为"看开点"。语出葛兰西《狱中札记》:"人民大众对哲学抱有什么样的观念呢?这可以从日常语言的用法中找到。最通常的说法之一是'以哲学处事'。这个表达,如果经过分析,就不应该全然拒斥。的确,这个提法暗含有让人听之任之和忍耐屈从的意思。然而,在我看来,其中包含的最重要的一点,却是让人们反思并充分地认识到,不论发生什么事,从根本上来说都是合理的,因而必须如实面对。"见葛兰西《实践哲学》,前引,第8-9页。译文有修改。——译注

② 原文分别为"cultiver son jardin"(源自伏尔泰《老实人》最后一句话"Il faut cultiver notre jardin":"种咱们的园地要紧"),"s'occuper de ses oignons""voir midi à sa porte",均为法语中的习语。——译注

理解的万物秩序的承认。

然而与此同时,我们在人民大众的表述中还发现了(柏拉图也早就提到过)另一种哲学观,它化身为那样一位哲学家的角色:他的头脑生活在云端里或抽象之中,人却"掉进井里"①(古希腊不像我们现在有石井栏),因为他的眼睛不是盯着大地,而是盯着观念的天空。幸亏有这幅漫画,使"人民"可以取笑哲学家,但它本身的意思却是歧义性的。一方面,它表达了对哲学家的讽刺批判:一种对哲学的或温情或辛辣的清算。但另一方面,它包含着对某种事实的承认:哲学家们从事的是一门超出普通人水平、超出一般老百姓能力的学科,同时还是一门带有巨大风险的学科。

葛兰西只考虑了矛盾的第一个要素,却没有考虑第二个要素。

正确的方法是,我们不能把事物的两方面割裂开来,只从中抓住自己想要的东西。我们应该考虑到人民大众对哲学的表述中的**所有**要素。

如此看来,在"以哲学处事"这一人民大众的表达方式中,一目了然的首先是对被视为无法避免的必然之事的顺从("等着事情了结"或者死亡来临:"搞哲学,就是学习死"——柏拉

---

① 参见柏拉图《泰阿泰德篇》,174A:"相传有个伶俐的色雷斯女奴,当泰勒斯仰观星空失足掉进井里的时候,她嘲笑他只热衷于认识天上发生的事情,却看不到脚下发生的是什么。"——译注

图①)。这样一来,对"合理的必然性"的承认就成了第二位的了。况且,这也可能只是一种必然性本身(你要是不知道这种必然性的**理由**,它就不是**合理的**),也就是说,是一种宿命("没有办法改变")。通常的情况就是这样。指出这一点至关重要。

这首先是因为它强调了**哲学**=**顺从**这一观念。不能说这种等同其实无意地包含了一种具有**批判**价值的哲学观。实际上,我们要表明,绝大多数哲学都是某种形式的**顺从**,或更确切地说,是对"统治阶级的思想"(马克思语②)的**服从**,从而是对阶级统治的

---

① "搞哲学,就是学习死"原文为"philosopher c'est apprendre à mourir",见柏拉图《柏拉图对话集》,王太庆译,商务印书馆,2004年,第216页(《裴洞篇》64A):"一般人大概不知道,那些真正献身哲学的人所学的无非是赴死和死亡。"后来蒙田有一篇随笔的标题就是"Que philosopher, c'est apprendre à mourir"(搞哲学,就是学习死),参考蒙田《哲学即学死》,《蒙田随笔》,梁宗岱、黄建华译,人民出版社,2005年。值得注意的是,阿尔都塞在《政治与历史:从马基雅维利到马克思》中把这个命题颠倒了过来(并在后来多个文本中重申过),提出"搞哲学,就是学习不死"(philosopher, c'est apprendre à ne pas mourir),参见《政治与历史:从马基雅维利到马克思》,吴子枫译,西北大学出版社,2018年,第333页。这个颠倒的命题实际上受到斯宾诺莎的启发,参见《写给非哲学家的哲学入门》(*Initiation à la philosophie pour les non-philosophes*),法国大学出版社,2014年,第80页:"斯宾诺莎在一个唯物主义句子中说'搞哲学,不是学习死,而是学习生'。"另参见斯宾诺莎《伦理学》,贺麟译,商务印书馆,1983年,第222页:"自由的人绝少想到死;他的智慧,不是死的默念,而是生的沉思。"——译注

② 参见《德意志意识形态》,《马克思恩格斯文集》第一卷,人民出版社,2009年,第550页:"统治阶级的思想在每一个时代都是占统治地位的思想。"——译注

服从。

其次是因为它实际上包含着对于两种完全不同类型的**哲学**的区分。一方面,存在着消极顺从的"哲学",持这种哲学的人"料理自己的园子","等着事情了结",从而"用哲学处事"(我们将把这种"哲学"称为**常识的哲学**)。但另一方面,存在着积极的哲学,持这种哲学的人服从于世界的秩序,是因为他通过理性认识了这种秩序,其目的可能是为了认识后者,也可能是为了改造后者(我们将把这种哲学直接称为**哲学**,它的第一个字母要大写①)。例如,一位斯多葛派的哲学家之所以是"哲学家",就在于他积极地使自己适应世界的秩序,而这种合理的秩序之所以是合理的,是因为他通过理性的运用认识了它。例如,共产党员哲学家之所以是"哲学家",就在于他为促进社会主义的到来而战斗,他(通过科学的理性)认识了社会主义到来的历史必然性。我们认为,从这方面看,所有的斯多葛主义信徒、所有的共产主义战士都是第二种意义即强调意义上的**哲学家**。我们也可以说他们"以哲学处事",但在他们这里,这个表达方式是和认识到世界进程或历史发展的合理的必然性有关的。当然,斯多葛派的信徒与共产主义战士之间存在着巨大的差别,但这种差别暂时与我们无关。我们以后会谈到它。

就目前而言,重要的是清楚地认识到,不应该把人民大众上述表达方式中所涉及的常识的哲学与强调意义上的**哲学**混为一谈,后者是**由哲学家们**(柏拉图……斯多葛派等,马克思,列宁)

---

① 本书中不是专名而首字母大写的概念,除个别例外,一般用楷体标示。——译注

"**制定的**"哲学,它们有的能、有的不能在人民大众中传播,或毋宁说是被传播。当我们今天在广大人民群众的表述中遇到各种哲学的要素时,必须根据这种**传播**的情况来考虑它们,不然我们就会把这些强调意义上的哲学的要素当作人民大众**自发的**意识——其实它们是通过马克思主义理论与工人运动的结合"**反复灌输**"(列宁、毛泽东语)给群众的。

A-①哲学可以成为与常识的"哲学"完全不同的东西,人民大众对哲学的表述,在向我们讽刺地指出哲学家头脑"在云端里"的时候,也明确承认了这一点。这种反讽是对**思辨**哲学或宽容、或讽刺、或严厉的清算,因为后者没有能力关心大地上的难题;但它同时又包含着"真理的种子"(列宁语),即真正的哲学"运行"于"另一个世界"(我们暂时称之为"观念"的世界),而不是人民大众自发意识的世界。哲学家"知道"并说出一些普通人不知道的事情,他必须历尽艰难的抽象之路才能抵达这种高贵的"认识",这种并非**直接**赋予所有人的认识。在这个意义上,我们不能再说人人都自发地是哲学家,除非像葛兰西所做的那样玩弄"哲学家"这个词的含义:除非我们把常识的哲学与哲学(本身)混为一谈。

于是我们又回到了我们的问题:**什么是哲学**?但同时我们会意识到,我们的第一个问题已经孕育在第二个问题当中了,这就是:什么是**常识的哲学**?

为了回答这个双重的问题,我们将依次阐述一定数量的论

---

① 此处项目符号"A-"应为误植。——译注

点,以便去发现一定数量的现实。只有当我们理清了这些现实,才能回到我们的问题,给它们找出一个答案。

二、哲学并不是从来就存在

我们从这样一个简单的观察开始:虽然常识的哲学似乎一直都存在着,但哲学并不是从来就存在。

我们都知道列宁那本著名的关于国家与革命的著作是怎么开始的。列宁提醒我们:国家并不是从来就存在。① 他补充说:只有在那些有**多个社会阶级**存在的**社会**中,我们才能看到国家的存在。②

我们也要作一个同样类型的提醒,只是情况稍微复杂一点。

我们要说:哲学并不是从来就存在。我们观察到,哲学所存在的社会中存在着:

1. 多个社会阶级(从而有国家);
2. 几门(或一门)科学。

---

① 列宁在《国家与革命》的第一章曾引用恩格斯的话:"……国家并不是从来就有的。曾经有过不需要国家,而且根本不知国家和国家权力为何物的社会。在经济发展到一定阶段而必然使社会分裂为阶级时,国家就由于这种分裂而成为必要了。"参见《列宁选集》第三卷,人民出版社,2012 年,第 121 页。恩格斯的话可参见《家庭、私有制和国家的起源》,《马克思恩格斯文集》第四卷,人民出版社,2009 年,第 193 页。——译注

② 参见列宁《国家与革命》,《列宁选集》第三卷,前引,第 114 页:"只有存在阶级矛盾和阶级斗争的地方才有国家……"——译注

更准确地说,我们所说的科学,不是指经验性认识的清单(哪怕这个清单很长:迦勒底人和埃及人就是这样认识了数量巨大的技术秘诀和数学结论的),而是指一门通过**抽象和证明**而展开的抽象的、理想的(或毋宁说是观念的)学科:希腊的数学就是这样由——大概是传说中的——泰勒斯或这个名字所代表的那些人创立的。

我们之所以要抓住这个观察,似乎的确是因为事实给了我们理由。无论过去,还是现在,我们都可以确认这一点。

事实是,如我们所知,哲学对我们而言是在公元前 5 世纪的希腊,和**柏拉图**同时代开始的。然而,我们也注意到,古希腊社会包含了多个社会阶级(第一个条件),并且就在公元前 5 世纪的前夕,最先闻名于世的科学,即数学,开始作为**科学**而存在(第二个条件)。这两个现实:多个社会阶级和(证明的)数学科学,都被写进了柏拉图的哲学,并在那里结合了起来。柏拉图在他讲授哲学的学园的柱廊上写道:"非几何学家免入。"他还利用"几何比例"(它是成比例的平等——也就是不平等——观念的基础)在人与人之间建立了一种与其反动的贵族信仰相适应的阶级关系(有人生来要劳作,有人生来要发号施令,最后,有人生来要让统治阶级的秩序对奴隶和工匠们享有权威)。

但我们不能走得过快。

因为我们也注意到另外的事实:早在公元前 5 世纪的希腊之前,就存在其他的阶级社会,但它们都不具备关于证明的科学的观念,并且事实上,它们也没有关于哲学的观念。比如公元前 5 世纪之前的希腊本身、中东地区的那些伟大的王国、埃及等等。似乎要存在哲学,我们前面提及的两个条件就是必需的:它们一个是必要条件(多个阶级的存在),一个是充分条件(一门科学的存在)。

可能有人会反驳我们说,如果在柏拉图之前就有人自称是"哲学家"呢？比如七贤,比如"伊奥尼亚派哲学家",等等。我们将在稍后回答这种反驳。

现在让我们回到此前定义过的两个条件,并继续我们的观察。

由柏拉图创立的这门**史无前例的**学科,即哲学,并没有随着柏拉图之死而终止。它作为一门学科在他死后幸存了下来,并且总是能找到从事它的人,仿佛哲学的存在有一种必然性:它不仅存在,还以某种独一无二的方式永远存在着,仿佛它就在自己的改变中**重复**着某种本质的东西。

然而,为什么它会继续存在呢？为什么它又会在永远存在的同时有所改变呢？

我们观察到,这种继续存在和这种发展都发生在我们所说的"西方世界"(直到资本主义时代,它都与世界的其他部分相对隔绝):在这个西方世界,阶级与国家一直持续存在着,科学经历了重大的发展,而阶级斗争也同样经历了重大的改变。

那么哲学呢,它身上发生了什么？

就让我们来看看这个问题吧。

三、政治—科学的汇合与哲学

我们观察到,哲学本身也经历了一些重大的改变。亚里士多德不同于柏拉图,斯多葛主义不同于亚里士多德,笛卡尔不同于圣托马斯,康德不同于笛卡尔,如此等等。发生这些改变难道就没有理由吗?难道除了那些伟大作者的灵感之外,就没有别的理由吗?或者,如果我们想换一种问法:为什么上述那些作者成了**伟大的**作者,而其他一大批哲学家,尽管也写了大量著作,却可以说停留在阴影里,没有起到**历史性的**作用呢?

对此,同样要以观察来说话。

可能令我们吃惊的是,我们发现哲学中所有重大的改变在历史中出现,**要么**是在阶级关系、在国家方面发生了一些显著变化的时候,**要么**是在科学史上发生了一些重大事件的时候:更明确地说,当阶级斗争的显著变化和科学史的重大事件相遇,似乎大多数时候都会相互加强,从而在哲学中产生一些突出后果。

我们举几个例子吧。鉴于我们到目前为止所提出的只是最基本的材料,我们不得不以一种**极其简略的**形式来加以陈述。等我们以后掌握了其他的分析原则,就会对这种形式进行修正。

对于大多数伟大的哲学"作者",我们实际上可以从他们在其中进行思考和写作的形势(conjoncture)中,观察到**政治**事件**和科学**事件(它们的发生本身就表明了先前形势的重要变化)的汇合(conjonction)。

政治事件	科学事件	作者
马其顿帝国的创制（城邦的终结）	关于一种生物科学的观念①	亚里士多德
奴隶制罗马帝国的创制罗马法	关于一种新物理学的观念	斯多葛派
封建制度＋罗马法复兴的最初迹象	阿拉伯人科学发现的披露	圣托马斯
绝对君主制下商业法律关系的发展	伽利略创立数学物理学	笛卡尔
资产阶级的上升 法国大革命	牛顿对物理学的改造	康德
法国大革命的矛盾（为热月政变和拿破仑所排除的"第四等级"的威胁：《民法典》）	一种历史理论的最初孕育	黑格尔
工人运动的诞生、成长与最初的斗争、失败和胜利	马克思创立的历史科学	马克思—列宁（辩证唯物主义）
帝国主义（"小资产阶级"的上升）	数学的公理化 数理逻辑	胡塞尔
帝国主义的危机	技术的发展	海德格尔
……		

这个图式化的图表中的各要素在"说什么"，留给读者自己去

---

① 自有一门科学（数学）存在的时候开始，人们就可以认为，能够拿科学的**观念**（从科学那里借来的观念）来充当一些已经被应用于经验事实、但还不具备科学性的理论建构的**凭证**。因此，亚里士多德的哲学就是以关于一种生物"科学"的"观念"为依据的，诸如此类。

想。我们只打算对一个例子——笛卡尔这个例子——作出一些同样极端图式化的简单说明,来为大家指点门径。

因此,可以这样来读:笛卡尔的哲学——它标志着哲学史上一个至关重要的时刻,因为它开创了我们可以称之为"现代哲学"的阶段——是通过两方面(其一是阶级关系和国家,其二是科学史)的重要变化的**汇合**而突然产生的。

在阶级关系方面:我们想说的是资产阶级法权的发展,后者本身认可了**在绝对君主制这种新的国家形式**(它代表着封建国家向资本主义国家过渡的国家形式)**下**处于工场手工业阶段的商业关系的发展。

在科学史方面:伽利略创立了物理科学,它代表着现代时期重大的科学事件,只有另外两个我们所知道的重大发现可以跟它的重要性相比,其中一个在公元前5世纪创立了数学,而另一个在19世纪中叶由马克思为一种历史科学奠定基础。

希望大家不要误解,我们并不是认为人们可以从决定性的政治—经济事件和科学事件两者的汇合中**推论**出笛卡尔的哲学。我们只是说,笛卡尔在其中进行思考的**形势**受到了那种**汇合**的**统治**,因此彻底区别于此前的形势,例如文艺复兴时期的意大利哲学家不得不在其中进行思考的形势。

当前,我们只打算把笛卡尔的哲学与那种形势(以及那种汇合)联系起来。我们在那种形势中感兴趣的是那种**汇合**,它似乎证实了我们此前在着手说明哲学可能是什么时曾经陈述过的双重条件。关于这一点,目前我们不想再多说了。①

---

① 到时候,在我们研究的结尾,我们将进一步讨论。

如果可以这样来**读**我们图表中的其他例子,我们就肯定会发现,哲学的改变似乎与一场——以阶级关系的改变及其后果为一方,以科学史上的重大事件为另一方的——**复杂**的但也是确定无疑的**相互作用**①有关。我们没有更多的要求,无非是让大家同意我们此前定义的哲学存在的条件**可能是真实的**。对于过去,就说这么多。

那么现在呢?

我们要以现在为例,来证明我们的定义更可能是真实的。因为我们想说的不是那些有哲学存在的社会的现在,而是那些没有哲学的社会的现在。

因为,在我们这个世界,仍然存在着这样一些社会或人类集体,在那里,哲学——就我们所知——从来没有诞生过。例如所谓"原始"社会,它们的某些余绪还残存着。它们既没有多个社会阶级,也没有科学:它们不知有哲学。再例如一些庞大的社会,我们也可以把那些由外部引进的东西从它们当中**分离**出来,以便可以说把它们放回到这种输入(输入科学和哲学)发生**之前**的状态中去考察它们。例如我们可以想想印度,想想19世纪的中国,并且问一下自己,这些社会是否有过我们在严格意义上所说的**哲学**。在他们那里,有多个社会阶级(哪怕是像在印度那样隐含在种姓形式下的阶级),但(据我们所知,如果我们没有搞错的话)**并没有科学**。

人们常常谈论印度哲学和中国哲学。但这里指的可能是一

---

① "相互作用"原文为"*jeu*",在有的地方也译为"游戏""作用""运作"。——译注

些理论学科①,它们仅仅具有哲学的外表,恐怕最好还是给它们别的称呼。毕竟,即使在我们这里,也有一门理论学科,即神学,它尽管是理论的,但**从原则上说**并不是哲学。我们暂时可以提出,所谓印度或中国哲学的性质的问题,与柏拉图之前的希腊"哲学"的问题,属于同一范畴。以后我们会尽力给它一个回答。

简而言之,以下就是我们——通过指出**哲学并不是从来就存在**——所"发现"的事情:我们(经验性地)发现,哲学及其改变的存在似乎与两方面(其一是阶级关系和国家,其二是科学史)的重要事件的**汇合**密切相关。

希望大家不要把我们没有说过的东西强加给我们。就我们已经做到的而言,我们只是发现在这些条件和哲学之间存在着一种关系。**但我们对这种关系的性质仍然一无所知**。为了认清这种关系,我们不得不兜一个很大的圈子,以便提出一些新的论点。正如我已经预告过的,这个圈子就是,为了能够得出关于哲学的一种科学的定义,我们需要对历史唯物主义的科学成果进行阐述。为此首先要问的是:什么是"社会"?

---

① 注意这里的"学科(disciplines)"一词,也有"训练""规训"的意思。——译注

第二章

什么是生产方式？

Qu'est-ce qu'un mode de production?

马克思通过自己的发现,为科学认识开辟了"历史大陆"。他为一种理论奠定了基础,而这种理论本身又构成了所有其研究对象属于"历史大陆"的那些科学的基础。那些科学不仅包括我们所说的历史学、社会学、人文地理学、经济学、人口学,还包括心理学、"社会心理学",以及通常被称为"社会科学"但更通常地被直接称为"人文科学"的那些学科。这些社会科学和人文科学之所以不承认它们真正的科学存在的基础是马克思的理论,之所以固守着那些只能造就半科学、伪科学或纯粹的社会适应技术的意识形态概念①,是由于资产阶级意识形态的占统治地位的影响,因为后者禁止它们承认马克思是其理论的真正奠基人。让我们先放下这些不说。

对我们来说,这里重要的是,马克思以自己的发现第一次为

---

① 这里"概念"原文为"notion",有时候也译为"观念"。当作为"概念"讲时,阿尔都塞把它与另一个词"concept"作了严格的区分。一般来说,在他使用"notion"时,往往与形容词"意识形态的"(idéologique)搭配,以表明那种"概念"是一种"意识形态概念",当他使用"concept"时,往往与形容词"科学的"(scientifique)搭配,以表明那种概念是"科学的概念"。下文凡出现"意识形态概念"或"不科学的概念"的地方,"概念"一词的原文均为"notion"(在必要的地方,译文后将附上原文);凡出现"科学的概念"的地方,"概念"一词的原文均为"concept",不再一一注出,读者可根据上下文领会这两个"概念"的区别。——译注

我们提供了科学的概念①,使我们能够理解什么是"人类社会"及其历史,也就是说,理解其结构、生存、发展、停滞、倒退,理解在"人类社会"舞台上发生的各种变化。

并非在马克思之前,人们关于"人类社会"的性质就没有任何重要发现。比如斯宾诺莎、霍布斯、卢梭等"哲学家",比如那些发现了阶级斗争现实的(封建的或资产阶级的)历史学家,比如亚当·斯密、李嘉图等经济学家,他们都就"人类社会"的性质说过一些重要的话。但是他们的文章,甚至其中最实证的部分,仍然受到一些意识形态概念的统治,并且始终依赖于一种或明确或隐含的"历史哲学":一种唯心主义的"历史哲学",而不是一种关于历史的真正科学的理论。

人类"社会"。

我们马上注意到,马克思很早(自他1847年通过《哲学的贫困》与普鲁东论战开始)就抛弃了不科学的"社会"概念。事实上,这个词承载了太多道德的、宗教的、法律的含义,简言之,这是一个意识形态概念,必须用一个科学的概念即**社会形态**(马克思、列宁语)这个概念去代替它。

重要的不是简单地用一个词去代替另一个词。社会形态概念之所以是一个科学的概念,是因为它属于一套与意识形态概念体系("社会"这个唯心主义概念和这个体系相关)完全不同的科学的概念体系。我们现在还无法展开这套概念体系,但生产方式的概念在这个概念体系中起了核心作用。

---

① 这里"概念"原文为"concepts",关于它与"notion"的区别,请参见上一条译注。——译注

让我们简单地说,为了无所遗漏,社会形态指的是任何历史地存在着的"具体的社会",它是**个性化了的**(individualisée),因而这个具体的社会会由于其占统治地位的生产方式不同,而与同时代的其他社会、与它自己的过去形态不同。正因为如此,我们才可以谈论比如说"原始的"社会形态①、罗马奴隶制的社会形态、法国农奴制的("封建的")社会形态、法国资本主义社会形态,谈论诸如(在向社会主义过渡途中的)"社会主义的"社会形态等等。

马克思恰好曾向我们指出,为了理解一定社会形态的运行以及在其中所发生的事情(包括使得它从一种生产方式向另一种生产方式转变的革命性变化),就必须诉诸**生产方式**这个核心概念。

一、四个经典论点

我要在这里回到四个经典论点,以阐明生产方式这个核心概念是如何"干预"②马克思主义理论的。

---

① 参见 E. 泰雷(E. Terray)《马克思主义面对"原始"社会》(*Le marxisme devant les sociétés « primitives »*),马斯佩罗出版社,1968年。

② "干预"原文为"intervenir……dans",前文也译为"在……中出现",因而这句话也可以译为"以阐明生产方式这个核心概念是如何在马克思主义理论中'出现'的。但作者这里将"intervenir"一词打上了双引号,意在强调"生产方式"这个概念对马克思主义理论的"干预"作用,所以我们将它译为"干预"。此外,值得注意的是,前文中的"faire intervenir",一般译为"诉诸"或"引入"。——译注

1. 任何具体的社会形态都产生于一种**占统治地位的**生产方式。这意味着在任何社会形态中都存在一种以上的生产方式:至少两种,有时更多①。在所有那些生产方式中,有一种可以称之为**占统治地位的**,而其他的都是被统治的。被统治的生产方式要么是从先前社会形态中遗留下来的生产方式,要么就是在当前社会形态中可能正在形成的**生产方式**。在所有社会形态中都存在的生产方式的这种多样性,以及一种生产方式对其他正在消失或正在形成的生产方式的实际统治,解释了一切具体社会形态中可观察到的经验事实的矛盾的复杂性,也解释了它自身中存在的相互抗衡的、表现在其历史(其经济、政治和意识形态中可观察到的真实变化)中的各种矛盾倾向。

2. 是什么构成了生产方式呢?是马克思称之为生产力②与生产关系的**统一**③。因此,每一种生产方式,无论它是占统治地位的还是被统治的,在其统一中都拥有自己的生产力和生产关系。

如何来思考这种统一呢?马克思谈到过生产力与生产关系之间的"相适合",但这个词仍然是描述性的。关于一定生产方式中生

---

① 列宁在分析俄国 19 世纪末的社会形态时,竟从中区分了四种生产方式!

② 应出于手稿没有严格统一的缘故,"生产力"的原文有时候是"les Forces Productives",有时候是"les Forces productives"。我们认为后者主干单词的首字母也都应该大写,所以根据本书体例,译为中文时都用楷体。类似的情况还包括"生产关系""国家机器""意识形态国家机器""国家的意识形态"等等,不再一一注明。——译注

③ "统一"原文为"unité",也译为"统一体"。——译注

产力和生产关系的**统一**所具有的独特"性质"的理论,还有待建立。

这第一个理论支配着另一个经常与它相混淆的、与一个全然不同的难题相对应的理论:关于一定社会形态中占统治地位的生产方式与被统治的生产方式的"统一"的理论。这个"统一"与前面说的那个统一是截然不同的"统一",因为它必然是"矛盾的"。比如,当人们说生产关系不再与生产力相适合,并说这种矛盾是一切社会革命的原动力时①,它不是或不仅是指某**一**种特定的生产方式中的各种生产力与生产关系不相适合,而是(并且最有可能是)指在那种社会形态中**所有生产方式**的**各种生产力**与**当时占统治地位的生产方式**的生产关系之间存在矛盾。这个区分是至关重要的,没有这个区分,人们就会错误地谈论和使用"相适合"与"不相适合",并混淆两种类型极其不同的统一:一种是在某一

---

① 参见马克思著名的《〈政治经济学批判〉序言》,社会出版社(Éditions Sociales),1859年。[参见《〈政治经济学批判〉序言》,《马克思恩格斯全集》第三十一卷,人民出版社,1998年,第412-413页:"我所得到的、并且一经得到就用于指导我的研究工作的总的结果,可以简要地表述如下:人们在自己生活的社会生产中发生一定的、必然的、不以他们的意志为转移的关系,即同他们的物质生产力的一定发展阶段相适合的生产关系。这些生产关系的总和构成社会的经济结构,即有法律的和政治的上层建筑竖立其上并有一定的社会意识形式与之相适应的现实基础。物质生活的生产方式制约着整个社会生活、政治生活和精神生活的过程。不是人们的意识决定人们的存在,相反,是人们的社会存在决定人们的意识。社会的物质生产力发展到一定阶段,便同它们一直在其中运动的现存生产关系或财产关系(这只是生产关系的法律用语)发生矛盾。于是这些关系便由生产力的发展形式变成生产力的桎梏。那时社会革命的时代就到来了。"——译注]

生产方式中生产力与生产关系的内在统一;另一种是被统治的生产方式与占统治地位的生产方式之间的(永远是矛盾的)统一。

3. 如果在生产力—生产关系的统一(正是这种统一构成了生产方式)中去察看一种生产方式,就会发现这种统一有一个物质基础:**生产力**。但如果生产力不能发挥功能,它们就什么也不是。然而,它们只有**在**其生产关系**内**,并**在**这种关系的**制约下**,才能发挥功能。这就意味着,在现有生产力的基础上并**在它的限度内**,是**生产关系起决定作用**。整部《资本论》,以及列宁和毛泽东的全部著作都在给这个从未被马克思主义者承认的论点作注解。关于这个决定性的论点,请参考**本卷附录**①。

4. 不能将后面这个论点与另一个经典论点混为一谈:前者涉及在生产力—生产关系的统一体中起决定作用的因素,也就是在经济"基础"或"下层建筑"中起决定作用的因素;后者则断言,在另一个更复杂的统一体,即上层建筑(法、国家、意识形态)与下层建筑(生产力和生产关系的统一体)的统一体中,是经济的下层建筑"**归根到底起决定作用**"②。

---

① 即本书附录《论生产关系对生产力的优先性》一文。——译注

② 关于"归根到底",可参见恩格斯1890年9月21日致约瑟夫·布洛赫的信,《马克思恩格斯文集》第十卷,前引,第591页:"根据唯物史观,历史过程中的决定性因素**归根到底**是现实生活的生产和再生产。无论马克思或我都从来没有肯定过比这更多的东西。如果有人在这里加以歪曲,说经济因素是**唯一**决定性的因素,那么他就是把这个命题变成毫无内容的、抽象的、荒诞无稽的空话。"——译注

因此，我刚才阐述的第三个论点本身就写进了当前这个论点内部。所以第三个论点可以这样来陈述：下层建筑虽然归根到底决定着上层建筑中发生的一切，但在下层建筑中，也就是在生产力—生产关系的统一体中，是生产关系在现有生产力的基础上并在它的物质限度内起决定作用。

这里，我们要注意。

只要将这四个经典论点进行比较就会发现，我们实际上是把生产方式视同为生产力—生产关系的统一，从而也就把生产方式归到了下层建筑一边。那么，到底是应该**像我们现在所做的那样**，通过仅仅引入其生产力和生产关系来描绘"狭隘意义上"的生产方式的特征呢，还是相反，应该考虑到，并非所有的生产方式都必然"导致"或具有它自己的上层建筑呢？我们决定暂时要把这个问题放在一边，以便指出另一个问题，这另一个问题至今仍是一些理论争论①的对象。

在某些时候，我们已经倾向于后一种假设②。但我们暂时更愿意保留"狭隘"意义上的生产方式的概念（生产力和它自己的生产关系的统一），同时也暂时认为，上层建筑的问题更可能产生于具体的**社会形态**（它至少结合了两种生产方式，其中一种生产方式占统治地位）的性质。在我们当前的认识条件下，对我们来说，似乎最好保留当前这个假设，即使以后会证实有对它进行修改的必要。

---

① 我们可以在普朗查斯（Poulantzas）和泰雷（Terray）那里找到其踪迹。
② 指上文提到的"并非所有的生产方式都必然'导致'或具有它自己的上层建筑"。——译注

二、生产力

接下来,我们将只考察在**某一种**生产方式中发生的事情。

正如它的名称所示,一种生产方式(mode)是一种方式(manière),一种生产某种东西的方式(façon)……什么东西呢?那就是对于生活在一定社会形态中的男人、女人和儿童的物质存在来说必不可少的物质资料。

一种"生产"的方式(façon)就是一种"改造大自然"的方式(façon),因为一切社会形态,既然无法靠"时代的气息"或"上帝的言"①过活,就都要从自然并且只有从自然那里获取自己生存(苟活或发展)所必需的物质产品(食物、房子、衣服等等)。

改造大自然以从大自然**夺取**生存资料(采集、狩猎、捕鱼、采矿等等)或**让**大自然**生产**生存资料(饲养、种植)的方式,不是一种精神禀赋、一种行为风格或一种心灵状态。它是一套劳动过程,是这个劳动的体系构成了该生产方式的生产过程。

一个劳动过程②,是一系列由劳动过程的**当事人**③有步骤

---

① "时代的气息"原文为"l'air du temps";"上帝的言"原文"la parole de Dieu",一般指《圣经》中的"圣言"。——译注

② 对劳动过程的分析,参见《资本论》第一部第一卷,社会出版社,第180—186页。(见中文版《资本论》第一卷第三篇第五章第1节"劳动过程",前引,第207—217页。——译注)

③ "当事人"原文为"agent",也译为"代理人",这个词的动词形式是"agir"("干""起作用"),所以"agent"的意思相当于"执行人",考虑到阅读习惯,本书中仍沿用"当事人"和"代理人"的译法。——译注

地执行和控制的操作活动,他们"加工"**某个劳动对象**(未加工的材料、原料、家畜、土地等等),为此而利用**劳动工具**(多少经过加工的工具,以及后来的机器等等),一方面把劳动对象"改造"成能够满足人类直接需求的**产品**(食物、衣服、住房等等),另一方面把它们"改造"成用于保障劳动过程不断延续的**劳动工具**。

在任何劳动过程中,过程的当事人都必须是"合格的",也就是说,必须能够根据劳动工具自身的技术标准很好地使用它们。因此,他们必须拥有严格的、由现有劳动工具**所要求**、**所规定**的技术经验,否则那些工具就得不到正确的使用,或者根本就得不到使用。

每一代人总会发现自己面对着现有的劳动工具,他们只能沿用或改进它们。但无论如何,改进(或革新)的限度取决于这代人所继承的现有工具的状态,而那些现有的工具本身也不是凭空发明的。因此,总是劳动工具的性质,或更一般地说,总是现有的**生产资料**(见下文),**决定**着劳动过程当事人的技术水平。由此得出马克思主义的一个重要论点:在生产力当中,虽然劳动过程的当事人在形式上是人,但其中**起决定作用的要素**并不是人,而**是生产资料**。马克思在这一点上从来都是明确的。

直到最近两百年,透过资本主义生产方式的后果,我们才观察到生产资料方面的持续革命——它是技术发展的后果,而技术发展本身又与自然科学的发展密不可分。但此前几千年,生产资料的变化却是零,或接近于零,或者说几乎难以察觉。资本主义生产方式所特有的不断的技术更新①，包括我们近三十年所观察到的巨大发展（主要是原子能和电子技术的巨大发展），丝毫改变不了马克思的这个论点②。

59　　在整个劳动过程中，劳动过程的当事人在非合作（孤立的渔夫或猎人，"独立的"小生产者）或合作的方式下进行劳动。而是否出现合作，特别是出现**合作的不同形式**，本身也最终取决于现有生产资料的状况。用鱼钩也好，用小网兜也好，人们可以独自一人去捕鱼；但当人们拥有了活动范围巨大的拖网渔船和巨型渔网时，捕鱼活动就要求通过一种由合作所规定的形式进行。

　　现有占统治地位的生产关系及与之相适合的政治，可以强加或容许某些合作形式，使它们能**用同一生产力**，就产生出在先前的生产关系和政治中不可能产生的结果。例如，在殖民地（在白人的大种植园中，或在道路修建和其他工程中）的"强迫劳动"的

---

①　马克思曾多次提醒我们，资本主义生产方式的本质特征之一，即它区别于以往生产方式的特征，就在于它**不断地**引起现有生产资料的"**革命**"。因此，当前所发生的一切都落入了马克思的这个经典论点中。

②　当对马克思主义作"**人道主义**"解释的潮流和毫无节制的专家治国论论调**汇合**在一起时，我要提醒人们注意马克思这个论点的无懈可击的现实性。专家治国论让一些马克思主义者觉得，"科学技术的迅猛发展"可以使他们提出一些倾向于主张"人"优先于生产资料的论点。这些论点会采用"在生产中，作为集体劳动者的成员，知识分子越来越起决定作用"这样的混乱表达，或表现为修正主义的论点："科学已经变成直接的生产力"。对于这些具有"理论"外表的问题，我们要慢慢加以说明。

合作,就利用先前的生产工具或其他几乎同样简陋的工具,使得先前对于被殖民地的"社会形态"来说不可能的结果成为可能。例如,中国在革命后实行的大型合作,尤其是在人民公社中为修建大坝(只是举一个简单的例子)而实行的大型合作,在不改变现有生产工具(手拐式小篮筐、锄头和铁锹)的情况下,达到了在原先家庭(个体农户)的合作形式或单独一个村子的合作形式下不可能也无法想象的结果。

只是我们在这里仍需注意:一种生产方式中的任何生产过程都涉及**多个**劳动过程,因此,关键在于精心安排,使得(季节性或非季节性的)劳动所需要的劳动人手,能充分保障同一生产方式所需要的所有劳动过程得以展开。正是这种要求,必然导致(哪怕是以最初级的形式出现的)**劳动分工**①。

举一个非常简单的例子:在非洲依然存在的所谓"原始"社会形态中,我们观察到不同的劳动过程之间的劳动分工:在常规的合作形式下,男人们打猎和建造茅屋,女人们则种植"蔬菜",在小农场养小动物、舂谷子等等。我们还观察到不同劳动过程中男女角色对换的现象:根据季节的变化,同一批男人会从一种劳动过程转到另一种劳动过程中去。

这个简单的例子说明,"原始"社会形态中的生产过程就具有高度的复杂性。可以想见,这个过程在我们高度工业化的"现代

---

① "劳动分工"原文为"division du travail",一般译为"分工",考虑到阿尔都塞有"社会劳动的分工""劳动的社会分工"和"劳动的技术分工"等提法(详见本书第 102 页正文),本书中把这个词统一译为"劳动分工"。——译注

社会"中会变得无限复杂。

让我们到此为止,并重新回到我们的基本概念吧。

我们认为,某种生产方式的生产力由一系列要素之间复杂而有规律的作用的**统一**构成,这些要素包括:

——**劳动对象**,以不同的形式出现的自然(包括"自然的能量",它无论如何总是必须"接受"或者——当只是涉及风或水流时——利用地球引力),但首先是死的(矿物)或活的(牲畜、土地)原料①;

——**生产工具**;

——**生产当事人**(或劳动力)。

马克思将劳动对象和劳动(或生产)工具统称为**生产资料**。马克思将劳动过程所有当事人的(身体的或其他的)活动的各种支出形式统称为**劳动力**。而劳动过程的当事人,也就是在技术上有能力根据合作或非合作形式的要求运用现有生产资料的那些个人。

通过重新回到这些术语,我们现在得出了如下著名的等式:
生产力 = 生产资料 + 劳动力(统一)。

所有这一切都是对于**某一**既定的生产方式而言的。

---

① 被饲养的牲畜和土地的身份是双重的,它们既是劳动对象(必须"饲养"牲畜,必须"耕种土地"),同时又是某种"工具"(machines),它们从自己的方面对被提供给它们的"劳动对象"(从草地、饲料到牲畜,从种子到土地)进行加工。牲畜和土地的双重面目,对于理解农业劳动过程的特殊性质,对于理解地租理论中土地的级差"肥力"概念的出现来说,都是决定性的(参见《资本论》第三部,第八卷,社会出版社)。(参见中文版《资本论》第三卷,第六篇,前引。——译注)

这个等式的理论好处是它突显了总的**生产资料**,从而把它们与总的**劳动力**区分了开来。这么做,对于认识任何"阶级社会"中所发生的事情来说,都是必需的。比如在资本主义社会形态中,不是**劳动力**的持有者,而是外在于劳动过程的人即资本主义剥削者,占有**生产资料**。

在深入探讨之前,我要请读者(包括那些可能对此提供洞见的读者)注意一个具有巨大重要性的理论难点。

我们将会明白,把**某一**既定生产方式所固有的生产力与存在于某一具体社会形态(其中多种生产方式"共存",虽然只有一种生产方式占统治地位)中的**生产力的总和**进行区分,已经无比重要。后面所说的生产力的总和,也就是共存于那种社会形态中的不同生产方式(其中有一种占统治地位)的各种生产力的总和。在这里,复数的"生产力"①似乎因生产方式的多元而得到解释,尽管那些生产力的总和显然不可能是一种简单的叠加、简单的相加,而是必然会在它们的矛盾本身当中获得某种统一:由占统治地位的生产方式对其他生产方式的统治所赋予的统一。这已经成为一个难题,但我们还没有关于它的真正理论。

但核心的难点涉及的是在**某一**既定生产方式中的复数的生产力。我们已经在总体上对生产力进行了描述,并用列举法和加法的形式将其表述为一个统一体:劳动对象+生产工具+劳动力②。但黑格尔早就警告过我们,加法只是加法,也就是说,说得

---

① 本书中的"生产力",用的都是复数形式"forces productives"。——译注
② 我们可以在斯大林的《论辩证唯物主义和历史唯物主义》中重新发现这种列举形式。

严重一点,是概念的缺乏,甚至如斯宾诺莎(在谈到另一个主题时)所说的那样,是"无知的避难所"①;说得不么严重,我们可以说,它指示了一个必须被填补的暂时的空白。

因为我们很容易就"感觉"到,在**某一**生产方式的生产过程的不同劳动过程中起作用的生产力,不是以任何方式简单**相加**的结果。加法是对观察的一种记录,它进行"计算"。我们当然应该从这里出发,但绝不能停留于此。我们怀疑,我们描绘为加法的东西并不是一种随意的叠加,而是一种特定的组合,对于每一种生产方式而言,它具有**一种特定的统一**,这种统一正好奠定了这种组合、**这种汇合**的物质可能性——通过对我们**相加**的要素进行分解,我们就可以从经验上把握到那种统一。因此,必须把通过各种特定形式为每一种生产方式组织其生产力的统一体的类型问题,列入有待澄清的重大理论问题的行列。②

尽管存在着最后这个难点,但通过引入生产力的概念,我们还是开始对生产方式的两个要素之一看得更清楚一些。毕竟,事实就在那里,每个人,只要他有一点点钻研精神和研究方法,即便

---

① 参见斯宾诺莎《伦理学》,贺麟译,商务印书馆,1983年,第40页:"……似此辗转追诘,以求因中之因,一直把你穷追到不能不托庇天意以自圆其说为止——天意便是无知的避难所。"——译注

② 在马斯佩罗小丛书《阅读〈资本论〉》第二卷中,艾蒂安·巴利巴尔为了搞清楚工场手工业向大工业的过渡而进行了这项研究。我要请已经读过或将要读这本书的读者注意,它所提供的思考虽然与《资本论》的精神相一致,但在《资本论》中是没有的:这是一个独创的和富有成果的"贡献"。为了区别谁在冒险努力进行探索,谁在为了免除"自己思考"而满足于对别人的东西进行重复,提醒大家注意这一点,并非多余。

不能发现它,至少也会承认它。人们不会从这一点上来与马克思进行哪怕稍微认真一点的争论。绝大多数的"专家"("经济学家")都会同意,甚至会说这是显而易见的,甚至会补充说:"我们已经懂了什么是生产方式。由专业化的当事人在劳动过程中运用的一些生产力。"

他们许多人会从中得出结论:(1)马克思没有发明什么新东西,因为一切都触目可见(但他们却觉察不到这是在马克思之后才变得触目可见的);但特别是(2)鉴于这一切,我们面对的只是**纯粹技术性的**东西:物质性的技术(工具、机器);劳动人手的技术培训;劳动过程的技术安排。他们还会在自己的技术主义或专家治国论的"自发"倾向中感到鼓舞。不幸的是,在这一点上,某些马克思主义者也把他们引为知己,对于他们来说,在这个最美好的(资产阶级)世界上,一切都会变得十全十美①。

说实话,必须断然反对他们:生产力不足以说明生产方式,因为生产力只是生产方式的要素之一,它的另一个要素表现为生产关系。

事实上,马克思在《资本论》中(并且列宁也用他的全部著作)已经向我们指出,在生产力和生产关系的统一体中起决定作用的是生产关系,所以如果我们不理解生产力(生产资料+劳动力)的运用是在确定的生产关系的制约下而实现的,就难以理解

---

① 原文为"tout sera pour eux pour le mieux dans le meilleur des mondes (bourgeois)",套用了伏尔泰小说《老实人》中的一句格言:"Tout pour le mieux dans le meilleur des mondes possibles"(在这个最美好的世界上,一切都十全十美)。马克思在《资本论》第一卷中曾引用过这句话,参见《资本论》第一卷,前引,第885页。——译注

这种运用。

三、生产关系

什么是生产关系?

这是一种特别的关系,在无阶级的社会中,这种关系就是生产当事人之间的关系,因为这种社会形态中的所有成员都是生产当事人;在阶级社会中,这种关系就是生产当事人与另一些人之间的关系,后者虽然**不是生产当事人**,但却干预了生产。

这些人**占有**生产资料,"无偿"地将生产当事人劳动产品的一部分即剩余劳动那部分**占为己有**。因此,他们**可以说是**处于生产过程的两"头",因为他们在生产过程开始之前就**占有**了生产资料的所有权,然后又在生产过程结束之后,将生产过程的产品占为己有,仅仅把其中的**一部分**让给生产当事人以便他们能够活下去并进行自我再生产,而把剩下的部分(在资本主义制度下,也就是剩余价值)都留给自己。

当然,他们并不会把所有剩下的东西都"消费"掉,无论是以大吃大喝的方式,还是以其他个人的随心所欲的方式"消费"掉。他们必须把剩下的(即剩余劳动的)**一部分**按比例用于更新生产资料,因为生产资料会消耗(如矿物)或损耗(如工具、机器)①。而一旦生产资料的占有者不注意对它们进行更新,那么他们终有一天会彻底不再占有生产资料,从而不得不落到与那些只有自己

---

① 当那些机器被由技术进步带来的更完备的新机器超过时,就不仅会有"物质意义上的"损耗,还有"历史意义上的"损耗。

的双手(甚至整个身体)可出卖的人为伍的境地。我们在巴尔扎克或左拉的小说中可以看到这样的故事:儿子"吃光"父母的老本,最后沦为本来属于他们自己的工厂的雇佣劳动者,或者落入卑贱的境地。

因此,基于我们刚才的分析,在阶级社会中,我们可以把生产关系定义为占有生产资料的人与缺乏生产资料的人之间的、偏袒一方的生产资料的**分配**关系——这种生产资料的分配同时还决定着产品的分配。

但在这里,我们必须特别小心。

事实上,我们可能会忍不住这样想:就算有些人占有生产资料,有些人缺乏生产资料,但这只是"**所有权**"问题。那又如何呢?对于比如制造钢铁的劳动过程,或更一般地说,对于生产力的运用来说,这改变了什么吗?有人已经清楚地向我们解释过,占有生产资料并独占剩余劳动的那些人"**可以说是**"处于**生产过程的两头,即之前和之后**。但这样一来,生产过程就保持它原来的样子:它只不过是生产力的运用而已。我们的"经济学家"将再一次从中得出结论,说生产过程 = 对**技术**的支配,同时仅在次要方面重复一下这个或那个东西的"所有权问题"。

是的,我们写下的是:那些人"**可以说是**"处于生产过程的两头。从事物的纯粹外表来看,我们的"经济学家"(甚至马克思主义经济学家)是有道理的:生产资料的占有与非占有只不过是**法律条文**而已,只是"**所有权**"问题。资本家会说:"**我**呢,我占有生产资料,并且根据法律推论(请您看看《民法典》),也占有产品的所有权,我以工资的形式让出其中的一部分给我的工人,那是我的自由,况且这也很'正常',因为我用它来与工人的'劳动'进行交换。"但是,我们之所以用"可以说是"这个词,为的是要让人感觉到事实并非如此。现在,我们可以来阐明为什么事实并非如此。

资本主义生产关系就是资本主义剥削关系。

为了阐明这一点,从现在开始,我们将仅限于分析在资本主义生产方式中所发生的事情,更确切地说,仅限于分析在资本主义生产方式统治下的某一社会形态——如当代法国(今年是1969年)社会形态——中所发生的事情。

说资本主义生产方式在当代法国占统治地位,意味着在法国仍然存在着一种或多种先前生产方式的要素。在这种情况下,我们说的是"农奴的"或封建的生产方式瓦解后的"残片"或继续存在的要素:首先是大地主(地租的基础)①,其次是那些"独立的小生产者",城市或农村的手工业者(那些被称为小家庭经营者的人),等等。

但资本主义生产方式,不仅通过"自然"地租向资本主义地租的转变,还通过资本主义市场对继续存在的"独立的小生产者"的几乎绝对的统治,而统治着那些古老的形式。

至于购买、销售或生产的合作社(生产的合作社极其罕见),它们完完全全属于资本主义生产方式。只有在某些过时的乌托邦主义者或机会主义者的头脑中,它们才是对社会主义生产方式

---

① 我请大家注意一个事实,即那种"残余"(大地主"阶级")不是产生于资本主义生产方式。我们知道,列宁在其他地方支持过这个论点(虽然是假想的,但在理论上值得关注):在"纯粹的"(即没有"封建的"生产方式的残余物的)资本主义形态中,土地可能,甚至一定会⋯⋯被"国有化",从而为国家所有,而国家会(按照纯粹的资本主义的"地租",也就是说,按照摆脱了绝对地租的级差地租)把土地租赁给企业家——资本主义农场主。

的直接"**预见**"。

说 1969 年的法国是一个由资本主义生产方式统治着的社会形态,意思是说,在那里**生产**(无论是社会有用财富的生产,还是作为商品被投入市场的使用价值的生产,或是交换价值的生产,总之真正社会有用物品的有效而真正的生产)是在资本主义生产关系下进行的。

然而,资本主义生产关系同时就是资本主义**剥削**关系。我们马上就会看到,必须更加深入一步。

这里要当心。关键的是不要把一切混在一起,而且,一旦人们明白了资本主义生产同时就是资本主义剥削,关键的就是不要只考虑剥削,而在私下里放过生产。

资本主义生产方式的作用之一,是真正地**生产**社会有用物品,这些物品或者被"个人"和"集体"所消费(如面包、糖、汽车、电台、飞机以及武器等等),或者被"生产"所消费(如生产资料)。① 在一切社会形态中(无论它是否包含不同的阶级),所有生产方式都尤其具有这种基本的物质作用。并且在这方面,根据现有的技术(它在目前是国际化的②)来说,"苏维埃的"或中国的小麦的的确确也是**小麦**,与"资本主义的"小麦相同,"苏维埃的"或"中国的"汽车也完全与"资本主义的"汽车相同。之所以如

---

① 我要提醒大家注意,《资本论》里既没有包含关于生产的统一性的理论,也没有包含关于消费的统一性的理论。这些理论都有待制定。

② 它并非从来都是国际化的。只是在"**全球市场**"或"世界历史"建立之后,它才变得国际化。而"**全球市场**"或"世界历史"的真正建立仅仅始于资本主义生产方式的建立。

此，纯粹是因为社会和政治的范畴(社会主义的,资本主义的)既不能应用于社会有用物品,也同样不能应用于生产资料。那些想要取消各种社会制度之间一切差别的人,为了建立他们的"工业社会"理论或为了其他的无稽之谈,当然会乞求于技术和(绝大多数)社会有用产品的国际性(因为它们物理性质相同)。

我们甚至可以很乐意为这些人免费提供一个补充的论据:我们可以说,事实上,在任何生产方式或任何"社会制度"中所发生的一切相同的劳动过程(甚至一般地说,一切劳动过程),都具有其不变的要素:劳动对象、劳动工具、劳动力。在这点上,我们的乌托邦主义者、新资本主义的辩护士或改良主义者的想象力开动了起来,他们向我们许下宏愿:自动化得到推广之后,或者阶级会消亡,或者会进入共产主义……因为自动化将取消"可以说是"几乎一切劳动力的参与……从而也就废除了对劳动力的一切剥削!

我们还是严肃一点吧。如果说资本主义生产方式确实生产了社会有用物品,它也只是在独特的生产关系(我们已经通过一种暂时的形式粗略地明白了这种关系)的制约下生产的,而这种生产关系同时也是**剥削**关系。确实,一切阶级社会都有剥削关系,但剥削关系在资本主义社会形态中采取了一种特定的形式。

因此,资本主义生产关系就是资本主义剥削关系。这一点从一开始就以下述方式非常具体地表现了出来。

生产资料:在工厂中被加工的原料、厂房、生产工具(机器)等等,都专属于资本家所有者(或某个匿名的公司,这丝毫不改变问题的性质)。至于资本家所有者是像"乐队指挥"(马克思语)①那样亲自管理自己企业的生产过程,还是把这个职责委托给一个经理,这也丝毫不改变问题的性质。

相反,劳动力,它所有细微的部分,都属于为数众多的个人,这些人不占有任何生产资料,只有自己私人的"劳动力"。他们将这些在不同方面合格的劳动力的使用,出卖给生产资料所有者一段时间。后者以工资为交换,按天、按周,有时候按月雇用他们。正如马克思所指出的那样,雇佣劳动者总是**预先**付出自己劳动力的使用,因为他们的工资总是在一天、一周或一个月**结束**的时候才得到支付。在雇佣劳动者中有不同类型的"人员":从最底层的非技术工人,到有专长的工人、专业工人,然后是水平或高或低的技术人员,级别不等的管理人员,然后是生产工程师和各类经理。此外,还有一些办公人员(打字员、会计等)②。

众所周知,实际的"生产"只有当生产资料(它无法自动"工

---

① 参见马克思《资本论》第一卷,前引,第384页:"一切规模较大的直接社会劳动或共同劳动,都或多或少地需要指挥,以协调个人的活动,并执行生产总体的运动——不同于这一总体的独立器官的运动——所产生的各种一般职能。一个单独的提琴手是自己指挥自己,一个乐队就需要一个乐队指挥。一旦从属于资本的劳动成为协作劳动,这种管理、监督和调节的职能就成为资本的职能。这种管理的职能作为资本的特殊职能取得了特殊的性质。"——译注

② 这里我要把当前"日程"中的两个问题放在一边不谈,原因就不必说了。它们是:(1)生产性劳动者与非生产性劳动者之间的区别的问题;(2)"集体劳动者"的问题。目前就后面这个"集体劳动者"概念费多少笔墨,就能浇灌出多少"希望的萌芽"。我要指出,为了从一个恰当的理论视点出发使集体劳动者这个概念发挥作用,就必须有一个新概念与之配对,通过对"集体劳动者"的买主进行思考,我建议这个概念叫作"集体剥削者"……这个概念在马克思本人那里有一个广为人知的名字:**资本的占有者和(直接或间接的)代理人或助手**。

作")与劳动力即**雇佣**劳动者发生关系(并被劳动力所运用)时才发生。然而,使得物质生产得以进行的生产资料(它不归雇佣劳动者所有,而是归资本家所有者所有)与雇佣劳动者之间联系的建立,正好是在资本主义制度下发生的,也**只有**在生产资料的占有与同一生产资料的非占有(生产资料的非占有者只占有其个人的劳动力)的关系中才发生,而**后一种关系事实上**①**把资本主义生产关系变成了剥削关系**。

我们已经看到了这种剥削存在于什么地方(这是马克思的伟大发现):存在于资本家为了购买劳动力的使用而出让给"自由"劳动者的价值中。资本家(通过契约)出让给其雇佣劳动者的,仅仅是他的工资,即只是由雇佣劳动者的劳动所生产的价值的**一部分**。资本家从法律上来说占有全部产品,这些产品的价值表现为:(1)在由劳动者所保障的生产中被耗费的商品的价值,比如原料、机器的损耗等等;以及(2)被(不等地)分成两份的剩余产品本身,其中一份是出让给劳动者的工资,另一份是从劳动者那里榨取的"剩余价值",资本家毫不客气地将它收入了自己的腰包。资本家会说:"大家都很满意",因为他用了自己的资本去"冒险"(risqué),所以当然应该收取"利润"来作为自己的……"风险"(risque)工资,而工人的劳动也已经通过"它的价值"得到了补偿。

对于这个已经被马克思驳得体无完肤的"推理"来说,不幸的是:(1)没有任何法律的或别的范畴能够确认(enregistrer)这种"必然性",即"作为……风险的补偿",利润一定要给那些有幸占有资本的人——他冒了风险,但通常来说又根本没有冒险;(2)以

---

① "事实上"原文为拉丁文"ipso facto",意为"就根据这一事实"。——译注

工资形式出让给个体劳动者的价值,绝不代表"他的劳动的价值",而仅仅代表了用于个体劳动力再生产的必要价值,这个必要价值与"劳动的价值"毫无关系,而且更准确地说,"劳动的价值"已经完全丧失了其全部的理论意义。①

正因为如此,保障着使用价值(或社会有用产品)的实际生产的资本主义生产关系,同时也不可避免地保障着资本对劳动力的剥削。正因为如此,资本主义生产关系同时也就是资本主义剥削关系。

对此,还必须补充一个专属于资本主义制度的规定性。

事实上,有相当多的读者会承认刚才所提出的分析的现实性。但他们会补充说:好吧,资本主义生产方式确确实实是这样一种生产方式,它生产社会有用物品,但资本家利用这个生产的**机会**,设法从劳动者那里骗取剩余价值。总之,资本家是相当狡猾的人,他利用"人"的需要所要求的社会有用物品的实际生产来"牟取暴利"。

根本不是这么回事。马克思曾指出,与先前的大多数生产方式(上述解释用在它们身上或许有道理)截然相反,作为一种生产方式,资本主义的头号目标不是社会有用物品的生产,而是剩余价值的生产和资本本身的生产。资本主义制度的原动力是"追逐利润",这个通行的说法要表达的就是这个意思。更精确地说应

---

① 虽然可以用劳动的"量"对产品的价值进行度量和比较,但根据定义,劳动本身却不能"有价值"。(马克思)[黄色的对数]("黄色的对数"参见马克思的一段话:"……最后,**劳动—工资**,劳动的价格,像我们在第一册中所证明过的那样,这种说法显然是和价值的概念相矛盾的,也是和价格的概念相矛盾的,因为一般说来,价格只是价值的一定表现;而'劳动的价格'是和'黄色的对数'一样不合理的。"见《资本论》第三卷,人民出版社,2004年,第926页。——译注)

该是:资本主义制度的原动力是通过生产社会有用物品来生产剩余价值,是**通过生产而持续不断地增加即扩大**①**剥削**。

在资本主义生产方式中,社会有用物品的生产完全服从于剩余价值的"生产",也就是说,服从于资本的扩大生产,服从于马克思所说的"从价值中获得价值"②。资本主义生产方式确实生产社会有用财富(使用价值),但它不是把它们作为社会有用物品来生产的,尽管表面上满足社会的需要是它的首要"目的"。通过购买劳动力这种商品,它把社会有用财富作为商品、产品来生产,唯一的目的就是通过剩余产品价值和工资价值这两种价值之间的不等游戏,来"生产"——即从工人那里榨取——剩余价值。

有一段时间,新资本主义的意识形态家和新无政府主义者完全一样,在私底下放过了剥削。前者固守着这样一种想法:不再有资本主义经济,只有"服务经济";后者则宣布:剥削的本质是压迫。必须重提这个由马克思所揭露的真理:在资本主义社会形态——包括伴随它而来的国家镇压的各种形式(我们将看到是哪些形式以及为什么是那些形式)——中所发生的一切,**都植根于资本主义生产关系也即资本主义剥削关系的物质基础中,植根于一套剥削体系中**。在这套剥削体系中,生产本身服从于剥削,从

---

① "扩大"(élargissement)这个概念在资本主义生产方式理论中起了根本性的作用。我们将会有机会来证实这一点。

② "从价值中获得价值"原文为"la mise en valeur de la valeur",直译为"从价值中搞出价值"。在马克思的著作中没有找到完全对应的表达。比较接近的表达参见马克思《资本论》第一卷,前引,第 653 页:"在资本主义生产方式下,劳动过程只表现为价值增殖过程的一种手段,同样,再生产也只表现为把预付价值作为资本即作为自行增殖的价值来再生产的一种手段。"——译注

而服从于资本的扩大生产。

但在最终讨论国家那些众所周知的镇压形式之前，必须通过哪怕很有限的几个例子，更仔细地看一看资本主义剥削关系的这种优先性是如何体现在那些形式（包括资本主义生产的技术形式）本身当中，并如何通过那些形式本身而起作用的。

四、社会分工①就是劳动"技术"分工的现实：生产、剥削，以及生产中的阶级斗争

我们将要捍卫的这个论点是完全经典的论点，在马克思的《资本论》和列宁及其后继者的著作中，随处可以找到它的根据。它就是：

1. 生产关系从根本上决定了**一切**劳动分工和劳动组织的表面上的"**技术**"关系。

2. 据前所述，生产关系就是资本主义剥削关系，因而资本主义剥削关系从根本上——不是一般地不加区别地，而是在**特定的形式下**——决定了一切发生于物质生产本身当中的表面上的"技术"关系。

换言之，剥削关系不仅表现为对剩余价值的榨取，而且工资和市场经济的一切后果都受它主宰。剥削的首要后果正是表现在工资方面，但它还通过劳动分工的形式，在生产实践本身中造成其他一些特殊后果。

---

① "社会分工"原文为"division sociale"，也译为"社会分化"，但为了与"劳动分工""劳动的社会分工""社会劳动的分工"等中的"分工"保持一致，这里译为"社会分工"，另参见第87页译注。——译注

为了展现这些后果的特定存在,我们不久前①引入了劳动的**社会分工**这一概念,与马克思对这个词的用法不同,我们把它与劳动的技术分工相对立。事实上,马克思在《资本论》中用"劳动的社会分工"这个词指的是我们建议称之为**社会劳动的分工**的东西,即社会生产的不同部门的分工:农业和工业,以及工业的不同部门。由于这个词的适用性(它对我们来说很有表现力),我们建议保留此前引入的术语革新,因此,我们要用劳动的**社会分工**这个词来指在同一生产过程当中作为剥削关系的生产关系的后果。我们再一次面对同样的"对手":它就是我们可以用"经济主义"来描绘其特征的技术主义—专家治国论的意识形态。我们已经看到,一切生产方式都将劳动过程进行组合,这种组合要求某些规定的操作要由合格的当事人通过严格规定了的顺序,在严格规定了的形式下去完成。对于每一个劳动过程来说,这要求一种在不同的规定**岗位**上的技术分工,要求一种组织,从而要求对规定劳动的分工组织进行管理。就每一个劳动过程来说是这样,更何况,情况始终是一个生产过程包含了众多的劳动过程。

我们高明的"经济学家"马上就会从中得出非常简单的结论,说在生产过程中发生的只是**纯技术**现象:劳动的纯技术分工,劳动的纯技术组织,以及劳动的纯技术管理。他们会乞灵于生产的要求本身,说为了生产得到保障,当然必须有劳动的分工、组织和管理;所以当然必须有"体力劳动者"和"脑力劳动者",也就是

---

① 那是在《新批评》(*Nouvelle Critique*)1964年1月号第152期的一篇文章《大学生难题》("problèmes étudiants")当中。我们在这里要纠正它的"技术主义"和"理论主义"倾向。这意味着我们对它有一些发展。

说,当然必须一方面有工人和资格各异的技术人员,另一方面有一整套由经理、董事、工程师、高级技术人员和管理人员等等组成的等级体系。这些都是"触目可见的显而易见的事情"。难道马克思本人没有承认这一点吗?必须有一些车间主任和一个"乐队指挥"来组织劳动分工并领导这个组织。因此,我们高明的"经济学家"补充说,只要将企业中管理人员、工程师、经理和工人们之间的关系"人性化"就可以了。"经济主义"意识形态和"人道主义"意识形态只是同一种意识形态的两面,要找到它的日常生活证明,只要读一读路易·阿尔芒①或布洛赫-莱内②的著作就够了。

然而,那些关于劳动的纯技术分工、纯技术组织和纯技术管理的"显而易见性",纯粹是一种幻象,说得更坏一点,纯粹是一种欺骗,完全是资本家的阶级斗争用来反对工人的阶级斗争的手段,目的在于让工人继续停留在自己的被剥削状态中③。马克思

---

① 路易·阿尔芒(Louis Armand, 1905—1971),法国工程师,抵抗运动成员,公共事业领袖,著有《明天的企业》(*L'Entreprise de demain*)、《分红中的控制论研究》(*De la cybernétique à l'intéressement*)等。——译注

② 弗朗索瓦·布洛赫-莱内(François Bloch-Lainé, 1912—2002),法国当代经济学家,曾任舒曼的办公厅主任、欧洲投资银行经理、里昂信贷银行主席等职,著有《占领时期的高官》(*Hauts fonctionnaires sous l'Occupation*)。——译注

③ 有一些工程师,甚至年轻的工程师,因为在学校阶段受培训时就被灌输了大量"经济主义—人道主义"的意识形态,所以,在"好好干"这种最美好的愿望中,他们确实把自己的状况和劳动"体验"为纯技术性的,但这丝毫不改变问题的性质。他们在学校里受到一套意识形态训练,而这种意识形态又碰巧在他们受雇的企业中占主导地位,我们怎么能指望他们不把自己的意识形态"体验"为"事物的自然状态"呢?必须经历一些不寻常的事情,才能使

的所有著作都是对这一点的注解；所有的实践经验，所有与工人真正相关的、统治并规定着劳动的"技术"分工和组织的冷酷无情的日常经验，都是对这一点的证明。

事实上，剥削者与被剥削者之间无可避免的阶级斗争，正是植根于生产本身当中的，因为它每一刻都在生产中上演着。

在这个层面上，资本家的阶级斗争的头号论据，就包括了关于劳动分工、组织和管理的"纯技术"性这种意识形态欺骗。但通过马克思，我们发现了这种神秘化的反面，从而我们可以宣布：劳动分工由以发挥其所谓的"技术"功能的一切形式，是占统治地位的生产关系（在我们这里就是资本主义生产关系）的直接和间接的后果。据此我们可以断言，一切劳动的技术分工实际上都是**劳动的社会分工**。作为马克思主义者，我们必须拒绝一切把劳动分工的现实形式当作是纯技术的论据或表达，并把那些形式揭露为十足的资本家的阶级斗争的论据。

为了证明它，我将仅限于展开三点论述。

1.所有生产过程都要求好些个劳动过程，从而要求一定数量的合格劳动的岗位，包括用于组织、协调和管理生产过程的必要岗位。对这些岗位作出规定的，说到底是生产资料的状态，首先是劳动对象和劳动工具的工艺学统一。①

他们幡然醒悟，但前提是他们要有这种意愿——如果没有利益的话。（之所以说"碰巧"，是因为情况并非总是如此，这时就会出现一些"冲突"，假以一些有利的环境——比如五月运动，就可以走得更远。）

①参考巴利巴尔对这一点的论证。马斯佩罗小丛书《阅读〈资本论〉》第二卷。

然而，在我们资本主义阶级社会中，那些岗位是在不可避免的、难以逾越的阶级划分的基础上被提供给人们的。工人"体力劳动"的岗位和某些技术人员与低级管理人员（工头，以及在必要时，甚至车间主任）的岗位，**终身**由工人阶级的成员**占据着**。而其他岗位，稍微高级一点的组织岗，以及劳动过程的设计岗和部分管理岗，都被另一些社会阶层的成员（工程师及中上层技术人员和管理人员）所垄断。最后，最重要的岗位，是由资本家本人或他们的直接代表占据着。

可见，社会阶级的划分出现在生产过程的分工、组织和管理中，因为那些占据不同岗位的个人，**根据其阶级归属**（以及他们相应地所接受的或长或短的学校"教育"①）**被分派了不同的岗位**。

尽管大多数个人，工程师、高级管理人员甚至经理，越来越成为普通的雇佣劳动者②，但这丝毫不改变问题的性质。在雇佣劳动者中也存在阶级差别，因为决定阶级归属的不是收入的源泉③。阶级的划分在劳动分工中造成了一些不可避免的后果，这一点以一种鲜明的方式表现了出来：凭着异常艰苦的努力，最终能往上爬那么几级，为自己获得稍好一点位置的，只有**少数**工人。但在

---

① 这里"教育"原文为"formation"，也译为"培训""形成"或"形态"，如"社会形态"（formation social）。——译注

② "普通的雇佣劳动者"。甚至在这一点上，也应该考虑得更仔细一些。工程师的收入使得他比如说有可能把"自己的存款投入"证券市场——只要提到这一种情况就够了。因此，从其收入来看，他们不再是"普通的雇佣劳动者"，而是通过对剩余价值的投机获得的再分配，参与了资本主义的剥削。

③ 《资本论》最后几行——可惜不连贯——证明了这一点。（参见《资本论》第三卷，前引，第 1002 页。——译注）

我们社会中,工人变成工程师(更不用说变成经理了)这样的事情,成了一件被用来展示的珍品,为的是让人们相信不可能事情的"可能性",为的是让人们相信不存在社会阶级,相信即使自己生来是个工人,仍然能"超于自己的阶级之上"。朴素而赤裸的现实,反驳了那些可耻的展示。

绝大多数工人**一辈子**都是工人。反过来更是如此,无论是工程师还是高级管理人员,都绝不会"落到"当工人的境地,除非发生灾难性的经济危机(那也是在极小的限度内会如此!)。一条无情的阶级分界线把两类人截然分开了:劳动的"技术"分工纯粹是一种伪装,它把某些人"圈定"在工人的等级上,却为另一些人提供了其他可能性——要么直接赋予各种高级岗位,要么提供相当多的或开放度(特别)大的"职业"①。

---

① 我在这里要指出一个从理论和政治观点来看都极其根深蒂固并且充满危险的幻象。在企业(既然我们这里以企业为例子)中所发生的事情,永远都只是发生在作为整体的资本主义体系中的事情的**后果**,因而这种后果在某些情况下,仅仅在企业的水平上会**难**以得到准确的**辨认**。我们这里揭露的"分配—圈定"就属于这种情况。无论哪个工程师都会对你说:"那又如何呢? 我要一个铣工,所以发了个广告。一个铣工来应聘。我录用了他。如果他**只**是一个铣工,难道是我的错吗?"从表面上看,在一定的限度内,这确实不"假"。但确切地说,"才能",即一个人合格还是不合格,并不是由企业造成的,而是由企业**之外**的系统造成的,并且企业本身也受制于这个系统。这个系统就是教育系统,它通过我们将要研究的那些机制,根据个人的出身,对他们进行或多或少的"教育",并强化着实践的、经济的和意识形态的禁令("文化";这些都由布尔迪厄和帕斯隆研究过了),这些禁令**预先**就以阶级为基础将那些被企业招聘的个人**进行了分类**。在这一点上,企业家的推理确实不"假":它只是证明了那些事件"超出"了企业家控制的范围。然而,碰巧的是,

2. 这条分界线正好掩盖了另外一条分界线,也就是使前面那条分界线变得合法的分界线。一些人(工程师、高级技术人员和管理人员、经理及其全部助手)在事实上垄断了知识以及"本领"的某些内容和形式,而另一些人(非技术工人、特种工和专业工人①)却**被圈定在另一些**形式和内容当中。与第一种人的垄断相对,对于被劳动生产节奏搞得筋疲力尽的绝大多数工人来说,尽管有所有那些可以想象到的"夜校"②神话,他们仍面临着一个**实践上的禁令**:禁止"超出"剥削为他们"圈定"的那些"本领"的内容和形式。

这种内在于所有生产过程的分隔,给一切所谓的劳动技术分工深深打上了"社会"性质的烙印。这种分隔并不总是有利于那些将要成为工程师或其他高级技术人员的所谓的"知识人"③:他们不了解工人们在自己的实践中或通过自己的个人努力所学到的丰富经验,而工人们也一定会意识到,自己经常能"解决"那些使某些工程师深感为难的"难题",结果工人们就知道那些工程师

那些"超出其控制范围"的事件,**预先**就惊人地与那种分配—圈定相一致,而那种分配—圈定的安排在他的企业中总是—已经预备好了,为的就是剥削工人。为那种将在企业中得以实现的分配—圈定提供在全国范围内的预先安排的,正是这个与资本家阶级的剥削系统相适应的资本主义教育系统,**而不是其他系统**:而且只要资本主义剥削的基础即资本主义生产关系保持不变,就算某些空想家会不喜欢,它也不可能变得有所不同。

①原文为"OS""OP",分别为"ouvrier spécialisé"(特种工、普通熟练工人)和"ouvrier professionnel"(专业工人、熟练工)的缩写。——译注

②可能暗指1967年由法国喜剧明星雅克·塔蒂(Jacques Tati)主演的法国电影《夜校》(Cours du Soir)。——译注

③"知识人"原文为"savants",有时候也译为"科学家"。——译注

是怎么回事了。这些经验也会和"圈定"的经验一道，共同有助于阶级意识的获得和工人的阶级斗争。

但是，**在其总的后果中**，由于一方面是某些知识的官方垄断，另一方面是向工人们发出的对同一"知识"的实践上的禁令，所以通过前者对于后者的权威，生产关系的社会分工的所有威力，在被宣布为纯技术的"劳动分工"的关系中得到了维护。事实上，如果没有**权威上的等级关系**，就不会有劳动的分工、组织和管理。然而，这个权威总是来自相同的一方，总是同样那些人在行使权威，总是同样那些人在忍受权威，**实际上终生如此**。

3. 证据是，在任何工厂里，如果没有对这种阶级统治的**认可**，没有与警察完全无关的**镇压**，就没有对劳动过程的组织。之所以说这种镇压与警察完全无关，是因为它是在劳动分工的内部本身中，并通过它自己的当事人来执行的。假设在企业里没有一个接受过"**人际关系**""**社会心理学**"这种伪科学技术训练的"尖端"人员，就什么都做不成；并且即使有了这样的人员，假设没有一些监视①和镇压的职务（这些职务可以由负责劳动组织的当事人——如管理人员和工程师等——来兼任，也可以不由他们兼任），也什么都做不成。罚款、变换岗位、给予或取消奖金、解雇等等，都是工人日常生活的一部分。在这个层面，上演着一场无声的阶级斗争。说到底，这多少是一种对雇佣过程的"政治"控制（如果不是警察控制的话），并且涉及的始终是对工会代表或工会战士的"监

---

① "监视"原文为"surveillance"，即福柯《监视与惩罚》[*Surveiller et Punir*，该书通行中文版根据英译本（*Discipline and Punish*）译为《规训与惩罚》]中"Surveiller"（监视）一词的名词形式。——译注

视",以及对他们的解雇(甚至是滥用的解雇)。事实上,许多老板在劳资调解委员会面前宁愿被判一笔罚款(他们把这些都算在"经常费用"中了),也不"容许"有一个"不受欢迎分子"存在,因为正如其称谓所示,"不受欢迎分子"的行为可能最终让他们付出比对自己的处罚更昂贵的代价。众所周知,大多数劳动就业监察员尽管并不是他们的同谋,但对于这种流弊,却也都无能为力。

那些在不同管理(这种管理始终是一种阶级管理)级别上从事镇压的雇佣劳动者,在企业中从事着剥削和过度剥削的政治活动。这种**由雇佣劳动者**执行的对雇佣劳动者的内部镇压,实际上证明了劳动的纯"技术"分工,只不过是另一种完全不同的分工——即作为阶级分工结果的**社会分工**——的伪装。工人们之所以常说工程师是"老板的一部分",这并非偶然。即便某些工程师身上可能在发生某种变化,但这在总体上丝毫没有改变难题的实质。

因此,马克思从《德意志意识形态》开始就提及过的这种"体力劳动"和"脑力劳动"之间的阶级区分,是千真万确的现实,尽管这个提法①显得生硬粗糙。它是所有阶级社会的事实,尽管"科学

---

① "体力劳动"与"脑力劳动"的这种对立,显然要求大量深入的理论研究,因为它虽然指明了一种无可争辩的现实,但它还只是一种**初步的**表达。马克思这样说的时候,他头脑中肯定想到了一些特别"经典的"参考文献,在那些文献中,那些(除了享受自己的财富)什么也不做或者只是对被剥削者进行控制的人,竟然无耻到相信他们在用自己的智慧进行"劳动",他们这样做,无非是要让人觉得劣等的阶级因为缺乏智慧,当然只能用"自己的双手"(柏拉图语)来劳动。马克思头脑中肯定也想到了在其中劳动者只是(自动的)机器的纯粹(自动的)附属品的大工业。现实更为复杂:任何体力劳动都少不了最低限度的脑力"劳动"。但**从其原则上说**,这种区分仍然十分有道理,因为

技术有了惊人的进步",新型"脑力劳动者"(比如"研究人员",我们将在适当的时候来讨论他们)的数量有了增长,但它始终是,并越来越成为现代资本主义阶级社会的事实。正因为如此,当马克思说社会主义必须"消灭体力劳动与脑力劳动的分工"①时,他是说到点子上了。正因为如此,列宁拼命坚持要建立一种新的学校形态(可惜只是非常有限地成功了)即**综合技术教育学校**,并把**实际生产中的体力劳动**与脑力劳动结合起来的做法,在当时,并且在现在依然如此重要。②

它指出了**实际的阶级区分**,而我们必须研究这种阶级区分的**精确**形式和后果。(值得指出的是,阿尔都塞在1972年写的《自我批评材料》中也谈到马克思在创立"历史科学"时,尽管在寻找新的术语,但仍然往往会陷入旧的哲学范畴之中,比如"在《德意志意识形态》中,'劳动分工'其实也作为**异化**的替代概念在起作用,因此,我们在该书中可以找到马克思关于个体、'个性'和共产主义的理论。"参见阿尔都塞《保卫马克思》附录《自我批评材料》,顾良译,杜章智校,商务印书馆,1984年,第220页。译文有修改。——译注)

①在中文版中没有找到完全对应的句子。马克思和恩格斯最早在《德意志意识形态》中论述了脑力劳动和体力劳动的分工以及消灭这种分工的问题。最接近这里引号中文句的表达见马克思《哥达纲领批判》:"在共产主义社会高级阶段,在迫使个人奴隶般地服从分工的情形已经消失,从而**脑力劳动和体力劳动的对立也随之消失**之后;在劳动已经不仅仅是谋生的手段,而且本身成了生活的第一需要之后;在随着个人的全面发展,他们的生产力也增长起来,而集体财富的一切源泉都充分涌流之后,——只有在那个时候,才能完全超出资产阶级权利的狭隘眼界,社会才能在自己的旗帜上写上:各尽所能,按需分配!"(《马克思恩格斯文集》第三卷,人民出版社,2009年,第435-436页。黑体为译者所加。)——译注

②我们将在《学校》(Écoles,即出)中发表克鲁普斯卡娅关于这个问题的

正因为如此,通过从"文化大革命"的某些经验中可以辨别的事实,我们发现了一些新做法(各级"知识分子"在直接生产中义务实习;通过把生产者分派到不同的体力劳动和脑力劳动岗位上而实现的"有规律的"打乱;把负责执行的职务实际提高为权限和责任更大的职务),在我们看来,这些新做法与反对(在我们这里存在的)"劳动的社会分工"完全决定"劳动的技术分工"的阶级斗争息息相关。

这一切都关系到阶级斗争,并且这种阶级斗争直接植根于生产过程内部的生产关系的后果,我认为,这一点无须再加证明。

如果把我们的分析结果概括起来,就可以得出以下几点。

1. 资本主义生产关系就是资本主义剥削关系。这种剥削关系表现为对剩余价值的榨取,剩余价值是通过限定工资而获得的。而工资则被认为是对在生产企业中进行的劳动的补偿。

2. 在这种生产的内部,那些生产关系表现为各种后果,这些后果与阶级和阶级斗争的各种后果交叉重叠,导致了一个总后果:社会分工顽强地统治着"劳动的纯技术的"伪分工。这种社会分工,作为个人被分配到各阶级的后果,在企业自身中导致了一种双重的然而又相互关联的分界:一部分"人员"**垄断了某些职位**(与某些"知识"联系在一起),另一部分"人员"即工人被"**圈定在次要职位上**"(并被排除在"知识"之外)。

一篇毫不含糊的长文:这篇文章提及了列宁近乎绝望的努力和他教育政策的部分失败。(《学校》一书并未成功出版,具体可见巴利巴尔给本书法文版所作的序,见本书第6页及该页注释。——译注)

3. 因此，我们可以把一家企业的全体人员分为三大类：

（a）仅仅保障**生产功能**的为一类，包括所有的工人：非技术工人、特种工、专业工人，（在有的情况下）还有一些技术人员，他们是严格意义上的无产阶级。

（b）保障**剥削功能**但总是**同时**又保障生产功能的一类（工程师、高级技术人员、生产经理等等）。

（c）保障**镇压功能**的一类，这种镇压功能可能与剥削功能混合在一起（管理人员，从工头直到某些工程师），也可能不混合在一起（因刺探的需要而在许多工厂中被专门招聘的苦役犯监守，以及所有那些进行反工会斗争的底层治安人员等等）。

所有这些人员都是**雇佣劳动者**，因而多多少少是"被剥削者"，但在他们之间，无论是在工资方面，还是在劳动条件方面，都存在着巨大的差别（工人们服从着令人疲乏不堪的劳动节奏，而工程师们则在完全不同的条件下劳动），更不必说一个根本的差别了：一部分人发挥着纯生产的功能，另一部分人发挥着各式各样的集剥削、生产和镇压为一体的功能。一旦明白了这些，我们就会承认，在生产过程内部随处存在的（不自觉的或自觉的①）**阶级斗争的形式是极端复杂的**。

4. 无论如何都必须清楚地认识到，我们刚才所分析的所有那些要素（包括三种功能）的唯一基础和目的，就是对雇佣劳动者的**剥削**，而且首先是对"承受更深剥削的人"——他们始终是承受着更为冷酷的剥削的人、是那些纯粹的生产当事人，即**无产阶**

---

① "不自觉的或自觉的"原文为"inconscientes et conscientes"，也译为"无意识的和有意识的"。——译注

级——的剥削。

必须清楚地认识到，整个这套垄断和圈定体系，以及所有那些不同的功能，包括镇压功能（它只是那个体系内部的要素之一），都只是为了有助于这种剥削和这种过度剥削。

认为"生产靠镇压来进行"，从而把生产—剥削过程各要素中单独的并且是从属的一个要素，即镇压，置于首要地位，这是犯了无政府主义的错误。

生产—剥削是如何"进行"的呢？

生产—剥削得以"进行"，首先并首要是因为无产阶级和其他雇佣劳动者**不占有任何生产资料**，仅仅是为了生存，才不得不受雇去从事那对自己进行剥削的生产。正因为如此，他们才"自动"出现在招工办公室，并且一旦被雇用，就开始"自动"站好自己的岗位，无论是日班还是夜班。这就是根本决定性的原因，但这并不是唯一的原因。

生产—剥削得以"进行"，还靠了**生产资料的现实配置**，靠了逮住劳动者并以无可抗拒的方式把自己的节奏强加给劳动者的"流水线"。马克思曾有力地指出过：工人已经从"劳动力"完全变成了机器的自动的附属品。

生产—剥削还靠**资产阶级的"劳动"意识形态**来"进行"。因为它是一种资本家的阶级斗争的意识形态，所以首先承受其后果的是工人。这种"使工人们运转起来"①的意识形态在本质上包含以下要素，幻象也好，欺骗也罢，只要没有被工人的阶级斗争所

---

① "使……运转起来"原文为"«faire marcher»"，这个词也有"让……上当"的意思。——译注

克服,它们就获得"成功",它们是:(1)资产阶级的法律幻象,根据这种幻象,"劳动已经通过工资得到了偿付";(2)相应的法律—道德的意识形态,即必须"遵守自己的工作契约",并由此遵守企业内部秩序的种种规则;(3)技术—经济的意识形态,即"在劳动分工中必须存在不同的岗位"以及占据那些岗位的不同的个人。这种关于劳动的意识形态,比起镇压来,更有助于使工人们"运转"起来。

生产—剥削**最终**还要通过追加一定量的镇压来进行,其中有一些镇压是自发的,另外一些是经过("战斗的企业主")深思熟虑的(苦役犯监守+"工会监狱",参考西姆卡和雪铁龙公司)。

我们知道,在这些条件下,工人的阶级斗争在生产中不会自动发生。工人的阶级斗争及其形式,植根于极端严峻的日常现实:被剥削的**经验**;现有的"体力劳动者"和非体力劳动者的阶级分界——这种分界不会因为某一个工程师或技术人员的"自由的"甚至"进步的"行为(那常常只是"家长作风"的伪装)而有所突破;管理人员、工程师和经理们的实际镇压行为。但正是这同一阶级斗争,遇到了资本家的阶级斗争的强大军队。甚至比军队更可怕,因为它根本不像军队那样是看得见的:除了对生产资料的占有和对剩余价值的榨取之外,首要的就是我们刚才谈到过的**资产阶级的劳动意识形态的各种幻象—欺骗**。从事阶级斗争的工会战士们对此非常清楚:为了消灭他们自己意识中(这可不容易)和他们同志的意识中的这种神秘化,他们不得不一点一点地反对这种意识形态,并日复一日地重新开始同样的战斗。反剥削(工资、劳动节奏、失业)的斗争、反资产阶级劳动意识形态欺骗的斗争、反压迫的斗争,是生产中经济的阶级斗争的三种形式,**永远**

交错在一起。

如果确实如此,那么我们就能明白:

1. 为什么**阶级斗争**实质上表现在劳动的条件中,表现在企业内部劳动分工的形式中,为什么**政治的阶级斗争要植根于经济的阶级斗争**。

2. 为什么经济的阶级斗争是一场不断扩大的反剥削斗争:不仅反对剥削的粗暴物质形式,即资本主义的工资缩减倾向;不仅反对提高劳动生产率(劳动节奏等)的阶级"技术";**而且**在企业中随处存在的劳动的社会—技术分工方面,反对资产阶级的意识形态和压迫。工人阶级的阶级意识不仅通过其所承受的物质剥削经验(工资、劳动节奏)而形成,而且还通过其在劳动分工中受到的各种形式的"圈定"经验而形成:总之,工人阶级的阶级意识只有通过对资产阶级的劳动意识形态进行不懈的意识形态斗争才能形成。

这样一来,我们就会明白,何以资本家阶级及其意识形态家如此热衷于把劳动的社会—技术分工(说到底是劳动的阶级分工)说成是**纯技术的**分工。我们就会明白,对于无产阶级的革命的阶级斗争来说,公开反对作为资本家的阶级斗争的这种神秘化和欺骗的斗争,何以如此重要。以各种形式出现的经济主义,包括以各种"技术的"和"技术性"的"显而易见"的形式出现的经济主义,正是在工人阶级意识的基础中(即在生产中,因为资本主义剥削就发生在这里)威胁着工人阶级意识的头号危险。

我们还会明白,何以那些热衷于把劳动的社会分工这种阶级关系歪曲为所谓的劳动的"技术分工"的"中立"关系(马克思主义的全部理论都在揭露这种歪曲)的人,也如此热衷于把资本主义生产关系看作是单纯的**所有权**关系即单纯的法律关系。我们开始明白了,在劳动分工的"经济主义—技术主义的"解释和生产关系的法律观念之间,只有同一种统一:资本家的阶级斗争的资产阶级意识形态的统一。我们马上就会看到,对于工人运动自身来说,其实际后果是什么。

五、结论

不要把生产关系当作是纯技术的关系或法律关系。

如果我们刚才所说的都是对的,那么很明显,生产关系就与那些简单的**所有权**名义不再有任何关系。法律名义,从而法律关系,无非只是一种形式,这种形式对与其自身完全不同的实际内容,即生产关系及其后果,加以认可。

我们刚刚看到,生产关系和阶级关系,以及由此派生出来的阶级斗争的关系,在支配着生产过程本身的实际关系中所产生的影响,达到了何种程度。

此前为了方便,我们的说明从一个描绘开始,但很明显,那个描绘是站不住脚的。生产关系以法律名义的形式在生产过程**之前**和**之后**出现,不仅仅是为了从法律上对生产资料的占有和产品的占有(即剩余价值的榨取)加以辩护和认可。生产关系并不是一种法律"外壳",否则,在这种"外壳"的保护下所进行的生产过程,就肯定是技术性的并且纯粹是技术性的了。

因此,要彻底避免双重的意识形态混淆:

1. 技术的混淆：

生产关系不是纯技术的关系，而是资本主义剥削关系，它像我们刚才所见的那样，铭刻在整个生产的具体生活中。

2. 法律的混淆：

生产关系完全不同于法律关系：它在生产的内部就牵扯到阶级关系。

如果确实如此，我们就开始隐约看到生产方式这个马克思主义科学概念所包含的东西了。

此前我们曾把生产方式定义［为］①"一种改造大自然的方式"。我们发现，这种"改造"就是在生产关系的制约下运用生产力。在阶级社会中，这种生产关系就是剥削关系。阶级社会（存在阶级分化的社会形态）的生产方式与生产的纯技术过程完全相反。生产的场所同时是阶级剥削的场所，也是阶级斗争的场所。阶级关系和与剥削联系在一起的阶级斗争，就纠结在这种生产方式的生产过程本身当中。这种阶级斗争是无产阶级的阶级斗争与资本家的阶级斗争的对立：这是一场**经济**的阶级斗争，但同时也早已是一场**意识形态**的阶级斗争。因而这种阶级斗争，无论自觉与否，都具有一种**政治**的重要性。正是从发生在基础中的这场阶级斗争的根子里，生发出了一切其他形式的阶级斗争，包括本义上的**政治**的阶级斗争——一切阶级斗争的形式都在这里扭成一个决定性的结。

我们明白了，为什么资本家热衷于把生产过程说成是与其自身相反的东西，说成是纯技术过程而不是剥削过程；把生产关系

---

① 方括号中的内容为原编者所加。——译注

说成是与其自身完全不一样的东西,说成是法律关系而不是从属于阶级关系和阶级斗争的那种关系。

我们也明白了,一切阶级斗争的命运,包括**获胜了的**革命的阶级斗争的命运,最终取决于一种关于生产关系的正确观念。要"建设社会主义",就必须建立新的生产关系,真正消除旧有生产关系的剥削后果及其一切阶级后果。因此,社会主义的建设问题不能通过如下纯法律公式而解决:生产资料**所有制**+对劳动过程的最佳**技术**组织。如果没有得到认真的批评和改正,那么在最坏的情况下,这个公式很快就有可能继续落入关于劳动的经济主义的—技术主义的—法律的—人道主义的—资产阶级的意识形态中。

对这个公式的全部误解及其不可避免的逻辑,都在客观上损害着革命的和社会主义建设的事业。

第三章

论生产条件的再生产

De la reproduction des conditions de la production

然而,我们还没有完成对生产方式的分析。

我们过去在谈到为了使生产得以可能就必须**更新**生产资料这一点时,曾在我们的分析过程中隐约发现某种东西。现在,我们应该使它凸显出来。过去只是顺便提到的事情,现在我们要全面考察一番。

正如马克思曾说过,甚至连小孩子都知道,一种社会形态如果在进行生产的同时不对生产的条件进行**再生产**,它就连一年也维持不下去。① 因此,生产的最终条件,是**各种生产条件的再生产**。这种再生产可能是"简单的"(仅仅对先前的生产条件进行再生产),也可能是"扩大的"(对那些生产条件进行扩展)。在这第一卷中,让我们暂时把后面这个重要的区分放在一边,在第二卷中我们会重新来谈它②。

那么,什么是**生产条件的再生产**呢?

---

① 马克思致库格曼,1868 年 7 月 11 日(关于《资本论》的信,社会出版社,第 229 页)。(参见马克思 1868 年 7 月 11 日致路德维希·库格曼的信,《马克思恩格斯文集》第十卷,前引,第 289 页:"任何一个民族,如果停止劳动,不用说一年,就是几个星期,也要灭亡,这是每一个小孩子都知道的。小孩子同样知道,要想得到与各种不同的需要量相适应的产品量,就要付出各种不同的和一定量的社会总劳动量。"——译注)

② 这里所说的"第二卷",是指阿尔都塞整个写作计划中的第二卷。详情参见本书卷首"法文版编者说明"和阿尔都塞的"告读者"。——译注

我们要预先说明,我们现在正在进入一个(从《资本论》第二卷以来)特别为人们熟视无睹的领域。仅仅从**生产**的观点,乃至从单纯生产**实践**(与生产过程相比,它本身仍是抽象的)的观点来看待上述问题,这种方式具有根深蒂固的显而易见性(经验主义类型的意识形态的显而易见性),这种显而易见性是如此地与我们的日常"意识"融为一体,以至于我们要把自己提高到**再生产的观点**上来,是极其困难的——我这样说,是为了避免说"几乎不可能"。然而,脱离再生产的观点,一切都仍然是抽象的(比片面更糟:是歪曲的)——即使是在生产的层面上也是如此,更不用说在单纯实践的层面上了。

让我们试着来系统地、明晰地考察一下这些事情。

为了简化我们的叙述,同时假定任何社会形态都产生于一种占统治地位的①**生产方式**,那么我们可以说,生产过程是在特定的**生产关系**的制约下使现有的**生产力**发挥作用的。

因而,为了存在,并且为了能够进行生产,一切社会形态都必须在生产的同时对其生产条件进行**再生产**。因此,必须**再生产**:

1. 生产力;
2. 现有的生产关系。

---

① 我们一再说**占统治地位的**,是因为在历史发展(或不发展)过程中,一切社会形态中都有一种生产方式统治着该社会形态中"残存的"先前的生产方式。正因为如此,我们此前才可以说:迄今为止,一切社会形态中都至少存在两种生产方式[参考泰雷(Terray):《马克思主义面对"原始"社会》(*Le Marxisme devant les « Sociétés primitives »*),马斯佩罗出版社,1969年,第169页]。

一、生产资料的再生产

因为马克思在《资本论》第二卷中已经作出了强有力的证明，从那以后，所有的人(包括那些从事国民经济核算的资产阶级经济学家或现代"宏观经济学的理论家")都承认，如果生产的**物质**条件的再生产——即**生产资料**的再生产——没有得到保障的话，就不可能按照必然安排好的比例进行生产。

在这方面，任何经济学家和任何资本家没有两样，他们都会向我们说明，每年必须预备一些东西，用来**替补**在生产中被消耗或损耗的东西：原料、固定设备(厂房)、生产工具(机器)等等。我们说任何经济学家＝任何资本家，是因为他们两者都表达了**企业**的观点，都仅仅满足于对企业财务核算的**实践**进行讨论。

但是，多亏了天才的魁奈第一个提出了这个"触目可见"的难题，也多亏了天才的马克思解答了这个难题，于是我们懂得了，不能在**企业**的水平上来**思考**生产的各种物质条件的再生产，因为这种再生产的真正条件，并不存在于那个水平上。在企业的水平上发生的事情，只是一种**后果**，它只是给人一种关于再生产的必要性的观念，但绝没有让我们能够对再生产的各种机制进行思考。

片刻的反思就足以确信这一点：一个开纱厂生产羊毛织品的资本家 X 先生，必须"再生产"他的原料、他的机器等等。但并不是他本人为了自己的生产而生产这些东西——而是别的资本家为他生产：比如澳大利亚的牧场主 Y 先生、生产机床的重型机械商 Z 先生等等。他们生产的那些产品，是 X 先生的生产条件再生产的条件，而**他们为了生产那些产品，也**必须对自己的生产条件进行**再生产**,以此类推,直至无穷——从国内到世界市场,整个都按一定比例进行,**从而对(用于再生产的)生产资料的需求都可以通过供给来满足**。

这种机制造成了一个"蜗杆"①,要思考它,就必须追随马克思所说的"全球"进程,并研究《资本论》第二、三卷讨论的第一部类(生产资料的生产)和第二部类(消费资料的生产)之间的资本**流通关系**以及剩余价值的实现。

我们不打算深入分析这个问题。对于生产的各种**物质**条件的再生产,我们已经指出了它的存在的必要性,这就足够了。

二、劳动力的再生产

然而,读者不会没有注意到一件事。我们刚才谈到的是生产**资料**的再生产,而不是**生产力**的再生产。因此,我们以缄默的方式跳过了那个把生产力和生产资料区分开来的东西的再生产,即**劳动力的再生产**。

尽管通过观察在企业中发生的事情,特别是通过考察对折旧和投资进行预测的财务核算实践,我们可以得到一个关于再生产的物质过程**存在**的粗略观念,但对于我们现在要进入的领域来说,只观察企业中发生的事情,即便不是完全盲目的,至少也是近乎盲目的。原因很简单:因为劳动力的再生产就本质而言发生在企业**之外**。

---

① 此处原文为"«vis sans fin»",即有传动功能的"蜗杆",也可直译为"无穷无尽的螺线"。但在《意识形态和意识形态国家机器》一文中(参见本书第440页),这个短语被改为"fil sans fin",即"无穷无尽的链条"。——译注

劳动力的再生产是如何得到保障的呢？

劳动力的再生产是通过给劳动力提供用于其自身再生产的物质资料——即通过**工资**——得到保障的。工资被列入每个企业的核算中，但那是作为"人工资本"①，而根本不是作为劳动力物质再生产的条件。

然而，工资就是以那种方式"起作用"的，因为它只代表劳动力消耗所产生的价值的**一部分**，也就是**劳动力再生产必不可少的那部分**：也就是恢复雇佣劳动者的劳动力所必不可少的那部分（用来支付衣、食、住，简言之，为了让雇佣劳动者在**第二天**——上帝让他多活的每一个第二天——再次出现在工厂门口所必需的费用）。让我们补充一点：它也是抚养和教育子女所必不可少的；无产者通过对子女的抚养和教育，把自身当作劳动力再生产出来（以 x 个样本的方式，x 可以等于 0，1，2……，可以是任意数）。

为了提醒起见，我们要指出，劳动力再生产所必需的这个价值量（工资），不单单取决于"**生物学的**"行业最低保障工资②的需要，而且还取决于**历史**的最低限度的需要（马克思曾指出，英国工人需要啤酒，而法国无产者需要葡萄酒），因而是历史地**变化着的**。

我们还要指出，这个最低限度在两方面是历史性的，因为它不是由资本家阶级所"承认"的工人阶级的历史需要所规定的，而是由无产阶级的斗争（两方面的阶级斗争：**反对**延长工作日和**反**

---

① 马克思给了它一个科学的概念：**可变资本**。
② 原文为"SMIG"，即"Salaire minimum interprofessionnel garanti"（行业最低保障工资）的缩写。——译注

对降低工资)所强加的历史需要所规定的。但我们可以撇开这个重要的问题,因为它与我们当前的证明没有直接关系。

事实上,为了使劳动力作为劳动力被再生产出来,仅仅保障其再生产的**物质**条件还不够。我们已经说过,后备劳动力必须是"有能力的",也就是说,适合在生产过程的复杂体系内从事工作,即在限定的劳动岗位和合作形式下从事工作。生产力的发展以及一定时期由生产力历史地构成的**统一体类型**①,都造成了这样的结果:劳动力必须(在不同的方面)是合格的,并因此要以这种要求得到再生产。所谓"在不同的方面",是根据劳动的**社会—技术**分工的要求,对于不同的"岗位"和"职业"来说的。

那么,在资本主义制度下,劳动力(多样化的)合格能力的再生产是怎样获得保障的呢?与在奴隶制或农奴制的社会形态中所发生的情况不同,上述的劳动力合格能力的再生产,**趋向**(这涉及某种趋势规律)**不再**(在生产本身的学徒期中)"**通过现场实践**"而得到保障,而是越来越多地在生产**之外**,通过资本主义的学校系统②以及其他层级③和机构来完成。我们马上就会有机会来更详尽地讨论它们。

---

① 参考艾蒂安·巴利巴尔《阅读〈资本论〉》(第二册)。

② 参考《学校》(*Écoles*),将于 1969 年秋出版。(《学校》一书并未成功出版,具体可见巴利巴尔给本书法文版所作的序。参见第 6 页及该页注释,另参见第 110 页及该页注释。——译注)

③ "层级"原文为"instances",还有"恳求""部门"等意思,作为专业名词,又有"诉讼"和"法院"等意思。值得提醒的是,阿尔都塞经常用的一个词"归根到底"(en dernière instance),其中的"dernière instance"直译即为"终审"或"最后层级"。——译注

那么,人们在学校里学习什么呢?大家都"知道"①:虽然人们在学习上深入的程度不一,但他们无论如何学会了读、写、算,也就是说学会了一些技能,同时还学到了不少别的东西,包括"科学文化"或"文学"方面的一些要素②(它们可能是初步的,也可能正好相反,是深入的)。那些技能和知识在生产中的不同岗位上是可以直接拿来用的(有的教育是为了培养工人,有的是为了培养技术人员,有的培养工程师,还有的培养高级管理人员,等等)。因此,人们是在学习一些"本领"③。

---

① "知道"原文为"savoir",下文中的"知识"(savoirs)即其名词的复数形式。——译注

② "要素"原文为"éléments",作为复数,也译为"基本概念"或"基础知识"。——译注

③ 一些"本领"(注意,"知识"原文为"savoirs","本领"原文为"savoir-faire",即"知道怎么干"。——译注)。它们可能是一些单纯的**技能**(会写、读、算、看图、会在历史年代中进行自我定位,会认识种种对象和种种现实,等等)。它们还可能是一些"知识",(让我们抛开文学不谈)科学认识方面的初步的或基本的知识(有时甚至是相对深入的知识)。然而,我们在这里应该引入一个特别重要的区分。人们在学校里,甚至大多数时间在大学里,学习的并不是"科学"。人们学习的是一些科学成果,一些推理和证明的方法。人们从根本上来说是在学习"**解决难题**"或进行一些"**实践工作**"。它们并不是"科学",而是关于科学方法和科学成果的一些要素,也就是活的科学的**散落物**。我们可以说,活的科学只存在于科学研究当中(必须对这句简单的话进行更详尽的注解):为了用一个词语来指明这种差别,我们可以说,活的科学的本义更多地不在于解决难题,而在于**提出**要解决的难题。因而人们在学校和大学里所学习的科学,其实是一些运用和利用某些与他们的"生活"完全无关的科学成果和科学方法的技能。因此,我们可以把那些基本技能和科学认识的(甚至相对深入的)一些要素置于一个单一的概念——即"本领"——之下。

但是，大家同样"知道"，也就是说，没有任何人乐意知道：在学习这些作为"本领"而发挥作用的技能（读、写、算）和"认识"①（"科学文化和文学"的一些要素）之外，在学习它们之外，但也在学习它们的同时，人们在学校还要学习良好的举止"规范"，也就是说，学习劳动分工中的所有当事人依照他们"被指定"要占据的岗位所应遵守的行为"规范"：职业的道德规范和职业的良知规范；说得更清楚一点，也就是关于尊重劳动的社会—技术分工的规范，说到底就是由阶级统治建立起来的秩序的规范。人们在学校还学习"说好法语"，学习正确地"管理"工人，实际上也就是说，（作为未来的资本家及其奴仆）学习"恰当地使唤"他们，即（作为理想的解决办法）学习"出色地对他们讲话"，以威胁或欺骗他们，简言之，对他们进行"欺骗"。特别是中等学校和高等学校中的"文学"教育②，就是为这些服务的。

如果用一种更科学的语言来陈述这件事情，我们可以说，劳动力的再生产不仅要求再生产出劳动力的合格能力，同时还要求再生产出劳动力对遵守既定秩序的各种规范的服从，即一方面为工人们再生产出对占统治地位的意识形态的服从，另一方面为从事剥削和镇压的当事人再生产出出色地运用占统治地位的意识

---

① "认识"原文为"connaissances"，其动词形式为"connaître"（认识），通常也译为"知识"，但为了与"savoir"（知识、知道）相区分，在本书中一律译为"认识"。——译注

② "'文学'教育"原文为"l'enseignement «littéraire»"（"文学的"教育），不是狭义上的（现代意义的）"文学教育"（l'enseignement de littérature），而是泛指一切与语言、文字、文学有关的教育。——译注

形态的能力,以便他们能"用词句"①来保障统治阶级的统治。

换言之,学校(还有像教会这样的其他国家机构,像军队这样的其他机器——军队和学校一样,也是免费和义务的——,更不用说其存在与国家的存在紧密联系在一起的政党了)给人们传授"本领",但却是以保障**对占统治地位的意识形态的臣服**或以保障这种意识形态的"实践"的形式进行的。所有那些从事生产、剥削和镇压的当事人,更不用说那些"职业的意识形态家"(马克思语),为了要恪尽职守地(且不需要有一个宪兵跟在屁股后进行督促就)完成他们的工作,都不得不以这样或那样的方式"浸染"在那种意识形态当中。无论他们是被剥削者(无产者)、剥削者(资本家)、剥削者的助手(管理者),还是占统治地位的意识形态的大祭司(它的"官员")等等,都是如此。

由此可见,作为劳动力再生产的**必要条件**,不仅要再生产出劳动力的"合格能力",而且要**再生产出它对占统治地位的意识形态的臣服**或**这种意识形态的"实践"**。必须非常明确地说"不仅……而且……",因为只有在这种意识形态臣服的形式下并受到这种形式的制约,劳动力的合格能力的再生产才能得到保障。

但是由此,我们就发现了一种新的现实:**意识形态**。要着手讨论这个问题,就需要进行详尽的分析。我们将通过两点说明来进行这个分析。

第一点说明是为了总结一下我们对**再生产**的分析。

我们刚刚简短地探讨了**生产力**再生产的两种形式,其一是生

---

① "用词句"原文为"par la parole",其中"la parole"也有"言语""诺言""讲话"的意思。——译注

产资料的再生产,其二是劳动力的再生产。

但是,我们还没触及**生产关系的再生产**问题。对马克思主义生产方式理论来说,这是**头号问题**,**决定性的问题**。弃而不谈这个问题将是一个理论失误——说得再坏点,是一个**严重的政治错误**。

所以,我们准备谈谈这个问题。但是为了获得谈论它的手段,我们还必须再兜一个大圈子。希望读者能集中精力,耐心地跟随我们的步伐。

第二点说明是,为了兜这个圈子,我们不得不重提我们的老问题:**什么是社会?**

第四章

下层建筑和上层建筑[①]

Infrastructure et superstructure

①原文为"infrastructure"和"superstructure",通译为"基础"和"上层建筑",但在本书中,为了与"base"(基础)相区分,也为了突出这个对子的"隐喻的""描述性的特征",我们把这两个词译为"下层建筑"和"上层建筑",相应地,凡译为"基础"的地方,原文都是"base"。——译注

我们曾在一些场合①强调过马克思主义"社会整体"观的革命性,因为它跟黑格尔的"总体"截然不同。我们说过(而这个论点只是对历史唯物主义著名命题的重复),马克思把任何社会的结构都设想成是由两个"层面"或"层级"②所构成的,即**下层建筑**或经济基础(生产力与生产关系的"统一体")和**上层建筑**。它们又被一种特殊的决定作用连接在一起。而上层建筑本身又包括两个"层面"或"层级":一个是法律—政治的(法和国家),另一个是意识形态的(各种不同的意识形态:宗教的、道德的、法律的、政治的等等)。

一、地形学表述的优势

除了有理论教学上的好处(**揭示**了马克思和黑格尔的不同)之外,这种观念带来这样一种决定性的理论优势:它使我们有可能把我们所说的这些基本概念**各自的作用力指数**纳入这些概念的理论**配置**中。这是什么意思呢?

任何人都能轻而易举地认识到这个表述是一个隐喻,它把一

---

① 见《保卫马克思》和《阅读〈资本论〉》,马斯佩罗出版社,1965年。

② "层级"原文为"instances",还有"恳求""部门"等意思,作为专业名词,又有"诉讼"和"法院"等意思。另见第126页译注。——译注

切社会结构都说成是一座**大厦**,它有一个基础(下层建筑),上面竖立着两"层"上层建筑,更准确地说,这是一个**空间**的隐喻,一个地形学的隐喻①。像任何隐喻那样,它暗示着、揭示着某种东西。什么东西呢?那便是:上层如果不是正好建立在它们的**基础**和它们的基座之上,是不可能独自"矗立"(在空中)的。

因此,大厦这个隐喻的目的,首先是要表述经济基础"**归根到底**的决定作用"②。这个空间隐喻的作用,就是给基础分配一种**作用力指数**,这种指数以如下的著名说法而闻名于世:在上层建筑的各"层"中所发生的事情,归根到底是由在经济基础中所发生的事情决定的。

从这种"归根到底"的作用力指数出发,上层建筑的各"层"显然都被分配了**不同的作用力**指数。那是些什么样的指数呢?

人们立即就可以说,并且这样说绝不会冒任何犯错的危险:上层建筑的各层不具有归根到底的决定作用,它们都是由基础的

---

① **地形学**(topique)源于希腊文的 topos:场所。**地形学**表述了某些现实在一个特定空间内所分别占据的**场所**:这样说来,经济就**在底层**(基础),**它上面**是上层建筑。因此它让我们看见什么是"屋基"(fondement)[基础(base)],被基础所决定的是什么(上层建筑)。[划掉的句子]:事实上,任何人都"知道",并且都"看见",一座房子的各层不会独自"**矗立**"在空中,而是"建立在"它们的基础和它们的基座(fondations)上。

② 注意"归根到底"的原文为"en dernière instance",其中的"instance"即前文所说的"层级",而"dernière instance"直译即为"终审"或"最后层级"。关于"归根到底",详见第 82 页译注。——译注

效力①所**决定**的；假如它们也以各自的（至今还没有得到明确规定的）方式具有某种决定作用，那也只有在**被基础决定**的范围内才是如此。

上层建筑各层的作用力指数（或决定作用指数），是由基础的归根到底的决定作用所决定的，它们在马克思主义传统中通过两种形式得到思考：(1)上层建筑对基础有"相对自主性"；(2)上层建筑对基础有"反作用"。

因此我们可以说，马克思主义的地形学即关于大厦（基础和上层建筑）的空间隐喻的巨大**理论**优势在于，它既**揭示**出决定作用（或作用力指数）的问题是首要的问题，又揭示出正是基础归根到底决定了整个大厦，并从而**迫使我们提出**那些专属于上层建筑自己的"派生的"作用力类型的理论难题，也就是说，**迫使我们思考马克思主义传统**—并称之为上层建筑的相对自主性和上层建筑对基础的反作用的问题。

相反，用大厦的空间隐喻来表述任何社会结构的重大缺点在于：它显然是隐喻性的，也就是说，它仍然是**描述性的**。

在我们看来，从今以后，我们必须用另外的方式来表述这些事情。希望大家不要误解：我们**绝不是**要否认这个经典的隐喻，因为这个隐喻本身迫使我们去超越它。而我们要超越它，并不是要把它当作无效的东西扔掉。我们只是想尝试着去思考它通过这一**描述**的形式给我们所提供的东西。

---

① "效力"原文为"efficace"，在这里与前文中的"efficacité"（作用力）意思相当。——译注

二、地形学表述的局限

让我们把牌摊到桌面上来吧。

我们认为,对**上层建筑**的存在和性质进行思考,可以并且必须从再生产出发。要想阐明由大厦的空间隐喻**指出**了其存在、却又没有为其提供概念解答的许多问题,只要采取再生产的观点就够了。

在这里,必须要有一种新的精确性。

在刚才我们提到过的那些文本中①,我们想通过重提马克思及其后继者的某些提示,来强调在上层建筑内部存在的法律—政治的上层建筑(法和国家)和意识形态的上层建筑(各种不同的意识形态)之间的**区分**。

对这个区分进行强调,仍然是**揭示**上层建筑的两"层"之间也存在着不同的作用力指数的一种方式。

在这里,关于大厦的空间隐喻对我们来说仍然是用来表明:法律—政治的上层建筑通常比意识形态的上层建筑"**更**"有效,尽管意识形态的上层建筑本身相对于法律—政治的上层建筑来说,也被赋予了某种"相对自主性",并且能对法律—政治的上层建筑起"反作用"。

然而,在强调(上层建筑这两种形式之间的)这种**区分**时,我们依然停留在这个隐喻的逻辑当中,从而也就停留在它的局限当中,即它是一种**描述**。

---

① 《保卫马克思》,《阅读〈资本论〉》,马斯佩罗出版社,1965年。

这里同样必须用另外的方式来表述这些事情。

我们的意思是，我们不能用对大厦进行描述的那种隐喻的逻辑，而必须用**另外的方式**，来表述法—国家和各种意识形态之间的关系。

让我们把自己的思考和盘托出吧：我们还必须用**另外的方式**来表述与这个独特的对子有关的东西，即我们用**法律—政治的**上层建筑这种表达所指代的东西。我们必须解释在"法律—政治的"这个表达中将法和国家连接起来的那个**连字符**。并且，为了对这个**连字符**进行辩护（或重审），我们必须自问，我们能够且必须**思考**的东西究竟是什么；我们也必须自问，为什么要用这种表达（它是否合法）：即把法放在国家**之前**，而不是反过来，把法放在国家**之后**；或者说，是否这个关于之前或之后的问题，远不是一种解决办法，而只不过是指示了一个应该用完全不同的措辞提出的难题。

虽然我们是在以一种简便的方式提出这些问题，但我们相信它们提得正确。所有这些问题可以概括为如下难题：

什么是法？

什么是国家？

什么是意识形态？

法、国家和意识形态之间保持着什么样的关系？

为了思考这些关系，我们可以用哪种"组合"类型（法—国家，或国家—法，等等）来表示它们？

我们的基本论点是，**只有采取再生产的观点**，才可能提出（并解答）这些难题。

我们将**从这一观点出发**，对法、国家和意识形态作出简要的分析。我们将试着同时揭示，从实践和生产的观点出发和从再生产的观点出发，分别会发生什么情况。只有考虑到再生产和生产之间的这种差别，才能为我们正在提出的难题提供解决办法。

在着手进行我们的分析之前作最后一个说明：既然我们是在寻找一些复杂问题的答案，既然这些答案取决于它们所要求的**顺序**本身，并且既然我们暂时对这种顺序还一无所知，我们就要采取一种**暂时是任意的**顺序，一旦这些分析完成，就自然要对它进行调整。因此，我们为自己提出如下任意的顺序：法、国家、意识形态。我们会看到①，由于意想不到的原因，我们将不得不在中途修改这个顺序：因为我们将发现一种新的现实。

---

① "看到"原文为"voire"（甚至），应为"voir"（看到）之误。——译注

第五章

法①

Le Droit

① "法"原文为"Le Droit","droit"有"法""权利""公正的""正当"等含义,也译为"法权"。在本书中,我们根据上下文分别将它译为"法""权利"或"法权"。为避免混淆,我们将另一个词即"loi"译为"法律"。——译注

我们要研究这个名称在属于资本主义生产方式的那些社会形态中所指的事物。我们要预先说明,目前我们所进行的仅仅是**一种描述性的**分析。一旦我们获得相应的手段,就会以一种更为理论化的形式回到这个问题(参考第十一章)。

人们在日常生活实践中**应用**即遵守和规避的,是**一套被编成了法典的规则系统**(参考民法典、刑法①法典、公法法典、商业法法典等等)。为了简化叙述,我们将首先讨论私法(它被包含在民法典中),况且私法也是法律的(juridique)基础,法的其他分支力图从它出发,将自己的观念和规则系统化,并使之相互一致。

我们要以非常图式化的方式来讲述这件事。

私法以一种系统的形式陈述支配商品交换的规则,即买卖规则,"所有权"②归根到底靠的就是这些规则。所有权本身要从下述这些一般的法律基本概念出发而得到阐述:法律**人格**(公民人格:它把个人定义为具有一定法律能力的权利人③);对财产④(它

---

① 下文中楷体的"法",原文都是"Droit",不再一一注明。——译注

② "所有权"原文为"droit de propriété",其中"droit"在法语中兼有"法"和"权利"两种意思,"propriété"也有"所有(权)"和"财产"两种意思,所以这个词也可译为"财产权"或"财产法"。——译注

③ "权利人"原文为"personnes de droit",即指作为"权利/法"的主体的人。——译注

④ 这里的"财产"原文为"biens"。——译注

是所有权①的支撑物)进行"使用和滥用"的法律**自由**;以及法律**平等**(所有具有法律人格的个人——在我们目前的法中,即所有人,除了某些被排除在法律平等之外的"边缘人"②)。

说了这些,法究竟是怎么回事呢?

必须记住马克思和恩格斯(而且是随康德之后,部分地是随黑格尔之后)强调过的三个特征。

一、法的系统性

法必然呈现为一套天然地倾向于无矛盾和内在完备性的**系统**。我们要请大家原谅在这里引入这两个显然是技术性的概念。它们都很容易理解。

由于法是一套被应用——也就是说既被遵守又被规避——的规则系统,所以在这套系统的一切规则中,必须有这样一种**一致性**占支配地位,使得人们不能**援引**某一条规则来反对另一条规则,否则,前一条规则的作用就会被后一条规则的作用所破坏。正因为如此,法倾向于消灭自身中一切可能的**矛盾**;正因为如此,法学家们才展开这项非凡的系统化活动,这项活动一向赢得普通人的敬仰,并把法学家们变成规则狂和应用案例狂。

但是,法同时必须是**完备的**,也就是说,它必须呈现为一套倾

---

① 这里"所有权"原文为"propriété"。——译注

② 由于一些病理原因——按规定被拘禁起来的精神病人——或一些刑事原因,或一些"未到法律标准的"原因:儿童、未成年人、外国人和部分妇女等等。

向于把"现实"中可能出现的全部情况都包括进来的规则系统,以便不会突然陷入事实上的法律"空地",让一些损害这个系统完整性的非法律实践进入到法自身当中。

由此产生了法学家"令人敬仰的"活动的另一个方面:他们一向同时致力于将"习惯法"的差异和**判例**(在经常超出规则的"具体"情况中的规则的应用)的各种偏差重新纳入到法自身当中。

因此,系统化活动本身,不仅要包括减少可能存在于现有的法的各种规则中的矛盾,而且尤其要包括减少已经在法的内部系统中得到限定的那些规则与判例中超出法律界限的实践之间可能存在的**矛盾**——其本义就是辨认出①法还没有真正将其纳入进来并使之系统化的各种"情况"②。从这方面看,判例显然要与法的那个**外部**重新发生联系,法的历史以人们称之为**成文**法(任何法律规则系统都会产生一套成文记录)与所谓**习惯**法之间的差别的形式承认了那个外部的存在。但我们还是把这点放在一边吧,我们对它感兴趣,只是因为它从法自身安全的角度指出了(或多或少对其造成威胁的)**法**的**外部**的存在。

二、法的形式性

法必然是**形式的**,因为它不是取决于买卖契约中法律人③之

---

① "辨认出"原文为"reconnaître",也译为"承认""认出"。——译注
② "情况"原文为"cas",也有"案情""案例"的意思。——译注
③ "法律人"原文为"personnes juridiques",指具有法律人格的个人或组织。其所指与中国法律所定义的"法人"(指具有民事权利能力和民事行为能力,依法独立享有民事权利和承担民事义务的组织)有所不同。——译注

间交易的**内容**,而是取决于这些交易的契约的**形式**,即由在法面前形式上自由和平等的法律人的(形式的)行为所规定的形式。正因为法是**形式的**,所以才能够被**系统化**,趋向于成为无矛盾的和完备的。法的形式性以及它的相应的系统性构成了它的形式的**普遍性**:法对于**任何**在法律上被定义和承认为法律人的人都有效,并能为他们所援引。

人们习惯于把法的这种形式性看作一种"形式主义"并加以批评,也就是说,对它持一种**道德**观点。道德观点就是道德观点:它引起赞成或谴责。法不在乎是被谴责还是被赞成:它存在并发挥功能,并且只是**形式地**存在和发挥功能。

它的形式性的作用,显然在于**在法自身中**把法的形式要应用于其上的那些内容放进"括号"。但它的作用绝不能像巫术一般让那些内容消失。恰恰相反:法的形式主义只有应用于——在法**自身中必然不在场**的——特定内容才有意义。那些内容就是**生产关系及其后果**。①

由此,我们可以开始隐约看到:

1. 法只有根据现有生产关系才存在;

2. 只有当法据以存在的生产关系**在法自身中完全不在场**时,法才具有法的形式,即形式上的系统性。

法只有根据一个它在自身中完全抽象掉的内容(生产关系)

---

① 法承认所有人(平等的法律主体)的所有权。但没有任何法典条款会承认这样一个事实:某些主体(资本家)是生产资料的所有者,而另一些主体(无产者)缺乏任何生产资料。这个内容(这些生产关系)在法中不在场,同时又得到了**法**的**保证**。参考第一章。

才存在。正是它的这种独特状况,解释了马克思的经典提法:法通过在自己的规则系统中完全不提生产关系,正好相反,**通过掩盖它们**而"**表现**"了生产关系。①

在马克思主义理论中,生产关系和法权②之间的区分是根本的。混淆它们不仅会造成严重的理论失误,还会造成重大的政治错误,这些失误和错误都会带来自身的后果③。

---

① 马克思原来的提法参见《政治经济学批判》序言中的一段话,《马克思恩格斯全集》第三十一卷,前引,第 412 页:"法的关系正像国家的形式一样,既不能从它们本身来理解,也不能从所谓人类精神的一般发展来理解,相反,它们根源于物质的生活关系……社会的物质生产力发展到一定阶段,便同它们一直在其中运动的现存生产关系或财产关系(这只是生产关系的法律用语)发生矛盾。"——译注

② 注意,"法权"原文为"Droit",即前文中的"法",本书中有时候也译为"权利"(具体参见第 140 页译注),尤其是在下文讨论的《哥达纲领批判》的新译中文版里,这个词都被翻译为"权利"。——译注

③ [被删除的段落]:比如,有这样一个提法,想要在生产资料"**集体所有**"(与生产资料的资本主义**个人**所有相对)的基础上定义社会主义。这个提法仍然陷入了法律关系(**集体所有**)中,因为它保留了资产阶级法权的基础原则:**法律人格**(代替**个人**人格的是**集体**人格——国家,或集体——集体农庄)。

这个定义虽然能够大致地有助于人们从资产阶级法权出发去预测(资产阶级的)法律关系在这种生产方式中"将要发生"什么,但它完全没有命中自己的对象:**社会主义生产关系**。

既然资本主义生产关系在任何情况下都不能与资产阶级法权混为一谈,那么很容易就能理解,这样的提法会把那些构成社会主义的东西带入何种理论和实践的谬误之中。更何况,不仅用法权的用语,而且还由此用**资产阶级法权**的用语来定义社会主义生产关系,本身就是一桩丑闻。

希望大家充分警惕一个陷阱,它会在这里随时窥伺读者的想象力,他们

事实上,这个区分不仅对于分析在资本主义生产方式中所发生的事情是必不可少的①,而且对于预测在社会主义生产方式中将要发生的事情也是必不可少的。

仅举这一个例子:十分明显,用生产资料集体的或社会主义的**所有**来定义社会主义生产关系,是错误的。把社会主义革命定义为从**一种所有制向另一种所有制**的"**过渡**"——从生产资料由个人或垄断性的团体(总之"一小撮人")所有向生产资料由**整个集体**(即一方面是国家,另一方面是一些合作社)所有过渡——也是错误的。

因为谈论生产资料的集体所有,不是谈论社会主义生产关系,

可能会被诱惑说:好吧,必须放弃资产阶级法权的观点,并采取**社会主义**法权的观点。但这只不过是用另一种语言重复同样的错误:事实上,如果在从资本主义向社会主义过渡的阶段,法权会必然继续存在的话,那么,继续存在的法权——哪怕是所谓"社会主义"法权(因为法律人格是"集体的")——就仍然是**资产阶级**法权,**因为只有作为商品的即资产阶级的法权,它才是法权**。社会主义生产方式将废除一切法权。马克思曾在《哥达纲领批判》一段经常被引用但却很少被理解的话中充分意识到并以自己的措辞说出了这一点。(参见《马克思恩格斯全集》第十九卷,人民出版社,1963年,第21页:"所以,在这里**平等的权利**按照原则仍然是**资产阶级的法权**,虽然原则和实践在这里已不再互相矛盾,而在商品交换中,等价物的交换只存在于平均数中,并不是存在于每个个别场合。"黑体为原文所加,其中"权利"与"法权"对应的是同一个德文词"Recht",即法文中的"droit",但在新版《马克思恩格斯文集》第三卷,前引,第434页相应部分,这个词均被译为"权利"。——译注)

① 原文为"impensable"(不可想象的),应为"indispensable"(必不可少的)之误。——译注

而是谈论社会主义法权,因而就是把(所谓)社会主义法权当作了社会主义生产关系。如果坚持这个关于社会主义生产方式的纯法律定义,很可能会造成极大的失算——眼前的经验就证实了这一点。

我们都知道,实际上马克思从来都不用生产资料的集体(社会主义)**所有**(propriété),而是用由自由"联合的"人①对生产资料的集体的或共同的**占有**(appropriation)②,来定义构成社会主义生产方式的生产关系,因而拒绝了用法权去定义那个不能被法权(哪怕是所谓社会主义法权)所定义的事物。这种拒绝在马克思那里走得很远,因为在他看来,很明显,任何法权——归根到底是**商品**关系的法权——最终仍然带着资产阶级的这个缺陷,因此任何法权在本质上最终都是资产阶级的,是不平等的。关于这一点,参见《哥达纲领批判》中那些令人钦佩却又极其简短的

---

① "自由'联合的'人"原文为"les hommes librement «associés»",这个提法出自《资本论》,前引,第 97 页。与此相似的另一个提法是"自由人联合体"(une réunion d'hommes libres),见《资本论》,前引,第 96 页。——译注

② 参见马克思《哥达纲领批判》,《马克思恩格斯全集》第十九卷,前引,第 20 页:"在一个集体的、以共同占有生产资料为基础的社会里,生产者并不交换自己的产品;耗费在产品生产上的劳动,在这里也不表现为这些产品的价值,不表现为它们所具有的某种物的属性,因为这时和资本主义社会相反,个人的劳动不再经过迂回曲折的道路,而是直接地作为总劳动的构成部分存在着。"注意,新版《马克思恩格斯文集》第三卷(前引)第 433 页相应部分的译文被改为"在一个集体的、以生产资料公有为基础的社会中……"——译注

批注①。

那么,自由"联合的"人对生产资料的集体的或共同的**占有**是什么意思呢?很显然,虽然这个难题在这个纲领性的提法、这个排除了所有法律参照和所有法律统治的提法中被提出来了,但却没有得到解答。我们都知道,在马克思主义工人运动史中,这个难题曾引起并仍然在引起怎样的争论(并且现在还没有结束)。有些人坚持生产资料的国家所有,合作社所有,因而社会主义就变成了一个经济的计划化问题。他们宣称,好的社会主义法权和好的计划化会自发地、真正地实现马克思说过的那种对生产资料的"占有"。另一些人想立即过渡到生产当事人对生产资料的直接占有,并实行"工人自治"——"工人自治"对于他们来说就是那种占有本身。正是从后一种倾向中会产生并且已经产生了一

---

① 参见马克思《哥达纲领批判》,《马克思恩格斯全集》第十九卷,前引,第 21-22 页:"虽然有这种进步,但这个**平等的权利**还仍然被限制在一个资产阶级的框框里。生产者的权利是和他们提供的劳动**成比例的**;平等就在于以**同一尺度**——劳动——来计量。但是,一个人在体力或智力上胜过另一个人,因此在同一时间内提供较多的劳动,或者能够劳动较长的时间;而劳动,为了要使它能够成为一种尺度,就必须按照它的时间或强度来确定,不然它就不成其为尺度了。这种**平等的**权利,对不同等的劳动来说是不平等的权利。它不承认任何阶级差别,因为每个人都像其他人一样只是劳动者;但是它默认不同等的个人天赋,因而也就默认不同等的工作能力是天然特权。**所以就它的内容来讲,它像一切权利一样是一种不平等的权利。**"黑体为原文所加。注意,这里的"权利"即正文中的"法权"。另参考《马克思恩格斯文集》第三卷译文,前引,第 435 页。——译注

些口号,比如"工人政权""**经济**民主①"。这些事情并不简单。

这些事情不简单,是因为不能把生产资料的共同占有这样的**社会主义**生产关系乃至**共产主义**生产关系,与在社会主义**过渡阶段**要建立的那些关系混为一谈:因为,既然不能把社会主义与共产主义混为一谈,**就更**不能把向社会主义过渡的阶段(社会主义建设阶段)当作社会主义本身。

在上述过渡阶段(列宁曾无数次重复过,它是无产阶级专政阶段),人们面对的还不是社会主义的生产关系,而是一些过渡阶段的关系。在这个阶段,所谓的社会主义法权在形式上仍然是不平等的、资产阶级的法权,国家所有和合作社所有都只是一些暂时的形式,无产阶级专政也只是暂时被采用,**目的是**为建立未来的社会主义生产关系作长期、耐心和持久的准备。这正是列宁与另一些人相反,不断提醒我们的地方,那些人希望跳过过渡阶段,通过提出一些在空想社会主义中非常经典的小资产阶级的解决办法,来建立"工人政权""工人自治"和"经济民主"或"生产民主"②。

然而,如果我们愿意把无产阶级专政这个过渡阶段本身的难题留在这个阶段(其中首要的难题就是搞清楚是否已经超越了无

---

① "经济民主"的口号是社会民主主义者的口号。从马克思主义理论的观点看,它毫无意义。列宁曾提醒说:民主是一个政治概念,它涉及的是**政治**——因而与经济没有任何关系。

② 此处见列宁的文本,《列宁全集》第三十二卷第 19 页,莫斯科,1962年。(相关内容可参见列宁《论工会、目前局势及托洛茨基同志的错误》一文,《列宁选集》第四卷,前引,第 367-391 页。——译注)

产阶级专政阶段……)①,不把它们与**建成了的**社会主义的难题混为一谈,那么,就可以就生产资料社会主义集体**占有**本身的性质提出问题,并从一开始就思考马克思在这个纲领性的用语下所想到的东西。

马克思所想到的显然是法权的消亡以及相应的国家的消亡。法权的消亡只能意味着**商品**类型的交换的消亡,作为商品的财产的交换的消亡(这里的商品自然首先包括资本主义商品关系中的劳动力这种商品),意味着非商品的交换代替商品的交换。这样一来,人们就必然会提出如下问题:如何保障这些**非商品的**交换?经典的回答是:通过社会主义计划化。但什么是社会主义计划化呢?

显然,这个问题在今天变得很棘手,20世纪30年代以来**由**斯大林政策铭刻在苏联的计划化中的**非常独特的形式**给它打上了深深的烙印:我们将更愿意将这种形式称之为**国家的计划化**,而不是"官僚主义的"计划化(因为官僚主义这个后果是某种更广泛的政治的一个次级后果)。

在苏联、捷克斯洛伐克、匈牙利等国家,所有试图通过"自由"措施(其作用是在这些国家的经济内部承认并扩大商品关系)使计划化"变得灵活"的人,都仍然并实际上一直是在这个非常独特的形式的限度内进行争论的。

人们也正是在这个非常独特的形式的限度内,就那些关键性问题的解决方法提出"理论"难题的——当地的理论家们在这些

---

① 赫鲁晓夫非常轻率地宣告说,苏联已经超越了这个阶段,苏联正在建设共产主义。

难题上被搞得头昏脑涨,四分五裂:比如"价格"的确定问题①。我敢说,在正统马克思主义学说中被置于这些"理论"问题核心的劳动价值论,在这里就经受着严峻的考验!

在最不得已的情况下,人们祈求于自动化和电子技术的双重神话,它们——多亏了巨型电子计算机的超集中化——有可能通过神奇的、像数学一样严密的计划化②,去"解决"所有这些难题,

---

① 关于这些争论,他们的预先假定,以及他们的死胡同,参见夏尔·贝特兰(Ch. Bettelheim)的文章《欧洲社会主义国家中的价格难题》(«Les problèmes des prix dans les pays socialistes d'Europe»),载《思想》(La Pensée)杂志 1967 年 6 月第 133 期和 1967 年 8 月第 134 期。

② 在我看来,为了触及这个问题的实质,触及所有关于计划化保障手段的理论—技术讨论的实质,就必须提醒大家注意:人们实际上认为,或确切地说,人们希望,计划化的主要目的是实现、建立,简言之创造社会主义生产关系,即真正的、十足的占有关系。事实上,因为它倾向于要么独自、要么以负主要责任的方式担负解决这个巨大难题的责任,所以人们误解了它的真正功能。它的真正功能不是创造社会主义生产关系,而是以最"合理的"方式组织现有的各种生产力,并且实际上仅仅是组织生产力。在这里,我们会重新发现我在附录中谈到过的一个政策:生产力优先于生产关系的政策(具体可参见本书附录《论生产关系对生产力的优先性》。——译注)。这个政策在原则上是错误的,有悖于列宁的著名口号"社会主义就是苏维埃加电气化"(参见列宁《全俄中央执行委员会和人民委员会关于对外对内政策的报告》,《列宁选集》第四卷,前引,第 364 页:"共产主义就是苏维埃政权加全国电气化"。也参见《关于电气化的意见》,《列宁全集》第 40 卷,人民出版社,1986 年,第 223 页:"共产主义=苏维埃政权+电气化"。——译注)。列宁通过这个简洁的口号表达了一个正确的、根本的、忽视了就不可原谅的论点:他在这里断言了苏维埃对电气化的优先性,并通过断言苏维埃的优先性而间接断言了生产关系难题对于生产力的政治上的优先性。我说的就是**政治上的优先性**。

并且从企业的"赢利标准"来说,(有时候难免)还能有一点点"结余"……我不相信这个掺了一定剂量经济自由主义(剂量的多少迟早会变得无法控制)和十足"人道主义"意识形态(它是经济自由主义的必然对位)的技术主义解决办法给我们提供的社会主义计划化,真的能体现"自由联合的人"对生产资料的**占有**关系。

因此,最好在历史、政治和理论上,从斯大林政策强加的、总是引起这些"难题"的计划化形式那里认真地后撤一步,并从一种更正确的观点出发去重新考察那些事情。至少这是我个人的意见,我如实把它表达出来。但这种后撤及其后果,必须以一些政治和理论条件为前提,而以事情的当前进展来判断,那些条件并不是马上就会实现,而且如果不经过一番痛苦的分娩,完成重大转变,也不可能得到实现。因为在所有这些难题背后,(甚至在那些社会主义国家)存在着一些非常严肃的问题:阶级问题和阶级斗争问题。马克思主义者不应对此感到惊讶。

因为苏维埃是群众的政治组织。而社会主义生产关系只有通过**群众的政治干预**(这里即苏维埃),才能作为生产力计划化(这里电气化是其象征性代表)的派生后果而建立起来。计划化(其首要目标是组织生产力)是政治干预和贯彻政治路线的辅助手段**之一**,它必须建立、"发明"全新的社会主义生产关系(群众在1905年确实"发明"了苏维埃)。因此,计划化——包括它的设想,包括它的各种方法(我没有说它的目标,因为不言自明)——并不是解决办法,而是**服从以生产关系的优先性为基础的政治路线的手段**。无产阶级(政治上的)专政必须建立这种优先性。这事关阶级斗争,并且需要长期努力。还必须以正确的措辞把这个问题提出来,必须政治挂帅,反对经济主义——人道主义倾向,以保障生产关系实际上的优先性。(对这个问题的进一步思考,可参考本书附录《论生产关系对生产力的优先性》。——译注)

无论如何,通过正在进行中的不同的实验:包括南斯拉夫的实验(我们从现在开始可以得出可靠的结论说,它只是向资本主义过渡——倒退的一个阶段)、打上了斯大林观念印记的苏联的计划化,以及(在精神上和形式上明显不同的)中国的计划化等实验——通过这些实验,很显然的是,在这些不同的实验中,真正涉及的,是对各种前所未有的**形式**的探索,人们希望有一天能通过这些形式实现作为**真正占有**关系的十足的社会主义生产关系。同样显然的是,对那些形式的探索不是一个单纯的理论问题(尽管理论——当然是指马克思和列宁的理论——在这里起着非常重要的作用),而是一个彻头彻尾的政治问题,并且这个问题只有在政治斗争(说到底是阶级斗争,经济的、政治的和意识形态的阶级斗争)结束时才能得到解决。我们现在所经历的,只不过是这个斗争的最初阶段。

以上就是马克思主义关于生产关系和法律关系的区分之所以如此重要的特别原因。

三、法的镇压性

法必然是**镇压性**的。康德已经非常清楚地看到并在他的《道德形而上学》(第一部:法权论)中表达过这一点。尽管这部著作有这样一个标题,但它的形而上学成分非常少。在这一方面,黑格尔的法的观念,由于他谵妄的唯心主义,远远落后于康德的法的观念。

法是镇压性的,因为如果没有一套相应的惩罚体系,它就不可能存在。换句话说,没有刑法典,就不可能有民法典,因为刑法典正是民法典在法的水平上的实现。这很容易理解:法律契约只有在人们**应用**——即遵守或规避——**法**的条件下才能存在。因此,必须存在一套关于**法**的应用(或不应用)的**法**,也就是关于遵守(或不遵守)法律契约规则的法。

在契约中,两个法律人**相互保证**完成规定的交易偿付。他们还同时**相互保证**,如果谁不遵守契约条款,就要受到**惩罚**。①

通过对法的这种最根本的法律补充,即通过对在契约中[不]遵守已签署的条款的行为进行惩罚的法律规则系统;通过对民法典的法律补充,即通过刑法典,法在自己内部承认了,如果没有**镇压性的强制**规则,它就不可能"存在",也就是说,不会被法律人付诸实践。

康德在其《道德形而上学》(第一部:法权论)中把这一点看得清清楚楚:**法意味着强制**。但他当然是从**道德**的观点来看的,因而是把它看作法和道德之间的差别:前者是无矛盾的—完备的**镇压性的**形式系统,后者是无矛盾的—完备的、把**义务**包括在内的、**没有惩罚**从而**没有镇压**的形式系统。我们关于法的观点不是康德的观点(即法有别于道德的观点),而是一种完全不同的观点(即法有别于生产关系的观点),这一点应该不会让人感到惊讶。

这样一来事情就很简单了。要强制就要惩罚,要惩罚就要镇压,所以必然要有**镇压性机器**。这个机器就存在于狭义的**镇压性**

---

① 当然他也会寻求(法律)手段规避惩罚:要么去发现某项法规"保护"自己的做法(多亏了法律专家们,人们给他们付工资就是为了干这事儿);要么去发现某项法规的不在场(这同样要靠法律专家们),即法中的某个漏洞,以逃避一切法律诉讼,无论是什么形式的诉讼(是诉诸实际的法还是诉诸判例)。

国家机器当中。它的名字叫作:警察、法院、罚款和监狱。法和国家正是由此而**成为一体的**。

但同时很显然,法的实践并非仅仅依靠实行镇压。正如人们所说,镇压更经常地是"**预防性的**"。相对于得到遵守的无数契约(这时不需要镇压性机器亲自干预,并且不需要启动镇压程序),镇压只在少数情况下才出现在法律—国家的形式中①。在绝大多数情况下,事情都进展平稳:契约的条款都**得到遵守**。

但是,在这里要特别当心。

四、法、法律意识形态、道德意识形态的补充

契约双方是因为"害怕宪兵",才遵守契约条款中签署的承诺,因为每个人都"知道",害怕宪兵是"明智之始"②。对于这种观点,常识③(这个公共废话的老皇历④)会放声大笑。

---

① "出现在……中"原文为"intervenir...dans",其中动词"intervenir"也译为"干预"。——译注

② 典出《圣经·诗篇》111:10:"敬畏耶和华是智慧的开端,凡遵行他命令的是聪明人。"——译注

③ "常识"原文为"sens commun",字面意思为"共同的感觉",也即康德哲学中的"共通感"。但与康德的用法不同,在阿尔都塞(以及葛兰西)这里,这个词更多地指未经批判的"自发的观念"。——译注

④ "老皇历"原文为"Almanach Vermot",是法国的一种历书,最早由Joseph Vermot于1886年1月1日出版。这种历书有点像中国的皇历,每一页代表一天,上面会印上一些实用信息、文字游戏或胡诌的笑话等等,很受法国老百姓欢迎。——译注

那些"诚实的人"①正是用下面这个理由以及这个理由的全部显而易见性来进行反驳的:尽管宪兵确实出现在法律约束的地平线上,但它绝没有出现在契约签订人的**意识**②的地平线上,更确切地说,宪兵**本身**在那里是**不在场的**。

这些"诚实的人"有道理③,而且他们总是有道理,但我们要懂得是什么道理让他们有道理。在这种情况下,只要听听他们说什么就够了:"我们之所以遵守自己所签订的条款,不是因为害怕宪兵(老天保佑!),而'仅仅是因为诚实'。"

事实上,确实存在着一些诚实的契约签订人,他们因为诚实而完全没有害怕宪兵的必要。他们仅仅因"职业良知"或"道德良知"而诚实。当他们没有因这种诚实而(或多或少不引人注目地)获得商业利益时,还会趁机为此表现出些许骄傲。因为大家都"知道",他们之所以没有因此获利,是因为虽然在国内或国际市场上,某"公司"或甚至某种人(比如德国人、日本人等等)十分"端正"、十分守约,但另外一些公司和人却不(很)懂得"在生意场上怎么做",也就是说,不懂得"兑现自己的承诺"(荣誉!)④。

好吧,必须立即抓住这些"诚实的人"的话,因为与所有潜在

---

① "诚实的人"原文为"honnêtes gens",与"宪兵"(gendarme)相对,后者即"gens d'armes"(武装的人)。——译注

② "意识"原文为"conscience",有时也译为"良知"。——译注

③ "道理"原文为"raison",与前一段中的"理由"为同一个词。——译注

④ 这句话中的"兑现自己的承诺"原文为"honorer leurs engagements",直译即"给自己的承诺带来荣誉",而括号中的"荣誉"一词,原文"honneur",是前文动词"honorer"的同根词。——译注

的布热德主义①挖苦或小资产阶级(这些小资产阶级若不先"被打翻在地"就无法想象自己会沉沦)的苦涩挖苦相反,他们从根本上来说是有道理的。让我们用它自己的名字来称呼这种道理吧。

既然不久前我们给资产阶级法权所需要的镇压性机器(国家机器的一部分)取了一个名字;那么,让我们也给这个道理取一个名字吧:它就是**法律意识形态**,以及作为其"补充"的**道德意识形态**。

绝大多数法律人之所以确实在既没有专门化的镇压性国家机器的干预,也没有它的预先性威胁的情况下,遵守自己所签订的契约条款,是因为他们都被**法律意识形态**的"**诚实**"所"渗透",这种"诚实"铭刻在他们②对**法**的遵守行为中,为的是专门使得法能够"发挥功能",也就是说,使得法律实践能够"自动运转",而不需要诉诸镇压或威胁。

这里仍然要当心。

法律意识形态显然是法的实践——从而也就是法自身(未被实践的法根本称不上是法)——所要求的,但它又不能与法混为一谈。

比如法说(这些都写在它的法典中):所有个人(我们上文提到的作为例外的边缘人除外)**在法律上都是自由的**(订立或不订立契约的自由,使用、滥用或不使用、不滥用自己财产的自由,等

---

① "布热德主义"(poujadisme),源于皮埃尔·布热德(Pierre Poujade,1920—2003)等人于20世纪50年代在法国发起的以小商人、手工业者为主体的右翼运动。——译注

② 此处原文为"lure"(诱惑物),应为"leur"(他们的)之误。——译注

等)。这是对自由的**法律**定义,也就是说,是通过法、通过法的规则系统对自由进行的定义。这是对自由的一个十分明确的定义,它只在法的限度内有效,并且与道德自由和哲学自由毫不相关,甚至正如我们将会看到的那样,与法律意识形态的自由也毫不相关。

比如法说:所有个人(那些边缘人等等除外)在一切契约行为及其后果(尤其是刑罚性后果)面前都是平等的。这是对平等的**法律**定义,也就是说,是通过法、通过法的规则系统对平等进行的定义。这是对平等的一个十分明确的定义,它只在法的限度内有效,并且与道德平等、政治平等和形而上学的平等毫不相关,甚至正如我们将会看到的那样,与法律意识形态的平等也毫不相关。

比如法说:必须遵守签署了的承诺。这是对义务的**法律**定义,也就是说,是通过法、通过法的刑罚规则系统对义务进行的定义。这是对义务的一个十分明确的定义,它只在法的限度内有效,并且与道德义务和形而上学的义务毫不相关,甚至正如我们将会看到的那样,与法律意识形态的义务也毫不相关。

法律意识形态,如果我们带着对事实的最低限度的尊重,并用一种稍微精确的语言来谈论它,就可以说,如果它确实采用了自由、平等和义务的概念(notions),那也是**在法之外**,即在法的规则系统及其界限之外,把它们纳入了一套由完全不同的概念(notions)结构起来的意识形态**话语**中。

要概括作为法律意识形态基础的那些概念的本质,就必须注意这里的"微小差别"。

法说:**作为法律人**,个人是**在法律上**自由、平等和负有义务的法律人。换句话说,法不会超出法,它"老老实实地"让一切回到法不应该为此而指责它:它老老实实地干着自己作为法的"本行"。

而法律意识形态呢,它有一套在表面上相似,但实际上**完全不同**的话语。它说:**人天生**是自由、平等的。因此,在法律意识形态中,是"**本性**"①而不是法,为"人"(而不是法律人)的自由和平等"奠定基础"。细微差别……

剩下的显然还有义务。法律意识形态不会说人"天生"负有义务:在这一点上,它需要一个小小的补充,更确切地说,一个小小的**道德**补充。这意味着法律意识形态只有得到"良知"和"职责"②的道德意识形态支持,才能站得住脚。

大家会理解我们想说着的是什么。法是一套系统化的、无矛盾的、(倾向于)完备的形式系统,但**它无法独自存在**。

一方面,它依赖于一部分镇压性国家机器;另一方面,它依赖于法律意识形态,还要依赖于道德意识形态的小小补充。

在一切法律实践的地平线上,可能都有宪兵(它是国家机器的一部分)在执行警戒,并在必要时进行干预。但在大多数时候,

---

① "本性"原文为"nature",也有"自然、性质"等意思,前文和下文中"天生"的原文为"par nature",也可译为"就本性来说"。——译注

② "良知"原文为"Conscience",在有的地方也译为"意识"。"职责"原文为"Devoir",通常也译为"义务",它与另一个通常被译为"义务"的词"obligation"的区别是:"devoir"的动词形式"devoir",意为"应该""应当";"obligation"的动词形式是"obliger",意为"强迫""迫使";作为名词的"devoir"更多地指根据道义或良知,人们必须做某事,是主观上的"应当",而"obligation"则更多地指道义、风俗、法律条文等强加给人要做某事,是客观上的"被迫""不得已"。为了统一译名,也为了有所区别,本书中"devoir"统一译为"应当"或"职责","obligation"统一译为"义务"。——译注

它不进行干预,甚至在法律实践的地平线上完全不在场。

那么,在这个空间本身当中,而不是在这个空间的地平线上,在场的是什么呢?是**法律意识形态+道德意识形态的小小补充**。在契约的法律实践这个空间中,法律意识形态和道德意识形态似乎在扮演着不在场的宪兵的角色,成为不在场的宪兵的"代表"。

不在场就是不在场。对不在场的事物的代表,并不是那个不在场的事物本身,而是它的代表。(我们的外交官们非常清楚,他们不同于戴高乐,他们不是"法兰西!",而只是它的"代表"——感谢上帝保佑他们! 否则他们将被这个六边形①的重量压得粉碎——,这使得他们可以过自己的小日子,有家庭、有假日、有前程,包括职业前程。)

因此,法律—道德的意识形态代替了宪兵,但既然它是代替宪兵,所以**它不是宪兵**。

这不是在钻牛角尖,或者说,这并不是一个毫无根据的区分。这个区分**在事实中**——更明确地说,在宪兵是一种**肉体性**镇压的干预**力量**这一事实中——是看得见的。宪兵宣过誓,有权力**逮捕**犯人,将犯人(如有必要,动用手铐)押送给"有决定权的人"②,由"有决定权的人"向犯人问责,最终进行入狱登记,投入牢房,等待诉讼和判决。宪兵就是国家的**暴力**,它穿着制服以温和(或不那

---

① "六边形"原文为"Hexagone",因为法国版图呈六边形,所以人们常用"六边形"代指"法国",这里是指作为具体的、物质性存在的国家来说的法国。——译注

② "有决定权的人"原文为"qui de droit",字面意思是"法(权利)的人"。——译注

么温和)的形式出现。人们认为它没什么了不起,恰恰是因为"忘记"了它只有通过**暴力**才存在。我们要说,在宪兵的形式下面,法律实践是"通过"国家机器的(常规)"暴力"而发挥功能的。

但作为通则,在绝大多数情况下,并不需要国家暴力的干预。法律实践要"发挥功能",**只要有法律—道德的意识形态就够了**,事情会"**自动**"运转起来。因为法律人都深信这种明摆着的"显而易见性":人**天生**是自由和平等的,"应该"①完全凭法律—道德的"良知"(人们给它取了这个专业性的教名,只是为了掩盖它的**意识形态**实质)遵守自己的承诺。因此,我们说,在绝大多数情况下,法的实践"通过法律—道德的意识形态"而"发挥功能"。

法得以发挥功能的这种方式(既"通过"国家的"暴力",又通过非暴力的"意识形态")所带来的后果,当然是难以估量的,对于生产关系,对于生产关系在劳动分工和组织中的**存在形式**来说,都是如此。我们以后当然必须再次讨论这些问题,但目前让我们把这个重要的问题搁置不论,以便把我们的注意力集中在以下说明上。

我们对法的性质和它的"功能的发挥"所进行的分析——即便我们还并没有对此进行专门的研究——让我们遇到了两个现实,离开这两个现实,法的存在和它的功能的发挥是完全不可理解的。这两个"现实",一个是国家,一个是意识形态。现在到了谈论它们的时候了。

---

① "应该"原文为"doivent",其动词原形为"devoir",作为名词,即前文的"职责"。——译注

第六章

国家和国家机器

l'État et ses appareils

马克思主义传统在这一点上是很明确的：自从《共产党宣言》和《雾月十八日》①发表以来（并且在后来所有的经典文本中，尤其是在马克思有关巴黎公社的作品和列宁的《国家与革命》中），国家都被明确地构想为**镇压性机器**。国家是一种镇压"机器"②，它使得统治阶级（在 19 世纪是资产者阶级和大土地所有者"阶级"）能够保障他们对工人阶级的统治，使得后者服从于对剩余价值的榨取过程（即服从于资本主义剥削）。

　　因此，国家首先是马克思主义经典作家称作**国家机器**的东西。这个术语的含义，不仅是指那些专门化的（狭义上的）机器，即警察、法院、监狱——我们曾经从法律实践的要求出发承认了它们的存在和必要性；还指军队，在其"国防"功能之外，当警察

---

　　① 即《路易·波拿巴的雾月十八日》。——译注

　　② 阿尔都塞的"国家机器"概念中"机器"一词的原文是"appareil"，而此处"机器"的原文是"machine"。"appareil"与"machine"的区别在于，前者词义比后者更宽泛，指一切由零件组成的、具有一定用途的机械性仪器或装置，后者主要指由动力带动的机械性装置或设备。但这两个词有时可以通用，用于比喻，均可指非机械性的人体器官或国家机构。另外值得指出的是，马克思本人在谈到国家机器时，用的是"Staatsmachine"或"Staatsmachinerie"。除有特殊说明，本书中的"国家机器""……国家机器"中的"机器"一词，原文都是"appareil"。——译注

（及其特殊部队：共和国保安部队①等等）"无法控制事态"时，它归根到底会作为追加的镇压力量直接干预进来（无产阶级为这一经验付出过血的代价）；而且还指在这一切之上的国家元首、政府②和行政部门。

以这种形式被表达③的马克思列宁主义国家"理论"，触及了事情的**本质**，任何时候都绝不可能不意识到，这确实就是事情的本质。国家机器把国家定义为在资产阶级及其同盟所展开的反对无产阶级的斗争中"为统治阶级利益服务"的执行力量和镇压性的干预力量：这样的国家机器才是真正的国家，才真正定义了国家的基本"功能"。

一、从描述性的理论到理论本身

然而，在这里也像我们关于大厦的隐喻（下层建筑和上层建

---

① 原文为"CRS"，即"Compagnie Républicaine de Sécurité"（共和国保安部队）首字母缩写。——译注

② "政府"原文为"gouvernement"，是"gouverner"（控制、统治、管理）的名词形式，在福柯的著作中，这个词往往被译为"治理"。——译注

③ "被表达"原文为"présentée"，其动词原形为"présenter"，名词为"présentation"，一般译为"呈现、介绍、展示"，与它相关的另一个同根词"représenter"（名词为"représentation"），一般译为"表述、再现、代表"。由于后文中在同样的语境下，阿尔都塞用的是"représentations"这个词，所以我们认为，实际上这里的原意应该就是"représentée"即"被表述"，但为了区分，我们仍将其译为"被表达"。——译注

筑)所指出的那样,对国家性质的这种表达①也仍然是**描述性的**。

由于我们以后还要经常使用这个形容词("描述性的"),为了避免所有的歧义,有必要对它作些解释。

在提到大厦隐喻或马克思主义国家"理论"时,我们说这些都是对其对象的描述性的观念或表述②,我们这样说并没有任何私下保留的贬低想法。相反,我们有充分的理由认为,伟大的科学发现都不得不首先经过我们称之为**描述性的**"**理论**"这个阶段。这是所有理论的**第一个**阶段,至少在我们所讨论的领域(关于社会形态的科学的领域)是这样。如此说来,人们也可以——依我们看就是必须——把这个阶段看成是理论发展的必要过渡阶段。我们把这种过渡性铭刻在自己的表达方式("描述性的理论")中,并通过我们所用的这种词语组合,把其中好像是"矛盾"的东西显示了出来。事实上,**理论**这个术语与加在它前面的"**描述性的**"这个形容词有几分"相抵触"。这恰好意味着:(1)"描述性的理论"确实毫无疑问不可逆转地是理论的开端;但是(2)理论以"描述性的"形式出现,这个"矛盾"的后果本身会**要求**理论的发展去超越那个"描述"的形式。

让我们回到目前讨论的对象——国家——上来,进一步澄清我们的思考。

当我们说我们现在所拥有的马克思主义国家"理论"仍然在很大程度上是"描述性的"时,首先并首要是指这种描述性的"理论"毫无疑问正是马克思主义国家理论的**开端**;这个开端为我们

---

① "表达"原文为"présentation",参见上一条译注。——译注

② 这里的"表述",原文为"représentations",参见前两条译注。——译注

提供了最重要的东西,即这一理论今后一切发展的**决定性**原则。

但这还不够。我们说一种理论是"描述性的",是因为人们可以把在它所涉及的这个领域里可观察到的绝大多数事实,同它给自己对象所下的定义完全对应起来。因此,把国家定义为存在于镇压性国家机器中的阶级国家,能够洞若观火地说明我们在任何领域的不同层面的镇压中可以观察到的所有事实:从1848年6月、巴黎公社、1905年5月的彼得格勒"流血星期日"、抵抗运动、夏龙①等历次大屠杀,到"审查"的(相对和缓的)简单干预,例如禁止狄德罗的《修女》被搬上银幕②,或查禁加蒂关于佛朗哥的戏剧③;说明所有直接或间接的灭绝人民大众的形式(帝国主义战争)、剥削形式和微妙的日常统治形式,我们可以在这种统治底下,比如在各种政治民主形式中,窥见列宁遵循马克思的观点称之为资产阶级专政的东西。这是"描述性的理论"定义的第一个方面。

---

① "夏龙屠杀"指1962年2月8日法国左派群众在反阿尔及利亚战争游行中遭到镇压,有九人在9号地铁"夏龙站"站口被杀害。——译注

② 1966年,法国政府禁止由雅克·里韦特(Jacques Rivette)根据狄德罗小说《修女》改编的电影《苏珊·西莫尼:德尼·狄德罗的修女》(*Suzanne Simonin-la Religieuse de Denis Diderot*)上映。——译注

③ 阿尔芒·加蒂(Armand Gatti,1924—2017),法国当代著名诗人、戏剧家、戏剧批评家,德军占领期间参加游击队,曾被关入集中营,后担任过与阿尔都塞关系密切的"马斯佩罗出版社"的丛书主编,著有《黑鱼》(*Le Poisson Noir*,1950)、《工人之死》(*Mort ouvrier*,1962)等,1968年,法国政府应西班牙政府的要求,禁止了他的戏剧《对佛朗哥将军的热爱》(*La Passion du Général Franco*)上演。——译注

第二个方面,"描述性的理论"显然还是理论构成过程本身需要"超越"的一个阶段。因为很清楚,虽然这个定义把压迫的事实与被当作镇压性国家机器的国家联系在一起,从而确实给我们提供了辨别和认出①这些事实必不可少的手段,但这种"联系起来"的做法却会引起某种特别的显而易见性,在稍后我们将有机会把这种显而易见性表达为:"是的,就是如此,**真**是这样的!"②而在国家的这种定义中,即使事实的积累会使例证成倍地增加,也不会对国家的定义(也就是说科学的国家理论)推进一步。

然而,这种定义一旦停留在自己的第一个阶段,作为"描述性的理论"而发挥功能,它就会冒着失去平衡的危险,像在狭窄的山顶小路上一样,也就是说,随时可能会倒向这边或那边。这种不稳定性,以及随之而来的坠落的危险,已经在近期的一部著作中得到了非常有力的分析③,对于这部著作,我们只作如下提醒:正是由于关于国家的"描述性的理论"所具有的这种不稳定性,才使得某些马克思主义者(他们为数不少)"倒"在了山顶小路上错误的一边,把国家表达为为某些**目标**服务的统治和镇压的**纯粹工具**,即统治阶级**有意识的意志**的纯粹工具。这是关于国家的资产阶级唯心主义—工具主义观念,和它叠合在一起的,是把社会阶

---

① "认出"原文为"reconnaître",即"再次、重新"(re)"认识"(connaître),也译为"承认"。——译注

② 见下文:**意识形态**(第十二章)。

③ 参考尼科斯·普朗查斯(N. Poulantzas),《政治权力与社会阶级》(Pouvoir politique et classes sociales),马斯佩罗出版社,1968年。(中文版可参考尼科斯·波朗查斯《政治权力与社会阶级》,叶林、王宏周、马清文译,中国社会科学出版社,1982年。——译注)

级当作"主体"的资产阶级唯心主义(人道主义)观念,这种观念与马克思主义毫无关系,因为它歪曲了由那种"描述性的理论"最终提供给我们的更有价值的东西。由此有必要在山顶小路上"倒向正确的一边"……或者,如果要放弃这个隐喻,就有必要把描述性的理论发展为理论本身。

这里仍然要当心。

为了把这种描述性的理论发展为理论本身,也就是说,不仅为了在国家机器这个概念下辨别那些压迫的事实并对它们进行分类,并且为了理解国家发挥功能的各种**机制**,我们认为确实有必要给把国家当作国家机器的这个经典定义补充某种东西。

二、马克思主义国家理论的主要内容

即便不是补充,至少必须首先澄清的是:如果不根据**国家政权**①来看待国家(及其在国家机器中的存在),它就没有任何意义。全部**政治的**阶级斗争都是围绕着国家展开的。我们的意思是,它是围绕着由某个阶级或某个"权力集团"(即阶级之间或阶级的某些部分之间的联盟)对**国家政权**的占有(即对它的夺取和保持)而展开的。②

因此,首先作出的这点澄清迫使我们把作为政治性阶级斗争目标的**国家政权**(对国家政权的保持或夺取)与**国家机器**区分

---

① "国家政权"原文为"Pouvoir d'État",其中"pouvoir"有"权力、力量"等意思,后文中的"权力",原文也是这个词。——译注

② 参考尼科斯·普朗查斯,他对马克思和列宁进行了非常出色的评论。

开来。

我们都知道,国家机器是可以历经事变而幸存的,就像19世纪法国的资产阶级"革命"(1830年、1848年)、政变(12月2日和1958年5月)、制度的崩溃(1870年帝国的垮台、1940年第三共和的垮台)、小资产阶级的上台(1890—1895年的法国)等等所证明的那样,它们都没有触动或改变国家机器:国家机器在经历了影响**国家政权归属**的政治事件之后,仍然可以不变地存在下去。

甚至经历了像1917年那样的社会革命之后,在无产阶级和小农的联盟掌握了国家政权之后,大部分国家机器仍然不变地保存了下来。列宁一再重申了这个事实,并且直到去世,他仍然对这一点忧心忡忡。

在这方面,刚才提到过的那部著作为我们提供了详细的说明①。此外,我们可以说,国家政权和国家机器之间的这种区分已成为"马克思主义"国家"理论"的组成部分,从马克思的《雾月十八日》以后,这个区分就明确地存在着。

从这一点上来概括"马克思主义国家理论",我们就可以提醒大家注意,马克思主义经典作家历来主张:

1. 国家就是(镇压性)国家机器;

2. 必须对国家政权和国家机器加以区分;

3. 阶级斗争的目标在于掌握国家政权,从而在于通过国家政权而利用国家机器——掌握国家政权的阶级(以及阶级之间或阶级的某些部分之间的联盟)可以根据其阶级目标来利用国家机器;

---

① 参考尼科斯·普朗查斯,同前注。

4. 无产阶级必须夺取国家政权，以便摧毁现存的资产阶级国家机器，在第一阶段（即无产阶级专政阶段）代之以完全不同的国家机器，即无产阶级国家机器，接着在随后的阶段，进入一个彻底的过程，即消灭国家的过程（国家政权和一切国家机器的终结）。

由此看来，我们原打算给"马克思主义"国家"理论"补充的东西，早已白纸黑字地写在那里了。可在我们看来，即使补上了这一点，这个理论也仍然部分地是描述性的；虽说它现在的确包含了一些复杂的和差异性的要素，但如果没有理论上决定性的进一步深化，就无法理解这些要素的作用和运行。

三、意识形态国家机器

因此，必须给"马克思主义国家理论"补充别的东西。

在这里，我们必须小心翼翼地踏进一个领域。**事实上**，在我们之前，马克思、列宁、斯大林和毛早就进入这个领域了，只是他们还没有用理论的形式，把在他们的经验和做法中所隐含的决定性进步系统化。为什么呢？因为那些经验和做法首先还停留**在政治实践的领域**。

由此我们要提出，马克思主义经典作家，在事实上，也就是说在他们的政治实践中，是把国家当作一个比"马克思主义国家理论"对国家的定义**更为复杂的现实**来对待的——即使这个定义已经像我们刚才那样作了补充。因此，他们在自己的实践中已经承认了这种复杂性，但他们还没有用相应的理论将它表达出来。

我们想尝试着为这个相应的理论画一个草图。

我们非常清楚自己要面临什么样的反对意见，因为我们所能提出的任何命题,**无一不是都已经包含在无产阶级的阶级斗争的政治实践记录中了**。所以,人们随时都可以说我们完全没有提供任何新东西,并且在某种程度上,他们这样说绝对是有道理的。然而,我们想要提供一点新东西,虽然可能不多,因为它只是给在无产阶级的阶级斗争实践中已经被承认的一些东西**赋予理论形式**。但正是通过那些经典作家,我们知道,这一点点新东西(给阶级斗争的实践经验赋予理论形式)对于阶级斗争本身来说,是或可能是**特别重要的**。没有(关于国家的)革命的理论,就不会有革命的运动。

让我们把牌摊到桌面上来吧。

我们将提出并捍卫以下论点。

要提出一种关于国家的理论,不仅必须考虑到**国家政权**(及其持有者)与**国家机器**的区分,而且还必须考虑到另一种"现实"——它显然是和(镇压性)国家机器并立的,但**与后者不能混为一谈**。我们将冒着理论风险把这种现实叫作**意识形态国家机器**。因此,理论干预的准确部位,在于意识形态国家机器与(镇压性国家机器意义上的)国家机器之间的差别。

我们还记得,在"马克思主义理论"中,**国家机器**包括政府、行政部门、军队、警察、法院、监狱等等,它们构成了我们今后要称作**镇压性国家机器**的东西。"镇压性"是指最终会在明确而严格的意义上(直接或非直接地,合法或"非法"地)使用**肉体的暴力**(说"最终",是因为存在着为数众多的、极为多样化的、甚至非常隐蔽的**非肉体的**镇压形式)。

那么，什么是**意识形态国家机器**(AIE①)呢？

为了给出关于它们的一个初步观念，现将它们暂时罗列如下：

1. 学校机器
2. 家庭机器
3. 宗教机器
4. 政治机器
5. 工会机器
6. 信息机器
7. 出版——发行机器
8. 文化机器

这是暂时的清单，因为一方面它还不全面(参考第十二章)，另一方面第 7 和第 8 种机器可能只不过是一种机器。大家会原谅我最后一个犹豫，因为在这一点上，我还没有拿定"主意"②，它值得进一步研究。

这个清单(它列出了比如说家庭……)，这些名称，难免会使人惊讶。为了能够提出一种暂时的然而又是清楚的定义，还是让我们等一等，按顺序来行事。

---

① "AIE"是"意识形态国家机器"(Appareils idéologiques d'État)的法文缩写，它的英文和意大利文缩写分别是"ISA"和"AIS"。为了行文方便，下文作者使用这个缩写的地方，我们保留了缩写形式原文，不再一一译出。——译注

② "拿定'主意'"中的"主意"原文为"«siège»"，这个词的本义是"本部、座位、围攻"等，作者这里玩了一个双关，既指自己在这一点上没有拿定"主意"，也指自己现在"围攻"的还不是这个点。——译注

第一点说明。

我们凭经验就能注意到,与每一种 AIE 相对应的是一些我们称作"机构"或"组织"的东西。与学校的 AIE 相对应的,有不同的学校,不同层次的学校,从初等的到高等的,不同的学院,等等;与宗教的 AIE 相对应的,有不同的教会和它们的专门化组织(如青年组织);与政治的 AIE 相对应的,有议会、政党等等;与信息的 AIE 相对应的,有新闻报刊(各种报刊或报刊集团)、法国广播电视台、大量的出版物以及各种组织;与家庭的 AIE 相对应的,有所有那些与家庭相关的机构,包括著名的学生家长协会等等;与文化的 AIE 相对应的,有各种形式的演出①(包括体育运动),以及一整套可能与我们此前称为出版的 AIE 共享的机构。

第二点说明。

构成每一种 AIE 的不同机构和组织都形成一个**系统**。这至少是我们将要提出的论点,我们还将看到在每一种情况下是什么东西造成了那个**系统**的统一。如果确实如此,我们就无法探讨某种 AIE 的**某个单独组成部分**,除非把它与它所隶属的那个**系统联系**起来。例如:不把作为政治的 AIE 组成部分的政党与这个 AIE 的复杂系统联系起来,就无法探讨政党。工会也一样,它是工会

---

① "演出"原文为"spectacles",该词有"戏剧""表演""景观""场面"等多重意思,在这里泛指一切供人观看的活动如体育比赛、戏剧演出等等。居伊·德波(Guy Debord)的《景观社会》(*La Société du spectacle*, 1967)中的"景观"即这个词。——译注

的 AIE 系统的组成部分。如此等等。

第三点说明。

我们看到,存在于每种 AIE 中的那些机构,它们的系统,从而每种 AIE 本身,尽管被定义为是**意识形态的**,但都不能化约为没有真正物质**支撑物**的"观念的"存在。我这样说的意思不仅仅是说每种 AIE 的意识形态是在物质机构和物质实践中实现的,因为这很明显。我这样说有另一种意思,即那些物质实践"**扎根**"于非**意识形态的现实中**。以家庭为例:它是一种 AIE,但它所实现的意识形态又"扎根"于一种并非纯意识形态的现实中。家庭确实是"人类"的代表在生物学上的再生产的场所①,是对他们进行养育等等的场所(我们可以说,家庭再生产了劳动力的**存在**)。但家庭还有完全不同的功能。甚至在我们资本主义社会,家庭虽然"正在解体",但还保留着,至少在瓦解的过程中,还在某些地方保留着**生产单位**的作用(例如在乡村:那些"家庭经营")。在农奴制的生产方式中,家庭曾经是占统治地位的生产单位,但在我们的生产方式中,它成了一种遗迹。相反,同样是在我们的时代,家庭成了**消费单位**:它不是唯一的消费单位类型,而是现存多种消费单位类型中的一种,是仍然在发挥重要作用的一种,并且不是濒临消失的那种(它继续存在于我们所知的社会主义制度中,尽管是以一种变化了的或正在退化的形式存在)。例如文化的 AIE:它所实现的意识形态扎根在各种实践中,但那些实践,无论是审

---

① 这里和下一处的"场所"一词,原文为"lien"(纽带),应为"lieu"(场所)之误。——译注

美的(戏剧、电影、文学)还是身体的(体育运动),虽然是那种意识形态的支撑物,却不能化约为那种意识形态。政治的 AIE 和工会的 AIE 也一样:它们所实现的意识形态都"扎根"于一种不能化约为那种意识形态的现实——在这种情况下就是阶级斗争。学校机器这样的 AIE 也一样:它所实现的意识形态"扎根"于一些实践,这些实践使人们能拥有一些客观"本领",所以不能化约为那种意识形态。相反,宗教机器这样的 AIE,却似乎完全"存在"于空中,它的存在依据,纯粹是它所实现的意识形态本身。这一点还不确定。以后我们会试着解释其原因。

这三点说明让我们可以提出一个**暂时的定义**。这个定义将首先把那种"现实"(即意识形态,它把存在于每种 AIE 内部的不同机构或组织与各种实践统一起来)置于**各个系统**中。我们这样说吧:

一种意识形态国家机器就是一个由各种确定的机构、组织和相应的实践所组成的系统。在这个系统的各种机构、组织和实践中得以实现的,是国家的意识形态的全部或一部分(通常是某些要素的典型组合)。在一种 AIE 中实现了的意识形态,保障着这种 AIE 的系统的统一。其统一的基础就在于,这种意识形态"扎根"于每种 AIE 所固有的种种物质功能中。那些物质功能虽然是这种意识形态的"支撑物",却不能化约为这种意识形态。

我们将在接下来表明我们对国家的意识形态的看法。国家的意识形态的存在说明了为什么各种 AIE 既是意识形态机器又是国家机器,还说明了将每一种 AIE 构成为一个特殊的、不同于别的 AIE **系统**的那种统一。

现在,可以回到我们提出的**意识形态国家机器**这个概念上来,以对这个概念中的三个词语进行思考,并说明我们在这个概念中把它们结合在一起的理由。

用**机器**这个显然会让人联想起国家"机器"这个词组的概念来指称各种"现实"(各种机构或"活动"),可能会让人感到惊讶;把"意识形态的"这个形容词与**机器**并列起来,从而最终在"意识形态国家机器"这个提法的结尾①重新发现**国家**本身,也可能会让人感到困惑不解。似乎我们想要表明的是:"意识形态的"这个词可以说是被"固定"在"国家……机器"这个词组的中间,再加上一点小小的"差别",即国家机器本身是**单数**的,而我们的"意识形态国家机器"是**复数**的。这一切显然都需要得到说明。

"意识形态"被"固定"在"国家"和"机器"这两个词中间,并从单数的(国家机器)变成了复数的(诸意识形态国家机器)。我们正是要从这一独特情况出发,来陈述我们的说明。

让我们直接来看看最重要的东西吧,我们要说:在我们资本主义社会中,把意识形态国家机器与镇压性国家机器区分开来的是以下**差别**。

镇压性国家机器按照定义是一种间接或直接使用**肉体暴力**的镇压性机器,而意识形态国家机器只有在"国家机器"的意义上

---

① "意识形态国家机器"的原文为"Appareils idéologiques d'État",在这个复数词组中,"机器(Appareils)"在前面,"国家(État)"在后面,形容词"意识形态的"(idéologiques)在中间。——译注

才能说是镇压性的,因为按照定义它们不使用**肉体**暴力。教会、学校、政党、新闻报刊、广播—电视、出版、各种演出、体育运动等等,在其"主顾"看来,都**不诉诸肉体暴力**而发挥功能,至少不以**占统治地位的**和**显性可见的**方式诉诸肉体暴力。

人们"自由地"去教会,去学校(尽管学校也是"义务的"……①),去加入某个政党并服从它,去买杂志,去打开电视开关,去看电影,去体育场,去购买并"消费"碟片、广告牌或"招贴画",以及文学、历史、政治、宗教或科学著作。因此,这就是说,意识形态国家机器与国家机器的区别,在于它不是"通过暴力"而是"通过意识形态"发挥功能。

在谈到法"通过法律—道德的意识形态"而"发挥功能"时,我们已经说过这样的话②,并且我们知道它的意思是指:那些机器看起来"**自动**"发挥功能,不是诉诸暴力,而是在实际上通过不同于暴力的手段,即**通过意识形态**或更确切地说通过**意识形态化**而发挥功能。由此我们非常清楚地表明了把国家机器与意识形态国家机器区别开来的那个区分。

有待说明的是,为什么我们认为必须用看起来令人费解的"……国家机器"这个术语来指称那些"机构"和"活动"(教会、学校、政治系统、广播—电视、剧场、新闻报刊、出版等等)。为什么是"……国家机器",为什么是这种复数的(国家机器)呢?

---

① 因此我们可以说:人们是(在表面上)"自由地""遵照'**义务**'教育而进行学习"。("义务的"一词原文为*obligatoire*,即"必须的",也可以译为"强迫的"。关于这个词的更多解释,参见第159页译注。——译注)

② 详见本书第五章"法"。——译注

假如我们充分注意到(而我们自己注意到这一点,对我们是有"好处"①的,否则人们一定会以此指责我们),虽然那些"机构"中有一些(如我们这里的学校、某些剧场、广播—电视)是国有的②,**但并非全部机构都是如此**;假如注意到在我们这里,教会如同一部分学校等机构一样,与国家是正式分离的:假如我们充分注意到这些,我们的断言会变得更令人费解。

新闻报刊、政党、工会,以及绝大多数文化机构和文化活动(演出、体育活动、艺术、出版),都是"自由的",也就是说属于"私人"部门而非国家部门③。更确切地说,在某些资本主义国家,大部分学校(在美国,几乎三分之二的高等学校),甚至广播和电视(美国和英国),都属于或可以属于私人部门。那么,我们凭什么把这些"机构"或"活动"当作隶属于意识形态国家机器的东西来谈论呢?

四、公共"机构"和私人"机构"

我们必须反驳下面这种质疑:凭什么把那些隶属于宗教机器、政治机器、文化机器等等的**私人**机构归到意识形态国家机器的名下?

---

① "好处"原文为"intérêt",也译为"兴趣""利益"。——译注
② 在法国,很大一部分学校、剧场和广播—电视机构是国有的。——译注
③ "部门"原文为"secteur",在本书附录《意识形态和意识形态国家机器》一文中,这个词被替换为"领域"(domaine)。——译注

这种质疑实际上以资产阶级法权的区分为前提,这种公私之分,涉及的仅仅是在形式上掌握某某机构所有权的法律人的性质和定义。法律人可以是**个体的**私人(如伽利玛先生①)或**集体的**私人(如多明我会),法律人还可以是**国家集体**(如教育部)等等。

人格的这些法律身份只是一些法律身份,而因为法②是普遍的和形式的,所以我们已经知道,它在本质上对那个"形式"中的**内容**本身进行了抽象。但既然这里对我们重要的恰恰是内容,那么,这种基于公私之分而提出的反对意见就非常可笑了。

我们想说的是,人们能够用来反对我们的"法律"论据用错了地方。我们所讨论的对象,涉及的绝不是"法",而是全然不同的东西——它最终涉及的,是法完全无法囊括的阶级斗争和阶级关系,尽管法的功能就在于使它们的某些**形式的**方面神圣化。

马克思主义者之所以说出这些来(甚至一些非马克思主义者都知道这些,因为他们有时候把它写出来了),是因为他们非常清楚,无论所有那些宪法③条文如何定义国家(它不受民法典制约!而这并非偶然),国家本身始终是统治阶级**的**国家,不是因为法承认统治阶级对国家拥有法律意义上的"**所有权**"——因为据我所

---

① 加斯东·伽利玛(Gaston Gallimard,1881—1975),法国著名学术出版社伽利玛出版社的创始人。——译注

② "法"原文为"Droit",即前文的"法权",具体参见第 140 页译注。——译注

③ "宪法"原文为"Droit constitutionnel",直译即"创制性的法"。——译注

知,尽管法律人格有很多种,但阶级还没有出现在法律人格中——而完全是因为国家就是**它的**国家,资产阶级的国家,因为它**掌握**着国家政权并通过镇压性国家机器和意识形态国家机器行使国家权力。

举另一个例子吧,这次是一个丝毫不容争辩的例子。每个人都很清楚,那些在法律上属于普鲁沃先生①的杂志,那些属于西尔万·弗卢瓦拉先生②或其他人的广播和电视的附属电台,都隶属于私人部门(民法典),尽管那些所有者有某种幻想的"权利"③,使人相信他们的"自由"和独立,但他们完全**知道**应当在什么时候(也就是说每天,并且在"重大日子"非常露骨地)配合资产阶级国家的政治,以适合各自公众的变体形式,传播资产阶级国家的永恒的意识形态弥撒的伟大主题,即国家的意识形态的伟大主题。

因此,公私之分并不能动摇我们关于意识形态国家机器的论点。上述提到的所有私人机构,无论是国家所有还是某个个人所有,不管愿意不愿意,都作为由国家的意识形态所决定的意识形态国家机器的部件而**发挥功能**,从而以自己专有的形式服务于国

---

① 普鲁沃(Jean Prouvost, 1885—1978),法国报业老板,一战后从购买《巴黎午报》(*Paris-Midi*)和《巴黎晚报》(*Paris-Soir*)开始进入新闻报刊行业,后创办《电视7日》(*Télé 7 jours*)等多种杂志。——译注

② 西尔万·弗卢瓦拉(Sylvain Floirat, 1899—1993),法国企业家,曾任"宝玑航空"(Breguet Aviation)董事长和"法国电视公司"(La compagnie française de télévision)总裁。——译注

③ "权利"原文为"droit",即前文的"法""法权",具体参见第140页译注。——译注

家的政治,即统治阶级的政治。所谓自己专有的形式是指:这些机器首要地通过意识形态发挥功能,而不是像镇压性国家机器一样首要地通过镇压发挥功能。正如我此前提到过,这个意识形态就是国家的意识形态本身。

此外,我要提及最后一个论据,它会使得人们可能用来反对意识形态国家机器这个概念的"法律主义的"反对意见变得完全无效。因为这个"法律主义的"论据严格地说仅仅涉及一些"机构"。然而我们已经说过,并且我们要再重复一遍,机构并不是意识形态国家机器。构成一种意识形态国家机器的,是一个包含并结合了**好些**机构、组织及其实践的复杂**系统**。至于那些机构、组织和实践是完全公共的,还是完全私人的,或者有一些是公共的,另一些是私人的,都属于次要的细枝末节,因为我们关心的是它们所构成的那个**系统**。而这个系统,它的存在和它的性质,完全不是来自法,而是来自另一种决然不同的现实:我们此前已经将它称之为国家的意识形态。

五、意识形态国家机器及其实践的意识形态副产品

既然我们把意识形态放在首位,那么就必须作出一个具有巨大重要性的区分。

如果我们可以允许自己在这里透露一个秘密的话,那就是,许多年来,我们一直在斯大林一个非常不起眼的注明面前感到困惑,那个注明实际上说的是:"意识形态以及**与之相适合的**机构"。这究竟可能意味着什么呢?难道这不是一个令人吃惊的笔误,而且还是一个**唯心主义**的笔误吗?因为它居然承认在列举时可以

把各种机构**列在**它们的意识形态**之后**①,因而承认意识形态能够以某种方式"生产"那些机构。而按照正确的唯物主义,本来应该让牛走在犁前面②,从而本来应该**先**说各种机构,**然后**(只能在之后,因为它以派生的方式被决定),再说**与之相适合的**意识形态。事实上,难道我们不是每天都看到自己熟悉的那些机构(教会、学校、政党等等)正好"生产"着它们所需要的、因而"与它们相适合"的意识形态吗?难道卑微的业余园丁不是在自己的小园地里"生产"着他妻子"需要"的各种蔬菜和花卉吗?

好吧,在这一点上,我个人当然至少应该为自己凭记忆而引用的那个注明……对斯大林表示感谢③。

因为,要理解我们所提出的这个新概念(意识形态国家机器),就必须接受一个悖论性的事实,即不是那些机构"生产"了相

---

① 人们可以在斯大林的《论辩证唯物主义和历史唯物主义》中发现这种列举,我们就是在这部著作中发现我们所说的"注明"。(参见《斯大林选集》下卷,中央编译局,1979 年,第 436 页:"……这就是说,形成社会的精神生活的源泉,产生社会思想、社会理论、政治观点和政治设施*的源泉,不应当到思想、理论、观点和政治设施本身中去寻求,而要到社会的物质生活条件、社会存在中去寻求,因为这些思想、理论和观点等等是社会存在的反映。……"在该段话*号处插有"编者注":"原文为'учреждение',系指和一定的理论观点相适应的组织和机构。"——译注)

② "让牛走在犁前面"原文是"mettre les bœufs avant la charrue",意译即"按本来的顺序",与之相对的是法语中的一句谚语"La charrue va devant les bœufs"(牛在后来犁在前),意译即"本末倒置"。——译注

③ [划掉的片段]:因为,如果没有这个注明,写下这几行文字的人就可能永远不会得出他所阐述的那些论点。

应的意识形态,而是**一种意识形态(国家的意识形态)的一些要素**"**实现于**"或"**存在于**"**相应的机构和它们的实践中**。

请不要误解我们。我们并不否认那些机构在它们自身内部、在它们的实践当中"生产"了某些抛开其实践就无法解释的意识形态形式。

由此,我们会说,宗教的实践在教会内部"生产"了某些意识形态形式:比如教士的意识形态。但同样是在教会中,还有其他的意识形态,它们在这个年头蜂拥麇集:参考伊索洛托①、法国 360 位教士的"书信"②、卡多内尔神父的封斋期③、《世界兄弟》杂志④——还

---

① 伊索洛托(Isolotto)是意大利佛罗伦萨一个社区的名字,1968 年,伊索洛托教区一批受到马克思主义影响的对现状不满的神父和天主教教徒,掀起了一场声势浩大的反宗教等级制运动,史称"伊索洛托事件"。——译注

② 指 1967 年法国教士写给美国教士的公开信,信中呼吁他们向美国政府施压,结束越南战争。——译注

③ 卡多内尔神父(Jean Cardonnel,1921—2009),多米尼加人,天主教左派,1958 年在里约热内卢成为神学教授,并开始意识到第三世界的问题,后被巴西主教驱逐。他是"解放神学"在法国的继承人,著有《我控诉教会》(*J'accuse l'Église*,1996)等,曾被《世界报》称为"红色神父"。1968 年,卡多内尔神父在《基督教证言》周刊(*Témoignage chrétien*)的支持下,在巴黎"全国医疗保险互助会"作了一次"抗议者的封斋期"的布道,主题是"福音与革命",他说:"我唯一信仰的封斋期,是让一个建立在赢利基础上的社会变得瘫痪的总罢工。"——译注

④ 《世界兄弟》杂志(*Frères du Monde*),1959 年至 1974 年在法国里昂由方济各会成员编辑出版的一份激进杂志。——译注

有，别忘了《精神》杂志①，很久之前，它曾经一度是"先锋"。参考宗教意识形态的所有不同寻常的发展：这种发展不仅发生在某些**下层群体**中，在拉丁美洲一些国家，甚至发生在**高级**教士的某些成员中，更不用说死于**丛林**中的托雷斯神父②了。

由此，我们会说，学校的实践生产了可以用**学校的意识形态**来指称的一些特殊形式（小学教师的意识形态——全国小学教师工会③的一些出版物和创议是它的现实，中等和高等学校教师的意识形态等等），也生产了一些我们无法具体地谈论的其他形式：我们将在其他地方谈论它们④。

比如，政党也生产了一些内部的意识形态形式。无须"多加解释"，因为我们已经谈到过斯大林：政治领导的某种实践的意识形态，在苏联历史的某个时刻已经变得**明显可见**了，因为人们已

---

① 《精神》杂志（*Esprit*），法国左翼天主教杂志，阿尔都塞曾分别于1958年和1962年在上面发表《孟德斯鸠学说中的专制者与君主》（*Despôte et monarque chez Montesquieu*）和《"小剧场"，贝尔多拉西和布莱希特（关于一部唯物主义戏剧的笔记）》[*Le " Piccolo", Bertolazzi et Brecht（Notes sur un théâtre matérialiste*）]。——译注

② 托雷斯神父（Camillo Torres Restrepo, 1929—1966），哥伦比亚社会主义者，罗马天主教神父，是"解放神学"的鼻祖，也是游击组织"国家自由军"的成员，平生致力于使革命的马克思主义与天主教教义相融合。1966年2月15日被杀害于哥伦比亚的丛林中。——译注

③ 原文为"SNI"，系"全国小学教师工会"（Syndicat National des Instituteurs，也译为"全国小学教师联合会"）的缩写。——译注

④ 参考《学校》（*Écoles*），马斯佩罗出版社，将于1969年秋季出版。（《学校》一书并未成功出版，具体可见巴利巴尔给本书所作的序。参见第6页及该页注释，另参见第110页正文及该页注释。——译注）

经用"个人崇拜"这个"羞羞答答的"纯粹描述性的词语来称呼它（似乎某个"个人"能够自己独自"生产"出对他的"崇拜"等等的意识形态来）。对于演出、体育活动、信息、出版等也一样，我们可以无限地列举下去，并且这将非常有趣。但要让人们理解我们的论点，这些例子已经够了。现在必须积极而非消极地陈述我们的论点。

因此，我们说，必须要有一个区分。必须把实现于并存在于一定机器及其实践中的国家的意识形态的那些确定要素，与在这个机器内部由其实践"生产"出来的意识形态，区别开来。为了在语言上标出这种区分，我们将把第一种意识形态称之为初级意识形态，把第二种意识形态，即初级意识形态在其中得以实现的实践的副产品，称之为次级的、从属的意识形态。

我们还要注意重要的一点。这个次级意识形态，我们说它是由初级意识形态得以实现的那个机器的实践"生产"出来的，这只是一种说法，**因为世界上没有任何一种实践能独自生产出"自己的"意识形态**。不存在"自发的"意识形态，虽然为了表达上的方便，为了方便证明某个有限的观点，我们可能要用到"自发的"意识形态这个词。在我们所讨论的情况中，这些次级意识形态是由一些复杂原因的汇合而得以生产的，在这种情况下，除了我们所说的实践，还出现了其他外部意识形态和其他外部实践的后果①，归根到底是**阶级斗争**的后果——这些后果尽管如

---

① "后果"原文为"effets"，也有"作用"或"效应""效果"的意思，在本译著中，根据上下文，有时候也译为"作用"；凡在译为"意识形态/阶级斗争（的）后果"的地方，也可以译为"意识形态/阶级斗争（的）效应"。——译注

此隐而不露,甚至很遥远,实际上却很逼近。只要稍微关注一下近一段时间以来在宗教界的意识形态中、在"学校"界(在五月①及五月之后)和家庭(自五月以后)中所发生的事情,就没有人会否认这一点。

因此,如果我们想要理解那些"机构"(教会、学校等等),并由此理解从它们的实践中"分泌出来"的次级意识形态的各种亚形态的运转,我们就必须从隶属于国家的意识形态的各种意识形态的形态②(它们在上述机构及其实践中得以实现)出发,因为正是它们,为我们提供了钥匙③,去理解那些机构、它们的实践以及意识形态的各种亚形态(我们可以看到它们出现在那些实践当中)得以生产的部分原因。

尽管我们头脑中有一些科学的概念,但我们还是生活在意识形态④中,因而生活在一些对我们来说"显而易见"的直接的

---

① 指1968年的"五月运动"。——译注

② "各种意识形态的形态"原文为"des formations idéologiques",其中"idéologique"是形容词"意识形态的",而"formation"(形态)是名词,与"社会形态"中的"形态"一词相同。——译注

③ 这里原文为"la clé et des institutions"(钥匙和一些机构),其中"et"为误植,实际应是"la clé des institutions"[(理解)……那些机构的钥匙]。——译注

④ 我还可以对此作进一步的发挥,在一系列著名的定义之后再加上一个补充的、意识形态的"定义",我要说:"**人天生是一种意识形态动物。**"[这里阿尔都塞显然参照了亚里士多德对人的定义:"人天生/在本性上是一种政治动物",参见亚里士多德《政治学》,吴寿彭译,商务印书馆,2014年,第7、133页(1253a,1278b20)。——译注]

概念①中。而上述的一切，可能很难通过那些直接的概念来思考。但是，又必须对它进行思考。

我们遇到的第一种"思考"形式，毫无疑问是那些著名的、被黑格尔斥为废话的常识的图式：**相互作用**的图式。人们会竭力在句子的第一部分作出巨大"让步"，说初级意识形态的各种形态（宗教的意识形态等等）确实在一些机构中得以实现，但他们又会补充说："既然世界上到处都有作用和反作用"，那么，那些机构**反过来**也会生产出可以在那些机构中被观察到的次级意识形态。人们就是用这种漂亮而空洞的词句来使自己与"辩证法"和平相处的！……作用和反作用成了"黑夜"，"在那里，所有的母牛都是黑色的"②，因为它们在实际上意味着"一切都在一切之中，反之亦然"。对此，我们不必惊讶。让我们把这个关于黑色母牛的故事扔回到它的黑夜里去吧。

相反，我们认为，必须牢牢抓住那个句子的第一部分：**初级意**

---

① 注意，上面的"科学的概念"中"概念"原文为"concepts"，"直接的概念"中"概念"的原文为"notions"，它们之间的区别，参见第77页译注。——译注

② 这个提法来自黑格尔，参见黑格尔《精神现象学》，先刚译，人民出版社，2013年，第10页："它宣称它的绝对者是一个黑夜，在其中，就像人们惯常说的那样，所有母牛都是黑的。这样一种知识是缺乏认识的幼稚表现。"值得一提的是，阿尔都塞1976年曾虚构过一个访谈，名字就叫《黑母牛》，该遗稿已由法国大学出版社出版，参见《黑母牛：想象的访谈（二十二大的缺憾）。**同志们，这行不通！**》[Les Vaches Noires, Interview imaginaire (le malaise du XXIIe Congrès) Ce qui ne va pas, camarades!]，戈什加连（G. M. Goshgarian）整理，法国大学出版社，2016年。——译注

识形态的各种形态在一些机构中得以实现。同时我们要像马克思在《资本论》中所做的那样,为了得出自己的科学分析而进行抽象,暂且不去讨论某种可能会把一切都搞乱的要素(因为那是次级的、从属的和派生的),也就是说,暂且不去讨论那些**内部的**意识形态的形态——我们已经说过,它们是一些**副产品**。

因此我们要说:教会作为"机构",是宗教意识形态的实现。我们要说,学校(或学校系统)是……意识形态(哪种意识形态?我们悬置这个问题)的实现。我们要说:政党是政治意识形态的实现,等等。对于我们列举出来的所有那些机构都可以说同样的话。注意:教会、学校、政党,并**不是每一种机构都构成一种**意识形态国家机器,它们只是不同**系统**(我们用诸意识形态国家机器来称呼它们)的一个部件,那些系统即宗教系统、学校系统、政治系统等等。

因此我们要补充说——哪怕只是自我**重复**:我们可以将其与在那些机构中起作用的各种实践联系起来的意识形态的各种形态,并不是在那些机构中实现的初级意识形态的产物(produit),而是那种初级意识形态的副产品①,因为它们是在那些机构中起作用的各种实践的"产物"(produits)。显而易见,就算在初级的、外部的意识形态的各种形态与次级的、内部的意识形态的各种亚形态之间,也存在着一些直接的关系,但这些关系用作用与反作

---

① "副产品"原文为"sous-produits",其中"produits"与前后文中的"产物"为同一个词,所以这里"副产品",应理解为"下级—产物",即"产物"的"产物":次级意识形态的各种形态,是初级意识形态的产物(即诸意识形态机器及其实践)的产物。——译注

用的概念是无法思考的,原因很简单,因为这些关系不仅**不是从来都存在的**,而且,当它们存在时,也是**通过**与所谓的相互作用的辩证法**完全不同的法则而**实现的。更明确地说,它们是通过另一种现实的干预而实现的。我们还无法谈论那种现实,因为很可惜,不可能同时讨论所有的事情。那个现实,我们可以用预支的方式,用它自己的名字来称呼它:**阶级斗争及其意识形态后果**。

因此,既然我们希望按顺序来行事,那我们就暂时停留在我们的这个论点上吧:意识形态国家机器是统治着这些机器的那些意识形态的形态的实现和存在。

六、国家机器发挥功能的双重方式及其"具体行动"

既然我不久前引入了这个明确的提法:"**首要地通过……发挥功能**";那么就有必要稍作说明,以解释机器这个相同的词语在"镇压性国家机器"和"意识形态国家机器"这两个不同的词组中的用法。

事实上,我认为可以提出以下论点:**任何国家机器**,无论是镇压性的,还是意识形态的,都**既**通过暴力**也**通过意识形态发挥功能,但有一个非常重要的区分,使我们绝对不能把镇压性国家机器与意识形态国家机器**混为一谈**。

事实上,镇压性国家机器就其本身而言,**大量并首要地**(在不得已的情况下直接地)通过镇压来发挥功能,而同时**辅之以**意识形态。

军队和警察就是这样的:对内,它们既通过镇压又通过意识形态的反复灌输来培养自己的新成员;对外,它们既通过暴力镇压,同时也通过"商讨""说服"而起作用。后面两个**口号**白纸黑字地写在那些考虑稍微周密一点的警察局长和将军们的通报中。1968 年 5 月,莫贝尔广场战役中,巴黎警察局局长格里莫先生(M. Grimaud)曾亲自与"狂热分子们"进行"商讨"。军队和警察还通过其特有的"意识形态光芒"而起作用("参军入伍吧!你将获得一份职业";制服的诱惑;"加入共和国保安部队吧!"你将守卫边疆;等等)。

反过来,人们可以用同样的方式说,意识形态国家机器就其本身而言,大量并**首要地通过意识形态**发挥功能,但是,在不得已的情况下,且只有在不得已的情况下,它们也会辅之以镇压,哪怕这种镇压是相当缓和的,几乎是象征性的。

关于大量并首要地通过意识形态发挥功能同时又辅之以镇压的机器,我们来举几个例子。

学校和教会就是这样的(仅举这两个例子就够了):它们通过使用处罚(不久以前一般是、现在仍然经常是肉体的惩罚,当然还有"道德的"处罚)、开除、选拔等恰如其分的方法,既"训练"它们的"牧人"(教师和教士),也"训练"它们的"羊群"(学生、信徒等等)。

传播、出版和各种演出就是这样实行经常的、极度警惕的日常审查的,有时候依靠法律的支持,有时候更巧妙,不需要法律的支持,因为这种**审查**能够**预先**寓居在那些采取了自我审查预防措施的作者的大脑中。当然,这种审查是以他们应该对祖国、对死者、对家庭保持"职业良知""庄重"或"礼仪"的名义进行的,更不必说以德性的名义了——德性在现今的时代已经有点陈旧了:必须把它的"精神自由"安顿在某个地方,比如(低劣的)爱欲主义当中。

我认为无须增加例子,人们就能从我刚才的列举中注意到:**在所有国家机器**(无论这些机器首先是镇压性的还是意识形态的)**当中以及在它们之间**,镇压和意识形态化之间建立了一些非常微妙的、或公开或心照不宣的结合形式;而这些非常微妙的结合形式(如果我们对其机制进行分析的话),可以说明在各种各样的国家机器之间**建立**的那些明显的契约关系和明确的(或甚至暧昧的)客观共谋关系。这种契约关系和共谋关系不仅发生在出现重大情况的时刻,即在资产阶级国家受到工人阶级公开斗争的威胁的时刻,而且发生在我们微末的日常生活的每一天。

少许或大量的警察;这儿一点儿调动中的军队,那儿一点儿保卫新共和联盟(UNR)或保卫共和委员会(CDR)①;在其区域,一些保罗六世或马蒂阁下②;在人们手里,一些《法兰西晚报》;在无线电广播中,一些或很多的戴高乐、顾夫、富尔、"红衣主教"达尼埃卢③;关于以色列,几个大拉比;关于美国的挑战,一些让-雅

---

① "UNR"即"Union pour la Nouvelle République(保卫新共和联盟)",是存在于1958年至1976年间的戴高乐主义组织;"CDR"即"Comités de Défense de la République(保卫共和委员会)",是由戴高乐主义联盟设立的委员会,在1968年五月运动中支持戴高乐。——译注

② 保罗六世(Paul VI,1897—1978),1963—1978年任罗马教宗;弗朗索瓦·马蒂(François Marty,1904—1994),法国天主教教士,1968—1981年任巴黎枢机大主教。——译注

③ 莫里斯·顾夫(Maurice Couve,1907—1999),1968年6月选举之后任法国总理;埃德加·富尔(Edgar Faure,1908—1988),是顾夫的教育部长;达尼埃卢(Jean Danielou,1905—1974),1969年4月成为红衣主教。——译注

克-塞尔旺-施赖伯①;对于德日进,一些路易·阿尔芒②;对于公共汽车屁股上的地中海俱乐部③,一些西内④;在所有墙上,都有一些年轻的裸身母亲或番茄汁的广告;在《费加罗报》和书店,一些我们的已死的或仍健在的伟大意识形态家的著作和富有灵感的文章;在大学里,正如在教会一样,有严格规定的对于文学、人文主义和耶稣基督的说教……所有这一切,在意识形态化领域组成了一个权力的联合部队,而这个权力的中心,现在是、并将继

---

① 让-雅克-塞尔旺-施赖伯(J. -J. Servan-Schreiber,1924—2006),法国新闻记者、政治家,1968年出版《美国的挑战》,1969年10月成为左翼自由激进党的总书记。——译注

② 德日进(Teilhard de Chardin,1881—1955),法国哲学家、神学家、古生物学家,本名泰亚尔·德·夏尔丹,德日进系其中文名字,著有《人的现象》《神的氛围》等。其精神哲学曾大受法共人道主义马克思主义的欢迎。路易·阿尔芒(Louis Armand,1905—1971)曾为安德烈·莫内斯捷(André Monestier)的《德日进还是马克思?》(Teilhard ou Marx?)一书作序。——译注

③ 地中海俱乐部(le Club Méditerranée)是世界上最著名的旅游度假机构之一,为国际连锁经营,创始人格拉德·伯利兹(Gerard Blitz)曾是比利时奥林匹克运动队成员,他和朋友于1950年在法国成立了一个运动协会,即地中海俱乐部。——译注

④ 西内(Siné,即Maurice Sinet,1928—2016),法国著名素描画家和政治漫画家,曾在《快报》等报纸上开专栏,在阿尔及利亚战争期间用自己的画表达了反殖民立场,他同时也给"地中海俱乐部"设计广告。1968年5月,与人合作创办漫画刊物《愤怒》(L'Enragé)。——译注

续是国家。也就是说,国家政权①的持有者(资产阶级),通过其装备的各种各样的专门化的机器,行使他们的阶级权力。

七、意识形态国家机器的脆弱性与坚固性

让我们以当代法国为例。

在法国帝国主义("法兰西是多么美丽,多么伟大,多么慷慨!"②)代表阶级的领导下,由这些代表掌握着其政权并控制着其机器的国家,通过那些"恪尽职守地"完成其日常工作的上述镇压性的和意识形态的机器,来实施其阶级政治。那些机器经常根据局势的轻重缓急,在公开的或心照不宣的"联合"行动中,以相应的形式相互支援。

不可避免的是,这个过程不可能没有"矛盾",尤其是在那些机器内部由其本身的实践生产出来的意识形态的各种亚形态,往往会使"那些齿轮发出尖锐的摩擦声"③。甚至据说在五月运动的某个时刻,警察们"犹豫"了,部队高层也有人对于该不该求助于意识形态国家机器的帮助不是很确定。因为他们知道,有些教士,甚至有些教师,自从他们的不再尊重任何"权威"(为什么,我

---

① "国家政权"中的"政权"原文为"pouvoir",也译为"权力"。——译注

② 这句话出自戴高乐 1958 年 6 月 4 日在阿尔及尔就解决阿尔及利亚问题发表的著名演讲《我理解你们》(Je vous ai compris)。——译注

③ 原因很简单,如果我们还记得那里表现的是**阶级斗争的后果**的话,因为正是阶级斗争"生产"了这些意识形态的亚形态。

的天)的学生们不再愿意受骗上当之后,也开始反抗了。"抗议"呈蔓延趋势,令最可尊敬的学生家长协会①(它是意识形态国家机器令人生畏的组成部分)极为恼火。

---

① 虽然这件事实际上很严肃,但滑稽的是,人们会注意到,尽管每个学生(孤儿除外)都有父亲和母亲,但(感谢上帝!)并不是所有的父亲和母亲都把自己当作学生家长(原文为"Parents d'Élèves",直译即"学生的父母"。——译注)。宣布自己是学生家长,是一项政治行为——人们通过这种行为加入这种或那种具有明显政治倾向的协会当中。上述学生家长协会之所以像人们所说的那样对统治着学校的"无秩序"感到"特别不安",可能并不是偶然,虽然家长们之间也有一些细微差异(因为有的人在政教分离的名义下比另一些人要更"开明")。其他的协会(保卫共和委员会,以及现代戴高乐主义大学组织)使用一种更为高雅的语言:他们谈到"坏疽"(gangrène)。那些中学生和大学生们不会不注意到,他们父母中的有些人(恰恰就是那些学生家长)在谈到自己的孩子时是多么挑剔。人们不禁要奇怪,那些家长们的家庭美德都去哪儿了——我现在谈论的当然是前面说的学生家长的美德。到什么时候才会建立一个学生家长的子女协会,以揭露(威胁着家庭中的体谅、宽厚、自由主义等等传统家长美德的)父母方面的"坏疽"呢?我不是在开玩笑:如此一来,对于我们善良的监察官们(Censeurs)来说,目前在家庭中所发生的事会比在学校里所发生的事更"令人不安"。当我们稍后谈论学校—家庭这个对子时,人们肯定会想起这些的。当人们对学校的"无秩序"大为光火的同时,却对在家庭中发生的事情要谨慎得多,这一点将不再令人惊讶。"名誉"使然!家庭事务在家庭中解决(甚至在家庭自己已经失范时也一样)。实际上,这一切都好像是**某些学生家长在要求国家……通过重建学校中的"秩序"去解决他们在自己家庭中与自己孩子之间的纠纷!** 很明显,这是一些本来不该说的事情,否则就必须供认:在某个方面,家庭与某个意识形态国家机器确确实实有某种联系,并且阶级斗争在家庭自身当中产生了某些后果。我们就是这么认为的。有趣的是,这些"事实"本身走在了我们论点的前面。

但不管怎么样,当某个意识形态国家机器——比如学校或家庭——出现毛病时,其他的机器(谢天谢地)仍暂时良好,再加上戴高乐的作用,占统治地位的意识形态尚能在"全体居民"的大多数阶层中发挥功能。资产阶级国家挺住了,它的各种机器也挺住了。能一直挺到什么时候为止呢?这是另一个故事:一直挺到国家政权和国家机器本身在人们称之为革命的行动中被夺取之时。

不过,既然我们刚才乞灵于革命,我们正好可以更明确地指出我们在 AIE 中所发现的那些"尖锐的摩擦声"。

我们可以说:因为 AIE 由那样一种"材料"做成,并且通过那样一种方式而"发挥功能",所以考虑到阶级斗争的反冲力(阶级斗争通过那些扎根于 AIE 某些实践的意识形态亚形态而触及 AIE),我们必须把 AIE 看作是一些与镇压性机器不同的**相对脆弱的**机器——而镇压性机器是由一种完全不同的"材料"做成的,打碎它要难得多。或者更确切地说:必须把 AIE 看作是具有**表面脆弱性**的机器。

因为我们必须同时说:AIE **是格外强大且格外有生命力的**。

只要读一读列宁生前最后几年所写的那些文本就会发现,在革命胜利之后他是如何深深地被这个难题所困扰的。封建的资本主义镇压性国家机器最主要的部分(军队、警察)已经被摧毁了,但行政部门却并非如此。然而,列宁的主要忧虑还不在这里。

列宁的主要忧虑,挥之不去的忧虑,首先是无产阶级国家的意识形态国家机器:是它的**政治**机器(党,苏维埃:头号难题,它与群众的联系,它掌控行政的国家机器以及消灭"官僚主义"倾向的能力);是它的**工会**机器(这里仍然有头号难题:工会应该是什么?一种"**非强制的**"机器,一所"**共产主义学校**",通过一系列"尖锐的摩擦声",确实保障与群众之间的紧密联系);最后是它的学校机器,对于列宁来说,这是难题中的难题,因为列宁知道学校的AIE是决定性的,它手里掌握着未来,即一代代的青年。

在掌握了国家政权并摧毁了资产阶级的镇压性国家机器最重要的部分之后,列宁仍忧心忡忡。从他的这种悲剧性忧虑当中,可以得出什么结论呢?可以得出以下结论。

仅仅摧毁镇压性机器还不够,还必须摧毁并更换意识形态国家机器。必须刻不容缓地建立新的意识形态国家机器,要不然,危及的是革命自身的未来。列宁是有道理的,因为要替换旧的AIE(在当前所讨论的情况中,即俄国资产阶级的AIE),困难重重并极费时间。比如,要真正建立一套全新的政治系统,一套全新的工会系统,一套全新的无产阶级学校系统,需要很长的时间。首先必须确切地知道要建立**什么**,要**发明**①一些怎样的新系统,以及如何建立它们;必须为这些系统中的每一个找到一条正确的路线,并且要深入到**各种细节当中**;最终,必须培养一批既能干又忠于革命的人,以在每种新的AIE中实行革命的新政治,总之,通过每个苏维埃公民的实践和觉悟,过渡到新的国家的意识形态,即无产阶级意识形态。

如果最终没有完成上述任务,甚至如果没有严肃地谋求彻底地(不带任何让步地)解决这个至关重要的问题,又会发生什么情况呢?

旧的(资产阶级的)AIE会整个地或部分地保持不变,或几乎不被动摇。在新的制度形式下,如果旧有人员保持不变,无论大

---

① 说"发明",是因为除了巴黎公社,此前既没有**先例**,也没有理论。

家做什么,无论大家的打算是什么①,旧模式的 AIE——无论是完好无损,还是经过不完全的改造——都会继续其先前的"工作"。旧 AIE 的遗留部分实际上不是向群众反复灌输无产阶级意识形态,不是让庞大的"共产主义学校"(它们应该成为新的 AIE)发挥功能,而是继续向群众反复灌输**资产阶级或小资产阶级的旧意识形态**,甚至在人们给它们提供了新的成分作为反复灌输的命令和任务的**同时**,依然反复灌输与之相抵触的旧意识形态。

在这件事情上,憎恶各种"政令"的列宁完全清楚,"政令"不能解决问题,哪怕它来自高层。他也清楚:要建立新的 AIE,不存在**先天的**、事先完全准备好的计划和路线;这是一件每时每刻都要做的工作,更确切地说,是一项包含巨大风险的漫长**实验**,必须投入全部智慧、想象和政治忠诚;这是一场不容丝毫懈怠的漫长斗争,是一场不能只靠有限的行政手段,而要靠深入细节的智慧,靠教育、说服和耐心的解释才能完成的斗争;这是一场不能靠少数战士——哪怕他们非常清醒非常勇敢,而是要通过求助**于群众**、求助于他们的判断力、他们的反应、他们的首创精神和他们的发明,才能完成的斗争。

如果这场斗争不能获胜(它当然无法在几个月甚至几年的时间里就获胜),甚至如果不是在正确的群众政治的基础上真正严格地**获胜**,它就会严重地限制乃至危害"社会主义建设"的未来。

如果不幸,新的无产阶级的意识形态国家机器不是越来越纯粹地通过无产阶级国家的意识形态来发挥功能,而是继续通过资

---

① 原文为"quoiqu'on fasse et quoiqu'on prétende"(虽然有人做,虽然有人打算),其中两个"quoique"(虽然)为"quoi que"(无论什么)之误。——译注

产阶级和小资产阶级的旧意识形态,或者通过新旧两种意识形态的"混合物"来发挥功能,如果旧的意识形态没有被根除,那么,谁能向我们证明:甚至在社会主义(**形式上的官方的社会主义**)国家的官方机构表面下,不会是**旧的**意识形态得以维持原状、进行自我再生产并导致那种极端危险的后果——即旧的意识形态完全钻入社会主义国家生产关系或政治关系的种种缝隙中——呢?

如此一来,苏维埃会怎么样?工会会怎么样?无产阶级学校系统会怎么样?

当列宁如此经常地暗示,并且是以悲剧性的郑重警告的词语,暗示资本主义在社会主义制度中"残余"的危险,暗示"传统"特别是小资产阶级意识形态的沉重负担时,他确实早就已经从中看到,资本主义生产关系**通过"小生产"的残余和复活**而得到了再生产。①

然而他肯定也想到了那些困扰他的问题,并希望工农检查院的良好"运行"成为那些问题的临时解决办法。这就是意识形态问题,它在无产阶级新国家的新意识形态国家机器中的命运,还

---

① 参见列宁《共产主义运动中的"左派"幼稚病》,《列宁选集》第四卷,前引,第135页:"无产阶级专政是新阶级对**更强大的**敌人,对资产阶级进行的最奋勇和最无情的战争。资产阶级的反抗,由于资产阶级被推翻(哪怕是在一个国家内)而**凶猛十倍**;资产阶级的强大不仅在于国际资本的力量,在于它的各种国际联系牢固有力,而且还在于**习惯的力量**,**小生产**的力量。因为,可惜现在世界上还有很多很多小生产,而小生产是经常地、每日每时地、自发地和大批地**产生着**资本主义和资产阶级的。由于这一切原因,无产阶级专政是必要的,不进行长期的、顽强的、拼命的、殊死的战争,不进行需要坚持不懈、纪律严明、坚定不移、百折不挠和意志统一的战争,便不能战胜资产阶级。"——译注

没有得到解决,还远远没有得到解决。

列宁在还未能确保这些决定性的问题得到解决之前就去世了。

他把它们留给了自己的继任者,斯大林。斯大林解决了这些问题吗?

在苏联,斯大林之后,苏维埃、工会和无产阶级学校系统,今天怎么样了呢?

如果斯大林忽略了这些问题——正如大量的后果(正好是那些"个人崇拜"的后果)使人有理由相信这一点——,那么自那以后,这些问题有没有重新得到严肃而彻底的研究呢?为了直抵我们忧虑的根本,我们要说,难道不正是这些问题没有解决或没有"完全解决",才能解释当前左右着苏联的政治、左右着它的困难、左右着它的"计划化改革"难题、甚至左右着它的某些绝境——比如它的"首创精神"的绝境,比如更不可理解的,对捷克斯洛伐克的军事干预——的大部分"原则"吗?

八、让我们来总结一下吧

为了结束这个漫长的分析,让我们来尝试着总结一下这些分析的结果。

现在,我们可以给出国家的一些基本要素。

国家的头号问题是掌握国家政权的问题:全部**政治的**阶级斗争都围绕这个问题而展开。

在阶级社会形态中,对国家政权的这种掌握总是某个社会阶级或某些社会阶级的联盟(即一个或几个剥削阶级)对国家政权的掌握。在进入社会主义(由没有阶级的生产方式所统治的社会形态)之前的无产阶级专政的过渡阶段,就是由无产阶级掌握国家政权。

掌握了国家政权,就获得了支配构成国家"性质"本身的诸国家机器的权力。

国家机器包括两种机器:

1. 镇压性国家机器(政府、行政部门、军队、警察、专门化的镇压部队、宪兵队、法院、法官、监狱等等)。这个机器是个集中化的单一体。

2. 诸意识形态国家机器(在我们的社会形态中,有学校的、宗教的、家庭的、政治的、工会的、信息的、文化的等等机器)。这些机器是多样的,相对独立的,并通过全部或部分的国家的意识形态而统一为不同的系统。①

镇压性国家机器首要地通过(肉体的或非肉体的)镇压"发挥功能"。诸意识形态国家机器首要地通过意识形态发挥功能。

这些国家机器整个系统的总的统一,是通过掌握了国家政权和国家的意识形态的阶级在阶级政治上的统一来保障的。而国家的意识形态是与掌握政权的那个(或那些)阶级的根本利益相适合的。掌握政权的阶级的政治,以及国家的意识形态(占统治地位的意识形态=统治阶级的意识形态),它们的目标都是保障

---

① 请注意,阿尔都塞在谈到"镇压性(国家)机器"时,用的是单数,在谈到"意识形态(国家)机器"时,用的是复数,并明确指出前者是一个"单一体",而后者是"多样的、相对独立的……不同的系统"。但除在这两个词对举从而有所对照的地方,译文涉及后者时一般都省略表示复数的"诸"。——译注

统治阶级对被剥削阶级进行剥削的条件,首先是保障那种剥削得以在其中发生的生产关系的再生产,因为在我们讨论的阶级社会形态中,生产关系就是剥削关系。

因此,一切都取决于生产关系即阶级剥削关系这个下层建筑。因此,基础,即阶级国家的下层建筑,正如列宁所说,完完全全就是**剥削**。而上层建筑的作用,则是既保障这种剥削得以实行的条件(镇压性国家机器),又保障生产关系即剥削关系的再生产(诸意识形态国家机器)。

要我们在一篇仅仅旨在指出意识形态国家机器的存在、仅仅提及其功能的文章中,研究不同的意识形态国家机器的运行,是完全不可能的。况且,要使其机制变得十分清楚,每一种意识形态国家机器都值得作一番详尽而深入的研究。在这方面,我们即将提供关于资本主义学校机器的第一个例子①。

对于我们来说,重要的首先是要搞清楚,意识形态是如何能够实现"使那些东西"和那些人自动"运转起来"这项壮举。但在达到这一步之前,也就是说,在画出意识形态一般②的运行的理论草图之前,为了避免一切误解,必须就我们(用可能会使读者尤其是马克思主义读者感到惊讶的术语)称之为政治的和工会的意识形态国家机器的东西,先作几点说明。

---

① 这里应该是指前文中提到的《学校》一书,参见第110页正文及该页注释,也见第186页脚注。——译注

② "意识形态一般"(l'Idéologie en général)这个提法是阿尔都塞仿照马克思的"生产一般"而提出来的,前文中还有"哲学一般"的提法,也是如此。——译注

第七章

关于法国资本主义社会形态中政治的和工会的意识形态国家机器的简要说明[1]

Brèves remarques sur les AIE politique et
syndical de la formation sociale capitaliste française

① 法语中的 "syndicat"（形容词为 "syndical"），比英语中的 "trade union" 所指要更广泛，即不仅仅指作为工人组织的 "工会"，还指所有因共同利益而联合起来的同行组织，所以后文中会有 "教师工会" "公务员工会" "警察工会" 等说法，这些地方本可以译为 "……联合会" 或 "……协会"，但为了保持译名的一致，我们把文中的 "syndicat" "syndical" 都统一译为 "工会" 和 "工会的"。——译注

一

确实有必要作几点说明,以便人们能理解我们的概念,并领会它们在理论上和政治上的用途。但要做到这一点,就先要避免一切误解。

事实上,一上来就会有两种误解:一种误解涉及 AIE 概念向政治"生活"和"工会生活"的扩展;此外,正如通过这些说明我们将发现,另一种误解涉及对 AIE 概念的整个使用。因此,关键的是要从一开始就消除这两种误解。

我要直奔那种难免会在表面上给所有读者造成"困难"的事实:我把**无产阶级**的政治的阶级斗争组织(党)和经济的阶级斗争组织(工会)列入了**资产阶级**国家的 AIE 名下。

要消除这种只不过是表面上的"困难",就必须明确指出以下两点:

1. 自从 1920 年以来,有一个无产阶级的政党或工会确确实实出现在法国社会形态的 AIE 当中①:虽然有些年(在贝当治下)被禁止,并换来了持续的镇压措施(从 1921 年到 1939 年,三番五次对共产党领导人进行监禁和判刑:比如里夫战争,以及后来的

---

① 法国共产党成立于 1920 年。——译注

1929年①）。但它们现在是公开的，得到了承认，并享有各种相应的公开的"权利"。

它们是相应的法国 AIE 的一些"部件"。

然而，它们的意识形态，就它是无产阶级的阶级斗争意识形态来说，不能被当作是资产阶级国家的意识形态的"实现"——资产阶级国家的意识形态是在那些它们是其构成"部件"的 AIE 中实现的。这两种意识形态在原则上是根本对抗的。

由此产生了这样的悖论：AIE 某一系统的一个"部件"，既然是无产阶级的阶级斗争意识形态的实现，怎么会出现在资产阶级的 AIE 系统中呢？

道理很简单，它与相应的 AIE 系统的"逻辑"无关，而是由于漫长的**阶级斗争**的结果：这场斗争**迫使**从事无产阶级阶级斗争的党和工会得到合法承认，并将它们铭刻进了上述 AIE 当中。

恰恰是作为无产阶级的阶级斗争组织，这些组织才通过它们在法国社会形态历史中的斗争，争取到了这种承认并将其铭刻在上述 AIE 当中：**因而它们得到承认，是由于力量**。正是通过阶级斗争，它们才能够在上述 AIE 内部保留它们的无产阶级意识形态。

因此，在上述 AIE 中，无产阶级的党和工会占据了一个位置：它们因此合法地成为那些 AIE 的一部分，它们合法地应该享有由对它们的承认和它们在那些 AIE 中的铭刻为它们带来的权利。

---

① 里夫战争（guerre du Rif）：1921 年至 1926 年摩洛哥里夫地区人民反抗西班牙和法国殖民统治的战争。1929 年，法国当局大量逮捕共产党领导人，并一度没收了法共机关报《人道报》。——译注

事实上,在那些 AIE 中,人们总是用例外的措施来对待它们:在议会中"不考虑共产党人的声音",宣称共产党是外国党或"分离主义者",把它限制在政治上的"阶级隔离区",限制在这架机器内部。对付无产阶级工会也是同样的战术:除非别无选择,人们拒绝把给予了别的机构的那些好处给它,人们只和别的机构"协商"。

对于资产阶级来说,这里存在一个原则上对抗性的、难以消化的矛盾。它之所以"避不开"①这个矛盾,是因为它别无选择:这是阶级斗争发展的后果。

一个系统的"部件"之一,尽管出现在这个系统中,但并不会从根本上损害这个系统的性质,这样说**在形式上**没有矛盾。无产阶级意识形态没有"赢得"政治的和工会的 AIE 系统,相反,那里总是由资产阶级国家的意识形态统治着。在某些情况下,这给资产阶级政治的和工会的 AIE 的"运行"造成了一些"困难",也是很显然的。但资产阶级拥有一整套经过考验的技术来面对这个危险。我们将看到它们都是些什么技术。

2. 作为在上述 AIE 外部进行的阶级斗争的结果,无产阶级的党和工会在那些 AIE 的限度内,并且显然是在那些 AIE 的合法形式下,展开自己的阶级斗争。无产阶级的组织在资产阶级 AIE 内部进行阶级斗争的微妙实践,显然面临着巨大的风险。我们可以把这些风险概括为一种风险,即落入阶级合作的风险:对党来说,

---

① 原文为"a dû en « passer par là »",意思是"不可避免",直译为"必须'从这里经过'"。——译注

就是"议会迷"①;对工会来说,就是"经济主义"。它们是改良主义的两种形式。

我们以后会谈到它们。

无论如何,把无产阶级的党和工会强加给相应 AIE 的阶级斗争,远远超出在那些 AIE 中能够展开的非常有限的阶级斗争。出现在上述 AIE 当中的无产阶级的各种组织,诞生于 AIE 外部的阶级斗争,并得到这种阶级斗争的支持,它们的任务是以一切合法手段来帮助和支持这种阶级斗争。一旦这些组织把外部的阶级斗争(它只能以非常有限的形式,反映到在 AIE 内部展开的阶级斗争中)化约为 AIE 内部的那种阶级斗争,它们就背叛了自己的使命。

各社会民主工人党是资产阶级 AIE"部件"的完美典范,它们听任自己由在 AIE 中实现的资产阶级国家的意识形态、由那些 AIE 的"政治的和工会的游戏""规则""消化"掉。它们的意识形态只是针对工人的资产阶级意识形态的副产品,即小资产阶级的改良主义意识形态。它们以发发脾气或噘噘嘴巴换来的政治,是一种阶级合作的政治。

如此一来,我们就理解了列宁那些反对社会民主党(或社会民主工会)改良主义意识形态和阶级合作政治的断然警告。作为 AIE 的"部件",它们完全听任自己在 AIE 中被融合、被消化。当它们的"领导人"掌握"政权",即成为政府首脑(不要把推翻政府和掌握国家政权混为一谈)时,就表现为"资本主义制度忠诚的管

---

① "le crétinisme parlementaire"通译为"议会迷",其中"crétinisme"原意为"呆小病",引申义为"痴呆",所以也可译为"议会呆子"。——译注

理人"(借用莱昂·布鲁姆①的漂亮说法),他们没有了丝毫真正"推翻"它的欲望——这一点即便没有在他们的声明中,至少也在他们的行为中表现了出来。我非常清楚,在某些形势下,他们有时候会被"卷"得更远,超出他们的意愿,而这确实不是他们的错……

社会民主组织"有充分的权利"出现在资产阶级 AIE 中,这并非偶然。从资产阶级观点看,它们在 AIE 中完全有自己的位置,而且没有被 AIE 禁锢在任何政治的和工会的"隔离区"。更确切地说:它们是相应 AIE 的必要"部件",资产阶级巧妙地玩弄这些 AIE,以"对抗"②那个非常庞大的"部件",即无产阶级的党或工会。八十年来,整个资产阶级的政治史都建立在这一战术的基础上:**分裂**工人的力量,在政治上分裂,在工会中分裂。多亏了这种技巧,资产阶级在自己的 AIE 中事实上"取消"了无产阶级组织的存在。

二、一些历史材料

为了给我刚才非常图式化地展开的两点赋予充分的意义,我要提醒大家注意一些事实材料,以便我们能理解,无产阶级的阶

---

① 莱昂·布鲁姆(Léon Blum,1872—1950),法国政治家和作家,社会党人的领袖。1936—1937 年当上人民阵线联合政府的首脑,成为法国第一位社会党籍总理。——译注

② "对抗"原文为"«faire pièce» à"(其中"pièce"与上下文中的"部件"是同一个词),意为"反对某人或某事,对某人或某事捣乱;对抗……"——译注

级斗争组织,是如何以及为何会出现在资产阶级 AIE 中的。

首先,只要仔细考察在法国(或意大利)社会形态之外的其他社会形态中发生的事情,就足以理解,离开这些国家阶级斗争的历史,这种结果就是不可理解的。

先举两个通过简单的对照就能让人深受启发的例子。

法西斯主义的资产阶级社会制度,无论是欧洲的还是南美洲的(只提这两种情况),早就创造了效忠于它的工人组织,这些组织是被完全纳入法西斯主义国家 AIE 的部件:在法西斯德国和意大利有"劳工阵线",正如在庇隆①的阿根廷有"国家工会"。庇隆甚至说过这样的妙语:"资产阶级应该**把**工人阶级**组织起来**,这是让他们远离马克思主义的最好办法……"今天,佛朗哥的国家工会,也算是这方面的一个例子。如果佛朗哥的政治在那些工会中并非完全顺利,那肯定不能归咎于国家的意识形态,也不能归咎于负责工人国家工会或大学生国家工会的部长……

另一个例子:在许多资本主义国家,进行阶级斗争的无产阶级组织被完全**禁止**。阶级斗争的力量对比,尤其是在美帝国主义直接或间接控制的亚、非、拉国家,还没能迫使人们承认这些组织。

最后一个例子:在许多资本主义国家,比如在那些由"社会主义者"统治的斯堪的纳维亚国家或在英国,工人组织已经被强有力地纳入到了资本主义 AIE 系统中。英国的阶级斗争,以改良主

---

① 胡安－庇隆(Juan Domingo Perón,1895—1974),阿根廷军人,1943 年军事政变中脱颖而出,于 1946—1955 年和 1973—1974 年两度担任阿根廷总统。——译注

义路线(工会中的工联主义路线,工党中的"工党主义"①路线)的胜利而告终。虽然在底部必然会存在一些"逆流",但工联②和工党的方向从根本上来说是携手并进的,目前也还是这样。结果是:工联和工党被完全纳入了英国资本主义——帝国主义阶级国家的工会和政治 AIE 系统中,成了它的部件。

对于美国的工会或德国的工会和社会民主党,还有必要给出证明吗?正如在英国、美国和德国那样,改良主义的政治和工会组织,甚至会同时成为资本主义的经济势力。

那么,在法国,"局势"怎么会有所不同呢?

如果别的国家的资产阶级在别的条件下,能够或者率先自己将那些组织"组织"起来,或者禁止它们,或者干脆消化并收编它们,那么,法国的资产阶级怎么就不得不甘心去承认它们,而没有能力去削弱它们呢?原因在于法国的阶级斗争的历史。

法国资产阶级的历史由一个它"搞砸了的"重大事件即法国大革命统治着。从资产阶级的观点看,这确实是一场"肮脏的"革命。本来,为了让事情像在英国那样干干净净地③发生,就应该在领导阶级即封建贵族阶级和工商业资产阶级之间达成一个"君子协定"。不幸的是,由于破产的乡村小贵族的愚蠢——在 18 世纪

---

① "工党"原文为英文"Labour-Party","工党主义(的)"原文为"travailliste"。——译注

② 这里的"工联"原文为英文"Trade-Unions",特指英国的"工会",上文中的"工联主义"(trade-unioniste)一词即由此变化而来。——译注

③ "干干净净地"原文为"proprement",也有"正确地""恰当地"等义。——译注

80年代，这些小贵族有一种"坏脾气"，即当大家（见杜尔哥①）正在以温和的方式（当然，也是出于别的理由）废除"封建权利"的时候，他们却不惜一切代价要求自己的"封建权利"——，事情发生了不妙的转变：人民登上了舞台，而人民来时并非两手空空。在乡村，农民揭竿而起，火烧城堡；在城市，尤其是在巴黎，虽然有"8月4日之夜"②，虽然有吉伦特的改良主义政治，但在"革命日"，最"难以控制的"平民很快涌向巴黎街头，指定了自己的革命委员会，并把罗伯斯庇尔和公安委员会推上了权力舞台。反革命战争（那些封建的兄弟国家，应国王和王后以及流亡贵族们的干预请求，跑去救助他们）使阶级斗争变得越发严酷越发激进了。有一段时间，革命，以及人民群众的爱国精神，借助于资产阶级称之为恐怖的公安措施，在这些资产阶级面前展示了与"它的"革命完全不一样的威胁，即对它来说不祥的前景：由无套裤汉③和一切生活悲惨的小民组成的"第四等级"，要求建立一个一定会让商业、工业资本主义感到害怕的平等的社会共和国。透过马拉和其

---

① 杜尔哥（Anne Robert Jacques Turgot, 1727—1781），法国政治家和经济学家，曾任路易十六的财政大臣，著有《关于财富的形成和分配的考察》(*Réflexions sur la formation et la distribution des richesses*, 1766)。杜尔哥主张废除封建贵族的免税特权，实现国民平等纳税，被马克思称为"给法国革命引路的激进大臣"。——译注

② 1789年8月4日晚，制宪会议为放弃封建权利讨论了一个通宵，史称"8月4日之夜"。根据夜间提出的各项动议，制宪会议陆续通过了一系列废除封建权利的法令，总称《八月法令》。——译注

③ "无套裤汉"原文为"sans-culottes"，指不穿长及膝盖紧身"套裤"的平民，曾因误解而被译为"短裤党"。——译注

他鼓动者以及平等宣传者的小册子和演说,可以看到,有一些东西,在比如巴贝夫和邦纳罗蒂的"共产主义"这个提法中,在一些虽然还有点粗糙①但却毫不含糊的形式中,得到了表达。

法国资产阶级没有忘记恐怖(公社激起了它同样的恐怖,它用同样的白色恐怖来对付这种恐怖)。法国资产阶级必须采取一些紧急措施,让人民群众回到**他们自己的位置上去**②:不是掌握政权,而是回去工作,回到它的剥削和统治之下。几个阶段:热月政变,执政府时期,然后是波拿巴和拿破仑。

面对由1789年"不幸的革命"在法国激起的阶级斗争风格,**典型的法国式**解决办法是波拿巴主义。这是资产阶级的解决办法,为的是使人民群众回到[他们自己的位置上去]。统治阶级之间的冲突不但没有妨碍这个办法的实行,更糟的是,那些冲突的存在,要求在公开的阶级斗争舞台上进行直接的军事干预。每当统治阶级之间发生分裂,人民群众的参与威胁到资产阶级的统治之时,资产阶级就会把政权交给一个凑巧是"波拿巴主义者"的人,这并不是什么偶然:这种情况出现在1789年革命之后——为的是让人民回到他们的位置上,为的是装配资产阶级国家机器,建立资产阶级的上层建筑、法(《民法典》)和意识形态国家机器(大学以及商会……法兰西剧院,更不必说政教协议了);出现在对1848年6月无产阶级出现在街垒上的情形极度惶恐之后;也出

---

① "粗糙"的原文为"frustres"(剥夺),应为"fruste"(粗糙的)之误。——译注

② "让人民群众回到他们自己的位置上去"原文为"remettre les masses populaires à leur place",意译即为"使人民群众安分守己"。——译注

现在造成了法国资产阶级分裂的双重危机(1940年的失败,以及随后的阿尔及利亚暴动①)之后。拿破仑一世、拿破仑三世、戴高乐,都是法国资产阶级因自己的阶级斗争的历史,曾经必须付出且现在仍然要付出的"代价"。为了使自己的目标获胜,法国资产阶级不得不在阶级斗争中听任小民和无产阶级涌现在自己的街头。资产阶级不但为自己独占的利益而改变了人民斗争的结果(1789年,1830年,1848年),它还让人民群众为"协助"它自己的阶级斗争,"付出"了昂贵的代价:流血(白色恐怖,1848年大屠杀)、逮捕,[1851年]12月2日对群众的判决和流放。波拿巴主义和野蛮的镇压是"它的"解决办法。

对法国资产阶级来说,不幸的是,先是小民,然后很快是无产阶级,投入了革命日的斗争,他们学会了建造街垒的艺术,并依靠它与军队作战;不幸的是,在某种程度上,资产阶级被迫用自己的历史教育了人民群众和无产阶级。后者由此隐约感觉到,有一天也完全可以拿起武器"为自己"而战斗,因为根据一个著名的提法:"无产阶级的解放将是无产阶级自己的事情"②。

---

① 1958年5月13日,在阿尔及利亚的法国殖民军发动军事政变,最终导致法兰西第四共和国结束,戴高乐上台。——译注

② 这句话原文为"la libération des prolétaires sera l'œuvre des prolétaires eux-mêmes",暂未找到与它完全对应的句子,但马克思、恩格斯、列宁和毛泽东在不同场合都说过同样意思的话。相近的提法较早出现在马克思起草的《国际工人协会的共同章程和组织条例》中,参见《马克思恩格斯全集》第十七卷,人民出版社,1963年,第475页:"工人阶级的解放应该由工人阶级自己去争取。"又参见马克思和恩格斯《给奥·倍倍尔、威·李卜克内西、威·白拉克等人的通告信》,《马克思恩格斯全集》第十九卷,人民出版社,1963年,第

这句话被马克思和恩格斯写进了历史。1848年,《共产党宣言》发表。1864年,共产国际成立。法国无产阶级没有错过这堂课。随之而来的是巴黎公社。

对资产阶级自己来说,"波拿巴主义"解决办法的缺陷之一,就是……它不稳定。它的结局总是不妙。不同的原因:"个人权力"

189-190页:"将近四十年来,我们都非常重视阶级斗争,认为它是历史的直接动力,特别是重视资产阶级和无产阶级之间的阶级斗争,认为它是现代社会变革的巨大杠杆;所以我们决不能和那些想把这个阶级斗争从运动中勾销的人们一道走。在创立国际时,我们明确地规定了一个战斗口号:**工人阶级的解放应当是工人阶级自己的事情**。所以,我们不能和那些公开说什么工人太缺少教育,不能自己解放自己,因而应当由仁爱的大小资产者从上面来解放的人们一道走。如果新的党报将采取适合于这些先生们的观点的立场,如果它将是资产阶级的报纸,而不是无产阶级的报纸,那么很遗憾,我们只好公开对此表示反对,并结束我们一向在国外代表德国党的时候所表现出来的和你们的团结一致。"也可参见恩格斯1890年给德文版《共产党宣言》所写的"序言",《共产党宣言》单行本,人民出版社,2014年,第19-20页:"在1847年,社会主义是意味着资产阶级的运动,共产主义则意味着工人阶级的运动。当时,社会主义,至少在大陆上,是上流社会的,而共产主义却恰恰相反。既然我们当时已经十分坚决地认定'**工人阶级的解放应当是工人阶级自己的事情**',所以我们一刻也不怀疑究竟应该在这两个名称中间选定哪一个名称。而且后来我们也根本没有想到要把这个名称抛弃。"另参见恩格斯《1891年社会民主党纲领草案批判》,《马克思恩格斯全集》第二十二卷,人民出版社,1965年,第280页:"**工人阶级的解放只能是工人阶级本身的事业**。不言而喻,工人阶级既不可能把自己解放的事业委托给资本家和大土地占有者,即它的敌人和剥削者,也不可能委托给小资产者和小农,小资产者和小农自己被大剥削者的竞争所窒息,除了站到大剥削者一边或站到工人一边以外,别无其他选择。"(**粗体均为译者所加**)——译注

的专横最终变得让人不舒服(这个凑巧上台的人还真把自己当作"法兰西"了),并且这种专横只有通过军事讨伐才能维持长久(拿破仑一世、拿破仑三世),而这种遭到被占地人民抵抗的军事讨伐,由于纯粹"冒险的"军事活动(西班牙、墨西哥等等),终于也变得不妙了,最后在色当对抗普鲁士时变得非常不妙。

这时突然发生了史无前例的事件:巴黎公社成立了。它给人类历史,社会主义历史和整个阶级斗争的历史,都打上了自己的印记。当梯也尔先生的上层资产阶级在凡尔赛与普鲁士占领者媾和之时,巴黎无产阶级却领导了爱国抵抗运动,历史上第一次把保卫国家①的事业从资产阶级手里夺了过来。而由于阶级的原因,这种爆发通向了人类历史上第一次社会主义革命的尝试:在这次不可思议、闻所未闻、绝望然而又天才的尝试中,工人和人民群众首创了理论只能预感到的东西,即国家及其机器的消亡……这次尝试引起了马克思和列宁的注意,并且在世界的另一边,仍然被中国所援引。我们都知道得到普鲁士占领者支持的法国资产阶级是如何让"人民"重新回到自己的位置上的:在让他们回到自己在生产、剥削中的工作岗位之前,在那个重大的日子,成千上万男女被屠杀在社员墙下。

我化繁为简,为的是要说,所有这些阶级斗争——对无产阶级和法国人民来说,而不是对资产阶级来说,它们是"典型"(恩格

---

① 这里"国家"原文为"Nation",首字母小写即为"民族",但"Nation"作为"国家"与"État"(国家)不同,前者强调的是作为一个"文化共同体"的"民族"(nation)意义上的"国家",后者强调的是"政权"意义上的"国家"。——译注

斯语①)——的教训就是这样的,以至于资产阶级不得不承认它们;因为尽管遭遇了巨大困难,付出了无数牺牲,这些斗争最终[迫使人们承认]了无产阶级的阶级斗争组织,即政治和工会组织。法国资产阶级由于受制于自己过去的口号——不仅有它18世纪意识形态家和作家们的斗争口号,还有它的"民主"传统的口号(自由、平等、博爱);由于受制于这样一个事实,即它受到了工人群众的协助,无论是在1830年、在1848年1月,还是在反对贵族的阶级斗争的最后爆发中(比如在19世纪末反教会的斗争中),它都没有唾弃这些协助;总之,由于先后被人民的、无产阶级的阶级斗争的力量压得喘不过气来,资产阶级决定在自己的AIE中承认无产阶级的阶级斗争组织,即政治和工会组织。资产阶级这样做,是希望在AIE中战胜它们,克服它们,如有必要的话,使它们堕落,或通过一些社会民主组织的反对而抵消它们的力量:这是肯定的。理性也好,狡计也罢;无能也好,灵活也罢;事实就

---

① 参见恩格斯为马克思《路易·波拿巴的雾月十八日》第三版所写的"序言",《马克思恩格斯文集》第二卷,人民出版社,2009年,第468-469页:"法国是这样一个国家,在那里历史上的阶级斗争,比起其他各国来每一次都达到更加彻底的结局;因而阶级斗争借以进行、阶级斗争的结果借以表现出来的变换不已的政治形式,在那里表现得最为鲜明。法国在中世纪是封建制度的中心,从文艺复兴时代起是统一的等级君主制的典型国家,它在大革命时期粉碎了封建制度,建立了纯粹的资产阶级统治,这种统治所具有的典型性是欧洲任何其他国家所没有的。而正在上升的无产阶级反对占统治地位的资产阶级的斗争,在这里也以其他各国所没有的尖锐形式表现出来。"注意,这里"典型(的)"原文为"exemplaire",也译为"榜样的"。关于这些阶级斗争的典型性问题的进一步论述,参见第247页正文。——译注

摆在这里。

在别的国家,事情可能不会以同样的方式进行,这最终取决于一场历史性的阶级斗争中的力量对比。无论如何,我刚才所说的与法国有关的这些事情,证明了阶级斗争的真实性质所在。它只能作为后果,通过在上述 AIE 中占支配地位的法所规定的那些形式,作为另一场完全不同的阶级斗争的接续(relais)而展现出来。那另一场完全不同的阶级斗争,远远超出一切合法形式,但最终也能表现在那些合法形式中。

第八章

政治的和工会的意识形态国家机器

Les Appareils idéologiques d'État
politique et syndical

一、必要的提醒

这里我们要着手讨论一个更重要的问题,因为它也更难以恰当的方式得到表达,也就是说,很难完全不引起误会。

正因为如此,我们要在这里重复我们在"告读者"中的郑重说明。在政治的和工会的意识形态国家机器中,涉及阶级斗争,但是,注意:不是涉及整个的阶级斗争,甚至不是涉及阶级斗争所植根的那个领地。它涉及的是这样一个领域,其中阶级斗争穿着**合法形式**的外衣,而对这个领域的攻克本身,来自必然外在于那些合法形式的阶级斗争的历史。一旦赢得这些合法形式,阶级斗争就会通过它们,并在这些形式的或多或少的限制下——总之,在它们严格限定的范围内——进行,尽管**在这些形式之外**,阶级斗争也大量地展开着。

不言而喻,对于政治的和工会的形式系统,统治阶级要么是通过自己的阶级斗争把它们夺走;要么不得不因无产阶级和人民的阶级斗争的征服而违心地把它们让出来;要么把它们作为意识形态国家机器综合进统治阶级的国家机器中——因而在这些机器中首先得到实现的是国家的意识形态。同样不言而喻的是,由于资产阶级和无产阶级之间的阶级斗争有一部分实际上是围绕这些机器并且就在这些机器当中展开的,所以强加到这些机器中的阶级斗争,在这些机器的**某些**部件中打下了深深的烙印,并且尤其在这些机器的合法形式内部,给无产阶级的阶级斗争的某些机构(比如它的政治的阶级斗争组织和工会的阶级斗争组织)赋予了一个**例外的**①立场。例外的立场,也是对抗的立场。因为资产阶级对于在我们将要谈到的那些波折之后不得不承认各工人党(从改良的到革命的工人党)的存在,更不用说进行经济的阶级斗争的工会组织的存在,并非心甘情愿。资产阶级知道,在这些组织的合法形式之下触及的东西大大超出了这些合法形式本身。一旦某个稍微严重一点的危机把以下现实(这个现实既表明同时又掩盖了那些组织的合法存在)暴露在光天化日之下,这一点就会得到证明。这个现实就是:阶级斗争并不限于(原因就不必说了)某个共产党党派的议会式反对,或限于某个总工会同雇主或政府之间的"协商";相反,在生产实践(当然也在超出它之外的地方)的每一刻,都在进行着持续不断的最激烈的阶级斗争,尽管因不被现有的合法性所认可,这种斗争在表面上看来无声无息。因此,这个例外的立场表达、泄露了在原则上的对抗立场(除非所说的那些组织堕落成了阶级合作的组织)。这让我们面临以下悖论。

在某个意识形态国家机器比如政治系统机器的内部,有可能存在无产阶级政党(到目前为止,许多国家确实是这样的),虽然后者的意识形态与国家的意识形态是极端对抗的,但它的意识形态却能在自己出现于其中的意识形态国家机器的实践和形式中得到实现。无论如何,这种对抗表现在被国家的意识形态所强加

---

① "例外的"原文为"d'exception",也可译为"特别的"。——译注

的那些形式本身当中(比如,资产阶级民主,其实是议会制或总统制民主机器形式下的资产阶级专政),这使得无产阶级政党的任务变得尤为复杂。但是,正如列宁所指出的,这项复杂的任务并不因此就无法完成,但有一个绝对条件,那就是要满足一些命令式的条件:首先,无产阶级政党不能堕落成"议会迷"或"资产阶级民主迷",更不能任由统治阶级的意识形态即国家的意识形态来削弱无产阶级的阶级斗争的意识形态,而是相反,要懂得利用政治的意识形态国家机器,包括它的某些特定形式,包括它的意识形态的某些特定要素(比如某些民主口号),通过各种选举以及资产阶级议会这个高级讲坛,来**帮助**发展就本质而言是在资产阶级民主合法形式之外展开的阶级斗争。对于工人的工会行动来说,就更是如此。

如果事情在这方面已经讲清楚了,我们就可以着手对政治的和工会的意识形态国家机器进行分析。

为了立即给我的论点提供一个经典的方位标,我要引用列宁一段众所周知的文本,这段文本摘录自列宁1920年12月30日的演说《论工会、目前局势及托洛茨基同志的错误》①。我们可以把它整个地重读一遍,并用紧接下来的另一个文本,即写于1921年1月25日的《再论工会》来对它进行补充(《列宁全集》法文版第32卷,莫斯科,1962年)②。

---

① 参见列宁《论工会、目前局势及托洛茨基同志的错误》,《列宁选集》第四卷,前引,第367-391页。——译注

② 参见列宁《再论工会、目前局势及托洛茨基同志和布哈林同志的错误(1921年1月25日)》,《列宁选集》第四卷,前引,第392-433页。——译注

列宁谈到了无产阶级专政条件下的工会,从而谈到了它们在无产阶级国家框架中的存在。这是一种严格意义上的国家,掌握在布尔什维克及其同盟手里,装备有任何国家都固有的镇压性机器和意识形态机器。列宁说:

……在实现无产阶级专政的整个过程中,工会的作用是非常重要的。但这是一种什么样的作用呢?在进而讨论这个问题的时候(这个问题是最基本的理论问题之一),我得出的结论是:这是一种非常特殊的作用。一方面,工会包括了全体产业工人,把他们吸收到自己的组织中,它是一个掌权的、统治的、执政的阶级的组织,是实现专政的阶级组织,是实行**国家强制**的阶级的组织。但是,工会却不是**国家的强制组织**,它是一个教育的组织,是吸引和训练的组织,它是一个学校,是学习管理的学校,是学习主持经济的学校,是共产主义的学校。这个学校完全不是普通的学校,因为这里没有教员和学生,它是一种非常特殊的结合体,其中有资本主义遗留下来而且不能不遗留下来的东西,也有革命的先进部队即所谓无产阶级的革命先锋队从自己队伍中创造出来的东西。

在几页之后,列宁又加上了下面这段值得注意的声明:

托洛茨基同志犯了一个错误。照他说来,保护工人阶级的物质利益和精神利益,不是工人国家里的工会的作用。……我们现在的国家是这样的:组织起来的全体无产阶级应当保护自己,而我们则应当利用这些工人组织来**保护工人免受自己国家的侵犯**,同时也利用它们来**组织工人保护我们的国家**。(第17页)①

我们要抓住列宁的核心提法,他在这里以明确的措辞说:"工会是一个掌权的、统治的、执政的阶级的组织,是实现专政的阶级组织,是实行国家**强制**的阶级的组织。但是,工会却不是**国家的强制组织**……它是一个学校……"②

如果我们把它当作一个与无产阶级国家的工会有关的文本来阅读,以便认清什么是资产阶级国家中现有工会组织的可能身份,我们就会发现,列宁的提法几乎完全印证了我们的想法。因为这个提法对国家的强制行为和苏维埃工会的**非强制**行为进行了区分。在这种情况下,无产阶级工会负有意识形态教育的任务,即要成为"共产主义学校"。相对而言,也就是说,考虑到把无产阶级的意识形态国家机器与资产阶级的意识形态国家机器明显区别开来的那些差别,以及已经陈述过的那些高度的保留,我们可以把工会系统看作是一种意识形态国家机器,并且可以在这同一个概念下来探讨政治系统。

---

① 同上,第372-373页。译文有改动。——译注

② 参见列宁《论工会、目前局势及托洛茨基同志的错误》,《列宁选集》第四卷,前引,第368页。根据阿尔都塞的引文,这里把中文版中的"但是,工会却不是国家组织,不是实行强制的组织"这句话,改为了"但是,工会却不是国家的强制组织"。——译注

二、政治的意识形态国家机器

由于接下来的理由,我们要从政治的意识形态国家机器开始。

共产党与政治的意识形态国家机器。为人民的民主与社会主义革命

当然,这绝不是说,一个政党,比如共产党,因为铭刻进了政治的意识形态国家机器系统的地形学中,就注定会**化为**资产阶级国家意志执行人的角色,或陛下的反对党①的角色②。

这后一种角色的位置,被"资本主义制度的忠实主管们"即**社会民主**党,带着合乎要求的全部老练,完美地占据了。他们在理解自己的"使命"时,并没有想到莱昂·布鲁姆的这个绝妙提法——当然是指"在人类的阶梯上"③这个提法。"人类的阶梯"

---

① "陛下的反对党"(opposition de sa Majesté),本指英国的"辉格党",代表商人和制造业者,这里指表面上反对统治阶级,本质上与统治阶级合作的在野党。——译注

② 我要提醒大家注意:**阶级斗争远远超出了它铭刻**在各种形式的意识形态国家机器**中的后果**。这里,我们只想分析它最终的那些后果。

③ 莱昂·布鲁姆,见第 211 页译注。1940 年维希政府将他逮捕,监禁到 1945 年才获释。"在人类的阶梯上"(à l'échelle humaine)是莱昂·布鲁姆被俘后在狱中所写的一部著作的名字,1945 年出版,其中"échelle"既有"阶梯"的意思,也有"阶层""比例"的意思,从而"à l'échelle de"也有"在……范围(规模)内"的意思。——译注

这个著名提法确实有一个相当重要的好处,它使得那些爬上了人类阶梯上某些级别的人,即爬上了资产阶级等级(或者甚至贵族阶级等级,就像在大不列颠那样:艾德礼①先生确实由不列颠非常和蔼可亲的陛下提到了勋爵"高位"上)的人,能够真的"**把自己提高到超出**""**阶级斗争**"的"褊狭"观点,以心安理得地实行一种彻底的**阶级合作**(看看当前的威尔逊②先生)。

列宁对那些本身是共产党员却自甘被这些幻象——即不可能的、纯议会民主行动("议会迷")的奇迹——诱惑的人进行了相当无情的激烈斗争,因为这里没有模棱两可的余地。当大家都在思索向社会主义"过渡"(passage)的时候,必须提醒他们,**不存在通往社会主义的议会道路**。干成革命的是群众,而不是议员,哪怕共产党及其盟友凭奇迹而一时在议会中成为多数。

因为资产阶级国家绝不会任由 450 个赤手空拳的议员,即单纯的议会多数,来**掌握**和**摧毁**(因为重要的是掌握国家,而不是"推翻政府"或仅仅"改变""政体")自己,哪怕他们来自波旁宫,身披着三色肩带。除非出现了前所未有的形势,除非当社会主义在全球六分之五的地方都取得了胜利,这才是可以想象的。

---

① 克莱门特·理查德·艾德礼(Clement Richard Attlee,1883—1967),英国工党领袖。1940 年任丘吉尔政府掌玺大臣,为战时内阁成员和实际上的副首相。1942 年任英国副首相(先后兼任自治领事务大臣和枢密院院长),1945 年因工党在大选中获胜而出任英国首相,取代丘吉尔。任内参加波茨坦会议。1955 年 12 月退休,被封为伯爵。——译注

② 威尔逊(James Harold Wilson,1916—1995),英国政治家,工党领袖,曾分别于 1964 年、1966 年、1974 年 2 月和 1974 年 6 月四次当选英国首相。——译注

但在目前的情况下,在短期甚至在中期时间内,这是完全不可想象的。

因为资产阶级国家与单纯的**政府**完全不同。这个国家除了自己**政治的**意识形态机器(**政府**寄身之地)之外,还拥有**许多其他的**意识形态机器,而前者毕竟只不过是其他众多机器(教会、信息、学校、等等)中的一种;此外,它还拥有自己日常的**镇压性**机器:警察、专门化的镇压部队(CRS①,即共和国保安部队、机动宪兵,等等),还有"终极的"②镇压机器:军队(这个组织把成千上万人吸收或编入步兵、坦克兵、空军、海军中来),更不用说帝国主义"兄弟"国家的军队了,它们在适当的时候会跨过陆地上的或别的边境线来助上一臂之力。

而且,就算最终没有出现这些极端情况,单单1945年之后人民阵线和三党联合体制③的经验也能证明,单纯的、**为人民的民主**④政府,会受到单纯财政手段(如资本的外逃敲响了人民阵线的

---

① "CRS"即"Compagnie Républicaine de Sécurité"(共和国保安部队)首字母缩写。——译注

② 这里"终极的"原文为"de «dernière instance»",其中的"instance"在有的地方也译为"层级",所以"dernière instance"直译也即"终审"或"最后层级"。另一个相关的短语"en dernière instance",则译为"归根到底"。——译注

③ "三党联合体制"(Tripartisme)特指1946年1月到1947年5月法国由共产党、社会党和人民共和运动共同执政的政治局面。——译注

④ 根据马克思主义学说,只能用其**阶级性质**来描绘民主的特征:要么是资产阶级民主,要么是小资产阶级民主(它的"阑尾"和"遮羞布"),要么是人民民主,为人民的民主。["遮羞布"原文"feuille de vigne",原义是"(裸体画或雕塑中的)遮盖性器官的葡萄叶"。——译注]

丧钟)或政治手段(如社会党人拉马迪埃①1947年对共产党员部长们的驱逐)的摆布,除非人民群众强有力地直接出现在政治舞台上,以最终迈向名副其实的社会主义革命的行动,挫败和粉碎资本家的阶级斗争的诡计,**迫使**议会采取彻底的措施,改变历史的进程,给现有的民主赋予某种阶级特性,使其进入一个**不可逆转**的进程。

列宁说过,要通向革命,就必须懂得预见和接受**过渡期**(*périodes de transition*),并懂得进行过渡期实践。他本人就在1917年1月和10月之间领导布尔什维克党"实践"了这个理论。在此期间,先是1917年1月的行动"推翻"了沙皇制,虽然没有推翻俄国封建资本主义的国家,可是大大削弱了其国家机器,首先是军队;然后克伦斯基领导了由"民主"选举的资产阶级和小资产阶级的议会多数。在这个非常特殊的"民主的"过渡期,布尔什维克虽然在议会中完全是少数,但由于他们正确的路线和正确的行动,他们懂得了并且已经能够在几个月的时间里说服、训练和动员群众;这是真正通向社会主义革命的过渡期,它不同于在选举获得巨大成功之后,甚至在人民群众的斗争取得巨大胜利(像1936年

---

① 拉马迪埃(Paul Ramadier,1888—1961),法兰西第三和第四共和国时期左翼法国社会党的著名政治人物。1947年1月至11月任第四共和国第一任总理,1952—1955年任国际劳工局局长。1947年1月拉马迪埃当选为法兰西第四共和国第一任总理,组成中左联合政府,内阁中包括5名法国共产党人,5月法共在议会投票中反对拉马迪埃政府的工资政策,拉马迪埃以法共的行为违反了政府团结一致的规则为借口,把法共的部长逐出了政府,从而结束了三党蜜月期。——译注

那样)之后,通向**反人民**的民主的复辟的过渡期①,即以贝当的法西斯主义而告终的反动的资产阶级民主过渡期②。

因此,一旦将来有一天共产党及其盟友获得了议会选举的多数,并且资产阶级让他们在现有资产阶级**合法性**框架内担任"**政府**"的负责人,我们必须明白:

1. 这样一来,他们就打开了**为人民**的民主(人民民主或新的民主)的前景;

2. 但是,由于**资产阶级国家仍然没有变**,它的未被打碎的镇压性机器,它的意识形态国家机器,包括资产阶级**政治**的意识形态国家机器,都没有变,所以,以这种方式开创的**过渡期**的性质,取决于**人民群众的行动**——前提是人民群众得到训练和动员,并投身于正确路线指导下的斗争;

3. 根据力量对比情况,根据共产党用来动员人民群众的政治路线的正确与否,这个**过渡期要么**(在几次人民的胜利之后)通向资产阶级获胜的反动,**要么**通向社会主义革命的胜利;

4. **不掌握国家政权,不摧毁镇压性国家机器**(即马克思和列

---

① "通向**反人民**的民主的复辟的过渡期"原文为"une période de transition la restauration de la démocratie *contre* le peuple",在"période de transition"(过渡期)和"la restauration"(复辟)之间,漏了一个"vers"(通向)。"反人民的民主"(démocratie contre le peuple),与前文"为人民的民主"(démocratie pour le peuple)相对应。——译注

② 正确的路线并不总能在六个月内取得胜利。过渡期可能很长,可能像阶梯一样是一级一级的。全球的力量对比会阻碍它们的进程。但是,没有正确的群众路线,乞灵于过渡的必然性也是徒劳:因为这样一来它们就成了空话。

宁所说的：打碎资产阶级国家机器①），不经过打碎资产阶级意识形态国家机器的长期斗争，革命就是不可想象的，或革命的胜利就只是暂时的，像我们在 20 世纪 20 年代的中欧所看到的那样。

因此，对于我们来说，向社会主义的**议会式**"**过渡**"（passage）是完全无法想象的，因为它是不可能的。以为通过给"自称是社会主义的"（或甚至确实希望是社会主义的）选举多数的行动，补充上把从总体上"**孤立资产阶级**"作为自己**唯一**目标的群众政治行动，就能实现向社会主义的"过渡"（passage），更是无法想象的。

如果我们认为，**不夺取国家政权，不打碎资产阶级国家机器**，仅仅通过"孤立资产阶级"就可以战胜资产阶级专政，那么，无论在台上的政府有何倾向，资产阶级即便"被孤立"，也会知道怎么利用现有的国家机器，首先是警察和军队，根据需要，通过一次类似于 5 月 13 日那样的政变②，给自己找到一个有能力控制未被破坏的国家机器的国家元首。

如果群众没有决定性地进行干预——不是为了"孤立资产阶级"，而是为了**解除镇压性国家机器的武装并粉碎它**③——，这个由选举胜利所开创的、允诺了为人民的民主的过渡期，就不会成

---

① 这里的"机器"原文为"machine"。关于"appareil"与"machine"的区别，参见页边码第 106 页译注。——译注

② 1958 年 5 月 13 日，在阿尔及利亚的法国殖民军发动军事政变，最终导致法兰西第四共和国结束，戴高乐上台。——译注

③ 这里的"解除……武装并粉碎……"原文为"désarmer-démanteler"。——译注

为**向**社会主义的过渡(transition),而会成为**向**资产阶级反动的"过渡",这肯定会是最暴力的反动:公然专制、公然接近法西斯主义的反动。于是镇压性国家机器和意识形态国家机器(包括**政治**的意识形态国家机器),就会在这种"反动"中毫不掩饰地通过必要的屠杀和习惯性的大规模逮捕,找到自己资产阶级的"全职工作"。自其统治法国,超过一个半世纪以来,资产阶级完美地实行了这种反动(1815年热月,1848年6月,公社,达拉第,拉瓦尔·贝当)。最终随之发生的事情,显然不会再**仅仅**属于资产阶级,因为我们知道,那些年能镇压群众运动的,还有被人们称为法西斯主义或新法西斯主义的大屠杀和公开的专政制度。

同样,列宁以毫不含糊的措辞对所有那些纯"政变主义者"甚至"暴动主义者"①进行了足够的提醒:不利用所有的斗争形式——包括合法的形式,甚至还包括议会民主的形式即选举的形式②——,不仅是愚蠢,而且是犯罪。因为,共产党的议会民主行动在资产阶级政治的意识形态国家机器内部,有可能不沦为阶级合作。但这**有一个绝对的条件**,即它要作为各种斗争形式之一,从属于共产党领导下的群众的阶级斗争系统。

一旦我们根据此前在镇压性国家机器和意识形态国家机器

---

① "政变主义者"和"暴动主义者"原文分别为"putschistes"和"insurrectionnalistes"。——译注

② 我要提醒大家注意,1908年,在俄国工人运动史上的危机时刻,列宁曾支持社会民主派议员留在杜马中,反对想退出杜马的"形左实右"的召回派布尔什维克团体。

之间作出的区分,来阐述列宁这些众所周知的论点;一旦我们考虑到这个民主的系统(其中,在各党之间的政治斗争中通过普选而产生的议会任命一个代表其多数的政府①)属于**政治的**意识形态国家机器;我认为我们就可以更好地理解共产党的**议会—民主**行动的真正的但也是有限的限度。

当党属于反对党时,实际上永远只是在民主的合法性框架内行动(在某个特定的历史时刻,这种民主的合法性会在政治的意识形态国家机器中占优势)。它没有直接——或者根本就没有——对同一国家的其他意识形态机器产生影响。尽管提交了那么多的法案,但它的行动在实际上对信息机器(谁都不能声称"民主"扩展到了广播、电视和出版制度方面)、出版机器、宗教机器、学校机器等并没有造成什么后果。② 此外,它最严重的局限③,绝对的局限,是它显然丝毫没有动摇镇压性机器。一个有党参与其中的"民主"政府,之所以会让自己服从广播—电视和某个行政部门,那是因为有许多保留,而且有一个条件,即不能超出一定的"政治"限度:至少要能保障对"民族货币"和其他"民族利益"的"保护"。这和警察的情形不一样,更不用说军队了,它们在自己愿意的时候会"服从",但在判定资产阶级统治到了可能被损

---

① 这个政府,虽然是由作为政治的意识形态国家机器一部分的议会选出来的,但仍然是镇压性国家机器的一部分。这很正常。参见本版第169页。("参见本版第169页"应为法文版编者的话。——译注)

② 只要想想由共产党提交的所有那些关于教育改革法的提案。它们都没有得到实现。这很正常。

③ 这里的"局限"与上文及下文中的"限度"为同一个词"limite"。——译注

害的危机时刻,又懂得进行制止。这时军队会直接进行干预,就像我们在阿尔及尔军事政变时所见到的那样,把戴高乐推上台①,何况在这次军事政变中受到威胁的,只不过是被阿尔及利亚人民的民族解放斗争分裂了的统治阶级的统一、资产阶级的统一,根本还没有威胁到**资产阶级国家的生存**!如果是资产阶级的国家本身受到法国人民群众的威胁,还不知道会怎么样呢⋯⋯

因此,镇压性国家机器和意识形态国家机器之间的区分,以及议会民主斗争得以展开的**政治的**意识形态国家机器从属于意识形态国家机器这个论点,奠定并阐明了列宁主义关于区分两种行动的原则,这两种行动就是:共产党员在议会中乃至在**议会制政府**中的行动(不触及国家),以及群众为了夺得资产阶级国家而采取的革命行动(先摧毁其镇压性国家机器,再摧毁其意识形态国家机器)。

如果真的愿意理解那些"细微差别",我们就会承认:

1. 我们在**政治的意识形态国家机器**这个概念下对资产阶级民主这个政治**系统**——包括它所包含的各个政党乃至工人阶级的党②——所作的分类的**有效性**(尽管表面上这是悖论)。

2. **这种可能性**:在政治的机器这个意识形态国家机器系统的"游戏"中,一个革命的党,如共产党,可以并且应该找到自己的位置,一个铭刻在客观的、当然也是非常有限的限度内的位置,并且

---

① 1958年5月13日,在阿尔及利亚的法国殖民军发动军事政变,最终导致法兰西第四共和国结束,戴高乐上台。——译注

② 在始终被当作"外国党"或"分离主义者"的不公正待遇下,它只有通过漫长的阶级斗争才能使自己得到承认。

在那里对客观上革命的政治进行领导。但有一个绝对条件，那就是在"资产阶级民主"形式内部的党的议会政治，要服从党的整体政治。而要做到这一点，就只有动员无产阶级群众和他们的天然盟友①，夺得资产阶级国家政权，并把它改造成社会主义国家政权。②

工人阶级的党对**政治的**意识形态国家机器系统的"游戏"进行革命性(而不是改良性)干预的可能性，取决于**通过遵守法来规避法**的可能性。

更确切地说，当在资产阶级民主内部进行议会斗争时，对于工人阶级的党来说，关键的是依靠资产阶级自身承认的政治权利③，来达到反对资产阶级政治的公开斗争的鼓动和宣传效果；因而，关键的是利用资产阶级民主的旗号，**帮助**(仅仅是帮助，因为必须预防一切形式的"议会迷")越来越多的群众，为了**社会主义**民主，投入到迟早要推翻资产阶级民主的行动中去。在无产阶级专政阶段，**社会主义**民主则要实行工人阶级及其盟友对阶级敌人

---

① 这些天然盟友，可以**根据政治优先性的顺序**来排列如下：(1)农民无产者、贫农、小农；(2)部分乡村小资产阶级——某些中农——城市居民——手工业者、小商人、职员、脑力劳动者、大学生、中学生等等。

② [被删除的段落]：通过这种**可能性**，我们会认出资产阶级的法(这里是资产阶级民主的政治权利)的存在的必然后果中的一个，我们曾顺便指出过这个后果，它既不会让法学家惊讶，也不会让政治家惊讶，因为我们说过，法的特性就是被应用，**即被遵守和规避**。

③ 注意，这里的"权利"与上文中的"法"，原文都是"Droit"。关于这个词的译法，具体参见第140页译注。——译注

的专政。

斯大林曾作过一次"历史性的"演说,当时他说,各共产党应该把"从资产阶级手里落掉了的""民主自由的旗帜举起来"。① 这个结论作得未免过快了一些,因为历史表明,即便像戴高乐这样蔑视这些东西的人,也懂得在演说中巧妙地"挥舞"民主自由的旗帜,而选举结果证明,这也造成了一定的效果。挥舞这面旗帜,他绝对后继有人! 这只不过表明,正如列宁所论证的那样,各有各的民主,民主性质的问题归根到底是一个**阶级问题**。

同样的评论也适用于斯大林就"被资产阶级抛弃了的""工人阶级的党"应该"举起"的"民族独立的旗帜"所说的另一句"历史性的"话。② 这里结论也作得过快了一些,因为戴高乐(他丝毫也没有蔑视这些东西)证明,并且选举结果也证明了,他非常懂得如何随着反美的音乐节奏"挥舞""民族独立的旗帜"。这只不过表

---

① 参见斯大林《在党的第十九次代表大会上的讲话(1952 年 10 月 14 日)》,《斯大林文选》(1934—1952),人民出版社,1962 年,第 653 页:"资产阶级民主自由的旗帜被抛弃了。我认为你们,共产主义的和民主的政党的代表们,必须举起这面旗帜,打着这面旗帜前进,如果你们想把大多数人民集合在自己周围的话。除了你们以外,再也没有人能举起这面旗帜。"阿尔都塞的引文稍有不同。——译注

② 参见斯大林《在党的第十九次代表大会上的讲话(1952 年 10 月 14 日)》,前引,第 654 页:"现在,资产阶级出卖民族的权利和独立来换取美元。民族独立和民族主权的旗帜已经被抛弃了。毫无疑问,你们,共产主义和民主的政党的代表们,必须举起这面旗帜,打着这面旗帜前进,如果你们想成为本国的爱国者的话,如果你们想成为自己民族的领导力量的话。除了你们以外,再也没有人能举起这面旗帜。"阿尔都塞的引文稍有不同。——译注

明，正如列宁所论证的那样，各有各的民族，民族性质的问题归根到底是一个**阶级**问题。

在任何情况下——特别是当共产党有权利引用它们来反对资产阶级的政治时——我们都不能忘记，关于民主自由和民族独立的那些论点，首先是资产阶级国家的意识形态的一部分。

因此，请允许我，至少以得到了有力支持的假设的名义，把我在前文发挥中提出来的一个命题视为属实，即我们可以认为，存在着一个专门的**政治**的意识形态国家机器，在法国资本主义社会形态中，它是通过资产阶级国家的意识形态（在这里是自由—民主—民族主义的政治意识形态）在选举系统、政党、议会等等构成的系统中的**实现**而建立起来的。

三、工会的意识形态国家机器

用同样的理论，可以对**工会**的意识形态国家机器作出同样的证明，不过有一个重要的细微差别，会带给我们一个新发现。

众所周知，1789 年的资产阶级革命（从 1791 年开始）把严禁劳动者——从前的帮工，不久之后的新工人，总之无产者——结社的法令写进了《谢普雷法》。《民法典》充分承认使用和滥用一切（物质）财产的自由，而对于结社这一属于帮工和工人的"财产"①，却需要一条专门的法律来**禁止对它的自由使用**！

---

① 注意，此处的"财产"原文是"bien"（单数），前文的"财产"原文是"biens"（复数），同时单数的"bien"也有"善""好处""福利"的意思，所以这句话也可译为"而对于结社这一属于行会会员和工人的'善'"。——译注

正是通过阶级斗争,通过长期的激烈而顽强的血淋淋的斗争,工人阶级才争得了这个权利,并且不顾那个"个人主义的"《民法典》,把它写入了最近为此目的而设的《劳动法》中。甚至来自行政部门或不同意识形态国家机器(比如学校的或信息的国家机器)的公务员,最后也看到自己的这个权利被写进 1946 年的宪法。这让人们意识到法①的这一个"分支"的"落后"……

这提醒我们注意到一个相应的现象,首先是制宪议会②形式下纳税选举的议会民主,是在 19 世纪经历了非常艰难的变迁之后,才以第三共和国宣言的"误会"形式进入到风俗③中的,要不是麦克-马洪④及其同僚们的愚蠢,有一段时间可能还会重新变

---

① 注意,这里"法"(包括前面《劳动法》中的"法")的原文为"Droit"(首字母大写),前文"权利"的原文为"droit"(首字母小写),作者在这里利用了"droit"这个词的多重含义,并且指出了"各种权利"(这里是指结社的权利)是"法"的"分支",而工人结社的权利作为法的分支,一直落后于其他的权利。关于这个词的译法,具体参见第 140 页译注。——译注

② "制宪议会"(la Constituante),即"国民制宪议会"(Assemblée nationale constituante),指成立于法国大革命第一时期的制宪议会。——译注

③ "风俗"原文为"mœurs",以往也译为"道德风俗"或"风俗习惯"。从启蒙运动以来,这个词在理解不同民族国家的文明方面起到重要作用。伏尔泰的《风俗论》、孟德斯鸠的《论法的精神》、卢梭的《社会契约论》中都借助了这个概念进行思考。在阿尔都塞的思考中,这个词与"教育"和"意识形态"有某种对应关系。另参见第 310 页译注。——译注

④ 麦克-马洪(Patrice de Mac-Mahon,1808—1893),法国政治家,曾担任过凡尔赛军队总司令,1871 年率兵镇压巴黎公社。1873 年当选为法兰西共和国总统,上台后试图复辟君主制未果,但他上台后国民议会由君主主义者统治着。——译注

回君主制。这证明,意识形态国家机器是由一种高度敏感的材料构成的,具有高度的敏感性,因为要用新的去取代旧的,并在它们看起来起决定作用的功能方面将其固定下来,必须花费漫长的时间,经历漫长的斗争;这还证明,一旦形势使它们动摇,它们就会变得非常脆弱。而**镇压性国家机器就不同**,它有极大的连续性和稳定性,因为尽管它经历了不同的"社会制度"(它们都是阶级性的),却跨越了数个世纪依然未变。

因此,对**工会**的意识形态国家机器可以作同样的证明。不过,我们需要一个新的详细说明。

说到政党,事实上我们知道,从右翼到极左都有。存在着右翼党、中间党和"左翼"党,它们不会错过资本主义阶级斗争的任何重大历史性约会,为的是把自己的躯体化作资产阶级国家的挡箭牌;这一切清楚地表明,在政党、议会民主系统和资产阶级国家专政之间,存在着某种联系。只要往前再走一步,我们就会理解列宁的提法:资产阶级民主就是"资产阶级专政"。

但说到工会,事情就没那么显而易见。大家首先都会想到各种工人工会①,还有更有战斗力的法国劳工总联盟②,以及几年前

---

① "工人工会"原文为"syndicats ouvriers",关于"syndicat"的译法,参见第 206 页译注。——译注

② 原文为"CGT",系 Confédération Générale du Travail(也译为"法国总工会")的缩写,成立于 1895 年,是法国最大的工会组织。为了不混淆"Confédération"(联盟)、"Union"(联合会)和"syndica"(工会),我们将所有以"Confédération""Union"命名的组织都译为"……联盟""联合会",并在注释中标出以往通行的其他译名。——译注

成立的法国劳工民主联盟①。可是大家忘了，**不仅**存在各种工人工会，还存在着公务员工会，无论是镇压性国家机器的公务员(财政工会等，甚至有警察工会)，还是意识形态国家机器的公务员(小学教师工会、中等和高等学校教育者工会等等)。②

而且还存在着管理人员工会，中小企业工会。尤其存在着非常强大的雇主"同行"工会，它们由其中最强大的法国全国雇主联盟③领导着。

为了把我们的论点，即存在着一个工会的意识形态国家机器，说得更清楚一点，有一个好办法，就是**把事情倒过来看**：不是从进行阶级斗争的工人工会(从其地位来看，只有法国劳工总联盟符合这个定义)开始，而是从法国全国雇主联盟开始，然后再一级一级往下，发现数量多得难以置信的、以"保护"同行"利益"为

---

① 原文为"CFDT"，系"The Confédération Française Démocratique du Travail"(也译为"法国民主工会")的缩写，成立于1964年，是仅次于法国劳工总联盟的第二大工会组织，1966年至1970年间，这两大工会曾有过合作。——译注

② 与此相反，在军队里既没有工会，也没政党。军队是个大犬舍(原文"la Grande Muette"，其中"muette"既有"猎舍、猎犬犬舍"的意思，也有"哑的、不会说话的"的意思，所以英译者把它译为"大沉默组织"。——译注)，在那里只有将军们根据各军部长的授权才有权利发言。顺便提一下，在6月18日、5月13日或在发生阿尔及尔式的军事政变等等情况下除外。(1940年6月18日，戴高乐在伦敦发表广播演说，否定法国政府终止对轴心国的敌对行动。1958年5月13日，在阿尔及利亚的法国殖民军发动军事政变，最终导致法兰西第四共和国结束，戴高乐上台。——译注)

③ "法国全国雇主联盟"原文为"Confédération Nationale du Patronat Français"(也译为"法国雇主联合会")，其缩写为"CNPF"，成立于1936年。其中"Nationde"(全国的)也译为"民族的"。——译注

己任的雇主的或行会的工会组织。

这些组织的系统构成了一台机器,它使一种"保护"同行"利益"(!)的意识形态得以实现。当然,与之并行的还有另一种意识形态,认为上述同行为公众和为民族利益提供了无法估量的服务。这样一来,这台机器就实现了国家的意识形态的一个重大主题,这个主题就是:普遍利益和民族利益存在于企业的自由和对伟大道德价值的保护中。对大中型雇主工会来说,"保护同行"是他们阶级目标的"遮羞布"。

一个进行着经济的阶级斗争的工人工会,以一个多世纪的战斗为代价,终于使自己在同类团体中"得到承认",从而能够在最近的《劳动法》的法律合法性边缘地带①,特别是在支配着这个机器的占统治地位的意识形态中,进行真正的阶级斗争——这要归功于一种英雄气概,更确切地说,归功于工人阶级的英雄气概。

这个工会不断地受到难以形容的压制和镇压,遭到无耻的敲诈:它的战士被解雇,它也成为赤裸裸的腐败和收买的目标(大家现在正式知道了,F.②是由美国中央情报局③出资创立的),成为

---

① 这给法学家关于法的系统性、形式性和普遍性的要求提出了一些重大的"逻辑""难题"!

② 原文如此,只有一个"F.",指"法国工人力量劳工总联盟"(Confédération générale du travail-Force ouvrière,简称 CGT-FO 或 FO,也译为"法国工人力量总工会"),是仅次于法国劳工总联盟和法国劳工民主联盟的第三大工会组织。1947 年,法国劳工总联盟领导了全国大罢工,迫使右翼改良派退出法国劳工总联盟,此后这批改良派在美国中央情报局的支持下,成立了"法国工人力量劳工总联盟"。——译注

③ 原文为"CIA",系"Central Intelligence Agency"(美国中央情报局)的缩写。——译注

相应的分化目标——还不用说始终存在的掉入 1906 年《亚眠宪章》①经济主义(工会中不要有政治!)的诱惑,掉入无政府—工团主义(打倒政党! 全部政治都由工会来搞!)的诱惑。② 历史极其充分地证明了这一切。但是,这仅仅为我们关于存在**工会的**意识形态国家机器这个论点提供了一种经验性的补充证明。

更准确地说,这使我们可以提出一点说明。对于尊重马克思主义传统的人来说,这个说明可能看起来是相当悖论性的。

实际上我们经常会说,根据马克思和列宁的看法,工人运动**能够没有马克思主义理论的帮助**而自己组织起工会斗争组织,能够在学徒期的艰难考验之后,进行超出单纯地方水平或行会局限的战斗,达到全国水平。但另一方面我们也会说,要使这种组织变成政治组织,有极大的困难。我们还会倾向于补充说,这很**正常**,因为同样是那些工人,虽然作为受害者每天都在经受经济剥

---

① 《亚眠宪章》(Charte d'Amiens),1906 年 10 月 8—16 日法国劳工总联盟亚眠代表大会上通过的无政府工团主义纲领。该纲领否认和拒绝无产阶级政党对工会的领导,认为工会运动独立于一切政党,反对政治斗争,主张只有工会才是工人的组织,试图通过纯经济手段提高工人福利,用总罢工方式实现工人阶级的解放。——译注

② "非政治主义"(apolitisme)是在**工会的**意识形态机器中实现的国家的意识形态主题之一,它声称"'以非政治的'方式保卫民族利益中的……同行利益!"因此,反对工会的非政治主义的斗争,是工人工会组织的意识形态阶级斗争的试金石。法国劳工总联盟的历史表明了这一点:创立的时候是非政治的,结果被联合劳工总联盟(CGTU 为 Confédération Général du Travail Unitaire 的缩写,也译为"联合劳工总工会"。——译注)击败,然后才在抛弃非政治主义的基础上重新团结起来。

削,但却**对政治的阶级斗争机制没有同样的认识**,因而对资本主义国家的政治压迫和意识形态奴役没有同样的认识。

结果,人们——至少某些非无产阶级出身的无产阶级政治领袖,更不必说小资产阶级尤其是知识分子了——倾向于把经济的斗争看成几乎是"自然的",但又是次要的,认为发动政治的斗争要困难得多。然而,现实是不是与这个判断完全相符,还并不确定。正因为如此,我们更倾向在讨论**工会的**意识形态国家机器之前,先谈谈**政治的**意识形态国家机器。

其中的道理很简单,《谢普雷法》不可思议地仓促颁布,可以为我们指点迷津。

正是资产阶级自己,从政治组织的自由中获得了好处,从而很早就通过自己的阶级斗争,将**它自己的政治的**意识形态国家机器强加给了封建贵族的**政治**的意识形态国家机器。在这场斗争中,它并没有"唾弃""人民"的支持(参考 1789 年到 1793、1830 年和 1848 年的情况)。也**正是这同一个资产阶级,从一开始**(1791年)**就费尽心机,通过法律,甚至通过暴力,来压制它自己的被剥削者(即无产者)进行组织活动和经济斗争的一切苗头**。

四、在政治的意识形态国家机器中 (以及在它之外)进行的人民的阶级斗争

事实上应该看到,资产阶级不可能阻止人民群众在 1789 年到 1793 年间参与资产阶级反对封建制度的**政治**的阶级斗争,不可能阻止人民群众在 19 世纪大部分时间,尤其是 19 世纪上半叶,参与资产阶级反对地主贵族的**政治的**阶级斗争。原因自不待言:

资产阶级离不开人民群众!

法国资产阶级遭遇了"历史厄运",要面对冥顽不化、头脑发昏、甚至"愚蠢透顶"的封建贵族和教会(1770年至1780年那场小贵族的……前布热德分子的①"反抗",确实把事情全搞砸了)。结果众所周知:农民武装起义("给茅屋以和平,给宫殿以战争!"②),所谓的宫殿当然处处都有大火熊熊燃烧,因为农民们并不是赤手空拳而去的!革命日在城市再次上演,平民们涌上街头并统治了巴黎,公安委员会和恐怖统治直接面临着封建的兄弟国家应作为法国最高阶层的贵族阶级(在被处决之前,以国王和王后为首)的吁请而发动的反革命战争。

如果没有人民群众的决定性支持,包括马迪厄③所说的危险可怕的"第四等级"④的决定性支持,作为第三等级的资产阶级就不可能推翻"封建的"生产和交换关系,也不可能掌握政权,摧毁绝对君主制的封建国家,建立自己的国家机器,行使权力以确立

---

① "前布热德分子的"原文为"prépoujadiste"。布热德(Pierre Poujade,1920—2003),法国政治家,1953年创立保障小商人和手工业者联盟(UDCA),20世纪50年代发起保障小商人和手工业者利益的右翼运动,被称之为"布热德主义"(poujadisme)。——译注

② 语出德国剧作家毕希纳(1813—1837)的《黑森林报》。——译注

③ 马迪厄(Albert Mathiez,1874—1932),法国历史学家,法国大革命专家,著有三卷本《法国革命史》(*La Révolution française*)。——译注

④ 他们是城市平民中最"平民的"一部分,受到了马拉(Marat)、迪谢纳(Duchêne)等无数精力充沛、勇敢无畏的人民鼓动者的鼓动。巴贝夫(Baboeuf)和邦纳罗蒂(Buonarotti)的共产主义已经出现在地平线上,但还在寻找自己的理论和政治立场,还在寻找自己的组织形式和行动形式。

自己的生产关系和自己的法①。

恩格斯曾在某个地方说过,法国是这样一个**典型**国家,在这里阶级斗争被贯彻到底,一切都表现得最为鲜明。② 对无产阶级来说诚然是典型,**但对资产阶级来说却绝不是典型**。从资产阶级观点来看,1789 年的革命与英国革命③相比,是一场"肮脏的革命",从政治上来说,它使资产阶级付出了极高昂的代价。它好歹要在最坏的条件下对那些损失进行"补救"。首先是要让那些该死的人民群众(先是农民,然后是越来越多的城市平民)**回到自己的位置上**。诚然,资产阶级曾经极为需要他们,但这些人却过于坚信"**自己的日子到了**"(怎么来阻止这件事呢?)。

几次大屠杀,热月政变,接着是白色恐怖,最后是救星波拿巴

---

① "法"原文为"Droit",也有"权利""正当"等意思,具体参见第 140 页译注。——译注

② 参见恩格斯为马克思《路易·波拿巴的雾月十八日》第三版写的"序言",《马克思恩格斯文集》第二卷,人民出版社,2009 年,第 468－469 页:"法国是这样一个国家,在那里历史上的阶级斗争,比起其他各国来每一次都达到更加彻底的结局;因而阶级斗争借以进行、阶级斗争的结果借以表现出来的变换不已的政治形式,在那里表现得最为鲜明。法国在中世纪是封建制度的中心,从文艺复兴时代起是统一的等级君主制的典型国家,它在大革命时期粉碎了封建制度,建立了纯粹的资产阶级统治,这种统治所具有的典型性是欧洲任何其他国家所没有的。而正在上升的无产阶级反对占统治地位的资产阶级的斗争,在这里也以其他各国所没有的尖锐形式表现出来。"注意,这里的"典型"原文为"exemplaire"(典型的),也有"榜样的"的意思,下文提到法国资产阶级为人民群众树立了一个"坏榜样"中的"榜样"一词,原文就是这个词的名词形式"exemple"。——译注

③ 这里指英国资产阶级的"光荣革命"。——译注

（那个时代的戴高乐），该死的皇帝，换来了《民法典》和法国资产阶级横扫欧洲的前帝国主义战争：然后事情就搞定了。但付出了多么大的代价呀！

至少是双重的代价。

首先，资产阶级必须付出的代价是波拿巴－拿破仑一世，并因此开启了一个独创的传统，典型的**法国波拿巴主义**传统。这种资产阶级的解决办法虽然令人不快，但为了让平民大众**回到自己的位置上**，这却是深思熟虑后必不可少的办法（先是1798年，然后是1852年，直到1958年，这个传统仍在继续：戴高乐的5月13日）。① 这诚然是个解决办法，但却代价**昂贵**，因为这个解决办法把一个事实暴露在了所有人眼前：资产阶级的政治"自由主义"，为了资产阶级自身的好处，会公开采用非民主或非议会的个人**独裁**形式。一旦其阶级统治受到威胁，它就会安然把1789年议会民主的伟大原则坐在屁股底下，显示自己对它们有多么蔑视。

其次，资产阶级还要付出另一个代价，即它为人民群众提供

---

① 贝当是另一回事。目标相同，但手段不一样。不能混淆波拿巴主义的解决办法和法西斯主义的解决办法。直到目前，戴高乐还没有采取法西斯主义的解决办法，而是采取了波拿巴主义的解决办法，而且是"自由的"波拿巴主义。因为这种戴高乐式的波拿巴主义"解决办法"显示了这样一种特殊性：（像在1945年一样）"重新凝聚"了受到极度威胁的资产阶级本身的**统一性**。法国资产阶级先是在1940年到1945年之间面对纳粹入侵被非常危险地一分为二，然后又在1958年面对阿尔及利亚军事政变时产生分裂。在这两个时刻，戴高乐的历史作用都在于把这些被分裂的部分"重新凝聚"起来，即"重新凝聚"起法国资产阶级的统一性。此外，自1958年以来，他为法国帝国主义提供了一个全民公投的民主国家，而不是各垄断集团所要求的议会民主国家。

了一个"坏榜样",它会传染,或者更糟糕,它会让人起而效仿。因为,在与贵族阶级的反动复辟(路易十八、查理十世)进行的阶级斗争中,资产阶级并没有"唾弃"巴黎的工人和小民,后者与小资产阶级一道,"制造"了1830年的"光荣的三日"①,即又一次的"革命日":人民涌上街头,筑起了街垒,发明了街垒战的艺术②。1848年,资产阶级也没有"唾弃"无产阶级的帮助,后者第一次以无产阶级的身份,通过自己的早期组织,与小资产阶级一道,向奥尔良党人的君主制发动了袭击,并且甚至透过路易·布朗③的出尔反尔和"国家工场"④的欺骗,远远地隐约看见和期望着可以称之为"社会主义"的前景。

每一次资产阶级都不得不听任人民群众的**武装**参与,当然还有小资产阶级的参与,在1848年,则是手工业者、帮工,以及无产

---

① "光荣的三日"(les Trois Glorieuses)指1830年7月27、28、29日巴黎劳动人民发动的起义。这次起义推翻了复辟的波旁君主政权,但被资产阶级篡夺了胜利果实,建立了以将路易·菲利浦为首的新君主政体,即"七月王朝"。——译注

② 街道可以属于人民,1968年五月,人民想起了这一点。他们没有忘记。他们今后也不会忘记。

③ 路易·布朗(Louis Jean Joseph Blanc,1811—1882),法国记者和历史学家,著有《劳动组织》(Organisation du travail),提出建立"国家工厂"设想,并在1848年任临时政府成员期间致力于相关实践。——译注

④ "国家工场"(Ateliers Nationaux),1848年2月法国资产阶级临时政府设立的工场,声称要为失业工人提供工作,但各种苛刻条件激怒了工人,引起骚乱,政府在6月即关闭了工场,并对起义工人进行了镇压,造成5000多人死亡,并有4000多人被流放。——译注

者本身(通过自己早期的阶级组织)的武装参与。每一次资产阶级都不得不听任这样一个悖论性的事实:资产阶级在剧烈的、政治的阶级斗争中,用自己的阶级斗争教育和训练了无产阶级,而总有一天,无产阶级会**为自己**进行这样的斗争。

还有必要提到公社吗?这次关系到的是**帝国**①,它不合时宜的专横,它对外冒险主义兼并政策的灾难性后果,都令资产阶级感到不舒服。同样,这一次,仍然需要(尽管这越来越令人不舒服)人民群众的援助,需要越来越自觉的和有组织的无产阶级(虽然他们在意识形态上有分歧,有普鲁东分子,有布朗基分子,等等)的援助,才能推翻帝国,宣告共和国②的成立。但其中同时也孕育着失败。失败?作为资产阶级国家的意识形态的重要部件,民族主义又怎么样了呢?

然而,法国资产阶级正是在军事上的失败和人民革命的相遇中,发现了自己的十字架(让人想起1917年的俄国!)。巴黎**人民**反普鲁士占领的**民族**抵抗,向人民群众发出摆脱外国武装力量、获得民族解放的号召,既不再是爱国小资产阶级的功绩,显然也不是梯也尔先生的、与普鲁士胜利者相勾结的凡尔赛大资产阶级的功绩,而是一项前所未有的功绩:是**巴黎无产阶级的功绩**,它有史以来第一次选择了爱国抵抗和革命的方向。随之而来的是公社:从反抗占领的人民的民族斗争,向**历史上第一次社会主义革命**的过渡。这次尝试尽管失去理智、出奇出格、难以想象、近乎疯狂,但却是天才的,是前无古人的理论发现和实践创造的源泉,它

---

① 这里的"帝国"(Empire)指法兰西第二帝国。——译注
② 指法兰西第三共和国。——译注

第八章　政治的和工会的意识形态国家机器

以一种不可思议的方式改变了世界工人运动的整个进程。

因为这一次危及的，不再是某个**政府**或**资产阶级国家的某种形式**，而是存在于其种种机器中的资产阶级国家本身。马克思正是从巴黎公社中找到自己以下论点的无可辩驳的**经验性**证明：必须夺取国家政权，打碎国家机器，在一个新的、无产阶级的、配备了新的**无产阶级**国家机器的国家的领导下，实行无产阶级专政。①

我们都知道资产阶级是多么懂得"报答"的：对于1830年巴黎小民的决定性帮助，他们的"报答"是把"光荣的三日"的果实没收给了路易·菲利普②；对于1848年1月无产阶级的决定性帮助，他们的"报答"是1848年6月对无产者的大屠杀，然后又在12月2日通过各种定罪方式（死刑、监禁、大规模流放）继之以镇压。我们都知道资产阶级是怎么回报巴黎公社的爱国抵抗和革命勇气的：在光天化日众目睽睽之下，将成千上万的男男女女杀害于社员墙前，让那些亲眼目睹了这场"令人宽慰的"大屠杀的贵夫人克服了她们"极度的"③恐惧——难以忘记、未曾忘记、至今仍未曾忘记的恐惧。

尽管有这些恐怖事件，但当资产阶级在大体上获得了对贵族阶级的政治胜利，当它感到足够强大，可以容忍，也就是说可

---

①　希望大家重读一下列宁的《国家与革命》。只要一涉及打碎资产阶级国家机器的问题，就会提到公社的例子，它的榜样作用和它在实践上的**政治创造**。

②　参见第249页译注。——译注

③　"极度的"原文为"horrible"，与下文"恐怖（的）"是同一个词。——译注

以控制甚至**消化**工人政党的存在时,它就不能够阻止**工人政党**的组建了(在德国是 19 世纪六七十年代,在法国要晚一点,要到 1880 年左右),因为**从形式上来说**,后者的政治权利允许它这样做。一个工人政党,哪怕是社会主义的工人政党,如果玩弄民主的游戏,就不可能是危险的。以下事实就是证明:虽然德国社会民主党在选举中获得了巨大成功,虽然还有那些真正的、只是稍微小一点的成功,即法国工人党①、工人国际法国支部②的成功,但结果众所周知,这些都在两个神圣联盟中玩完了:一个是社会民主党与德国帝国主义国家缔结的联盟,一个是在饶勒斯被刺之后③,法国社会党与法国帝国主义国家缔结的联盟(盖德④,在战时第一届政府中担任国务部长)。这证明,在列宁之后被称作帝国主义的东西,总是在工人党、甚至马克思主义的工人党最惊人的选举成功之后,仍然拥有**最终的决定权**。

资产阶级非常善于通过自己**政治的**意识形态国家机器来耍手段:不仅是利用恰如其分的选举技巧(它在乡村选票少)在议会中赢得更多议员席位,还尤其包括**分裂工人的力量**。比如法

---

① 原文为"POF",系"法国工人党"(Parti Ouvrière Française)的缩写。——译注

② 原文为"SFIO",系"工人国际法国支部"(Section Française de l'Internationale Ouvrière)的缩写。——译注

③ 1914 年 7 月 31 日,饶勒斯被刺。——译注

④ 朱尔斯·盖德(Jules Guesde,1845—1922),法国工人党创始人之一,1870 年起在《人权报》工作,后因反对普法战争被判刑。1901 年同保罗·拉法格创立法兰西社会党。一战后成为民族主义者。1914 年,在第三共和国政府中任国务部长,后辞职。——译注

国在1914—1918年战后虽然容忍共产党,但却让它与社会党**并立**,**不断**利用社会党去反对共产党。它很懂得这一套,并不像居伊·莫勒先生①有一次大胆地所说的那么蠢(大胆吗？不,是**合谋**：让人以为法国资产阶级很蠢,是在它的实际力量方面又一次欺骗工人的一种方式,从而又一次有利于资产阶级)。

分裂工人政党,**分裂**工人工会组织,双管齐下,这就是资产阶级始终如一的战术。

这无可辩驳地证明了**资产阶级尤其害怕的是**(其重要程度依次递增)：

1. 各工人党之间的政治的统一；
2. 各工人工会之间的工会的统一；
3. 重中之重是这两种统一之间的统一,即**工会的群众行动与工人阶级及其天然盟友的群众的政治行动在一个统一的路线和领导下的融合**。

我们可以把这几个递进的方面(1、2、3)当作绝对的界限和检验标准。这样我们就不得不提出以下论点：

第一件事(各工人党之间的政治的统一)发生时,资产阶级的阶级斗争达到"**警戒状态**"；第二件事(各工人工会之间的工会的统一)发生时,达到"**紧急状态**"；第三件事(工人群众及其盟友的

---

① 居伊·莫勒(Guy Mollet,1905—1975),法国社会党政治家,早年在中学任英语教师,1921年加入社会党,1939年当选为社会党教师工会总书记,1946年到1969年任社会党总书记,1956年到1957年曾任法国总理。——译注

政治斗争和经济斗争的统一)发生时,就要动用"**军事管制法**"了。因为这时候,一步接一步,**直接危及**的是资产阶级国家①本身。

资产阶级虽然可以"容忍"许多事情,包括活跃的共产党,包括总罢工(甚至像1968年5月那样的相对具有政治色彩的总罢工),包括学校青年同时(在一部分学校的意识形态国家机器当中)进行的意识形态造反。但**它在任何情况下都不会容忍对国家本身**(国家政权、作为一个整体的国家机器、还有它们的硬核,即镇压性国家机器)的致命威胁。这种致命的威胁表现为**不可抗拒的人民的力量**,它体现在各工人党的统一,工人工会的统一,即城乡人民**群众的政治斗争和经济斗争的真正融合**中。1968年五月唤起了资产阶级对这种致命威胁的高度警惕,**尽管**它离这种融合还**差着好几里约的距离**②。

资产阶级一点儿也不愚蠢。它所做的一切,都是为了防止这种致命的威胁。它还是个出色的笛卡儿主义者,知道通过"分解困难"来分而治之,也就是说,它耐心、坚韧而聪明地玩弄战略政治:一方面**分裂**工人的政治运动,另一方面**分裂**工会运动,最后切断这两种运动之间的联系。要做到这一点,它只要**依靠**社会民主党、**依靠**进行阶级合作的工会,来**反对**共产党、**反对**进行经济的阶级斗争的工会就够了。历史从经验上无可辩驳地验证了这一点。首先是共产党人,其次是无产阶级及其天然盟友,要从这里吸取教训。这对于向社会主义革命的过渡期,对于社会主义革命本

---

① 注意,"状态"(état)首字母大写就是"国家"(État)——译注
② "里约"(lieue)为法国古代长度单位,"一里约"约等于现在的四公里。——译注

身，都是生死攸关的教训。

五、论工会的意识形态国家机器中的经济的阶级斗争

关于工人党在政治的意识形态国家机器框架内进行的斗争，有一些众所周知的论点，以上就是我对它们的说明。现在是时候专门就工人组织在**工会的**意识形态国家机器框架内的斗争说上几句了。

我之前指出过，既然占据前台的是政治，既然永远是政治的斗争代表了比工会斗争更高的"意识"水平，那么人们即便不会把工会的斗争看作次要的，甚至是几乎可以忽略的，也会倾向于认为它更容易、更不那么重要。

比如，只要查阅近些年来由法国全国学生联合会①几个"革命的"理论家、某些小团体，以及统一社会党②及其宣传喉舌(《新观察家》)——更不用说赛尔日·马勒③一类的意识形态家了——

---

① 原文"UNEF"，系"法国全国学生联合会"(Union nationale des étudiants de France)的缩写。——译注

② 原文"PSU"，系"统一社会党"(Parti Socialiste Unifié)的缩写。——译注

③ 赛尔日·马勒(Serge Mallet, 1927—1973)，法国当代社会学家、记者，参加过抵抗运动，并加入法国共产党，后退出法共，参与创建统一社会党，是《法兰西观察》《新观察家》团队成员之一，著有《新工人阶级》(La nouvelle classe ouvrière, Seuil, 1963)、《工人的权力》(Le pouvoir ouvrier, Éditions Anthropos, 1971)等，在20世纪60年代被认为是重要理论家。——译注

制造出来的"文献"①,就足以从中得到巨大的"启示",认为应该把"量的"要求和"质的"要求区分开来。

第一类即"量的"要求,关系到"保护"雇佣劳动者的"**物质利益**",它契合或构成了工人工会组织(法国劳工总联盟②)**经济的阶级斗争**的主要目标。这类要求被看作是卑俗物质主义的③,(用这些理论家的行话说)缺乏"全球革命的战略""视野"和"前景",因而几乎可以忽略。

相反,第二类"质的"要求则是高贵的,与普遍历史相称,值得这些理论家关心④,使他们有兴趣去制定自己世界革命的"全球战略"。在这个战略中,无产阶级只要待着别动,即待在人们为他们指定的位置上就行。

我之所以要提及这些错误或愚蠢,是因为它们有害,不仅在"知识分子"(年长的大学生或其他知识分子)当中造成危害,还在小资产阶级的其他阶层(管理人员、工程师,甚至进步分子)中造成危害,乃至在工人阶级的某些人中间也造成危害。实际上法国劳工民主联盟⑤的口号本身就常常重提"量的"要求和"质的"要求之间的区分,当然那是**为了**后者的利益,因为这种区分就是

---

① 这里"文献"原文为"littérature",也有"文学""书本知识""官样文章"等意思。——译注

② 即"法国总工会",具体参见第241页译注。——译注

③ 这里"物质主义的"原文为"matérialiste",也译为"唯物主义的""唯物主义者",但这里指"追求物质享受的",所以译为"物质主义的"。——译注

④ 此处"关心"原文为"intérêt",与前文的"利益"和下文中的"兴趣"是同一个词。——译注

⑤ 即"法国民主工会",具体参见第242页译注。——译注

总之，唯有政治高贵，值得去实践，因为只有它是革命的：工会的物质要求则是"卑俗"物质主义的和非革命的。这一切都对，只要不发展到对工人说，要"钱"给自己买冰箱、电视甚至汽车是一种耻辱就行。我们知道，在资产阶级关于"消费社会"的绝妙理论看来，这些东西本身对于阶级斗争来说是"使人异化的"，因为它们会"腐蚀"其占有者的"灵魂"。但反面的例子马上就会跳到眼前：正如大家所知，被赐予这个启示并慷慨地将其分享给我们的一些"理论家"（法国劳工民主联盟、统一社会党，或"知识分子"，包括一些大学生），为了不被那些东西"异化"或"腐蚀"，为了还能继续是无产阶级革命的思想家——如果不是它的"纯粹"领袖的话（他们是无产阶级革命的"思想家"和"领袖"，因为他们**自己**宣布自己是），自己就放弃了冰箱、电视、汽车，更不用说去巴利阿里群岛、希腊或蓝色海岸度假了……①

然而，当我们从这些"理论家"的"世界"视野中跳出来，稍微关注一下工会的斗争，它的独一无二的历史就会显示出一个**至关**②重

---

① 被提供了所有这些消费社会好处的那些知识分子或"大学生"，是通过什么奇迹才躲过了消费社会出于同样的原因会在工人身上引起的"异化"呢？答案是：因为他们本人对自己的异化有"意识"。然而，不是意识决定着存在，而是存在决定着意识（马克思语）。这个真理遭遇了**一个例外**，并且是**唯一**的例外：那就知识分子。他们需要相信，**在他们身上**，并且只有在他们身上，**是意识决定着存在**……（马克思的话参见《〈政治经济学批判〉序言》，《马克思恩格斯全集》第三十一卷，前引，第412页："不是人们的意识决定人们的存在，相反，是人们的社会存在决定人们的意识。"——译注）

② "至关（的）"的原文为"capital"，有"主要的""致命的"等意思。——译注

要的特性。我们已经阐述了迫使资产阶级终究要承认(至少是暂时承认)各工人政党乃至共产党合法存在(当然随时都有可能被禁止)的原因。但同样是这些原因,却在工人的工会斗争领域(它隶属于**工会**的意识形态国家机器)带来了一个完全不同的后果。

从事**经济**的阶级斗争的工人组织,事实上无法像从事**政治**的阶级斗争的工人组织那样,从18和19世纪资产阶级与封建贵族之间漫长的、惊心动魄的阶级斗争事件中获得好处,从而无法从进行政治的阶级斗争的资产阶级模范前辈和榜样中获得教益;也没有因1789年以来就被固定在其大原则①中的资产阶级自由平等的政治权利条款而获得好处。因为资产阶级非但完全不需要工人的**经济的**阶级斗争的帮助,恰恰相反,它有充分的理由害怕这些斗争,因为经济的阶级斗争攻击的是资本主义剥削,所以实际上**直接**攻击了资本主义存在的**物质基础**,即攻击了资产阶级社会和资产阶级政治统治的**物质基础**。因此,面对受它剥削的工人的经济的阶级斗争,资产阶级**绝不会允许**自己有任何政治上的**妥协**,因为它只有通过自己的剥削才能活下去。这完全**合乎逻辑**。

但最近的形势**要求**我们在这里**把不清楚的部分挑明了说**,因为有人正在向市场散布一些虽然很久之前就已经被驳斥、但依然危险的老错误。

必须重新提醒大家注意的,是下面这个根本性的经典论点。

经济剥削是整个资本主义社会形态存在的物质基础(是马克

---

① "大原则"原文为"Grands Principes",指1789年体现在《人权与公民权利宣言》中的原则。——译注

思所说的"下层建筑"或"基础"①)。也就是说,资本主义社会形态存在的物质基础,是经济剥削,**而不是压迫**。马克思、恩格斯和列宁,尤其是在他们反对无政府主义的激烈斗争中,总是小心地**区分**剥削和压迫,即区分受资本主义剥削这一经济生产关系所支配的经济的下层建筑和最终受**资本主义国家镇压性政权**所支配的政治的**上层建筑**。而无政府主义却主张相反的东西——其小资产阶级"先锋"(历史地看来则是落后的)"理论家"一贯如此②。

正是在这里,关于大厦的隐喻(基础或下层建筑,上层建筑或建立在基础之上的高层)会给工人战士以绝对决定性的理论帮助和政治帮助。它甚至还会给许多人提供一个重要而有益的帮助,使他们不是被那几个自命为"革命运动"理论家和领袖的知识分子的权威的意识形态"领导"方法所**吓倒**,而是愿意严肃、科学、冷静、诚实地重新考虑这个问题。

因为下层建筑和上层建筑之间的区分——以及上层建筑、从而**一切**形式的压迫(这些压迫**全都**与国家机器挂钩)归根到底由下层建筑所决定,由对处于生产关系(这种关系就是并且无非就是**资本主义**剥削关系)中的无产阶级和其他工人进行的**物质剥削**所决定这个论点——,最终还原了事情的本来面目。

这是马克思主义的一条**基本**真理。今天重新质疑它的没有别

---

① 关于"下层建筑"和"基础"的译法,参见第56页译注。——译注
② "先锋(的)"一词原文为"d'avant-garde",也译为"前卫的",与括号中的"落后的"(d'arrière-garde)一词相对。——译注

人,在这方面①进行质疑的,只有那些十足的修正主义者。

归根到底起决定作用的,即首要的,事实上是**剥削**,而不是压迫。归根到底起决定作用的,是**资本主义**生产关系(它同时也是资本主义剥削关系)。被决定的,即第二位的,是压迫:也就是国家。国家是压迫的最终中心,**由这个中心辐射出一切形式的压迫**:包括来自镇压性国家机器的镇压,即**直接**(通过警察、军队、法院等等)或**间接**(通过行政部门)的肉体镇压,**以及**来自意识形态国家机器的**一切形式的意识形态奴役**。

正如我们已经试图表明(即便没有证明)的那样,如果上层建筑的实际功能,是通过镇压和意识形态化这两种虽然形式不同但都可以归结为资本主义国家组成部分的体系来保障生产条件的**再生产**,那么,这种再生产就只不过是使**生产**能够继续存在的条件。这也就是说,作为资本主义生产方式得以存在的物质基础,**剥削发生在生产中,且只发生在生产中**,而不是发生在再生产中。

如果国家如恩格斯所说,是社会的"集中表现"②,那也无非

---

① 我说的是:**在这方面**,并且仅限于这方面。因为,比如说,青年群众并没有卷入为数不多的几个"领袖"的错误宣言。尤其是学校青年和工人青年的意识形态造反,从其实质和其规模来说,完全是进步的。这次造反必须根据推动它的客观趋势,通过一国的和国际的阶级斗争来评判,而不是根据几个风云一时的人物高喊的简单错误的提法来评判。对于无产阶级和法国劳工民主联盟中的其他雇佣工人来说,这一点**尤其**适用。

② 参见恩格斯《反杜林论》,《马克思恩格斯文集》第九卷,人民出版社,2009年,第297页:"国家是整个社会的正式代表,是社会在一个有形的组织中的集中表现,但是,说国家是这样的,这仅仅是说,它是当时独自代表整个社会的那个阶级的国家:在古代是占有奴隶的公民的国家,在中世纪是封建

是根据它在**再生产**中的作用才如此,因为我们可以**以这种名义**在那里发现**政治**的阶级斗争的意义。国家是政治的阶级斗争的对象和目标,但政治的阶级斗争从物质上来说并不是以国家的存在为基础的。

它以**不可调和的**各敌对阶级的存在为基础,而其中敌对阶级的存在又以阶级**经济剥削**的物质条件为基础,并被这个条件所决定。一方面是剥削者阶级——他们成为剥削者,是因为他们掌握了生产资料;另一方面是被剥削者阶级——他们成为被剥削者,是因为他们没有任何生产资料,甚至在我们所谓的"消费社会",也只能把自己的劳动力作为普通"商品"来出卖。

本质的不同就在这里,尽管是悖论的,但它把工人阶级的**经济**的阶级斗争与各种形式(或多或少被承认或被容忍的形式)的**政治**的阶级斗争区别了开来。

悖论的是,为了消灭**资本主义剥削**的阶级关系,工人阶级**必须**夺取资产阶级国家政权,摧毁国家机器,等等,因为国家是资本主义生产关系**再生产**的关键。因此,要颠覆剥削的下层建筑,无产阶级及其盟友就必须掌握国家政权并摧毁国家机器①。从无产阶级的**阶级战争**的观点来看,这个命题完全正确:必须在政治上对国家发起进攻,因为是国家保障着这个剥削体系再生产的条件,简言之,是国家使资本主义体系**屹立不倒**,使它永远延续下去。

贵族的国家,在我们的时代是资产阶级的国家。当国家终于真正成为整个社会的代表时,它就使自己成为多余的了。"——译注

① 这里的"机器"原文为"machine"。关于"appareil"与"machine"的区别,参见第 165 页译注。——译注

但随便哪个军人都非常清楚,一个国家的最终军事屏障(某个战略要塞),不会是这个国家①本身,扫清这个最后屏障的战斗也不能总括此前的整个战争。无产阶级和资产阶级之间的阶级战争也同样如此。它**取决于**资产阶级对国家政权的保持和无产阶级对国家政权的夺取。但夺取政权只是一场非常漫长的战斗的顶点:那是一场持续的、每天都要进行的极其艰难的战斗,一种没完没了的、不能放弃的壕堑战,它常常被占据前台的壮观的政治战斗所掩盖。这场暗地里无声进行的没完没了的血淋淋的壕堑战,就是**经济的**阶级斗争。

在这场战争中,资产阶级**原则**上不会放过任何人。从1791年开始,它就抢在前面,通过《谢普雷法》禁止了帮工、手工业者和工人的一切"结社活动"。应该读一读正直的历史学家们笔下从事经济的阶级斗争的工人社团令人瞠目结舌的历史。② 由于被禁止,这些社团首先要以看起来不像社团的方式(互助会、互救会、"通信"会,甚至戒酒会)自己组织起来。他们的实践活动更经常地处在合法性的边缘地带,还没有进入完全非法的范围,就被资产阶级镇压性的法③明确禁止了。这意味着一方面是默默无闻的

---

① 注意,这里两个"国家"的原文都是"pays"(地区、国家、祖国、家乡),与前文的"国家"(État)不是同一个词。这个词作为"国家"来讲,更多地指政治地理上的"地区"。——译注

② 参考让·布律阿(Jean Bruhat),《19世纪初法国工人运动和旧制度的残留》(《Le mouvement ouvrier français au début du XIXe siècle et les survivances de l'Ancien Régime》),《思想》(Pensée)杂志,1968年12月,第142期。

③ 注意,这里的"法"原文为"Droit",与上下文中的"权利"为同一个词,具体参见第140页译注。——译注

英雄气概、不断奉献的精神、坚韧不拔的毅力、丰富的想象力和灵活狡猾,另一方面则是无情的处罚或干脆就是群众性的大屠杀(比如富米尔大屠杀①,只举这一个血淋淋的例子就够了)。

为了认识这种差别的重要性,我们只要注意,工人工会要使自己在意识形态国家机器中真正的合法存在和自己的各种"权利"获得承认,比工人政党获得相应的承认要困难得多得多。它必须通过长时间的英勇斗争,把自己**事实上**的存在强加给资产阶级最厚颜无耻的合法性和镇压,直到 1884 年才获得形式上的承认。但直到 1936 年,它才通过人民阵线被真正承认!直到 1946 年,在抵抗运动之后,工会的权利才被法国的官员们所承认!直到 1968 年 5 月(!),在格勒纳勒,工会支部在有 200 名劳动者以上的企业中的合法存在权利才得到承认。②

既然法就是法,既然其运用就在于**通过规避它的方式**来遵守它,那么,资产阶级没有放弃、也永远都不会放弃**利用自己政权中的一切手段**来反对工会战士,惩罚他们或干脆解雇他们;劳动监察员要么与老板们狼狈为奸,要么被他们的手段完全解除武装;许多老板把用来支付劳资调解委员因他们对"脾气不好"的人(这些人只不过是有点太政治化)"滥用解雇"而判处的罚金算入自己

---

① 富米尔(Fourmies)是法国北部一个市镇,1891 年 5 月 1 日,军队向富米尔罢工者开枪,造成 9 人死亡,至少 35 人受伤,是为富米尔大屠杀。——译注

② 格勒纳勒(Grenelle),巴黎塞纳河左岸的街道名,1968 年 5 月 27 日,政府、工会和资方代表三方在格勒纳勒签署了"格勒纳勒协议",正式将工人的一系列权利制度化。——译注

的普通经费中;——这些还有必要补充吗？此外，资产阶级懂得娴熟地利用他们小心翼翼地维护着的各工会组织之间的**分裂**(法国劳工总联盟、法国劳工民主联盟、联合劳工总联盟、法国天主教工人联盟、法国工人力量劳工总联盟、企业干部总联盟等组织之间的分裂，更不用说西姆卡、雪铁龙这类工厂的"工会之家"了)，这一点还有必要再补充吗？

因此，无须惊讶，以1969年的法国本身为例，成为共产党员**常常更为容易**。也就是说，对于一些战士来说，在兜里揣张自己的证件，时不时**在**企业**外面**举行聚会，通过邮局或以另一种谨慎的形式散发小册子或党支部的报纸，要比成为真正的工会战士容易得多。因为工会的活动(当然是指集体的活动，同时也包括个体的活动)只有大白天在工程师、管理人员和工头们时刻极其警惕的监视下，才能**在**企业**里面**开展。而那些人**在绝大多数情况下**，是雇主进行**剥削**和**压迫**的**直接当事人**，他们有时候表现得粗暴，但有时候也表现得无比灵敏。

163　　我通过这些经验性的说明而提出来的论点很简单，在工人运动中也算是经典论点。列宁和红色工会国际以非常清楚的语言对它进行过界定。这个论点如下。

经济的阶级斗争，虽然**光凭它自己**并不能决定这场对社会主义革命具有决定性作用的战斗，即夺取国家政权的战斗，但它既不是**次要的**斗争，也不是**从属性的**斗争，它是政治的阶级斗争本身的物质基础。没有每天持续不断的顽强的经济斗争，政治的阶级斗争就是不可能的，或是徒然的。只有**深深地植根于**经济的阶级斗争，并且唯有植根在它当中，才会有能够带来胜利的真正的政治的阶级斗争。因为经济的阶级斗争，恕我大胆借用这个有点隐喻的词语，是下层建筑，它**归根到底决定**着政治斗争本身，而又**唯有**政治斗争才能够**领导**这场人民群众的决定性战斗。所以，政治的阶级斗争具有优先性，但如果政治的阶级斗争的基础，即经济的阶级斗争，没有在正确路线的指导下每天坚持不懈地深入进行，这种优先性就仍然只是一句空话。

这个论点显然把那些小资产阶级"理论家"们所谓"质的"斗争对于"量的"斗争的优先性的论点化为了齑粉，同样也把有人因为看得草率还来不及消化所以归之于列宁的论点，即关于任其自便的工人的阶级斗争具有"工联主义""局限"的伪马克思主义论点，化为了齑粉。

因为列宁**绝没有**说过任其自便的工人阶级只能进行**经济的**阶级斗争。列宁的工联主义说的是一种**政治的**斗争，一场由错误的政治路线、一条**改良主义**路线领导的政治斗争。它满足于向资产阶级国家和政府要求一些改革，却从来不质疑资产阶级国家本身的存在。工联主义，就是为了改良主义政治路线即**阶级合作**的政治路线，而利用、出卖工人工会组织的斗争。在这种情况下，工会和党之间也存在着一种密切的关系，比如，要是没有各工会联盟，英国的工党会成什么样子呢？我们甚至得承认，工党的根有一部分就扎在英国一些大的工会联盟中，但我们必须立即补充说，那些伟大的工会领袖——比如贝文①、

---

① 贝文（Ernest Bevin，1881—1951），英国工党和职工大会领袖。最初从事工会运动，1937年任职工大会总委员会主席，参与组织和领导英国1926年大罢工。1940年起先后任劳工大臣和外交大臣，积极推动北大西洋公约组织的建立。——译注

比万①、威尔逊②等——**一旦当权**(即一旦成为帝国主义的亲切陛下的**政府**首脑),很快就会从工会的斗争中"脱根",然后对其进行"遏制",直到公开反对它。只要他们是"政府的社会党人",也就是说,是资产阶级**国家**的仆人,情况就永远会是这样。

因此,把列宁关于"工联主义"的那句话③,理解为是指出了工人运动凭**其自身的力量**所能达到的**最终限度**——仿佛它针对的是工人运动自发的**经济**的阶级斗争——,是完全错误的,因为它针对的是完全不同的东西,它针对的是工人运动自发的**政治的**阶级斗争(工联主义使它掉进了阶级合作的改良主义陷阱)的绝对限度。严格地说,工联主义力图赢得的是"政府",而**从来不是资本主义国家**。结果是,它变成了"资本主义制度的忠实主管"。

---

① 比万(Aneurin Bevan,1897—1960),英国政治家,早年当过矿工,积极的工会活动分子。1929—1960 年为议会工党议员,是工党左派领袖。1945—1951 年任工党政府卫生大臣期间,创建了国民保健署。1940—1945 年任《论坛报》主编。——译注

② 威尔逊(James Harold Wilson,1916—1995),英国政治家,工党领袖,曾分别在 1964 年、1966 年、1974 年 2 月和 1974 年 6 月四次当选英国首相。——译注

③ 列宁对"工联主义"的批评可参考《怎么办?》第三部分"工联主义的政治和社会民主主义的政治"。《列宁选集》第一卷,人民出版社,2012 年,第 339 - 381 页。阿尔都塞这里所说的"那句话"可能是指第 368 页的"工人阶级的工联主义政治也就是工人阶级的**资产阶级政治**"。——译注

六、政治的阶级斗争必须深深植根于经济的阶级斗争

因此,必须恢复事情的真相,因为这个论点现在被一些"先锋理论家"所攻击,或在实践上被某些共产主义者当作是**次要的**,他们还因此对自己在政治斗争中的作用得出了同样**错误**的观念。必须高度**恢复工会斗争的地位**,当它涉及一些大的**工人**(矿工、冶金工人、铁路工人、建筑工人等等)工会联合会时,就具有**直接的经济的阶级斗争**的性质(而比如在各公务员工会中,与经济的阶级斗争的关系就**不是直接的**)。必须恢复事情的真相,必须明白为什么如果没有深深植根于群众的**经济的**阶级斗争,如果没有在经济的阶级斗争中(即在为了"各种具体物质要求"①而进行的斗争中)采取正确的立场和共产主义的行动,就不可能有**共产主义的政治的阶级斗争**。

我们已经阐明了为这个论点辩护的最后原理:整个资本主义制度**归根到底**都建立在对工人阶级和其他非工人雇佣劳动者的直接经济剥削的基础上。无论是城市还是乡村,反对资本主义的斗争都不可避免地要通过对直接**剥削**的直接斗争来进行。这种斗争同时(但是次要地)也通过对非直接形式的剥削②的斗争来

---

① "各种具体物质要求"原文为"revendications",这个词本意为"要求收回""追还",又译为"请愿""要求",这里指工人或工会在与政治的阶级斗争相对的经济的阶级斗争中提出的"各种具体物质要求"。——译注

② 比如对"非无产阶级的雇佣劳动者"、职员、不同国家机器中的公务员等的剥削。

进行。

然而,这种斗争是由本质上不同于共产党的**各群众组织**来领导的(说不同,是从它们的地位、它们的运行规则即最广泛的工会民主,以及它们的实践来说的),因为它**能够**被领导为一场群众的斗争。它确实与**群众**有关,因为剥削**无一例外**地涉及所有的工人和劳动者,剥削是他们日常生活的一部分,他们每天都在直接经受剥削。因此,通过为了物质要求①而进行的斗争,人们可以把**群众**团结到反对资本主义体系的客观行动上来。群众:不仅仅是指无产阶级的先锋队,不仅仅是指无产阶级,还指城市与乡村中的非无产阶级的雇佣劳动者、贫农、正在无产阶级化的小农,还有所有**资本主义剥削的客观受害者**,包括意识形态国家机器中的许多公务员(比如教师),甚至某些镇压性国家机器中的公务员(比如从事行政管理的某些类型的公务员)。

如果创造历史的是群众,如果群众**只有**通过**政治的**阶级斗争,且**只有**在无产阶级先锋队政治组织的**领导**下,才能把历史引向社会主义革命的胜利,那么毫无疑问,当群众行动起来时,就只有当他们早就已经在正确路线的指导下,为各种**具体物质要求**进行了长期艰苦、英勇、坚韧、默默无闻的**工会**斗争,从而在反对资本主义制度的**经济剥削**的斗争中被动员并团结了起来,才会接受党在政治上的领导。

这是一个可靠的信号。如果共产党作为党在企业中消失了,那就证明它没有采取与其自身的政治功能相应的、与其自身在工会方面的功能相应的正确的路线和行动。如果在企业中,党的支

---

① 这里的"物质要求"原文为"revendications matérielles"。——译注

部"**躲**"在工会后面——更不必说完全**消失**——,让(无论如何都无法承担这种功能的)工会去为"占据党的位置"而操心;如果党只满足于"**支持工人的斗争**"(即工会的斗争),而不是去**领导**这些斗争,把它当是自己的职责;一句话,如果在全国范围内党在非选举实践中发现自己在组织经济的阶级斗争的行动和主动性方面**客观地退缩**了;如果发生上述任何情况,都是"有什么方面出了问题"的信号。

因为党必须**走在群众的前面**,倒不是像我前文提到过的那些著名的"革命的""先锋理论家"所希望的那样,(要求只存在于他们想象中的"组织")比群众多走十里约或一千里约,而是像列宁的提法那样:**多走一步,并且仅仅多走一步**。对于全国范围来说是这样,就**更不用说在每个企业范围内**了。这就意味着要有一个与企业中的工会部分相对应的关于共产主义政治的正确定义和实践。为了与企业里的群众联系起来,共产主义者必须关心工会的各种要求和问题,**直至细节**,但又不越俎代庖,而是去做他们自己的本职工作,即作**政治上的**解释、宣传、鼓动和组织工作。这必须以一个绝对条件为基础,那就是党要**存在于企业中**,真正在企业中(通过其自身的主动精神和支部的报刊等)**作为名副其实的党**出现,它要在那里通过正确的路线,通过自己对于(在工会中被组织起来的)群众应当采取的立场——**比群众向前多走一步,因而比工会组织向前多走一步**——而被所有人知晓,并得到所有人赞赏。

因为这种在政治上的革命的**融合**(为了回到我们就群众的经济的阶级斗争和群众的政治的阶级斗争之间的统一所谈过的东西,简言之,为了再一次讨论这种**融合**,即因在客观上对资本主义体系的存在造成了致命威胁而被视作致命危险物的融合),如果不预先提前很久就**在企业内部**得到锻造,就永远不会以保障其胜利的形式完成。而这种融合的物质基础,就是政治的阶级斗争植根于经济的阶级斗争。我要再重复一遍,经济的阶级斗争**归根到底起决定作用**。用更具体的话来说就是:**共产主义者即企业中支部成员的行动**,**要植根于企业中工会成员争取具体物质条件的行动**。

这是与工会相对应的共产主义政治实践的根本原则。

那些在法国被联合劳工总联盟和莫里斯·多列士的列宁主义培养出来的老战士没有忘记这一点,他们知道这一点。他们不得不把这一点教给许多正在或将要投身于法国劳工总联盟、投身于党的青年战士。而且这不是他们**个人**的事情,这实际上是党必须全部自己承担、负起全责,必须最终完成的**头号政治教育任务**。我非常清楚,我们都非常清楚,完成这项任务并不容易,尤其是在目前的形势下:资产阶级和小资产阶级的意识形态(由于它是、并将继续是占统治地位的意识形态,所以总会影响到工人阶级),不断使工人运动呈现出两种偏向,一方面是**经济主义**偏向,另一方面是"**革命主义的**"(要么是无政府工团主义的,要么是无政府主义的)政治过头偏向;尤其是在目前的形势下:帝国主义的垂危也使得在法国本国培养**反帝国主义斗争的战士**成为首要任务①;并

---

① 这种培养,不仅是通过一些正确的口号如"越南人民必胜!""巴勒斯坦抵抗运动必胜!"等等进行,还通过一些实际的斗争进行:这让我们想起码头工人拒绝为印度支那远征部队装载战争物资,想起这个时代工人阶级采取的各种行动,想起亨利·马丁,等等。[亨利·马丁(Henri Martin,1927—2015),法国共产党员,1950 年因鼓动军队反对法国在印度支那的殖民战争而被捕入狱,1953 年被释。——译注]

且尤其是在国际共产主义运动的分裂及作为其后果的无产阶级国际主义的衰退这种特别微妙的条件下①。尽管如此，这项教育任务在任何情况下都是必须完成的头号政治教育任务。

政治的阶级斗争尽可能深地植根于经济的阶级斗争，植根于群众为了物质要求而进行的工会斗争，这就是**革命斗争的金子般的准则**。

工人运动在国际工人阶级为之牺牲了许多无名战士的斗争中，通过自己与马克思主义理论的融合，才学到了这条金子般的准则。正是由于遵守了这条金子般的准则，工人运动才在历史上取得了自己的伟大胜利（1917 年的俄国革命，1949 年的中国革命）。正是由于忘记或轻视了这条金子般的准则，才导致了它在历史上的巨大失败（比如 1914 年前后德国社会民主党的失败、20 世纪 20 年代中欧革命的失败等等）。②

实际上很显然，忽略了这条金子般的准则，人民群众确实也能利用这样或那样的危机形势自己"行动起来"，甚至发起一次非常强有力的运动，乃至在出现"革命的"局势时，能够夺取国家政权。但尽管如此，如果党出于偶然或出于其他原因，没有通过将政治的阶级斗争植根于经济的阶级斗争的长期实践而与同一群众**密切联系起来**，那么，人民群众的运动就要么不能成功夺取政

---

① 在这方面，就我们已经谈到的来说，很清楚，我们必须客观地考虑到由这种分裂在两方面带来的现实"阻碍"及其后果，并且必须在这些后果自身的范围内，不**过高估计**所谓的分裂（那将是一个严重的政治错误，直接有利于帝国主义），为了**真正地**与帝国主义作斗争，从而**为了**世界革命，行动起来。

② 显然还有**其他**的原因导致了这些失败，我姑且撇开那些原因不谈。

权,要么哪怕它由于好运而成功地夺取了国家政权,也要面临**没有能力保持政权**的危险。

事实上必须进行到这一步,才能给"创造历史的是群众"这个马克思主义和列宁主义的论点赋予具体的内容。既然我们所关心的历史是革命史,那么群众就必须被动员和领导,走向真正的革命目标。只有作为无产阶级先锋队的党才能做到这一点。

但党,只有当它**密切联系群众**,与群众打成一片,才能担负起这种领导作用(这意味着要向群众进行解释,对他们进行动员和组织)。但只有把政治的阶级斗争深深地、**不可逆转地植根于经济的阶级斗争即"工会的具体物质要求"中**,这种联系才能得到保障。

当有些人把工会斗争看作是次要的甚至是可以忽略的,而另一些人想把工会斗争变成纯粹的政治斗争时,这个经典论点,如实恢复了工会斗争本身的真实地位:它归根到底起决定作用。希望我这里提到的那些意志坚定的战士(在未加必要区分地被称之为"左派分子"①的人当中,尤其在大学生、中学生和青年脑力劳动者中当,他们为数众多),能好好思考一下这个经典论点的**内容**,好好思考一下这个事实:这个经典论点作为一个**结果**,经过了工人运动一个世纪以来在全球范围内进行的阶级斗争的考验,这个结果,是成千上万无名工人战士流了**无数**鲜血,用忠诚和牺牲换来的。这些工人战士当初在战斗中只是坚守了自己位置,但正因为有了这些前辈们(他们有的已经不在了,有的幸存了下来)有时是悲剧性的牺牲,此后年轻一代所面临的战斗才远没有那么严

---

① "左派分子"原文为"«gauchistes»",这个词在法国共产党圈子里是一个带有负面色彩的词,当时用来泛指形形色色的激进左派分子。——译注

酷、危险和棘手。

七、镇压性国家机器是单数的，意识形态国家机器是复数的

我们还是暂时回到我们关于镇压性国家机器和意识形态国家机器之间有区别的论点上来吧。

实际上，在镇压性国家机器和意识形态国家机器之间存在着（与镇压和意识形态化之间的差别不同的）另一种差别。那就是，镇压性国家机器是**单数**的，而意识形态国家机器是**复数**的。这种差别很重要。

我们明确指出其性质是镇压性的那种国家机器，实际上表现为一个**有机的整体**，更准确地说，表现为一个**集中化的实体**①，它**自觉地直接受一个单一的中心领导**。我要提醒大家注意，这种镇压性机器——当我们谈到法的肉体（或其他）形式的惩罚时，曾从它那里抽出了一个"专门化的部分"——包含了一种集中化的有机配置。这种配置在法国尤其明显，因为法国的国家元首已经放弃了"虚君共和"②，这样一来，在最顶头的是**国家的真**

---

① 这里的"实体"原文为"corps"，本义是"身体""躯体"。——译注

② 原文为"inaugurer les chrysanthèmes"，直译过来是"为菊花举行典礼"，它由"举行典礼""献上菊花"两个短语合成。因为法国总统经常要去参加典礼，一般典礼会有菊花，而菊花不容易凋谢，时间久了，看上去似乎就成了为菊花举行典礼。戴高乐在1965年9月9日的记者招待会上第一次使用了这个词，讽刺以前的总统只会参加一些仪式性的活动。相反，1958年第五共和国《宪法》之后，总统的权力得到了加强。——译注

正元首,政府①(包括当前的议会团②:必须保留"议会"制度的外表,因为1789年以来"民主主义者"就一心想要它)直接听命于他,而行政部门、军队、警察、(表面上独立的)法官、法院、监狱等又听命于他和政府。

当然,这些不同的"实体"(它们只是一些**成员**)之间在镇压方面存在着劳动分工,它们在镇压的实施方面也有着不同的、甚至极为不同的形式。一个中央行政部门的公务员,哪怕他是收税官,也不会动用和警察同样的"方法";一个海关职员,也不会动用和军人同样的方法。如此等等。

但事实上,所有这些成员都属于**同一个**由镇压的执行者组成的**实体**,而镇压的执行者听命于国家政权的掌握者,后者是统治阶级(在当前的法国,是法国帝国主义的资产阶级)的政治代表,他们在实行**自己的阶级政治**。正因为如此,我们才可以说镇压性国家机器构成了一个有机的整体,因为它们在一个单一的领导下,即在掌握了政权的阶级的政治代表的领导下,被组织和统一了起来。

意识形态国家机器是另一回事。它们是复数的,并且具有一种相对独立的物质存在。

---

① 政府**实际上**属于镇压性国家机器,尽管在**议会民主制**中,它由于是由议会"选出来"的,形式上又属于政治的意识形态国家机器。但是这种"形式的"外表只能欺骗那些认为"选出来"的政府**高于**国家政权和国家机器的"议会迷"。

② "议会团"原文"comédie du Parlement"(直译为"议会剧团"),是对"议会"的讽刺性说法。——译注

第八章 政治的和工会的意识形态国家机器

尽管教会保留了一些学校,尽管它在公共学校里有自己的布道牧师,尽管它在国家教育中有自己的意识形态代表,但是在1969年,教会作为一种意识形态国家机器,再也不能与学校混为一谈了。这是以和教会结盟的土地贵族为一方,以从法国革命中诞生的、和小资产阶级结盟的资本主义资产阶级为另一方,在整个19世纪所进行的顽强的阶级斗争的结果。赢得这个结果的代价是昂贵的,但从此以后,这个结果就铭刻进了一些事实中。

同样,尽管教会有自己的出版物,有自己的"演出"(弥撒、迎神、进香等等),并且在其他机器中有自己的意识形态代表,但也不能把教会等同于出版机器、文化机器(各种演出)和信息机器等意识形态国家机器。

同样,对于一切意识形态国家机器,包括政治机器,都可以这么说。尽管它们之间不可避免地会相互影响,但它们在客观上是彼此各异、相对独立的,没有在一个有意识的单一领导下形成一个有组织的集中化的实体。比如说,在法国就再也没有了宗教部长①。再比如,尽管戴高乐"位高权重"②,尽管他和马蒂阁下③情

---

① "宗教部长"原文为"Ministre des Cultes"("宗教部长"或"宗教大臣"),1905年之后,法国实行"政教分离"政策,此后政府部门不再设这种"部长",宗教事务由内政部长负责。——译注

② "位高权重"原文为"«hauteur»",这个词既可以指"个子高",也可以指"地位高",阿尔都塞在这里加上双引号,是为了玩了一个文字游戏,指戴高乐既"个子高"又"位高权重"。——译注

③ 弗朗索瓦·马蒂(François Marty, 1904—1994),法国天主教教徒,1968年3月成为巴黎大主教。1970年戴高乐去世后,他在巴黎圣母院为死者举行弥撒。——译注

投意合,他也不能像指挥埃德加·富尔①的意识形态国家机器、指挥信息的意识形态国家机器(多麦颂先生②以"完全的独立性和客观性"主持了信息机器中最高效的部分,即法国广播电视台)那样,去指挥马蒂阁下的意识形态国家机器。

如果这些意识形态国家机器是相互分开、相对自主、多少有点弹性、多少与国家切断了直接联系的(甚至就算它们有直接联系,比如学校和无线广播电台,它们至少在一定的时期内也同样是有弹性的,在有些时候它们甚至会"发出"非常"尖锐的摩擦声"),如果是这样,那么是什么把它们构成为意识形态国家机器的呢?首先,是**在它们当中得到实现的意识形态**。这种意识形态,作为占统治地位的意识形态,**是统治阶级**即掌握了**国家政权**并强制性地直接指挥镇压性国家机器的**那个阶级的意识形态**。

正是在这里,为了重新发现并理解它们的重要性,必须回到马克思和列宁就国家和统治阶级的意识形态所提出的那些论点上来。

简而言之,马克思和列宁的理论认为:

1. 国家是统治阶级的统治的"集中表现"③和"机器"④,用专

---

① 埃德加·富尔(Edgar Faure,1908—1988),法国政治家,第五共和国出名的戴高乐派,曾于1952年和1955年两度出任法国政府总理,1968年五月运动后,被戴高乐任命为教育部长。——译注

② 让·多麦颂(Jean d'Ormesson,1925—2017),法国著名作家,法兰西学院院士,毕业于高等师范学校,曾于1950年出任联合国教科文组织哲学与人文国际理事会秘书长,1964年被任命执掌法国国家广播电视台。——译注

③ 参见第260页译注。——译注

④ 这里的"机器"原文为"machine"。关于"appareil"与"machine"的区别,详见第165页译注。——译注

有术语来说,这意味着**一切上层建筑作为阶级的上层建筑,都是中心化的,即以国家为中心**。因此,这个论点可以让我们修正那些虽然有用但又带有过多"地形学"色彩的区分。我们前不久还强调过这些区分,特别是法律—政治的上层建筑与意识形态的上层建筑之间的区分。这个区分仍然是正确的,但有一个条件,就是今后要明确,这个区分在且**只有在一个绝对起决定作用的统一体**(unité)**的统治之下,即在国家的统治之下,在国家政权及其镇压性机器和意识形态机器的统治之下才存在**。

2. 作为结果,占统治地位的意识形态,即统治阶级的意识形态——尽管它内部很多样,尽管它所寄身于其中的机器千差万别——,本身也以掌握着国家政权的统治阶级的意识形态的形式,即以一种**意识形态的统一**的形式而得到集合和集中。尽管内部有一些矛盾,但这个意识形态的统一,可以并且必须被称之为**统治阶级的国家的意识形态**。因此,不同的意识形态国家机器之所以得到统一,在于它们在各自的领域中以自己特有的方式实现了同一种意识形态。这种意识形态(尽管有内部的差异甚至内部的矛盾)就是**国家的意识形态**。

定义:所以国家,在国家政权下面,一方面是镇压性国家机器,另一方面是意识形态国家机器。国家机器①和意识形态国家机器的统一是由国家政权掌握者的阶级政治来保障的。在阶级斗争中,这种阶级政治直接地通过镇压性国家机器起作用,间接地通过国家的意识形态在意识形态国家机器中的实现起作用。

什么是国家的意识形态呢?我们将在本书第二卷中对它进

---

① 根据上下文,这里的"国家机器"之前省略了"镇压性"一词。——译注

行更详细的讨论。目前只要知道下面一点就够了：掌握了国家政权的阶级要进行统治，就要"使"被剥削者以及进行剥削和压迫的当事人、甚至从事意识形态化工作的当事人"运转起来"①，以保障生产关系的再生产；而这需要一些基本的"价值"，国家的意识形态就是在一个**总括**了那些基本"价值"的体系中，集合了一些从不同的意识形态"领域"（宗教的、法律的、道德的、政治的等领域）借来的重要主题。就资产阶级国家来说，国家的意识形态集合的基本主题有下面这些：

1. 民族主义：关于法兰西，关于法兰西的世界地位，关于法兰西的使命和伟大的主题。因为法兰西是"教会的长女"②。

2. 自由主义：首先是关于企业的自由的主题，还有关于自由一般③的主题，关于在世界上保护自由的主题，自由世界的主题，等等。

3. 经济主义：关于利益的主题，不仅是民族利益（见前文）④，还有通过科学、技术和民族经济的"总体进步"，保护所有人和每一个人……的利益的主题。见附属部分："关于劳动的

---

① "使……运转起来"原文为"« faire marcher »"，这个词也有"让……上当"的意思。——译注

② 公元496年，法兰克国王克洛维（Clovis，约466—511）由圣雷米施洗加入罗马天主教，法兰克由此成为西欧第一个皈依罗马教会的王国，所以被称为"罗马教会的长女"。人们因此有时用"教会的长女"（Fils aîné de l'Église）来指代法国。——译注

③ "自由一般"（la Liberté en général）这个提法是阿尔都塞仿照马克思的"生产一般"而提出来的，本文中还有"意识形态一般""哲学一般"等提法，也是如此。——译注

④ 参见第242-243页相关论述。——译注

意识形态"①。

4. **人文主义**②:这是经济利益主题的必然对位,它对民族主义、法兰西的使命和人的自由等进行了综合。

每种意识形态国家机器都以自己的方式"效劳于"上述所有或部分主题,包括它们的组成部分和它们的各种回声。

---

① [这个计划好的附属部分没有出现在手稿当中。]
② "人文主义"原文为"Humanisme",在不同的语境中,也译为"人道主义"(如对马克思主义的"人道主义解释",以及阿尔都塞提出的"理论的反人道主义")。——译注

第九章

论生产关系的再生产

De la reproduction des rapports de production

只有到这里,只有到现在,我们才终于可以来回答那个让我费了很长篇幅却仍然悬而未决的核心问题:**生产关系的再生产是如何得到保障的**?

如果用地形学的语言(下层建筑和上层建筑),我们可以说:**生产关系的再生产是通过上层建筑来保障的**,通过法律—政治的上层建筑和意识形态的上层建筑来保障的。

但是,既然我们此前认为必须超越这种依然是描述性的语言,我们可以说:**生产关系的再生产是通过国家政权在国家机器——一方面是镇压性国家机器,另一方面是意识形态国家机器——中的运用来保障的**。

我们要把前面所说的一切都考虑进来,并把它们归纳为以下三个特征:

1. 所有国家机器都既通过镇压也通过意识形态发挥功能。区别在于镇压性国家机器大量并首要地通过镇压发挥功能,而意识形态国家机器大量并首要地通过意识形态发挥功能——在这两种情况中,都必然包含各种各样的细微差别。

2. 镇压性国家机器构成了一个有组织的整体,它的不同组成部分通过一个指挥上的统一而集中在一起,这个统一就是由掌握国家政权的统治阶级的政治代表来实施的阶级斗争的政治;而意识形态国家机器是多样的、彼此各异的、相对自主的,并且能够给各种矛盾的展开提供一个客观的场域,这些矛盾以有限的但有时候又极端的形式表现了资本家的阶级斗争和无产阶级的阶级斗争之间冲突的后果,以及这些斗争的次要形式(例如19世纪中前期资产阶级与土地贵族之间的斗争,例如大资产阶级与小资产阶级之间的斗争,等等)。

3. 镇压性国家机器的统一是通过统一的、集中化的组织来保障的,这个组织由掌握政权的各阶级中实行着这些阶级的阶级斗争政治的代表们领导着;而各种不同的意识形态国家机器的统一是通过占统治地位的意识形态(即统治阶级的意识形态)来保障的——为了说明这种意识形态的后果,我们必须称之为**国家的意识形态**。

一、论生产关系再生产中的某种"劳动分工" ①

如果同意把这些特征考虑进来,我们就能根据某种"劳动分工",以如下方式来表述生产关系的再生产。

镇压性国家机器的作用,就其作为镇压机器来说,本质在于用(肉体的或非肉体的)**武力**来保障生产关系再生产的政治条件。国家机器不仅在很大程度上致力于**自身的再生产**②,而且同时**特别**要通过镇压(从最野蛮的肉体施暴,到纯粹的行政命令和禁令,直到公开和隐蔽的审查制度,等等)来保障意识形态国家机器运

---

① 关于"劳动分工"一词的译法,详见第87页译注。——译注

② 和从前存在一些世袭的君主家族完全一样,在资本主义国家也存在着一些政客家族、军人家族。比如以传统方式招募海军军官,就和古代从贵族阶层中选拔外交团体完全一样。

行的一般政治条件。

实际上,作为理所当然的结论,正是意识形态国家机器,在镇压性国家机器为它们提供的"盾牌"后面,保障了生产关系的再生产本身。也正是在这里,国家的意识形态(即掌握国家政权的统治阶级的意识形态)得以大量地发挥作用。正是通过占统治地位的意识形态即国家的意识形态这个中介,镇压性国家机器与意识形态国家机器之间,以及不同的意识形态国家机器之间(时有摩擦)的"和谐"才得到了保障。

因此,我们恰恰必须在各种意识形态国家机器**唯一的**(因为是**共同的**)作用——即生产关系再生产的作用——中,根据意识形态国家机器的多样性,来考虑接下来的假设。

事实上,我们已经列举了相当多的、存在于当代资本主义社会形态中的意识形态国家机器:宗教机器、学校机器、家庭机器、政治机器、工会机器、信息机器、"文化"(包括体育)机器等等。

然而,在"农奴制的"(通常称为封建的)生产方式的社会形态中,我们可以看到,尽管存在着单一的镇压性国家机器,而且它从已知最早的古代国家起(更不要说绝对君主制了),就已经与我们今天熟悉的形式**非常**相似,但在那里,意识形态国家机器的数量却要少得多,而且它们的特性也与现在不同。

例如,我们看到,以前教会(宗教的意识形态国家机器)兼具了许多功能,这些功能今天已经转交给了若干**不同的**意识形态国家机器,这些意识形态国家机器与我们刚才提到的过去相比是全新的。曾经与教会并列的还有**家庭的**意识形态国家机器,它扮演的角色与它在资本主义社会形态中所扮演的角色又是不可同日而语的。不管表面现象如何，教会和家庭并不是当时仅有的意识形态国家机器。还有一种**政治**的意识形态国家机器（三级会议、最高法院、作为现代政党前身的不同政治派别和政治同盟，以及由自由的公社和随后的市政机关构成的整个政治系统）。如果我们能冒昧地使用一个与当时时代不符的说法的话，那么还有一种强大的"**前工会**"的意识形态国家机器（强大的商会和银行行会以及帮工协会等等）。出版和信息本身也获得了无可争议的发展，演出①也一样，它们起初是作为教会的组成部分，随后从它那里越来越独立了出来。

二、存在着一个占统治地位的意识形态国家机器。在今天，它就是学校

在我们极其概括地考察的前资本主义历史时期，最清楚不过的是，**存在着一个占统治地位的意识形态**国家机器——教会，它不仅把宗教的功能，而且还把学校的功能，以及大部分信息、"文化"和出版的功能集于一身②。从16世纪到18世纪，从宗教改革的最初动荡开始，全部的意识形态斗争，之所以都集中于反教权和反宗教的斗争，恰恰取决于**宗教**的意识形态国家机器所占据的**绝对统治**地位。

法国大革命首要的目标和结果，不仅在于把国家政权从封

---

① "演出"原文为"spectacles"，详见第175页译注。——译注

② 另外，我们可以说，因为教会曾是封建剥削的直接相关方，它拥有巨额的"教会财产"，因此它也是一股强大的**经济势力**。

建贵族手中转移到商业资本主义的资产阶级手中,打碎了一部分以前的镇压性国家机器,代之以新的镇压性国家机器(如国民卫队),而且在于打击了头号的意识形态国家机器——教会。因此才出现了世俗的教士机构,没收了教会财产,创造了新的意识形态国家机器来取代宗教的意识形态国家机器**占统治地位的作用**。

当然,这些事都不是自动发生的:政教协议、王朝复辟,以及贵族与工业资产阶级在整个 19 世纪进行的长期的阶级斗争,就是证明。这场斗争是为了确立资产阶级对以往由教会履行的各种功能的领导权。资产阶级在大革命最初几年就建立了新的(即议会**民主的**)**政治的**意识形态国家机器,后来又经过长期激烈的斗争,在 1848 年的几个月和第二帝国垮台后的数十年重建了它。可以说,资产阶级正是依靠这架新机器展开了反对教会的斗争,并剥夺了它的意识形态功能:简言之,不仅保障了自己的政治领导权,而且保障了**资本主义生产关系再生产所必需的**意识形态领导权。

正因为如此,我们自信有理由提出以下的论点(冒着它将带来的一切风险)。我们认为,经过同旧的、占统治地位的意识形态国家机器进行了激烈的政治的和意识形态的阶级斗争之后,在成熟的资本主义社会形态中建立起来的**占统治地位**的意识形态国家机器,是**学校**的意识形态机器。

这个论点可能看起来是悖论性的,因为在大家看来,也就是说,在资产阶级想要给自己和被剥削阶级提供的意识形态表述中,资本主义社会形态中占统治地位的意识形态国家机器**似乎**的确不是学校,而是**政治的**意识形态国家机器,即与普选和党派斗争相匹配的议会民主政体。

然而,历史(甚至是最近的历史)表明,资产阶级曾经并且现在仍然完全有能力适应不同于议会民主制的政治的意识形态国家机器的各种形式:单就法国来说,就有过第一和第二帝国、宪章君主制(路易十八和查理十世)、议会君主制(路易·菲利普)和总统民主制(戴高乐)。在英国,事情就更为明显。从资产阶级观点看,那里的革命尤其"成功",因为不像在法国,资产阶级(部分地由于小贵族的愚蠢)不得不听任农民和平民在"革命日"把自己拥上权力的宝座,并不得不为此付出了高昂的代价;而英国资产阶级则能够与贵族"妥协",并能长期与之"分享"国家政权以及国家机器(**统治阶级**中所有心怀善念的人们共享太平!)。而在德国,事情更令人吃惊。因为那里的帝国主义资产阶级在委身于那种非常"民族"、非常"社会主义"但……很少"民主的"政治机器即纳粹主义之前,是躲在由帝国的容克(以俾斯麦为代表)及其军队、警察提供庇护和领袖人物的**政治的**意识形态国家机器背后,支离破碎地进入到历史里来的。

因此我们认为有充分的理由认为,资产阶级自己进行着政治斗争,并把政治斗争的折磨强加给人民群众,但在这些政治斗争的"舞台"背后,资产阶级建立起来的头号的、**占统治地位的意识形态国家机器,是学校机器**,它实际上已经在功能上取代了先前占统治地位的意识形态国家机器,即教会。我们甚至可以补充说:学校—家庭这个对子已经取代了教会—家庭这个对子。

为什么说学校机器实际上是资本主义社会形态中占统治地

位的意识形态国家机器呢？它又是怎样发挥功能的呢？我们将在最近一部著作中阐明这些问题。① 目前只说以下几点就够了：

1. **所有的**意识形态国家机器，无论它们是哪一种，都服务于同样的结果：生产关系的再生产，即资本主义**剥削**关系的再生产。

2. 每一种意识形态国家机器都以其特有的方式服务于这个唯一的结果。政治机器的方式是，使个人臣服于国家的政治意识形态，臣服于间接的（议会制的）或直接的（全民公投的或法西斯主义的）"民主的"意识形态。信息机器的方式，则是利用出版物、广播和电视，每天用一定剂量向每个"公民"灌输民族主义、沙文主义、自由主义和道德主义等等。文化机器等等也是一样的（在沙文主义中，体育的作用占首位）。宗教机器的方式，则是在布道和其他有关出生、结婚和死亡的重大典礼中提醒人们：人只是尘土，除非他懂得爱他的同类，爱到有人打他的右脸，连左脸也转过来由他打②。学校机器的方式，我们马上会详细讨论。家庭机器等等也就没有必要再说下去了。

3. 这台音乐会由一个唯一的总谱统治着，但在其中人们能听

---

① 《学校》（*Écoles*），将于1969年秋出版（马斯佩罗出版社）〔原编者按：实际上，这个计划没有实现。参见书前艾蒂安·巴利巴尔的"法文版序"〕（参见第6页及该页注释，另参见第110页及该页注释。——译注）。但是从现在开始，我们要注意使资本主义教育系统和封建教会区别开来的那个巨大差别：与封建教会相反，资本主义教育系统不是一种"经济势力"，也不参与资本主义剥削。然而，对于某些科学研究部门，我们却不能说同样的话，哪怕进行了必要的细微修正。

② 语出《新约·马太福音》5：39："只是我告诉你们：不要与恶人作对。有人打你的右脸，连左脸也转过来由他打……"——译注

到一些"走调的音符"(无产者及其组织的极不和谐的音符,对立的或同时也是革命的小资产阶级的音符,等等)。这个总谱就是现行统治阶级的意识形态,即国家的意识形态,它把——在基督教之前就创造了希腊奇迹、以后又创造了不朽之城罗马的荣耀的——伟大先辈的那些人文主义①的伟大主题,以及特殊利益和普遍利益等等主题,理所当然地统统融合到它的音乐当中。民族主义、道德主义和经济主义。贝当曾说得更厚颜无耻:劳动、家庭、祖国②。

4. 不过,在这台音乐会上,有一种意识形态国家机器确确实实地起着占统治地位的作用,尽管没有人,或几乎没有人留意它的声音:它是如此沉默!这就是学校。

从幼儿园开始,学校接纳了各个社会阶级的儿童,并且从幼儿园开始,**在以后的若干年里**(这是儿童在家庭国家机器和学校国家机器的双重挤压下最"脆弱的"几年),使用各种或新或旧的方法,反复向他们灌输一些用占统治地位的意识形态**包裹着的**"本领"(法文、算术、自然史、科学、文学),或者干脆就是**纯粹的占统治地位的意识形态**(伦理、公民教育和哲学)。到大约16岁左右,大批孩子就掉"到生产中去",成为工人和小农。另一部分可培养的年轻人继续学业,好歹多学几年,直到中途落伍,充当中

---

① "人文主义"原文为"Humanisme",也译为"人道主义"。详见第278—279页相关论述。——译注

② 1940年法国战败后,贝当建立了与纳粹德国合作的维希政府,制定了新宪法,新宪法用"法兰西国家"代替了"法兰西共和国",用"劳动、家庭、祖国"代替了自1789年继承下来的"自由、平等、博爱"。——译注

小管理人员、雇佣劳动者、中小行政人员以及形形色色的小资产者。最后一部分达到顶点，或者成为不完全就业（或半失业）的知识分子，或者充当剥削的当事人和镇压的当事人，职业的意识形态家（各式各样的僧侣，可以确信其中大多数都是"俗人"），以及科学实践的当事人。

沿途掉队的每一批人，撇开或多或少的失误或失败不说，实际上**大致**都被提供了与他们在阶级社会必须充当的角色相适应的意识形态：被剥削者的角色需要"高度发达的""职业的""道德的""公民的""民族的"和非政治的意识；剥削的当事人的角色需要一种向工人发号施令和对他们讲话的能力；镇压的当事人的角色需要有发号施令和强迫人们"无条件"服从的能力，或是玩弄政治领袖的修辞术进行煽动的能力；而职业的意识形态家的角色则需要一种带着尊重（即带着恰如其分的轻蔑、敲诈和煽动）去影响人们意识的能力，以大谈道德、德性、"超越"、民族和法兰西的世界地位之类的论调。

当然，许多这些相反相成的德性（一方面是谦逊节制、听天由命、温良顺从，另一方面是玩世不恭、轻蔑傲慢、狂妄自负乃至巧言令色和狡诈），也会在家庭、教会、军队、各种美书①和电影里，甚至体育场上传授。但是，**在资本主义社会形态中**，没有任何别的意识形态国家机器能**在这么多年的时期里**，有**全体儿童**每周六天、每天八小时来充当**义务的**（并且最不值一提的，还是**免费的**）**听众**。

---

① "美书"原文为"Beaux Livres"，指开本较大、装帧精美、包含大量图片的"插图书"，一般用于普及性地介绍各种主题知识或艺术作品。——译注

然而,正是通过在这个学徒期学习的东西——它们最终可以归结为由大量灌输的统治阶级的意识形态包裹起来的一些确定的本领——,资本主义社会形态的**生产关系**(即被剥削者对剥削者和剥削者对被剥削者的关系)才尤其被再生产出来。在这里,我要对我们即将提供的论证进行预支,我要说,造成这个对于资本主义制度来说生死攸关的结果的机制,自然被**一种普遍盛行的关于学校的意识形态**掩盖和隐瞒了。之所以普遍盛行,是因为它就是占统治地位的资产阶级意识形态的根本形式之一:这种意识形态把学校表述为没有意识形态的中立环境(因为它是……世俗的)。在学校里,尊重孩子"良知"和"自由"的教师们,面对"家长"(即孩子们的**所有者**,那些同样自由的人)满怀信任所托付的孩子,以自身为榜样,运用知识、文学,以及文学的或科学的人文主义广为人知的"解放"能力①,为孩子们开辟了通向成年人的自由、道德和责任感的道路。

我要请另一些教师原谅,因为他们在不可能的、甚至恶劣的条件下,仍然试图利用他们从历史上、从他们所"教授"的学问中所能找到的科学的和政治的武器,来反对自己所陷入的意识形态、体系和实践。他们算得上是一类英雄。但是他们人数很少,而且有多少人(**绝大多数**!)甚至还从没有怀疑过这个体系(比他们要强大并且会把他们压垮的体系)所强加给他们的这项"工作",更糟糕的是,他们用最先进的意识,倾注自己的全部身心和聪明才智(各种著名的新方法!)来完成这项"工作",就像我们在幼儿园、小学、中学和技术学校的"试点"班所见到的那样。

---

① "能力"一词原文为"vertu",也译为"德性""效能"。——译注

他们对这项"工作"的怀疑如此微不足道,以致他们用自己的忠诚本身维护和滋养了对学校的意识形态表述,这种表述使今天的学校对于我们当代人来说,显得那样"自然"、必需,甚至有益,就像几个世纪前,对于我们的祖先来说,教会也是那样的"自然"、必要、慷慨大度。事实上,学校**今天已经取代了**教会:学校继教会之后,占据了后者**占统治地位的**领域,虽然这个领域有所缩小(因为有非义务的教会,以及像学校一样既义务又免费的军队,细心地从侧翼掩护着它)。确实,学校可以指望家庭的帮助——尽管从《共产党宣言》宣告了家庭的"解体"之后,家庭会发出一些"尖锐的摩擦声",扰乱学校先前作为意识形态国家机器的功能的发挥(它的功能的发挥在过去是非常稳当的)。但从今往后,情况将有所不同:五月之后,最上层的资产阶级家庭本身明白了一些道理,这些道理不可改变地动摇了他们,甚至经常使他们"颤抖"。

第十章

生产关系的再生产与革命

Reproduction des rapports
de production et révolution

关于这个宏大的主题,我们只有寥寥数语。希望大家原谅我们以这寥寥数语所作出的推断,同时也原谅它极端的图式化。①

一、让我们来总结一下

现在,我们已经以一种非常粗线条的方式,明白了什么是生产方式。我们懂得了必须把自己提高到**再生产**的观点上来,才能理解建立在生产方式这个下层建筑或"基础"之上的**上层建筑**(法—国家—意识形态)的存在和它的运行。

不久以前,我们曾在这方面追随一些经典文本,重复并发展了其中一些观点,但我们现在发现,与那些观点相反,通过关于**大厦**的**地形学**的空间隐喻,来表述下层建筑与法律—政治的上层建筑及意识形态的上层建筑之间的**关系**,是不够的,尽管这种将大厦分为不同"层面"或"层级"②的地形学表述可以带来很大的好处,在某些情况下还是无法替代的好处。

我们深信,要领会上层建筑的"功能"和它的"功能的发

---

① 我要提醒大家注意,我一直采用的是再生产一般的观点。我撇开了这样一个事实,即在资本主义制度下,这种再生产总是**扩大**再生产。后面这一点是决定性的,我们将在第二卷中探讨它。

② "层级"原文为"instances",详见第 126 页译注。——译注

挥"①，就必须把自己提高到生产条件再生产的观点上来。

事实上，只考虑经济的下层建筑的机制（我们这里只探讨资本主义生产方式），虽然能说明生产力（包括劳动力）的条件的再生产，却完全无法说明**生产关系的再生产**。

然而，我们知道，构成某种生产方式特征的，归根到底是"**它的生产关系和交换关系**②"（马克思语），而由于交换关系是生产关系的函数③，所以最终构成某种生产方式特征的还是生产关系。

因此，我们可以提出以下这个非常简单的命题：只有当生产条件的再生产得到保障时，一种生产方式**才能持续存在下去**，而在生产条件的再生产中，**生产关系的再生产**又起决定作用④。

---

① "功能的发挥"原文为"fonctionnement"，在其他地方也译为"运行""发挥功能"。——译注

② 阿尔都塞的引文是"les rapports de production et d'échange qui sont les siens"（"它的生产关系和交换关系"），而经马克思审定的法文版原文是"les rapports de production et d'échange qui lui correspondent"（"和它相适应的生产关系和交换关系"），参见《资本论》第一版序言，前引，第8页："我要在本书研究的，是资本主义生产方式以及和它相适应的生产关系和交换关系。"——译注

③ "函数"原文为"fonction"，在本书中更多地译为"功能"。这里的意思是交换关系随着生产关系的变化而变化。——译注

④ 由于这种叙述的一些局限，我在这里要撇开生产力的再生产不谈。不排除历史上有某些社会形态，因一些"意外事件"——它们使得连生产力的简单再生产都变得不可能，或使得那些在当时对生产力起决定作用的要素的再生产变得不可能——而消失了（当然要非常仔细地去进行研究，因为不存在真正意义上的"意外事件"）。这个假设或许可以解释被某些历史意识形态家称之为"文明"的东西的消失，感谢瓦莱里（Valéry），我们知道了这些"文明"是"必死的"……因为它们已经死了。

然而,是上层建筑保障着这个再生产的条件(通过镇压性国家机器)和这个再生产本身(通过意识形态国家机器)。由此,在我们看来,整个上层建筑都被集合、集中到国家周围,而国家在这里以两种面目出现:作为阶级镇压的力量和作为阶级意识形态化的力量。由此,同样,在我们看来,要把意识形态(我们此前曾倾向于把它当作一个与法律—政治的"层级"截然不同的"层级")本身和国家联系起来,并要在那个涵盖了其复杂多样性的统一中,把它思考为**国家的意识形态**。

如果确实如此,那么,由一定生产方式(在当前要考察的情况中是资本主义生产方式)统治着的某种社会形态的"**延续**"的难题,就取决于保障这个再生产的条件和这个再生产本身的上层建筑的"延续",也就是说,取决于作为镇压性国家机器和意识形态国家机器统一体的阶级国家的延续。

二、什么是革命?

在这些条件下,一切生产关系方面的**革命**,要么认可国家的解体(国家也会因蛮族入侵之类的"意外事件"而被推翻,但在这点上我提出了一个很不完整同时也很不牢靠甚至是可疑的假设),要么是通过掌握国家政权而**颠覆**现有**国家**(即掌握其机器并替换它们)的后果,也就没有什么可惊讶的了。因此,政治斗争不可避免地围绕国家而展开:这完全是经典马克思主义的论点。在资本主义社会形态框架内,就有资本家为了保持国家政权并巩固

(包括通过改革的方式来巩固)国家机器的阶级斗争,[以及]①无产者为了掌握国家政权,消灭资产阶级国家机器,在无产阶级专政形式下代之以无产阶级国家机器的阶级斗争。

因此,**从严格意义上来说**,社会革命在于夺走统治阶级手中的国家政权,即剥夺统治阶级对保障现有生产关系再生产的国家机器的处置权,以建立新的生产关系,并通过打碎旧的国家机器和建立新的国家机器(建立新机器既费时又费力)来保障新的生产关系的再生产。严格意义上的(社会)革命有:1789 年法国的资产阶级革命,1917 年俄国的社会主义革命,(1949 年)中国的社会主义革命,等等。

然而,也存在**宽泛意义上的**革命。它们不影响生产关系,因而也就不触动国家政权和整个国家机器,而只是触动**政治**的意识形态国家机器。宽泛意义上的"革命"有:1830 年和 1848 年法国的革命。

它们的作用在于对政治的意识形态国家机器"进行革命"②,说得更明确一点,就是在 1830 年用路易-菲利普的议会君主制代替查理十世的宪章君主制,在 1848 年又用议会共和制代替路易-菲利普的议会君主制。所以这只是在政治的意识形态国家机器方面发生一些改变,当然,与之配套的还有比如说在学校等其他意识形态国家机器方面的一些改变。显然,这些"革命"只不过是两个步骤的后果,资产阶级和小资产阶级的阶级斗争通过这两个步骤,清除了土地贵族在国家领导层的政治代表:总之,这是

---

① 中括号中的"以及"(et),是原编者的补充。——译注

② "进行革命"一词原文为"révolutionner",系"革命"(révolution)的动词形式。——译注

统治阶级大家庭内部的阶级斗争。

相反,12月2日的政变①,虽然在形式上也是这种类型的"革命",但它根本配不上革命之名,因为它是由少数个人以一己之力完成的阴谋事件,而不是人民群众行动的结果。在这方面,继墨索里尼、希特勒和弗朗哥之后,只有贝当厚颜无耻地把自己职业生涯结束时在纳粹军队面前的军事失利给他带来的政治晋升称为民族"革命"——在这种特殊情况下,显示了模仿者的奴颜婢膝(不能把这种模仿者当成概念意义上的模仿者)。相反,还是有文化修养且小心谨慎的戴高乐在政治上"老练",没有把自己1958年5月13日的政变说成是"革命"。然而,从形式上看,它也是一场"革命",因为它像贝当的"革命"一样,改变了政治的意识形态国家机器中某些重要的东西:把议会贬低为橡皮图章式的机关②,把普选贬低为全民公投。

但这些都是资产阶级内部的事务,因为(到目前为止)"个人权力"从来都只是不可触犯的资本家阶级的国家专政的变种,它适合20世纪60年代的法国帝国主义。

因此,让我们回到严格意义上的革命:通过摧毁国家并打碎其机器而改变现有生产关系的革命。

我们很容易理解:一种生产方式,如果只有当对其基础(即生产关系)进行再生产(再生产=延续)的条件加以保障的国家机器系统得到延续时才能延续,那么,要中断这种生产方式的**再生产**

---

① 指路易·波拿巴在1851年12月2日发动的政变。——译注
② "橡皮图章式的机关"原文为"chambre d'enregistrement",直译为"进行登记的房间"。——译注

(＝延续＝存在)条件,并建立新的生产关系,就必须对这套国家机器系统发起进攻,并夺取国家政权。这种新的生产关系的建立,是在保障着新的生产关系(换句话说即新的生产方式)的再生产(＝延续＝存在)的新国家和新国家机器的保护下完成的。当发生的是社会主义革命时,这个新的国家就转到掌握了国家政权即控制了国家机器的无产阶级及其同盟的代表手里,而这个国家就是无产阶级专政国家。

这个纲要简单、清晰、有说服力,但它流于形式。因为我们知道,革命地掌握资产阶级国家,消灭它,用无产阶级专政国家取代它,不是单纯的逻辑推理的后果,也不是资本主义生产关系这一旧体系单纯衰竭的后果,而是**群众的阶级斗争**的后果。用毛泽东的正确提法(这个提法非常有力地概括了马克思和列宁的一些论点)来说,这场斗争只能是一场阶级的**持久**战。不久前我们已经提到过保证人民群众的阶级斗争取得胜利(可持续的胜利)的绝对条件,但我现在想就这种阶级斗争的**特殊**条件之一补充几句。

三、革命的阶级斗争的两个对象

我们要再次提醒自己注意镇压性国家机器和意识形态国家机器之间的区分,注意它们运行模式的差异(镇压性机器首要地通过暴力发挥功能,意识形态机器首要地通过意识形态发挥功能),并且注意这样一种区分:只存在单独**一种**镇压性国家机器,然而却存在**复数的**意识形态国家机器。不注意到这些区分和差异,小标题中的提法就是不可理解的。

通过这些不同的区分,我们可以提出一个论点,它分为两点:

1. 国家的坚硬果核是它的**镇压性机器**。理所当然，这个机器被赋予了"经受一切考验"的实力和抵抗力。

这个果核的果核由实行镇压的准军事部队（警察、共和国保安部队等）和军队构成（包括帝国主义兄弟国家的军队，他们一旦听到求助的"呼喊"，很容易就会越过边境）。这是终极果核，"最后的堡垒"，因为对于统治阶级来说，这是它最后的论据，纯暴力的**终极理由**①。

说它是果核，还因为它最**结实**，它本身服从于一个铁的**纪律**（"军队的主要力量来自纪律"②），服从于最严酷的内部**镇压**（逃兵和反叛者要被**枪毙**）。每当这个果核本身失控、分裂、瓦解（就像1917年俄国在战争和失败的极度痛苦的打击下那样），国家就会失去最后的依靠（只剩下兄弟国家的军队：见1917—1918年法国、英国、捷克和其他国家的军队对俄国的干预）③，变得岌岌可危，摇摇欲坠。

---

① "终极理由"原文为"ultima ratio"，系拉丁文，其中"ratio"有计算、事务、理由、方式等多种含义。——译注

② 这句话出自1933—1966年的"法国军纪通则"（*Le règlement de discipline générale des armées*）："La discipline fait la force principale des armées"（纪律构成军队的主要力量）。——译注

③ 但这些兄弟国家的军队并非总是可靠的，比如1918年法国干预舰队中的"黑海的反叛者"：安德烈·马蒂、夏尔·狄戎和其他数百人。[安德烈·马蒂（André Marty, 1886—1956），法国政治家，曾为法国共产党领导人，1935—1943年间曾任共产国际书记。1918年被派往黑海参与干预俄国革命的战争，1919年领导水兵起义，被称为"黑海的反叛者"；夏尔·狄戎（Charles Tillon, 1897—1993），法国政治家，曾为法国共产党领导人，1919年参与领导黑海水兵起义。——译注]

这个终极果核会被另一个完全是内在的弱点击破：当它不是一支**职业**军队时（注意，戴高乐赞成要有**一支职业军队**，而反对饶勒斯 1889 年恢复的传统①），它就由"**入伍新兵**"②组成，也就是说，由来自于人民的二等"士兵"组成。这些士兵可能会"拒绝开火"，就像"17 团的勇敢战士"③在 14 日战争之前面对南方葡萄种植者那样；或者会"拒绝前进"④，就像阿尔及利亚军队中的那些"小伙子"一样，在一些将军发动军事政变时，把自己的军官"关押起来"。但总体说来，警察、共和国保安部队和军队都能经受得住考验。除非战争失利或者发生革命，它们虽说未必不可动摇，确也极难对付。

2. 相反，意识形态国家机器要脆弱得多。

由于它们实现了国家的意识形态的存在，但却是以分散的序列（每一个序列都是相对自主的）实现这种存在；由于它们通过意识

---

① 1901 年，饶勒斯还出版了《新军队》(L'Armée nouvelle) 一书，作为向议会提出的一项改革军队的法案的论据，这项改革以普遍的、短期的服役为基础。——译注

② "入伍新兵"一词原文都为"«contingent»"，这个词还有"偶然的"的意思。——译注

③ "17 团的勇敢战士"(Braves soldats du 17ème) 一词来自法国著名歌曲"荣耀归于 17 团"(Gloire au 17ème)，该歌曲歌颂的是，1907 年 6 月被调去镇压南方葡萄种植区农民和农业工人"抗税罢工"的贝济埃第十七步兵团举行起义，拒绝向罢工者开火。后来这首歌也象征着"入伍新兵"的造反。——译注

④ "前进"原文为"marcher"，这个词既有"行走""前进"的意思，也有"（机器）运转"的意思。"意识形态"使主体自己"运转起来"中的"运转"一词原文也是"marcher"。——译注

形态发挥功能:所以,那场持久战,即最终能够推翻统治阶级的阶级斗争,也就是把国家政权从掌握着它的统治阶级手里夺取过来的阶级斗争,有很大一部分要**在它们的内部**并在它们的形式的制约下展开。①

众所周知,"正常"时期,要在镇压性国家机器即警察、军队乃至行政部门中展开阶级斗争,即便不是几乎没有希望,至少也要受到极大的限制。相反,**在诸意识形态**国家机器**中**展开阶级斗争,既有可能,又很重要,而且能走得更远,因为战士和群众正是首先在意识形态国家机器中获得自己的政治经验,然后再把它"贯彻到底"的。人们正是**在意识形态中**获得对自己利益的意识,并将自己的阶级斗争进行到底的——马克思这么说并非出于偶然。② 到目前为止,我们所做的,只不过是用稍微明确一点的语言,把科学社会主义奠基人的这个天才的直觉表达出来。

确切地说,我希望就这种在意识形态国家机器中进行的阶级斗争展开几点说明。但是,为了不给读者在思想上造成混乱,必须提醒大家注意几个基本的事实。

---

① 我们将在第二卷中看到,**阶级斗争大大超出了意识形态国家机器的边界**。必须留心注意这个经典论点的精神实质,以便充分理解在意识形态国家机器中展开的阶级斗争的**限度**——这正是我们要讨论的问题。

② 参见马克思《〈政治经济学批判〉序言》,《马克思恩格斯全集》第三十一卷,前引,第 413 页:"……在考察这些变革时,必须时刻把下面两者区别开来:一种是生产的经济条件方面所发生的物质的、可以用自然科学的精确性指明的变革,一种是人们借以意识到这个冲突并力求把它克服的那些法律的、政治的、宗教的、艺术的或哲学的,简言之,意识形态的形式。"——译注

四、资本主义生产关系就是资本主义剥削关系

我们已经谈论过工人组织在政治的和工会的意识形态国家机器中的阶级斗争。我们捍卫了这个经典论点:政治的阶级斗争应该深深地植根于**经济**的阶级斗争即"为了各种具体物质要求"而进行的斗争中。关于这一点,我们谈到了一些**企业**,在那种情况下,也就是谈到了一些资本主义企业。

那么,让我们从1969年法国企业中所发生的事情出发,以充分说明马克思主义理论为了要给某些事情以**科学的**解释,是如何考虑到这些事情的所有复杂性的。

1969年的法国属于**资本主义**社会形态,这个事实意味着,**资本主义生产方式**在法国以占统治地位的方式发挥功能,因而(发生在企业中的)**生产**,由**资本主义生产关系**统治和支配着。这些生产关系同时也是资本主义**剥削**关系。

这一点以经验的方式**具体**表现在以下事实中:建筑物(比如工厂)、在企业里被加工的原料(它们可能已经是半成品等)、机器工具等等,总之,上述企业的**生产资料**,都属于它们的资本家**所有者**,资本家可以通过自己本人,也可以请一个雇佣的经理,来管理企业的生产。

这一点同时还表现在以下事实中(说同时,是因为这完全是一码事,只不过这次是从无产者的角度来说的):企业按天、按星期、按月(这种情况更少见)"招募"一些工人(以及其他非工人劳动者:打字员、会计、工程师、管理人员等等)作为**雇佣劳动者**。而雇佣劳动者就是这样的个体,他不占有生产资料,仅凭"自己固有

的资料"(自己的双手)什么也生产不了,因而只能把**自己双手的使用出卖**给正好拥有生产资料的企业所有者。

一旦理解清楚了这种由资本主义生产关系所造成的基本状况,剩下来的就是要理解,为什么它们同时又是**剥削**关系。

说它们是生产关系是因为,如果这些"自由的"劳动者不与生产资料"发生关系",就根本不会有生产。对我们或他们来说不幸的是,生产资料不会自动发挥功能,它们(就像上帝一样)需要人,但不是随便什么人:它们需要合格的①人(特种工、专业工人、P1、P2、P3②;"管理人员"、技术人员、工程师等等,包括组织生产的"乐队指挥"③,这个指挥可以是资本家本人,也可以是他的首席"经理")。

但这些**生产关系同时**也是**剥削**关系,而且是资本主义生产方式下的**特殊的**剥削关系,它以**剩余价值**的形式榨取剩余劳动。

这些生产关系同时也是资本主义剥削关系——当马克思说资本主义的商品生产过程同时也是剩余价值的"生产"过程时④,他表达的就是这个意思。

---

① 不合格也是一定程度的合格。
② 这里的"P"代表"professionnels"(职业的、专业的),"P1、P2、P3"分别指工人"专业水平等级"的"一级、二级、三级",等级越高,专业水平越高。——译注
③ "乐队指挥"的比喻来自马克思,详见第97页译注。——译注
④ 参见《资本论》第一卷第五章"劳动过程和价值增殖过程",前引,第229-230页:"我们看到,以前我们分析商品时所得出的创造使用价值的劳动和创造价值的同一个劳动之间的区别,现在表现为生产过程的不同方面的区别了。作为劳动过程和价值形成过程的统一,生产过程是商品生产过程;作为劳动过程和价值增殖过程的统一,生产过程是资本主义生产过程,是商品生产的资本主义形式。"——译注

这就是"**基础**",物质基础,也就是说,它不仅仅是资本主义生产方式存在的物质条件,而且就是**这种生产方式的物质存在本身**。剥削过程就是在生产过程本身中发生的。没有这个剥削的物质基础,没有这个等同于剥削关系的生产关系的基础,就没有资本主义。这一点必须重复再重复:因为有一阵子,有些异想天开的人从我们这里得出一些无政府主义的陈腐观点,把资本主义生产方式化约为压迫,或者更糟糕的是,化约为……"权威"!

我刚才谈到了资本主义生产方式的**物质存在**本身。但通过这种分析步骤更细致地去观察这些东西,就会发现:所谓存在,就是延续,也就是通过时间而持续存在,因而也就是生产条件的再生产,并且首先是生产关系的再生产。我们已经知道了这一切,正如我们知道,恰恰是在生产关系的再生产这个层面,国家机器(镇压性机器和意识形态机器)干预了进来。

五、意识形态国家机器中的阶级斗争

这样一来,我们终于可以谈论我们当前的主题①,即**意识形态国家机器中阶级斗争的种种形式的性质**,并严肃对待马克思的那个简短的句子。马克思那句话说的是:人们正是在意识形态中获得了阶级斗争的意识并将阶级斗争进行到底的。②

---

① "主题"原文为"objet"(对象、客体),应为"sujet"(主题、主体)之误。——译注

② 参见第305页译注。——译注

首先请注意,马克思所说的是意识形态,而我们所说的是诸意识形态国家**机器**。词语上的这个差别,只有对于那些对意识形态的性质抱有一种资产阶级唯心主义观念(启蒙哲学之类的观念)的人来说,才会成为难题。

因为意识形态并非存在于观念之中,尽管表面上相反,也就是说,尽管存在着关于意识形态和各种观念的意识形态偏见。意识形态能够以被当作"观念"载体的书面话语(书本)或口头话语(布道、讲课、演讲等等)的形式存在。但恰恰是人们就那些"观念"而形成的"观念",支配着那些话语中所发生的事情。为了对我们以后将会作出的那些证明进行预支,让我们先假定,那些**观念**所具有的绝对不是一种**理想的**、**观念的**或精神的存在——就像关于观念的意识形态试图要人们相信的那样——,而是一种**物质的**存在。要在这里给出关于这一点的全面证明,要花费太大的篇幅,但如果大家愿意接受我们下面这个命题(它本身是非常笼统的),就可以通过意识形态国家机器这个例子来对它进行验证。

意识形态不存在于被设想为是"精神世界"的"观念世界"中。意识形态存在于一些机构和这些机构的实践中。我们甚至恨不得更明确地说:意识形态**存在于一些机器**和**这些机器的实践中**。正是在这个意义上,我们此前才能够说,意识形态国家机器在每一套机器的物质配置中,在这些机器的实践中,**实现**了一种**外在于**它们自己的意识形态,我们当时把它称作**初级**意识形态,而现在我们可以用它自己的名字来称呼它:**国家的意识形态**——某个或某几个统治阶级的最重要的意识形态主题的统一。

当然,这些机器及其实践的对象和目标,是那些在生产和再生产中占据着劳动的社会—技术分工岗位的**个人**,所以,意识形态通过意识形态机器和它们的实践,存在于**这些个人的实践本身**当中。我说的就是他们的实践:这种实践一方面包括被人们称为他们的"观念"或"观点"——包括对由劳动分工分配给他们的实践(生产实践、科学实践、意识形态实践、政治实践等等)所抱的"自发的""观念"——的东西;另一方面也包括他们的"风俗"或"习惯",从而包括他们"有意识的"或"无意识的"现实行为。①

正因为统治阶级的意识形态这样进入了个人自身最深层的"意识"中,进入了他们最私密或最公开的"行为"中,所以意识形态国家机器才能够甚至在个人意识(职业良知、道德良知、做父亲的良知、做母亲的良知②、宗教意识、政治意识、哲学意识等等)最"隐秘"的地方,保障**生产关系的再生产**。在接下来的一章,我们将会看到,它依据的是什么样的总机制。

---

① 18世纪的一些哲学家在我们称之为意识形态的"理论"上走得相当远,他们早已领会到,在他们所谓的"舆论"和"风俗"之间,存在着一定的实践关系。他们甚至隐约地感觉到,"风俗"比"舆论"更重要,因为"风俗"抵制着"舆论"。他们甚至发现,没有得到"风俗""赞同"的"法律",往往是无力的。必须成为右翼的反对派(孟德斯鸠)或左翼的反对派(卢梭),才会注意到这些现实。(注释中的"舆论"原文为"opinions",即"观点"(opinion)的复数形式。阿尔都塞对18世纪政治哲学家关于"风俗""法律"等论述的分析,可详见他早年在巴黎高师的哲学讲稿《政治与历史:从马基雅维利到马克思》,以及他第一本公开出版的著作《孟德斯鸠:政治与历史》。这两本著作均已经收入中文版"阿尔都塞著作集"。另参见第240页译注。——译注)

② 注意,本书中被译为"良知"和"意识"的词,在原文中是同一个词:"conscience"。——译注

当然,既然意识形态国家机器是**占统治地位的**意识形态(即统治阶级的意识形态,而国家的统一将其国家的意识形态的统一赋予了它)的实现,所以一旦我们谈论占统治地位的意识形态,就肯定意味着,也存在着某种总是与**被统治的**意识形态有关的、因而也就是与**被统治**阶级有关的东西。

由此我们猜想,是意识形态、从而是作为意识形态存在场所的意识形态国家机器,使各**社会阶级**"登上舞台"的。所谓各社会阶级,即统治阶级和被统治阶级(还有我们要暂时称之为"中间阶级"的阶级)。在资本主义生产方式中,即资本家阶级(及其盟友)和无产者阶级(及其盟友)。

我们可以由此得出结论:**在各种形式的意识形态国家机器中展开的阶级斗争**,大大超出了这些机器的范围。

六、围绕占统治地位的意识形态国家机器并在它里面进行的阶级斗争

所有的人都知道阶级斗争在**政治**的意识形态国家机器中展开(政党之间的斗争等等)。所有的人:不。因为只有一小部分人承认,大家①所说的"政治",事实上是**阶级斗争**在政治系统中所采用的外在形式。用我们自己的语言,我们把这个政治系统叫作政治的意识形态国家机器。

相反,只有那些最成熟的战士才懂得,阶级斗争同时以**经济**

---

① 这里的"大家"和上文中的"所有的人"原文都是"tout le monde"(直译为"整个世界")。——译注

的阶级斗争形式在工会的意识形态国家机器中展开。(这里还是同样的评注:有多少人懂得"争取具体物质要求的斗争"是阶级斗争的经济形式呢?有多少人懂得雇主的工会,比如法国全国雇主联盟①,也从他们那一方面通过其经济形式进行着他们**资本家的阶级斗争**呢?)

当我说阶级斗争同样也在所有其他意识形态国家机器(比如学校、教会、信息、出版、演出,乃至于家庭)中展开时,我怕是让许多读者感到震惊了。当然,这些斗争是在每种意识形态机器所固有的形式中展开的。

而既然我们认为可以肯定,在资本主义社会形态②中,是学校的意识形态国家机器,即是学校,更准确地说是学校—家庭这个**对子占据着统治地位**,那么我想,要向我们的同时代人表明阶级斗争**也**在这些地方展开,就不需要长篇大论的证明了。1968年5月的"事件",以及随后的所有事件,都从经验上验证了我们的论点。或更确切地说,这些事件除了在这场阶级斗争中带来了绝大多数人都意想不到的**全新的**东西,还**表明阶级斗争从来就存在**(当然是以特定的形式存在)于学校、家庭、教会等意识形态国家机器中。唯一不同的是,这场阶级斗争的力量对比在五月以戏剧

---

① "法国全国雇主联盟"原文为"CNPF",系"Confédération Nationale du Patronat Français"(也译为"法国雇主联合会")的缩写,成立于1936年。——译注

② "资本主义社会形态"原文为"les formations socialistes capitalistes"(资本主义社会主义形态),其中"socialistes"(社会主义的)应为"sociale"(社会的)之误。——译注

性的方式发生了逆转,这即便没有表明,至少也让人猜想得到,从前在学校——家庭这个对子中,甚至在教会中进行的阶级斗争,以压倒性的方式,是资产者阶级"代表们"(小学教师,在他们旁边有督学、神父、教士等等)的阶级斗争。

要说服自己相信这一点,只要看看各大报纸就够了:强硬的学生家长团体为"支援"遭到侮辱的反动教授和陷于绝境的中学校长而对学校本身的"强行侵入",就清清楚楚地表明,上流社会要对学生造反的"丑闻",对他们自己孩子的造反行为进行**报复**。这场将要来临的报复,以及这次造反,清楚地表明:在大学生和中学生的意识形态造反之前,资产阶级的代理人或代表们在这些机器中进行的阶级斗争,**曾在学校机器和家庭机器中以压倒性的方式占上风**。它以如此压倒性的方式占上风,以至于人们以前甚至都没有想到,在各院系和中学①"安宁"的沉默和秩序背后,存在着某种形式的阶级斗争——它确乎是很特殊的,但仍然是阶级斗争的形式。

家长、教授,很快还有小学老师们,会得到安慰,尤其如果他们是"政教分离"的战士的话。因为并非只有他们最终要在各自的机器中公开尝试阶级斗争,同样的现象也在教会发生:不仅在信徒和教士之间"丑陋的""纠纷"中,不仅在低级教士和高级教士某些成员之间,甚至在某些主教(特别是拉丁美洲的主教)和梵蒂冈之间(甚至在第二次梵蒂冈大公会议之后)发生,而且(真可怕!)**在那些神学院自身中**发生。教会的政治领袖们(他们进行过长期的信息实践)通过教会的严守秘密(它适用于一切与神圣的

---

① 我**敢**补充说,还有家庭。

事物和圣事有关的事),掩盖了这些现象。在神学院里也发生了"该死的"①、本身**不可逆转的**历史。

无论如何,我们可以说,由于阶级斗争的力量对比在**头号的意识形态国家机器内部**出现了逆转(或这种逆转至少出现在这个机器的某个部分,对于资产阶级来说最不危险的部分:因为初级学校,它生死攸关的部分——说生死攸关是因为这个部分培养**工人**——还没有被这场造反运动所感染),而这个机器尤其担负着生产关系再生产的任务(说尤其,是因为它是**占统治地位的**意识形态机器),所以我们至少可以说,这是一种**时代的征兆**。

什么征兆呢?正如列宁所说,是**革命提上日程**的征兆,虽然它并不意味着——这是首要的细微差别——**局势已经是革命性的**(我们离此还远)。

七、为什么"意识形态的"阶级斗争 "领先于"其他的阶级斗争?

现在,让我们从这些与自己非常切近的事件中稍稍后撤一步,以便能真正对它们作出评估。让我们这样后撤一步,以便注意到如下事实。

并非偶然的是,在所有那些我们足够深入细节地详细认识了的重大社会革命(1789 年的法国大革命、1917 年的俄国革命和1949 年的中国革命)之前,都有**漫长的阶级斗争**不但**围绕**已有的

---

① "该死的"原文为"«sacrées»"(神圣的),阿尔都塞在这里采用了双关手法。——译注

意识形态国家机器,而且就**在**这些意识形态机器**内部**展开。而根据马克思主义导师们的经典区分,阶级斗争既包括意识形态的阶级斗争,又包括经济的和政治的阶级斗争。

只要想想 18 世纪的法国、19 世纪的俄国,想想 1949 年革命之前半个世纪的中国就够了。

我们观察到,1789 年和 1917 年革命之前,在占统治地位的意识形态国家机器中发生了极为激烈的斗争:首先是围绕教会甚至在教会中展开的斗争,然后还有围绕政治的机器并在政治的机器中展开的斗争,然后是在出版和信息领域展开的斗争。所有这些斗争都相互掺杂、相互纠结、相互支援着,并模模糊糊地对准一个大多数参战人员自己都不明了的**最终目标**:打碎那些保障着现有生产关系再生产的机器,建立新的国家机器,并在它的保护下建立新的生产关系,通过新的国家机器保障这种新的生产关系的再生产。

经济的斗争总是停留在暗处,这是它的宿命,因为它是最重要的。政治的斗争最终会在光天化日之下爆发,它集结起一切力量来保障自己最终战斗(即为国家政权而进行的战斗)的方向;这是它的宿命,因为这就是它的功能。意识形态的(上述意识形态的)斗争,即在信息和出版机器中展开的阶级斗争(为自由思想、自由表达,以及自由出版和传播进步的革命观念而进行的斗争),通常**领先于**政治斗争的公开形式,**甚至是遥遥领先于它们**。

希望大家想想法国大革命之前几个世纪的历史。也希望大家确实能记住,资产阶级的意识形态的阶级斗争(在它成为前革命的之前完全是进步的),在当时(正如在任何时候一样),只有根据统治阶级在那些相同领域中的斗争来判断,才有意义。希望大家想想由封建制度及其国家机器所领导的"意识形态的"阶级斗争的难以置信的激烈程度。在那些国家机器中,为首的是教会:随它而来的不但有各种禁令和对各种主张的发誓弃绝,还有拷问、折磨和火刑。想想伽利略和乔尔丹诺·布鲁诺,只列举这两个人的名字就够了,还不算无数在宗教战争(在宗教的意识形态国家机器中进行的、异教徒反对正统教徒的尖锐阶级斗争)中牺牲的人、大量"魔鬼附了身的"人、"中了巫术的"人,以及大量被施以肉刑或被关进巨型疯人院的"疯子"。在法国,米歇尔·福柯是第一个有勇气提出一种关于"疯子"的思想的人。① 希望大家想想斯宾诺莎死前所遭受的全方位的排斥(被他的教会排斥,被哲学排斥,他是必须被烧死或活埋的魔鬼:而因为无法再烧死他,人们就只好把他"埋葬")。以上只是三个世纪内发生的事。

必须把资产阶级前革命的意识形态的阶级斗争的可怖历史描绘出来,以便让启蒙的 18 世纪回到它自己的位置上:它诚然是辉煌的,但绝谈不上英勇。在当时,人们可以通过法国或外国出

---

① 《疯癫史》(*Histoire de la Folie*),布隆出版社(Plon)。到目前为止,我们一直对一样东西保持沉默,我们认为,在我们资本主义社会形态中,我们有权把它叫作"医学的"意识形态国家机器。值得对它做单独的研究。在这方面,福柯的杰出著作尽管被我们的医学权威所瞧不起(还好,他们再也不能烧死他了),却给我们提供了一些重要的要素的谱系。因为"疯癫"的历史即压迫的历史,虽然因皮内尔(Pinel)的人道主义和德莱(Delay)的药理学而变得温和了,但仍在继续。疯癫大大超出了许多医生出于自己的方便而称之为"疯癫"的东西。

版的、私下里传播的署名或不署名的著作,甚至通过某个有"知识"①的部长的共谋,不但在书籍和报刊中,而且在剧场和歌剧院,展开对教会和专制主义的公开斗争,哪怕是"开明的"专制主义(绝对君主制的专制主义有许多右派的反对者——孟德斯鸠是典型;很少有左派的反对者——梅利耶或卢梭是典型;还有众多的捍卫者,其中有些是真信,有些是出于战术上的考虑,比如狄德罗)。

但还是让我们搁下这些历史上的例子,回到我们的论点吧。这个论点似乎即便不能让我们理解,但至少能让我们更好地"整理"一切社会革命的"**预兆**"**现象**——尽管是用一种完全暂时的形式来整理(因为我是第一个意识到这些东西的人)。

我们可以说,这些现象集中了在意识形态国家机器中以每种机器固有的方式而展开的阶级斗争的所有形式。我们可以说,在这些意识形态国家机器内部,正是在生产关系的再生产中占统治地位的意识形态国家机器,成为(或正常来说应该成为)阶级斗争的头号对象。这解释了为什么几个世纪以来漫长的阶级斗争会围绕教会和教会所捍卫的阵地而展开;这是一场持久战,伴随着大规模的屠杀、暴力手段、恐怖、镇压、不可想象的敲诈和恫吓,它为1789年到1793年针对封建国家及其机器的最后一击,即政治上的进攻,作好了准备。

资产阶级通过攻击专门负责生产关系再生产的那些机器,而从内部动摇了国家机器中最脆弱的部分(最脆弱,不但是因为它

---

① 这里的"有'知识'的"原文为"ayant « des Lumières »",其中"lumière"意为"光",其复数形式"lumières"意为"知识",作为专有名词也译为"启蒙"。——译注

们是多样化的,还因为它们与人民群众有日常的直接联系)。一旦意识形态国家机器动摇了,剩下的就是攻克国家最后的堡垒:由最后的军队即皇家卫队保卫着的国家政权。

在我看来,相对而言,对1917年的革命可以进行同样的分析;而对1949年的中国革命,则要考虑到另一些值得注意的差别(因为在中国没有教会,至少没有西方意义上的教会)。

如果我们的解释是对的,那么就应该把自己提高**到再生产的观点上来**,以便不但理解上层建筑的功能和它的运行,而且掌握一些让我们能够在具体的历史中对革命看得更清楚一点的概念(以最终建立关于革命史的科学,因为目前的革命史与其说是科学,不如说更接近于编年史),包括完成了的革命和有待完成的革命;以便在有待实现的条件下,通过无产阶级专政建立属于自己的意识形态国家机器,**为**向社会主义的过渡,即向国家及所有国家机器消亡的**过渡作切实的准备**,而不是在多多少少由"被审查过的"称呼所掩盖了的"矛盾"中裹足不前——当代历史给我们提供了太多这样的例子。

八、注意!下层建筑的优先性

本章结束之前的最后一个说明,同时也是一个警告。我们刚才提出的绝不是一篇关于革命实践的、可以表达为以下几条规则的小论文:

1. 首先要在意识形态国家机器中激起阶级斗争,同时务必使斗争的"矛头"对准占统治地位的意识形态国家机器(在今天就是学校);

2. 把在所有意识形态国家机器中的一切阶级斗争的形式结合起来,以动摇这些机器,直到它们无法再发挥生产关系再生产的功能,然后,

3. 以在革命的政党领导下联合起来的人民的全部力量,即革命阶级的全部力量,对国家政权发起猛攻,粉碎它最后的机器:它的镇压性机器(警察、共和国保安部队等等,还有军队)。

这样将既荒谬又幼稚,因为这是唯意志论的、冒险主义的和唯心主义的。我们不能这样来操纵事件。而如果我们偶然能这样操纵它们,那么正该是在这里,我们要提醒大家注意我们刚才所描绘过的一切:我们要说,意识形态国家机器中的阶级斗争,关系到的**只是上层建筑**,但上层建筑是被决定的、第二位的,而不是归根到底起决定作用的。**归根到底起决定作用的是下层建筑**。因此,上层建筑中所发生的或可能发生的事情,归根到底取决于**在下层建筑中、在生产力和生产关系之间**发生的(或没发生的)事情;那里才是阶级斗争的植根所在。这样一来,我们就会懂得,阶级斗争远远超出了使它变得可见的各种形式的意识形态国家机器。

有人说,上层建筑对下层建筑有"反作用",这是事实。但这个事实说得太简单。我们尝试着对这个"反作用"作了一点点阐明。就本质而言,它根本不是反作用,因为上层建筑与下层建筑保持着一种特殊的关系:它**再生产**了下层建筑的运行条件。可能应该根据这个概念和阶级斗争的各种后果,来重新研究由"反作用"这个描述性的词语所指的各种情况。

但这完全没有给我们提供理解**在下层建筑自身中**发生的事情的关键,更确切地说,没有提供理解在下层建筑中(在生产力/

生产关系的统一体中）**发生的**、能够激起并发动阶级斗争的**事情**的关键。而在上层建筑中，阶级斗争以攻击意识形态国家机器开始，进而向镇压性国家机器进攻，最终由革命的阶级掌握国家政权。

所幸的是，关于在决定性的下层建筑中发生的事情如何在上层建筑中启动革命的阶级斗争并获得胜利，我们可以在《资本论》和《俄国资本主义的发展》中找到某些线索。但必须指出，这个理论还远远没有完成。严肃地说，我们不能指望用生产力和生产关系之间适合或不适合这类描述性的、同义反复的概念来得出这个理论。所有的人都必须承认这一点。

因此，在这个明确的点上，问题仍然悬而未决。一定要争取有朝一日给它个答案。

第十一章

再论"法"。它的现实:法律的意识形态国家机器

Derechef sur le « Droit ». Sa réalité :
l'appareil idéologique d'État juridique

第十一章 再论"法"。它的现实：法律的意识形态国家机器

这一章只有寥寥数语，但要理清我们曾在第三章以"描述性的理论"谈论过的"法"，这寥寥数语是必不可少的。

一、回顾"法"的特性

在马克思主义博学传统和理论研究传统中，特别是在1917年之后直到专家们（从他们提出的那些难题来看，那些专家有一些很出色）"消失"时的苏联，关于法是否属于上层建筑，或更确切地说，法是否"在生产关系一边"的问题，似乎引起了广泛的争论。这是一个切中要害的问题。

如果此前提出的阐明站得住脚的话，我们就可以作出一个虽然图式化但又清楚明确的回答，至少从原则上可以这样，因为这个首要的问题需要作长篇大论的理论分析，而为了深入细节，这种理论分析只能在调查和经验的（历史—具体的）分析的基础上作出。

马克思在《资本论》的一些段落中指出，**新的**生产关系，由于是在占统治地位的生产关系内部，从而是在它们的制约下逐渐形成的，并从而是同它们相反对的①，所以它的最初建立是一个非常漫长的过程。这个过程**事实上**持续了非常长的时间，没有得到法

---

① 在这里，马克思暗指在封建制度下资本主义生产关系萌芽的诞生。

的法律承认。虽然已有的实践有可能得到法律的**部分**承认,甚至在占统治地位的生产关系内部得到部分承认:占统治地位的生产关系为新的生产关系或交换关系让出局部的、有限的位置——但有一个绝对条件,那就是对它们进行限制并让它们臣服于自己。当资产阶级法权在封建的社会形态的某些有限领域里得以扩张(比如先是商业法,然后是皇家"手工业法",然后是私营手工业法)时,在"封建制度"下就发生了那样的事情。与封建的法相对抗的(部分地是新的)**法**的法则(loi)的颁布,不过是记录了一个**既成事实:新的**交换和生产关系在由完全不同的生产关系统治着的社会形态内部得到无可争辩的、不可逆转的实际巩固。

我们要特别为那些历史学家记下这一点(他们也经常承认这一点)——马克思曾在《政治经济学批判》(1859年出版)"导言"("导言"在他生前没有发表)的最后几行文字中,把它当作一个有趣的理论事实记录下来①——:从17—18世纪开始的**罗马法的复兴现象**,植根于一些既是经济的又是政治的"难题"(经济的难题:商品交换的发展;政治的难题:法学家即绝对君主制的意识形态家求助于政治的罗马法)。这两种难题的汇合是一个值得信赖的指示,同时,它对于我们阐明法和国家之间的关系也必不可少。

我们丝毫不打算直接从这些正好支持了马克思的某个历史

---

① 参见《〈政治经济学批判〉导言》,《马克思恩格斯全集》第三十卷,人民出版社,1997年,第21-53页。但在这个"导言"中,没有找到阿尔都塞所指的内容。马克思谈论罗马法复兴与现代资产阶级法权发展的文字,可参看《德意志意识形态》第一章"费尔巴哈"中"国家和法同所有制的关系"一节,参见《马克思恩格斯文集》第一卷,前引,第583-587页。——译注

第十一章 再论"法"。它的现实：法律的意识形态国家机器

论点的历史事实中得出总的结论，我们只满足于提出如下的说明。

我们已经看到了资产阶级法权在资本主义生产关系运行中的独特地位。

很显然，它必须**首先**（说首先是因为它还以自己的专门法典规定了其他实践）规定和认可一些明确的**经济**实践：交换实践，即商品的买和卖。这些实践必须以所有权①和相应的法律范畴（法律人格、法律自由、法律平等、法律义务）为前提，并以它们为基础。

我们看到，资产阶级法权由于一种不可避免的要求而趋向于形式性和普遍性，并且尽管这个形式化和普遍化过程遇到无数阻碍（越来越多且越来越难以克服的阻碍），它仍总是不顾一切地趋向于它们。②

我们看到，只有当法是抽象的，即在实际上抽象掉一切内容时，其形式性和普遍性才是可能的。而这种对一切内容的**抽象**是法对其内容、对其必然要抽象掉的内容本身具有作用力的**具体**条件。

最后，我们看到，法必然是**镇压性的**，它通过刑法典（Code

---

① "所有权"原文为"droit de propriété"，其中"droit"在法语中兼有"法"和"权利"两种意思，"propriété"也有"所有（权）"和"财产"两种意思，所以这个词也可译为"财产权"或"财产法"。——译注

② 自19世纪末以来，这些阻碍就持续不断地扩大。它们（1）与垄断性的集中有关；(2) 与阶级斗争的后果有关：资本家的阶级斗争（对政治权利的不可思议的"歪曲"）；工人的阶级斗争（**强制性地规定了**从民法典来看"畸形的"法典即"劳动法典"的各种条款）。

Pénal)的形式把法的惩罚写进了法本身当中。由此看来,只有在某个镇压性国家机器实际存在的条件下,法才能发挥功能,**实现**各种明确写进刑法(Droit Pénal)当中并由主管违法行为的法院的法官们所宣判的惩罚。但同时在我们看来,在绝大多数情况①下,法只通过法律意识形态+道德意识形态的补充的联合作用②而得到"遵守",因而,镇压性国家机器的专门化小分队,并没有直接干预写入刑法典中并由"主管"法院"正式"宣判的惩罚在实践上的(肉体暴力的)实现。

我们可以从这些事实中得出一些命题,这些命题将引领我们(在资本主义社会形态中)从一种关于法的"描述性理论"迈入关于法的理论本身的门槛。

二、"法"的这些特性的真正原因

1. **法(Droit)从形式上规定了资本主义生产关系的运作**③,因为它定义了所有者、他们的所有物(财富)、他们"使用"和"滥用"自己所有物的权利(droit)、他们完全自由转让自己所有物的权利,以及反过来获得某个所有物的权利。由此看来,就法尤其对资本主义生产关系进行了**抽象**而言,法的具体**对象**就是资本主义

---

① 注意,这里"情况"的原文为"cas",与"案件"是同一个词。——译注

② 这里的"作用"原文为"jeu",这个词有"游戏、规则、活动、作用"等含义,在有的地方也译为"游戏""运作"。——译注

③ 这里的"运作"原文为"jeu",参考前一条译注。——译注

生产关系①。

注意：正如否定一样，抽象总是**确定的**。资产阶级法权并不胡乱抽象，而是把它自己"负责"规定其运作(即运行)的那个确定的具体对象抽象掉了，也就是说，把**资本主义生产关系**给抽象掉了。

在这一点上，千万不能陷入这样一种意识形态幻象(这种幻象使得法官或法学家带着全部的"职业良知"或"道德良知"成为资本主义国家的仆人)，即认为，由于法对于所有那些被宣布为平等和自由的主体来说是平等的，由于法是自由和平等的法，所以法官和法学家就不是资本主义国家的仆人，而是自由和平等的仆人！②

2. 资产阶级法权**是普遍的**，原因很简单，那就是，在资本主义制度下，生产关系的运作实际上就是普遍的商业法的运作，因为在资本主义制度下，**每个个体**(对这种"个体"有一系列限定，比如要是成人，等等)都是权利的主体③，并且**一切都是商品**。一切，就是说不仅包括那些社会必需的被买卖的产品，还包括**劳动力的使用**(这件事在人类历史上是史无前例的，它把法对普遍性的要求，建立在**这个**被其抽象掉了的现实之上)。在古罗马，奴隶曾是一

---

① 当我们谈到"生产关系"时，同时总包括"那些由生产关系派生出来的关系"：交换关系、消费关系、政治关系等等。

② 这并不是说人们不能援引现有的法的某个条款作为保证来反对某种滥用，包括"阶级的滥用"；并不是说某些正直的法学家不能以自己的"科学"服务于"好的法"，而是说这种服务总是在这种法权的限度之内进行。

③ "权利的主体"原文为"sujets de droit"，也可译为"法的主体"。——译注

种商品,但他们是物,而不是权利的主体。

正因为资本主义生产关系迫使被剥夺了一切生产资料的个体——即"自由于"①一切生产资料的个体——作为雇佣劳动者去"自由地"出卖他们劳动力的使用,所以无产者才会在资产阶级法权面前被赋予和资本家同样的法律属性:自由、平等。自由转让(出卖)自己的所有物(即他们劳动力的使用,因为他们不"拥有"任何其他的东西),自由购买(生活资料,从而把自己的存在作为自己劳动力的"拥有者"再生产出来)。

因此,法的抽象、形式性和普遍性,无非是从法律的角度对规定那种运作(即资本主义生产关系的运行)的形式条件的正式**承认**②。而通过扩展,对法派生出来的那些部分——政治法、行政法、军事法(因为好像再也没有了特权法)……也必须在这种关系下检视一遍,即便不是从基本上已经被资产阶级法权迫使就范的教会的角度,也要从世俗等级如医生等级、建筑师等级③等的角度检视一遍。

3. 但我们也同样看到,法必然一方面与某个属于镇压性国家机器的专门化镇压性机器联系在一起,另一方面又与资产阶级法律—道德的意识形态联系在一起。由此看来,与资本主义生产关

---

① 这里"自由于……"原文为"libre de...",也可译为"不受……约束",为了与下文"自由地"(librement)相对照,特译为"自由于……"。——译注

② "正式承认"原文为"la reconnaissance officielle",即"官方承认"。——译注

③ "等级"原文为"Ordre",既有"社会等级"也有"秩序""命令"等意思,在法国法律中指某种混合的"法律人格",即某个"等级"既是一种私人身份,同时又意味着要担负相应的社会责任。——译注

系这个具体的现实有确定的抽象关系(说实话,这是一种完全不同的抽象模式)的法,也与另一个具体的现实有确定的抽象关系,这另一个具体的现实,就是以双重面目出现的国家机器,即镇压性国家机器和意识形态国家机器。

我们相信,正是这些,让我们在看到国家机器的一个新功能的同时,或许还看到需要用什么来定义法的身份。

很显然,我们再也不能孤立地看待"法"(= 各种法典)了,而是需要把它看作是一个系统的一部分,这个系统包括法、专门化的镇压性机器,以及法律—道德的意识形态。

这样一来,我们会看到有一个镇压性国家机器的专门化小分队(可以简化为宪兵＋警察＋法院＋监狱,等等)出现在某种功能中——在对国家机器在生产关系**再生产**中的作用说了这么多之后,我们必须明确指出这种功能。因为这个小分队确确实实不但直接干预生产关系的再生产,还直接干预**生产关系的运行本身**(因为它对生产关系中的违法行为进行惩罚和镇压)。

更确切地说,因为镇压性国家机器中的这个专门化小分队的直接干预(尽管很频繁并且总是很明显)在资本主义生产关系的日常运行中属于**例外**,而且在绝大多数情况下,法是"通过法律—道德的意识形态"来规定资本主义生产关系的"常规"运行的,所以很显然,这个法律—道德的意识形态不仅干预了生产关系的再生产,还每时每刻直接干预了**生产关系的运行**。

由此我们或许可以不必冒太大的风险就得出两个结论。

三、法律的意识形态国家机器

1. 我们发现,在某种明确的关系中,资本主义生产关系的再生产,**在**资本主义生产关系运行的**内部**,**并且在**这种生产关系运行的**同时**,通过两方面的干预而得到保障:一方面通过国家的镇压性的专门化小分队在法律惩罚方面的相对例外的干预,另一方面通过法律—道德的意识形态——它"表现"①在进行生产和交换的当事人的"意识"即物质行为中——的持续全面的干预。

2. 这些让我们斗胆提出以下命题。如果我们把刚才所说的都考虑进来;如果我们接受这样一个事实,即法首要地通过法律—道德的意识形态"发挥功能",并时不时地得到镇压性干预的支援;总之,如果我们记得,我们之前已经捍卫了这个论点,即任何国家机器都同时综合了通过镇压而发挥的功能和通过意识形态而发挥的功能;那么,我们就有充分的理由认为,理当在**意识形态国家机器**这个概念之下来思考"法",或者更确切地说,思考由这个名称所指的**实际的系统**。因为这个名称把这个实际的系统给抽象化了,所以也就掩盖了它。这个系统就是:各种法典+法律—道德的意识形态+警察+法院和法官+监狱等等。

但要注意这个固有的区分:法这个意识形态国家机器,虽然也有助于(然而是以从属的方式有助于)资本主义生产关系的再生产,但它占统治地位的**特殊**功能不是保障这个再生产,而是**直**

---

① "表现"原文为"représente"(原形为"représenter"),也译为"表述""代表"。——译注

第十一章　再论"法"。它的现实:法律的意识形态国家机器　331

接保障资本主义生产关系的运行。

如果我们的论点是对的,它就把一个头等重要的现实摆到了我们面前:**法律—道德的**意识形态和作为其实现的法律的意识形态国家机器在资本主义社会形态中所起的**决定性**作用——它是**把上层建筑与下层建筑结合在一起并把上层建筑结合进下层建筑的特殊机器**。

我们前面说过,在资本主义社会形态中,是学校的意识形态国家机器在生产关系的再生产中起占统治地位的作用;同样,我们可以提出,在我们暂时称之为**实践的意识形态**领域,是法律—道德的意识形态起**占统治地位的**作用。虽然我们说的是"法律—道德的意识形态",但我们知道,在这个对子中,由于涉及法的行使,所以构成其主要部分的是**法律的**意识形态,道德的意识形态只是作为一种补充而出现的,它诚然不可或缺,但仅仅是作为补充。

希望大家好好记住这最后几个命题,包括记住学校的意识形态国家机器的统治性地位和法律—道德的意识形态的统治性地位之间的接近——它们在自己的"范围"和自己的作用方面的接近正在显露出来。当我们以后回到我们的出发点,即回到一直悬而未决的哲学性质的问题上来时,我们将需要这些线索。

既然我们认为可以把"法"定义为在资本主义社会形态中行使一种完全特殊的功能的意识形态国家机器;既然我们通过指出"法"不属于它规定了其运行的生产关系,而是属于国家机器,从而回答了"法"的身份的问题;那么,我们就可以并且必须就意识形态一般说上几句。

第十二章

论意识形态

De l'idéologie

什么是**意识形态**？并且首先，为什么是这个术语？

一、马克思与意识形态这个术语

我们知道，"idéologie"这个词是由德斯蒂·德·特拉西、卡巴尼斯和他们的朋友们一起发明的。他们根据启蒙哲学中的一个经典传统——其中，起源的概念①占据着核心位置——用它表示关于各种观念(idéo-)的起源的理论(-logie)，由此有了观念学(Idéologie)这个词。他们给研究观念学的团体取了一个广为人知

---

① "起源"原文为"genèse"，阿尔都塞经常用"genèse"和"origine"这两个不同的词来表示"起源"。前者来自《圣经·旧约》第一卷的"创世纪"，引申为"宇宙起源论"，转义为"起源""发生"等，后者也有"起点""根源"的意思。"概念"一词原文为"notion"，关于它与另一个词"concept"的区别，参见第77页译注。用这个词表示阿尔都塞认为"起源"的"概念"是一种意识形态概念。事实上，阿尔都塞一直都没有放弃对关于"起源"和"目的"的意识形态的批判，在他看来，唯物主义哲学家(比如伊壁鸠鲁)"不谈论世界的起源(origine)这个无意义的问题，而是谈论世界的开始(commencement)"。参见《写给非哲学家的哲学入门》(*Initiation à la philosophie pour les non-philosophes*)，法国大学出版社，2014年，第66页。——译注

的名字：观念学家（Idéologues）①。当拿破仑在一句名言中说"观念学家毫无用处"时，他想到的就是他们，并且仅仅是想到了他们，而显然没想到他自己：他作为资产阶级社会形态的头号意识形态家（马克思主义意义上的"意识形态家"），"幸免于"恐怖时代②，知道（或不知道，这无关紧要，因为他这么实践了）没有意识形态和意识形态家（他自己就是第一号意识形态家）是不行的。

在它们第一次被公开使用50年之后，马克思重新采用了idéologie、idéologues这些词，但同时赋予了它们一种完全不同的含义。他非常早地，从他青年时期的著作开始，就重新采用了这些词，并不得不赋予它们一种完全不同的含义，原因很简单：因为从为《莱茵报》撰稿时开始，他就先以激进的左翼意识形态家的姿态、然后以空想共产主义者的姿态，与他的敌人即另一些意识形态家展开了一场意识形态斗争。

因此，是意识形态斗争的实践和政治斗争的实践，迫使马克思非常早地——从他青年时期的著作开始——就承认了意识形态的存在和现实性，承认了它在意识形态斗争中、最终在政治斗争中（也就是在阶级斗争中）所扮演的角色的必要性。我们知道，马克思既不是**第一个**承认阶级斗争存在的**人**，甚至也不是**第一个**发明阶级斗争这一概念的**人**，因为他自己供认，这个概念出现在

---

① 随着"观念学"在马克思主义语境中获得了"意识形态"的意涵，"观念学家"在此语境中也应译为"意识形态家"。见下文。——译注

② "恐怖时代"（la Terreur），指法国大革命时期从1793年5月到1794年7月这一阶段。——译注

王朝复辟时期资产阶级历史学家的著作中①。

----

① 米涅、奥古斯丁·蒂埃里、基佐和梯也尔他们本人。这些历史学家——意识形态家在王朝复辟时期,描绘了法国大革命阶级斗争的历史:"第三等级"反对其他两个"旧制度"等级(贵族、僧侣)的斗争。我们还要补充说:阶级斗争的概念(notion)早在这些历史学家很久之前,甚至早在法国大革命之前就出现了。就拿法国资产阶级前革命的意识形态的阶级斗争时期来说吧,从17世纪开始,封建制度的意识形态家和资产阶级的意识形态家,就已经以关于绝对君主制的"起源"问题的意识形态论战为中心,在一种所谓的种族斗争(日耳曼人和罗马人之间的斗争)的形式下,明确地思考过阶级斗争了。日耳曼主义者是封建制度"古典"形式的辩护人,他们反对与资产阶级"平民"结成联盟的绝对君主制的"专制主义"。他们抵抗着罗马征服者所强加的君权神授专制君主模式的有害影响,维持着古典封建制度的"民主"神话,在这种神话中,国王只是一个由自己的同僚通过民主议会选举出来的领主。他们因此根据这种图式来书写"中世纪"的"历史"。这个论点最杰出的代表是孟德斯鸠(参考《论法的精神》最后几章)。相反,罗马主义者(参考度波长老)则为相反的论点辩护:与封建的无政府状态相反,绝对君主制由于得到引用和注释罗马法的法学家支持,并有"平民"出于民族原因的忠诚为基础,所以能够在社会关系中确立秩序、公正和理性。罗马人对高卢人的征服,对日耳曼主义者是反动的灾难,但对罗马主义者来说却成了一项解放的事业。让我们注意这些论点的独特变迁(尽管来自高度的历史想象,但它们像任何意识形态论点一样,有一些真实的目标):当力量对比最终开始失去平衡,也就是说在18世纪后半叶,日耳曼主义者对"民主"的要求最终被一些同绝对君主制的专制主义进行斗争的意识形态家(这次是左派)从它最初的辩护人那里夺过去——比如左派日耳曼主义者马布利,就采用了右派日耳曼主义者孟德斯鸠同样的论据……在这一点上,我们可以注意到对在种族斗争(日耳曼人反对罗马人,或反过来说也一样)的意识形态伪装下作为历史"火车头"的阶级斗争的真正承认。这场意识形态论战的显在对象是绝对君主制,这场意识形态斗争的真正对象,是资产阶级的上升,以及它在资产阶级和绝对君主制

可以肯定,正是这个一方面属于自传、另一方面属于历史的原因(即与莱茵河畔的资产阶级相对立的、加速了这位年轻激进的意识形态家转向空想共产主义的处境),使得马克思在开始意识到自己的阶级立场之后——即在《神圣家族》《1844年手稿》①中,尤其是在《德意志意识形态》中——,给予**意识形态**这个概念如此多的关注。从这方面来看,有一个特别重大的理论差别把《德意志意识形态》与《神圣家族》《1844年手稿》区别开来。尽管《德意志意识形态》中包含了一种实证主义—机械论的意识形态观,即一种还不是马克思主义的意识形态观,但在这个文本当中,人们还是可以找到一些惊人的提法,可以从资料上强有力地证明,马克思的政治经验突然闯入了这种仍然是虚假的总观念中。例如以下两个简单的提法:(1)"占统治地位的意识形态是统治阶

结盟的基础上反对封建贵族的斗争(但这一切都发生在占统治地位的封建生产关系内部)。我们还可以指出,这场围绕绝对君主制、罗马法、种族斗争等问题而展开的意识形态斗争,与现有一流的**意识形态理论**出现在同一时代:在这个一流的行列中,有霍布斯的理论,举世闻名;有斯宾诺莎的理论,完全被误认;还有所有那些充斥于18世纪启蒙哲学中的**意识形态理论**——正如大家所知道的那样,或者不如说,正如大家所不乐意知道的那样。我们还可以指出(以便当以后我们再次谈论哲学时,还能记住这一点),如果没有政治形式和商业形式下的"罗马法的复兴"这一先决条件,就难以想象"现代"哲学即由笛卡尔开创的资产阶级哲学的诞生。

①即《1844年经济学哲学手稿》。——译注

级的意识形态"①;(2)把意识形态定义为"承认"和"误认"②。

不幸的是,马克思一方面认为自己已经在《德意志意识形态》(他后来把它留给"老鼠的牙齿去批判"了③)中"清算"了"从前的哲学信仰";另一方面(在《德意志意识形态》的实证主义过渡阶段)又认为必须彻底"消灭"一切哲学(因为哲学无非是意识形

---

① 参见《德意志意识形态》,《马克思恩格斯文集》第一卷,前引,第550－551页:"统治阶级的思想在每一时代都是占统治地位的思想。这就是说,一个阶级是社会上占统治地位的物质力量,同时也是社会上占统治地位的精神力量。支配着物质生产资料的阶级,同时也支配着精神生产资料,因此,那些没有精神生产资料的人的思想,一般地是隶属于这个阶级的。占统治地位的思想不过是占统治地位的物质关系在观念上的表现,不过是以思想的形式表现出来的占统治地位的物质关系;因而,这就是那些使某一个阶级成为统治阶级的关系在观念上的表现,因而这也就是这个阶级的统治的思想。"——译注

② 希望大家能允许我吐露一点个人隐情:在弗洛伊德学说的信奉者中,拉康曾把"承认/误认"运用于无意识,我重新采用了他提法中的这两个词,把**意识形态**的功能定义为"承认/误认"(reconnaissance/méconnaissance)。可是在我费劲地把这个定义陈述出来几年之后,却"发现"这个提法一字不差地早就出现在《德意志意识形态》中……[参见《德意志意识形态》,《马克思恩格斯文集》第一卷,前引,第549页:"我们举出'未来哲学'中的一个地方作为例子来说明**承认**现在的东西同时又**不了解**现在的东西——这也是费尔巴哈和我们的敌人的共同之点。"引文中的黑体为译者所加,注意,"不了解"一词的法文即"误认"(méconnaissance)。——译注]

③ 顺便提一句,这句话证明:马克思当时认为需要对《德意志意识形态》进行严肃的**批判**,不过,是老鼠们……担负了这个批判的任务。可是大多数马克思主义者却对它字字信奉,并大肆引用以建立自己的"理论"。唉!老鼠们都能做到的事,有多少作为马克思主义者的人做到了呢?

态);所以他开始学习"实证的东西",也就是说,在1848年革命失败之后,开始学习政治经济学。由于意识到自己直到那时为止对政治经济学所具有的只不过是一些道听途说的知识,所以1850年他决定"从头开始",着手进行认真的研究。我们知道,17年之后,他从自己的研究中得出了《资本论》第一卷(1867年)。

不幸的是,尽管《资本论》包含了一种关于各种意识形态(尤其是庸俗经济学家们的意识形态)的理论的许多要素,但并没有包含这种理论本身,因为这种理论在很大程度上(接下来我们会看到,在什么程度上)取决于一种**关于意识形态一般的理论**,而在马克思主义理论中,一直缺乏这样的理论。

我想冒着巨大的风险为这个关于意识形态一般的理论提出一个初步的、相当图式化的草图。我将要提出的这些论点,当然不是即兴而发的,但也只有经过非常漫长的研究和分析(对这些论点的陈述可能会激发这种研究和分析),才能得到支持和证明,也就是说,才能得到确认或否决。因此我请求读者对我将冒险[陈述/公开表明]①的命题,既保持高度的警惕,也给予最大的宽容。

二、意识形态没有历史

首先要简单阐述一下根本原因,说明为什么在我看来可以提出一套方案(至少证明有权提出这套方案),以建立一种关于意识形态**一般**的理论,而不是建立一种关于**各种个别**的意识形态的理

---

① [手稿中有两个重叠在一起的词:陈述/公开表明(exposer/avouer)。]

论。对于那些个别的意识形态,人们既可以通过其领域内容(宗教的、道德的、法律的和政治的等意识形态),也可以通过其阶级含义(资产阶级的、小资产阶级的、无产阶级的等意识形态)来看待它们。

在本书第二卷中,我将尝试从刚才提到的两个方面出发,给**各种**意识形态画一个理论草图。而我们会看到,关于**各种**意识形态的理论,最终取决于社会形态的历史,因此取决于在社会形态中结合起来的生产方式的历史,以及在社会形态中展开的阶级斗争的历史。在这个意义上,显然就不可能有关于**各种**意识形态的理论**一般**①了,因为**那些**意识形态(从上面提到的两个方面看,可以把它们定义为不同领域的和不同阶级的意识形态)是有历史的,而这种历史的归根到底的决定作用显然**外在于**那些意识形态本身,尽管又涉及那些意识形态。

相反,如果我能够提出一套关于意识形态**一般**的理论方案,并且如果这套理论正是关于**各种**意识形态的**那些**理论必须依赖的诸要素之一,那就意味着要提出一个在表面上是悖论的命题——为了把牌摊到桌面上,我将把它表达为:**意识形态没有历史**。

这个提法白纸黑字地写在《德意志意识形态》的一段话里。马克思在谈到形而上学时说了这样的话,他说,形而上学同道德

---

① "理论一般"原文为"théorie en général",这个提法是阿尔都塞仿照马克思的"生产一般"而提出来的,前文中还有"意识形态一般""哲学一般"等提法。——译注

(言语间还包括其他的意识形态形式)一样**不再有历史**。①

在《德意志意识形态》中,这个提法是在一种坦率的实证主义语境中出现的。在这里,意识形态是纯粹的幻象、纯粹的梦想,即虚无。它的所有现实性都外在于它自身。因此,意识形态被设想为一种想象的建构物,它的理论地位与梦在弗洛伊德之前的作者们心目中的理论地位恰好是一样的。在那些作者看来,梦是"白昼残迹"的纯粹想象的(即无用的)结果,它表现为一种任意的、有时甚至是"颠倒的"组合和秩序,简而言之,表现为"无序的"状态。在他们看来,梦是想象的东西,是空幻的,无用的,是人一旦合上双眼,就会从唯一完满而实在的现实——白昼的现实——的残迹中任意"拼合起来"的东西。这恰好就是哲学和意识形态(因为在该书中,哲学就是典型的意识形态)在《德意志意识形态》中的地位。

意识形态是一种想象的拼合物,是纯粹的、空幻而无用的梦想,是由唯一完满而实在的现实的"白昼残迹"构成的东西——这个现实,就是许多物质的、具体的个人的具体的历史,他们物质地生产着自身的存在。在《德意志意识形态》中,意识形态没有历史的提法正是以这一点为基础的,因为它的历史**在它之外**,而在那里唯一存在的历史就是那些具体的个人等等的历史。因此,在

---

① 参见《德意志意识形态》,《马克思恩格斯文集》第一卷,前引,第525页:"因此,道德、宗教、形而上学和其他意识形态,以及与它们相适应的意识形式便不再保留独立性的外观了。它们没有历史,没有发展,而发展着自己的物质生产和物质交往的人们,在改变自己的这个现实的同时也改变着自己的思维和思维的产物。"——译注

《德意志意识形态》中,意识形态没有历史这个论点是一个纯否定的论点,因为它同时意味着:

1. 意识形态作为纯粹的梦,什么都不是(这种梦是由天知道什么力量制造出来的——除非是由劳动分工的异化制造出来的。而异化同样也是一种**否定**的规定性)。

2. 意识形态没有历史,这绝不是说意识形态真没有历史(恰恰相反,因为意识形态无非是对实在历史的苍白、空幻和颠倒的反映),而是说**它没有属于自己的历史**。

然而,我希望捍卫的这个论点,尽管在形式上重复了《德意志意识形态》中的措辞("意识形态没有历史"),但是它与《德意志意识形态》中那个实证主义—历史主义的论点有着根本的不同。

因为一方面,我认为可以主张各种意识形态**有属于它们自己的历史**(尽管这个历史归根到底是由发生在生产关系的再生产机器中的阶级斗争决定的);另一方面,我认为也可以同时主张**意识形态一般没有历史**,但这不是在否定的意义上(它的历史在它之外),而是在绝对肯定的意义上来说的。

意识形态的特性在于,它被赋予了一种结构和一种发挥功能的方式,以至于变成了一种非历史的现实,即在历史上无所不在的现实,因为这种结构和发挥功能的方式**以同样的、永远不变的形式**出现在我们所谓的整个历史中——说整个历史,是因为《共产党宣言》把历史定义为阶级斗争的历史,即**阶级社会的历史**。如果真是这样,那么意识形态没有历史这个提法就具有了肯定的意义。

为了避免读者被可能要面对的这个命题搞糊涂,我要再次回到我关于梦的例子上来,而这一次是要依据**弗洛伊德**的观念。我要说,我们的命题(**意识形态没有历史**)能够而且也应该与弗洛伊德的命题(**无意识是永恒的**,即它没有历史)建立起直接的联系(这种做法绝对没有任意的成分,完全相反,它在理论上是必然的,因为这两个命题之间存在着有机的联系)。

如果"永恒的"并不意味着对全部(暂存的)历史的超越,而是意味着无处不在、因而在整个历史范围内具有永远不变的形式,那么,我情愿一字不变地采用弗洛伊德的表达:**意识形态是永恒的**,恰好就像无意识一样。我还要对必要的、从今往后也是可能的研究进行预支,以补充说,这种相似是有理论根据的:因为**事实上,无意识**的永恒性归根到底以**意识形态**一般的永恒性为基础①。

因此,在弗洛伊德提出了一种关于无意识**一般**的理论这个意义上,我自认为有权提出(至少以假说的形式提出)**一种**关于意识形态一般的理论。

为了简化用语,并考虑到上面已经对**各种**意识形态有所讨论,我们更愿意约定用"**意识形态**"这个术语本身称呼"意识形态一般"。我刚才说过,这个意识形态没有历史,或者(这是一回事)它是永恒的,也就是说,它无所不在,在整个历史(=有各社会阶级存在的社会形态的历史)中具有永远不变的形式。大家会看到,我将自己的讨论暂时限制在"阶级社会"及其历史的范围内,但我会在其他地方表明,我所捍卫的这个论点也能够并且应该推

---

① 总有一天要用另一个肯定性的术语来称呼弗洛伊德用否定性的术语即"无意识"所指的现实。这个肯定性的术语,将与"意识"没有任何联系,哪怕是否定性的联系。

及于人们所说的"无阶级"的"社会"。

三、镇压①与意识形态

说完了这些,在进入我们的分析之前,还有最后一点说明。

这种意识形态理论的优越性(这也是为什么我在我们叙述中的这个环节对它进行发挥)在于,它向我们具体地指出了意识形态在其最具体的层面,在个人"主体"的层面,即生存着的人的层面,是如何通过人们具体的个性,通过他们的工作、他们的日常生活、他们的行为和活动、他们的犹豫、他们的疑惑,通过他们所感受到的最直接的显而易见性,而发挥功能的。我敢说,那些高声大叫要"从具体出发!从具体出发!"的人,将在这里得到"满足"。

此前,当我们指出法律—道德的意识形态所扮演的角色时,我们就已经触及了这个具体的层面。但我们当时仅仅是将它指了出来,还没有对它进行探讨。因此,我们当时还不知道"法的系统"是一套意识形态国家机器。后来我们引入了意识形态国家机器的概念,指出存在着复数的意识形态国家机器,说明了它们的功能,指出是它们使不同领域和不同形式的意识形态得以实现,并使那些意识形态统一在国家的意识形态之下。我们还阐明了那些意识形态国家机器的总功能,以及以那些意识形态国家机器为对象和场所的阶级斗争的种种后果。

但是,我们还没有阐明,在这些机器和它们的实践中得以实

---

① "镇压"原文为"répression",也译为"压迫",详见第 45 页译注。——译注

现的国家的意识形态及意识形态的不同形式(要么是阶级的,要么是不同领域的),是如何达到具体的个人本身(比如某个叫皮埃尔、保罗、让、雅克的人;某个冶金工人、雇员、工程师、工人战士、资本家;某个资产阶级国家的人;某个警察、主教、法官、官员;等等),出现在他们的观念和行为中、出现在他们具体的日常生活的存在中的。我们还没有阐明意识形态是通过什么样的总机制,"使得"具体的个人在劳动的社会—技术分工中,即在生产、剥削、镇压和意识形态化(还有科学实践)当事人的不同岗位上,"自动行事"①的。简而言之,我们还没有阐明意识形态是通过什么样的机制,不需要安排个体的宪兵跟在每个人的屁股后面,就"使得"那些个人"自动行事"的。

我这样说不是在陈述一个无根据的悖论,因为在反社会主义的阶级斗争中,有一些"预想的"②作品把"极权的"社会主义社会描绘成这样一种社会③:在那里,每一个人身后都跟着一个专门为

---

① "使得"……"自动行事"原文为"fait agir tout seuls",也可译为"使……自己动起来"。——译注

② "预想的"原文为"d'anticipation",其中"anticipation"其实是"预先""预测"的意思。"d'anticipation"也可译为"科幻的",但为了与后文中的"science fiction"(科幻小说)相区分,这里译为"预想的"。——译注

③ 反社会主义的"宗教大法官"主题可以上溯到陀思妥耶夫斯基,此后还有库斯勒和《第25小时》(La 25ème heure)等。[亚瑟·库斯勒(Arthur Koestler,1905—1983),匈牙利裔英籍作家、记者,著有小说《中午的黑暗》(Darkness at Noon,1940)等;《第25小时》(La 25ème heure)是罗马尼亚裔法国作家维吉尔·乔治乌(C. Virgil Gheorghiu,1916—1992)写于1949年的一部小说。——译注]

他而设的"监视人"(一个警察或老大①,同时也是宗教大法官,他出现在最偏僻的每一个房间里,并配备了科幻小说中前卫精致的设备,如墙壁上的麦克风、电子眼、闭路电视等),对每一个个体的一举一动进行观察—监视—禁止—命令。

抛开这种反社会主义作用明显(但也很粗劣)的"政治科幻小说"不谈,回到五月运动中的大学生—中学生—知识分子(他们认为自己领导着这场运动,但它作为一场群众运动,超出了他们的掌控)这里来,我们会在那些试图领导这场"运动"的非常狭小的圈子里的非常时髦也非常普遍的形式中,再次发现完全同样的令人难以置信的神话。当《行动》周刊最近在头版巨幅图画中写下"赶走你大脑中的警察!"这一口号时,它没有想到自己重复了同样的神话,没有想到这个表面上是无政府主义的口号,根子里却是反动的。

因为关于宗教大法官无处不在的"极权的"神话,与关于警察"在我们大脑中"无处不在的无政府主义的神话完全一样,都以同样的反马克思主义的"社会"运行观为基础。

关于这种社会运行观,我们已经谈到过一点点,我们指出它颠倒了事物的真实秩序,把上层建筑放到了下层建筑的位置上,更准确地说,它仅仅抓住了压迫而在"在私下里放过"了剥削;或者,它以同样错误的但却更精致的形式,宣称在作为帝国主义最后阶段而出现的"国家垄断资本主义阶段",剥削化约成了它的"本质":压迫;或者说——如果想咬文嚼字的话——剥削在实际上已经变成了压迫。

---

① "老大"原文为"Grand-Chef"。——译注

我们现在可以更进一步地指出，把剥削看作压迫，同时带来了理论上和政治上的后果，一个二度化约：把意识形态行为化约为彻头彻尾的压迫行为。

正因为如此，《行动》周刊当时才会喊出这个口号："赶走你大脑中的警察！"。因为只有"在私下里放过"了意识形态，或者把意识形态与压迫完全混为一谈，才能想象和提出这样的主张。从这个角度看，《行动》周刊的口号算得上是一个小小的理论奇观，因为它不是说"与虚假观念作斗争，摧毁你大脑中的虚假观念！因为统治阶级的意识形态正是通过这种虚假观念'使'你'运转'的。要用正确的观念代替它们，正确的观念可以让你投入到革命的阶级斗争中去，消灭剥削，消灭剥削得以维系的压迫！"而是宣布"赶走你大脑中的警察！"。这个口号值得列入"理论—政治错误杰作历史博物馆"，正如大家所见，它非常简单地用警察代替观念，也就是说，用由警察履行的镇压功能代替了由资产阶级意识形态履行的臣服功能。

因此，我们在这种无政府主义观念中发现：(1) 压迫代替了剥削，或者说剥削被思考为压迫的一种形式；(2) 镇压代替了意识形态，或者说意识形态被思考为镇压的一种形式。

这样一来，压迫就成了核心的核心，成了以阶级剥削为基础的资本主义社会的本质。压迫一方面代替了剥削，代替了意识形态，另一方面最终也代替了国家，因为各种国家机器（我们此前已经看到，国家机器既包括镇压性机器，也包括意识形态机器）被化约为一个抽象的概念（notion）："压迫"。

正是这同一批"理论家",为我们提供了一个总"综合"①(因为在这个"观念"的整个"发展"——甚至是五月以来的历史发展——中,有一种奇妙的潜在逻辑在起作用),提供了对这个观念的总综合:通过说出在大脑中存在着"警察",来解决矛盾(然而我们都知道,在大脑中存在的只能是一些"观念")。这个总综合被说成是"德国大学生运动"领袖的"发现",这个所谓的"发现",就是指"知识"的直接压迫性。

由此就有了对"知识权威"进行"造反"的必要性,有了对知识压迫的"反权威的"造反,有了对五月运动及其后续事件的回溯性阐释。这种阐释自然且必然以大学和各级学校为中心,因为资本主义社会的本质,即压迫,就其起源和诞生状态来说,正是在那些地方以(资产阶级)"知识"权威的形式直接表现出来的。而这就是整个事情的原因②,即五月运动首先在大学和知识分子当中发生的原因。这也是革命运动能够(甚至"应该")由所谓的知识分子领导的原因,而无产者则成了被邀请来参加革命的③。目前

---

① "综合"原文为"synthèse",即黑格尔的"合题"。——译注

② 原文"C'est pourquoi votre fille est muette",直译为"这就是您女儿不会说话的原因",典出莫里哀戏剧《屈打成医》:"Voilà pourquoi votre fille est muette"(以上就是您女儿不会说话的原因),一般用在对某件事情装模作样的胡乱解释之后。——译注

③ 有人会说这是临时的……但这是一个会持续的"临时",因为作为这整个阐释基础的那个观念是错误的。那些知道资产阶级社会的基础是剥削而不是压迫的大多数劳动者,将"不会运转起来",而上述临时的"领袖"如果不愿放弃那个错误观念,就必然会在自己的错误中,即在自己的方向上,一直错下去。

所有类型的出版物都从经验上证明了这些"论点"的存在,尤其证明了这个无政府主义观念的"逻辑"的"老田鼠"①的非凡工作——它带来了一些同样纯粹的理论后果。

因此,这也是为什么——在承认剥削不能化约为压迫,国家机器不能仅仅化约为镇压机器之后,在承认在每个人屁股后面或"大脑中"并没有专门为他而设的"警察"之后——必须阐明意识形态是如何发挥功能的。意识形态在意识形态国家机器中得到实现,并获得惊人的然而又完全是"自然的"阶级成果:具体的个人"运转了起来",而"使"他们"运转起来"的,就是意识形态。

这一点,柏拉图早就知道了。他早就预见到,要监视、镇压奴隶和"手工业者",就必须有警察("卫士")。但是他知道,绝不可能在每个奴隶或手工业者的大脑中安排一个"警察",也不可能在

---

① "老田鼠"原文为"vieille taupe",作为俗语又有"讨厌的老太婆"的意思。"老田鼠"典出莎士比亚的戏剧《哈姆莱特》:"说得好,老田鼠!你钻地钻得好快啊!好一个开路先锋!"后来马克思曾用"老田鼠"来指"革命",比喻在世人不知不觉的情况下,通过长期埋头苦干,为创造新社会而进行准备。参见《马克思在〈人民报〉创刊纪念会上的演讲》,《马克思恩格斯文集》第二卷,前引,第580页:"……工人也同机器本身一样,是现代的产物。在那些使资产阶级、贵族和可怜的倒退预言家惊慌失措的现象当中,我们认出了我们的好朋友、好人儿罗宾,这个会迅速刨土的老田鼠、光荣的工兵——革命。"另外,罗莎·卢森堡在1917年也写过一篇名为《老田鼠》的文章;1965年到1972年间,巴黎有过一家左翼知识分子开的书店也叫"老田鼠",1979年之后,这个名字还被用来当作他们出版社的名字。阿尔都塞在这里显然是在反讽。——译注

每个人屁股后面单独安排一个警察(否则,为了监视第一个警察,就要安排另一个警察跟着他,依此类推……到头来,社会上就只有警察,没有生产者了。这样一来,警察自己又靠什么生活呢?)。柏拉图知道,必须从童年开始就教给"人民"一些"高贵的谎言"①,"使"他们自动"运转起来"②,而且是以人民能够相信的方式教给他们这些高贵的谎言,以便让他们"运转起来"。

柏拉图当然不是个"革命者",虽然他是个知识分子……他是个可恶的反动分子。然而他有足够的政治经验,不会自欺欺人③,认为在阶级社会中,单单靠镇压就可以保障生产关系的再生产。他早就知道,正是那些高贵的谎言,也就是说,正是意识形态(尽管他还没有这个概念),尤其保障着生产关系的再生产。但我们现代的"无政府主义的革命""领袖"却不知道这一点。这证明,

---

① "高贵的谎言"原文为"«beaux mensonges»",参见柏拉图《理想国》,王扬译,华夏出版社,2012年,第125页:"'那么',我说,'我们先前讨论过的那些必要的谎言中,哪一种能成为我们的妙计,虚构某种高尚的东西,用它来说服人,特别是那些城邦的统治者,不行,就转向城邦中的其他人。'"——译注

② 这里的"使……运转起来"原文是"font marcher"(原形为"faire marcher qn"),其中"运转起来"(marcher),也意为"轻信、同意",所以这个短语的转义即"威逼、骗取或促使某人同意""欺骗某人"。——译注

③ "不会自欺欺人"原文为"ne pas se raconter d'histoires",其肯定形式"se raconter des histoires"是一个固定短语,即"给自己编故事"或"自欺欺人"。阿尔都塞曾用"ne pas se raconter d'histoires"("不给自己编故事"或"不自欺欺人")来定义"唯物主义"。参见阿尔都塞《来日方长》,前引,第178页。——译注

他们最好去读一读柏拉图，不要畏惧自己找到的"知识权威"，因为尽管那些知识纯粹是意识形态的①，他们仍然可以从中找到关于阶级社会运行的（可以说）一些基本"教诲"。这证明，有可能存在一种完全不同于权威的—压迫性的知识的"知识"，确切地说，科学的知识。自马克思和列宁之后，这种知识成为一种解放的、科学的知识，因为它是**革命的**。

因此——我希望事情现在清楚了，原因也说清楚了——，从理论上和政治上说，都必须阐明意识形态是通过什么样的机制"使"人们即具体的个人"运转起来"的，无论他们"运转起来"是服务于阶级剥削，还是"运转起来"加入长征②——这种长征将以比人们所想到的更快的速度，开启西方资本主义国家（包括法国本身）的革命。因为这些革命组织本身也通过意识形态而"运转"，不过，当它们是马克思列宁主义的革命组织时，就通过无产阶级的（首先是政治的，但也包括道德的）意识形态而运转。而这种意识形态，通过关于资本主义生产方式、资本主义社会形态、革命的阶级斗争以及社会主义革命的马克思列宁主义科学的坚持

---

① 而不是科学的。我们的"理论家们"把这种区分判决为过时的。既然不存在虚假的知识和真实的知识，不存在意识形态和科学，所以他们更愿意谈论"知识"本身。而渴望真实知识的无产者知道，真实的知识并不是压迫性的：他们知道，当这种真实的知识是马克思列宁主义的科学知识时，它就是革命的和解放的。

② "长征"原文为"Longue Marche"；"运转"原文为"marcher"，也有"走""行进"的意思。所以这里"还是运转起来加入长征"，也可译为"还是在长征中行进"。——译注

不懈的教育作用①,已经得到了改造。

四、意识形态是个人与其实在生存条件的想象关系的想象性"表述"②

为了着手讨论关于意识形态的结构和运行的核心论点,我要先提出两个论点,一个是否定的,另一个是肯定的。前者说的是以意识形态的想象形式所"表述"的对象,后者说的是意识形态的物质性。

论点1:意识形态表述了个人与其实在生存条件的想象关系。我们通常把宗教意识形态、道德意识形态、法律意识形态、政

---

① 把无产阶级自发的意识形态改造成越来越突出马克思列宁主义科学内容的无产阶级意识形态的这种教育,历史地表现为各种复杂的形式:有通过各种书本、小册子和各种学校,以及一般地通过宣传而进行的通常意义上的教育;但尤其有通过阶级斗争实践的锻炼、通过经验、通过对经验的批判和改正等等而进行的教育。

② "表述"原文为"représentation",也有"表现""描绘""再现""代表"等含义,在斯宾诺莎和康德那里,也译为"表象"。这个命题的句式似乎模仿并改写了马克思的原话:"……这些观念都是现实[实在]关系和活动、他们的生产、他们的交往、他们的社会组织和政治组织有意识的表现(représentation),而不管这种表现是现实的还是虚幻的。"参见《德意志意识形态》,《马克思恩格斯文集》第一卷,前引,第524页注释。而"实在的""想象的"这两个说法则是对拉康概念的借用。"实在的"(réel)有时候也译为"现实的""真正的"。——译注

治意识形态等等都说成是各种"世界观"。当然,除非把这些意识形态中的任何一个当作真理来体验(比如赞同和"信仰"上帝、职责、正义、革命等等),否则我们就会承认自己是从一种批判的观点来讨论意识形态的,是像人种学家考察"自己'小小的'原始社会"的神话那样来考察它的,就会承认这些"世界观"大都是想象的,是不"符合现实的"。

然而,一旦承认这些世界观不符合现实,从而承认它们构成了一种**幻象**,我们也就承认了它们在**暗示**着现实,并且承认了只要对它们进行"阐释",就可以在它们对世界的想象性表述背后,再次发现这个世界的现实本身(意识形态=幻象/暗示)。

存在着不同类型的阐释,其中最著名的是流行于18世纪的机械论类型(上帝是对现实的国王的想象性表述)和由基督教初期的教父们所开创、后来由费尔巴哈和从他那里延续下来的神学—哲学学派(如神学家巴特①和哲学家利科②等)所复兴的"诠释学的"阐释(例如对费尔巴哈来说,上帝是现实的人的本质)。我要说它们的本质在于,只要我们对意识形态的想象性置换(和颠倒)进行阐释,我们就会得出结论:在意识形态中,"人们(以想象的形式)对自己表述了他们的实在生存条件"。

这种阐释留下了一个"小小的"难题没有解决:人们为了"对自己表述"他们的实在生存条件,为什么"需要"对这些实在生存

---

① 指卡尔·巴特(Karl Barth,1886—1968),瑞士籍新教神学家,新正统神学的代表人物之一。——译注

② 指保罗·利科(Paul Ricœur,1913—2005),法国当代哲学家,著有《意志哲学》《解释的冲突》等。——译注

条件进行想象性置换呢?

　　第一种阐释(18世纪的阐释)有一个简单的解答:这是僧侣或专制者的过错。他们"杜撰"了高贵的谎言,使人们相信自己在服从上帝,从而在实际上服从僧侣和专制者,而这两者通常串通一气,狼狈为奸。根据上述提供解答的理论家的不同政治立场,他们或者会说僧侣为专制者的利益服务,或者相反,说专制者为僧侣的利益服务。因此,对实在生存条件进行想象性置换是有原因的:这个原因就在于一小撮寡廉鲜耻的人,把他们对"人民"的统治和剥削建立在对世界的扭曲的表述之上,而他们想象这样的世界,是为了通过统治人们的想象来奴役人们的心灵。感谢上帝,这种想象力是所有人都共有的能力!

　　第二种阐释(费尔巴哈的阐释,马克思在他青年时期的著作中一字不变地重复了这种阐释)要更"深刻",也就是说,正好同样错误。它同样在寻找并找到了对人们的实在生存条件进行想象性置换和歪曲的原因,简言之,找到了在对人们的生存条件进行表述的想象中出现异化的原因。这个原因不再是僧侣或专制者,也不再是他们自己主动的想象和受骗者被动的想象。这个原因就在于支配着人们自身生存条件的物质异化。在《论犹太人问题》和其他地方,马克思就是这样不遗余力地为费尔巴哈的观念(在《1844年手稿》中,用伪经济学论述对它进行了改进)辩护的:人们之所以对自己作出了关于他们生存条件的异化的(=想象的)表述,是因为这些生存条件本身是使人异化的(《1844年手稿》中说:是因为这些条件受到了异化社会的本质即"**异化劳动**"的统治)。

　　因此,所有这些阐释都紧紧抓住了它们作为前提所依赖的那个论点:我们在意识形态中发现的、通过对世界的想象性表述所反映出来的东西,就是人们的生存条件,因而也就是他们的实在世界。

但是,这里我要重复我几年前就已经提出的一个论点,以便重申,"人们"在(宗教的或其他的)意识形态中"对自己表述"的并不是他们的实在生存条件、他们的实在世界,而首先是他们与这些生存条件的**关系**。正是这种关系处在对实在世界的所有意识形态的(即想象的)表述的中心。正是这种关系包含了必定可以解释对实在世界的意识形态表述带有想象性歪曲的"原因"。或者,抛开原因这一词语,更确切地说,应该这样来提出这个论点:正是这种关系的想象性质构成了我们在所有意识形态中(只要我们不是生活在它的真理中)都可以观察到的一切想象性歪曲的基础。

用马克思主义的语言来说,一些个人占据着生产、剥削、镇压、意识形态化和科学实践的当事人的岗位,对他们的实在生存条件的表述,归根到底产生于生产关系及其派生出来的其他关系;如果真是这样,我们就可以说:所有意识形态在其必然作出的想象性歪曲中所表述的并不是现存的生产关系(及其派生出来的其他关系),而首先是个人与生产关系及其派生出来的那些关系的(想象)关系。因此,在意识形态中表述出来的就不是主宰着个人生存的实在关系的体系,而是这些个人同自己生活于其中的实在关系之间的想象关系。

如果真是这样,那么实在关系在意识形态中发生想象性歪曲的"原因"问题就消失了,而且势必被另一个问题所取代:为什么那些个人为自己作出的、关于他们与社会关系(它主宰着人们的生存条件和他们个体的与集体的生活)的(个人)关系的表述必然是想象的呢？这是什么性质的想象呢？以这种方式提出问题，既避免了根据个人"小集团"①(僧侣或专制者,那些意识形态的伟大神话的创造者们)作出的解释,也避免了根据实在世界的异化特性作出的解释。在稍后的阐述中,我们就会看到其中的原因。目前,让我们先告一段落。

五、意识形态具有一种物质的存在

论点2:意识形态具有一种物质的存在。

我们先前曾谈到,那些看似构成了意识形态的"观念"或"表述"等等,其实并不具有一种理想的、观念的或精神的存在,而是具有一种物质的存在。那样说时,我们就已经触及这个论点了。我们甚至提出,关于各种"观念"的理想的、观念的和精神的存在这种想法,完全产生于某种关于"观念"和意识形态本身的意识形态。我们还可以补充说,这种想法完全产生于关于某种自科学出现以来似乎就"建立了"这种观念的东西的意识形态,即科学工作者在他们自发的意识形态中将其作为各种(真实的或虚假的)"观念"对自己表述出来的东西的意识形态。当然,这个以肯定命题形式提出的论点还没有得到证明。我们只想请读者——比方说以唯物主义的名义——先友善地接受这个论点。我们会在其他

---

① 我故意使用了这个非常现代的说法。因为说来遗憾,甚至在共产党内部,用"小集团"行为来"说明"某些政治偏向("左倾"或"右倾")都成了家常便饭。[宗派主义]/机会主义。

地方而不是在当前第一卷中证明这一论点。

"观念"或其他"表述"具有物质的而非精神的存在这个推定的论点，对我们进一步分析意识形态的性质来说，确实是必需的。或者更确切地说，对任何意识形态的一切稍微严肃一点的分析，都会以直接的、经验的方式让每一位稍有批判性的观察者有所发现，而这个论点只是有助于我们将那些发现更好地揭示出来。

在讨论意识形态国家机器及其实践时，我们曾说过，每一种意识形态国家机器都是一种意识形态的实现（这些宗教的、道德的、法律的、政治的、审美的等等不同领域的意识形态的统一，是由它们都归入国家的意识形态之下来保障的）。现在让我们回到这个论点上来：一种意识形态总是存在于一种机器当中，存在于这种机器的某种实践或多种实践当中。这种存在就是物质的存在。

当然，意识形态在某种机器及其实践当中的物质存在，与一块铺路石或一支步枪的物质存在有着不同的形态。但是，尽管冒着被误认为是新亚里士多德派的风险（注意：马克思非常尊敬亚里士多德），我们还是要说，"物质是在多种意义上而言的"，或更确切地说，它以不同的形态而存在，而所有这些形态归根到底都源于"物理上的"物质。

说过这点之后，让我们以最简便的方式继续下去，并看看在"个人"身上发生的事情。这些"个人"生活在意识形态当中，也就是生活在一定的对世界的（宗教的、道德的等等）表述当中；表述的想象性歪曲取决于他们与自身生存条件的想象关系，也就是说，归根到底取决于他们与生产关系的想象关系（意识形态＝与实在关系的想象关系)。我们要说的是,这种想象关系本身就具有一种物质的存在。大家既不能怪我们逃避困难,也不能怪我们"自相矛盾"!

然而,我们会观察到这样的事情。

一个个人会信仰上帝、职责或正义等等。(对所有的人来说,也就是说,对所有生活在对意识形态的意识形态表述——这种表述把意识形态化约为各种观念,并把它们定义为精神的存在——当中的人来说)这种信仰产生于那个个人的**观念**,从而也就是产生于那个作为有意识的主体的个人:他所信仰的观念包含在他的意识当中。借助于这种方式,即借助于这样建立起来的纯粹意识形态的"概念的"配置(即一个被赋予了意识并在这种意识中自由地形成或自由地承认他所信仰的那些观念的主体),这个主体的(物质的)行为自然地就来自于这个主体了。

这个个人以这样那样的方式行事,采取这样那样的实践行为,而且,更重要的是参与了意识形态机器的某些常规实践,他作为主体在完全意识到的情况下所自由选择的那些观念就"依赖于"这个意识形态机器。如果他信仰上帝,他就去教堂做弥撒、跪拜、祈祷、忏悔、行补赎(从这个说法的通常意义来说,它从前就是物质性的),当然还有悔过,如此等等。如果他信仰职责,他就会采取相应的行为,把这些行为铭刻在仪式化的实践中,并使之"与良好的道德相一致"。如果他信仰正义,他就会无条件地服从法的规则,会在这些规则遭到违反时,在自己良知的深深愤慨中提出抗议,甚至联名请愿和参加示威游行等等。如果他信仰贝当元帅的"民族革命",也同样会采取相应的行为;如果他信仰社会主义革命,也同样会采取相应的行为,也就是说肯定会采取完全不一样的行为。为了不"逃避困难",我故意列举了最后两个例子,它们是这个困难挑战的极限。

因此,在这整个图式中,我们可以看到:对意识形态的意识形态表述本身不得不承认,每一个被赋予了意识、并信仰由自己的意识所激发或被自己所自由接受的观念的主体,就应该"按照他的观念**行动**",因而也就应该把自己作为一个自由主体所固有的那些观念铭刻在他的物质实践的行为中。如果他没有那样做,**那就不好**。

事实上,假如他没有按照他的信仰去做他应该做的事,那是因为他做了别的事,这意味着,还是按照同样的唯心主义图式,在他的头脑中除了他公开宣称的观念之外还有其他观念,意味着他是作为一个要么"自相矛盾"("无人自甘为恶"),要么玩世不恭,要么行为反常的人,在根据其他那些观念而行动。

因而,无论如何,关于意识形态的意识形态尽管带有想象性的歪曲,但也还是承认:某个人类主体所拥有的各种"观念"存在于他的各种行为中,或者说应该存在于他的各种行为中;如若不然,这个关于意识形态的意识形态也会给他提供与他所实施的行为(甚至是反常的行为)相符的另一些观念。这个关于意识形态的意识形态谈到的是各种行为,而我们将要谈到的是嵌入各种实践当中的行为。我们还要指出,在某种意识形态机器的物质存在内部,这些实践被铭刻在各种仪式当中,并受到这些仪式的支配,哪怕它只是那个机器的一小部分:例如一个小教堂里的小弥撒、一次葬礼、一场体育俱乐部的小型比赛、一个上课日、一次政党或理性主义联盟①的集会或会议,或者任何诸如此类的活动。

此外,我们还要感谢帕斯卡尔的自我辩护的"辩证法",它有一个惊人的提法,使我们能够把关于意识形态的这种意识形态概念图式的顺序颠倒过来。帕斯卡尔大致是这样说的:"跪下,开口祈祷,**你就会信**。"他就这样诽谤性地把事情的顺序颠倒了过来,像基督一样,带来的不是和平而是分裂,还有特别没有基督徒味道的东西——诽谤本身(因为把诽谤带到世上的人活该倒霉!)。然而这种诽谤却使他有幸通过詹森派的挑战,掌握了一种直接指明现实的语言,不带丝毫想象性成分。

请容许我们把帕斯卡尔留在他那个时代宗教意识形态国家机器内部的意识形态斗争的争论当中吧。当时,他一直冒着触犯禁令,也就是说,冒着被逐出教会的风险,在自己的詹森党②中进行着一场小小的阶级斗争。如果可能的话,也请容许我们使用一种更为直截了当的马克思主义的语言,因为我们正行进在马克思主义理论家们还没有很好地探索过的领域。

那么,我们要说,仅就某个主体(某个个人)而言,他所信仰的

---

① "理性主义联盟"(Union Rationaliste)是法国一批科学家于1930年创立的一个学术团体,最初的发起人是物理学家保尔·朗之万(Paul Langevin),成员主要有法兰西学院和法兰西科学院的教授、著名科学家和作家,该团体的宗旨是反对一切形式的非理性主义,反对各种形式的独断论和对超自然事物的求助。该团体有自己的刊物,并在一些重要的广播电台办有专栏节目。——译注

② "詹森党"原文为"parti janséniste",其中"parti"一般也译为"部分"。——译注

那些观念的存在,是物质的,**因为他的观念就是他的物质的行为,这些行为嵌入物质的实践中,这些实践受到物质的仪式的支配,而这些仪式本身又是由物质的意识形态机器所规定的——这个主体的各种观念(好像碰巧!)就是从这些机器里产生出来的**。当然,在我们命题中被用了四次的"物质的"这个形容词可能会表现出不同的形态:出门做一次弥撒、跪拜、画十字,或是**认罪**、判决、祈祷、痛悔、赎罪、凝视、握手、外在的言说或"内在的"言说(意识),这些事情的物质性,并不是同一个物质性。如果我们把关于不同物质性的形态差异的理论搁下不谈,我想大家不会在这一点上指责我们。

无论如何,在对事情这种颠倒过来的表达中,我们所面对的根本不是一个"颠倒"(这是黑格尔式的马克思主义或费尔巴哈式的马克思主义的神奇提法)①的问题,因为我们看到,有某些概念(notions)已经完全从我们的新的表达中消失了,而相反,另一些概念(notions)却保存了下来,还出现了一些新的术语。

消失了的术语有:**观念**。

保存的术语有:**主体**、**意识**、**信仰**、**行为**。

新出现的术语有:**实践**、**仪式**、**意识形态机器**。

因此,这不是一种颠倒(除非在一个政府被"颠"覆或一个玻璃杯被碰"倒"的意义上讲),而是一种相当奇特的(非内阁改组式的)改组,因为我们得到了以下结果。

作为观念的观念(即作为具有一种观念的或精神的存在的观

---

① 对"颠倒"这种提法的批判,可参见阿尔都塞《矛盾与过度决定(研究笔记)》一文的相关论述,见《保卫马克思》(该文在书中被译为《矛盾与多元决定(研究笔记)》),顾良译,商务印书馆,2006年。——译注

念)消失了,而这恰恰是因为出现了这样的情况:它们的存在成了物质的,被铭刻在实践的行为中了,这些实践受到仪式的支配,而这些仪式归根到底又是由意识形态机器来规定的。由此看来,主体只是在下述系统策动他时才去行动。这个系统就是意识形态,(按照它的实际决定作用的顺序来说)它存在于物质的意识形态机器当中,并规定了受物质的仪式所支配的物质的实践,而这些实践则存在于主体的物质的行为中,最后,这个主体完全有意识地根据其信仰而行动!如果有人想要反对我们,说这个主体能够有不一样的行动,那么我们要提醒大家:我们已经说过,"初级的"意识形态得以在其中实现自身的那些仪式的实践,会"生产"(即作为副产品而生产)①出"次级的"意识形态。感谢上帝,如果不是这样,无论是造反、革命"意识的觉醒",还是革命本身,都绝无可能。

但就是以上的表达也表明,我们保留了下列概念(notions):主体、意识、信仰、行为。我们要马上从这个序列里抽出一个决定性的、其余一切都依赖于它的中心词:**主体**的概念(notion)。

我们还要马上写下两个相互关联的论点:

1. 没有不借助于意识形态并在意识形态中存在的实践;
2. 没有不借助于主体并为了一些主体而存在的意识形态。②

现在我们可以谈到我们的核心论点了。

---

① 在什么样的条件下? 正如我们会在第二卷中看到,这些条件对于阶级斗争来说是最重要的东西。

② 前一个"主体"是单数,后一个是复数,这个区别在下一节开头讲明了,并在"基督教的宗教意识形态"一节里具体地演示了出来。——译注

六、意识形态把个人唤问为主体①

这个论点就完全等于把我们后面一个命题的意思挑明：没有不借助于主体并为了一些主体而存在的意识形态。这意味着：没有不为了一些具体的主体（比如你我）而存在的意识形态，而意识形态的这个目标又只有借助于主体——即借助于主体的范畴和它所发挥的功能——才能达到。

我们这么说的意思是，尽管主体范畴是随着资产阶级意识形

---

① "唤问"原文为"interpelle"，其原形为"interpeller"，名词形式为"interpellation"，这个词的含义有：（1）（为询问而）招呼，呼喊；（2）（议员向政府）质询，质问；（3）[法]督促（当事人回答问题或履行某一行为）；（4）（警察）呼喊，追问、质问，检查某人的身份；（5）强使正视，迫使承认；（6）呼唤（命运），造访。詹姆逊把它解释为"社会秩序把我们当作个人来对我们说话并且可以称呼我们名字的方式"，国内最早的《意识形态和意识形态国家机器》译本译为"询唤"，系捏合"询问"和"召唤"的生造词，语感牵强，故不取。我们最初使用了"传唤"的译法（参见《哲学与政治：阿尔都塞读本》，陈越编，吉林人民出版社，2003年），似更通顺；但由于"传唤"在法语中另有专词，与此不同，且"传唤"在汉语中专指"司法机关通知诉讼当事人于指定的时间、地点到案所采取的一种措施"，用法过于狭窄，也不理想。考虑到这个词既是一个带有法律意味的用语，同时又用在并非严格司法的场合，我们把它改译"唤问"，取其"唤来问讯"之意（清·黄六鸿《福惠全书·编审·立局亲审》有"如审某里某甲，本甲户长，先投户单，逐户唤问"一说）。在有的地方也译为"呼唤"。"主体"原文为"sujet"，又有"臣民"的意思，与动词"s'assujettir"（"臣服"）对应，关于这个词的"歧义性"，具体参见第497页相关论述。——译注

态的兴起,首先是随着法律意识形态的兴起,才以(主体)这个名称出现的①,但它(也可以以其他的名称——如柏拉图所谓的灵魂、上帝等等——发挥功能)却是构成所有意识形态的基本范畴,不管意识形态的规定性如何(属于什么领域或属于什么阶级),也不管它出现在什么历史年代——因为意识形态没有历史。

我们说,主体是构成所有意识形态的基本范畴,但我们同时而且马上要补充说,主体之所以是构成所有意识形态的基本范畴,只是因为所有意识形态的功能(这种功能定义了意识形态本身)就在于"构成"具体的主体(比如你我)。正是在这双重构成的运作中存在着所有意识形态的功能的发挥,意识形态无非就是它在其功能得以发挥的物质存在形式中所发挥的功能。

为了更好地理解后面的内容,必须提醒大家注意,无论是写这几行文字的作者,还是读这几行文字的读者,他们本身都是主体,因此都是意识形态的主体(这本身是个同义反复的命题),也就是说,在我们所说过的"人天生是一种意识形态动物"②这个意义上,这几行文字的作者和读者都"自发地"或"自然地"生活在意识形态中。

就作者写了几行自称是科学的话语而言,他作为"主体"在"他的"科学话语中是完全不在场的(因为所有的科学话语按照定义都是没有主体的话语,"科学的主体"只存在于关于科学的意识形态中)。这是另一个问题,我们暂且把它搁下不谈。

---

① 它借用"权利的主体"这个法律范畴制造了一种意识形态概念:人天生就是一个主体。("权利的主体"原文"sujet de droit",其中"droit"也译为"法"。详见第五章"法"。——译注)

② 参见第188页注释。——译注

圣保罗说得好，我们是在"**逻各斯**"中，也就是说在意识形态中"生活、动作、存留"的①。因此，主体范畴对于你我来说，是一件最初的"显而易见的事情"（显而易见的事情总是最初的）：显然，你是主体（自由的、道德的、负责任的……主体），我也是。像所有显而易见的事情那样，包括使得某个词"意味某个事物"或"具有某种意义"这种显而易见的事情（因此也包括像语言的"透明性"这件显而易见的事情）一样，你我作为主体这件显而易见的事情——以及它的无可置疑——本身是一种意识形态的后果，意识形态的最基本的后果②。事实上，意识形态的特性就是把显而易见的事情当作显而易见的事情强加于人（而又不动声色，因为这些都是"显而易见的事情"），使得我们无法不承认那些显而易见的事情，而且在它们面前我们还免不了要产生一种自然的反应，即（大声地或在"意识的沉默"③中）对自己惊呼："那很明显！

---

① 参见《新约·使徒行传》17：28。——译注

② 语言学家和那些为了不同目的而求助于语言学的人会碰到许多困难，出现这些困难是由于他们误认了意识形态后果对所有话语（甚至包括科学话语）的作用。

③ "意识的沉默"原文为"«silence de la conscience»"，这个表达可能来自萨特《境况种种》第一集，参见萨特《境况种种》第一集（*Situations I*），伽利玛出版社（Gallimard），1947 年，第 218 页；也可能来自梅洛－庞蒂《知觉现象学》，参见梅洛－庞蒂《知觉现象学》（*Phénoménologie de la perception*），伽利玛出版社，1945 年，第 462 页。另参见梅洛－庞蒂《知觉现象学》，姜志辉译，商务印书馆，2001 年，第 506 页："因此，语言必须以一种语言的意识为前提，以一种意识的沉默为前提，这种意识的沉默包裹着说话的世界，词语首先在它当中获得构型和意义。"译文有修改。——译注

就是那样的!完全正确!"

在这种反应中起作用的是意识形态的**承认**功能,它是意识形态的两种功能之一(另一种是**误认**功能)。①

举一个非常"具体的"例子吧:我们都有一些朋友,当他们来敲门时,我们隔着门问:"谁呀?"回答是(因为"这是显而易见的"):"我。"于是我们认出"是她"或"他"。结果是:我们打开门,"总是不会错,真的是她。"再举一个例子:当我们在街上认出某个(老)相识②,我们会说"你好,亲爱的朋友!"随后跟他握手(这是在日常生活中进行意识形态承认的一种物质的仪式性实践——至少在法国是这样,不同地方有不同地方的仪式),这就向他表明我们认出了他(而且承认他也认出了我们)。

通过这种事先的说明和这些具体的例证,我只想指出,你我**总是已经**③是主体,并且就以这种方式不断地实践着意识形态承认的各种仪式;这些仪式可以向我们保证,我们确确实实是具体的、个别的、独特的、当然也是不可替代的主体。我目前正在从事的写作和你目前④正在进行的阅读,从这方面来说,也都是意识形

---

① 关于"承认"和"误认",详见第 339 页注释。——译注

② "(老)相识"即"(re)-connaissance",也即"(重新)相识",是动词"reconnaître"(即"认出""承认""认识到")的名词形式。——译注

③ 注意,"总是已经"(toujours déjà)是阿尔都塞经常用到的一个词,为的是反对"起源论",后文中还出现了"总是—已经"(toujours-déjà)这个变体形式。这两个词通常也可译为"从来",但为了突出阿尔都塞的强调语气,我们在本书中将其译为"总是已经"和"总是—已经"。——译注

④ **注意**:这个双重的**目前**又一次证明了意识形态是"永恒的",因为这两个"目前"是被一段不确定的时间间隔分开的;我在 1969 年 4 月 6 日写下这几行字,而你可以在今后任何一个时候读到它们。

态承认的仪式,我思考中的"真理"或许就会随着这里所包含的"显而易见性"强加给你(它可能会让你说:"完全正确!……")。

但是,承认我们都是主体,并且我们是通过最基本的日常生活的实践仪式发挥功能的(握手、用你的名字称呼你、知道你"有"自己的名字——哪怕我不知道这个名字是什么,等等,这些行为都使得你被承认为一个独一无二的主体)——这种承认只能让我们"意识"到我们是在进行意识形态承认的不断的(永恒的)实践(对它的"意识"也就是**对它的承认**),但丝毫没有为我们提供关于这种承认机制的(科学的)**认识**,也没有为我们提供对这种承认进行承认的(科学的)**认识**。然而,尽管我们是在意识形态中而且是在意识形态深处进行言说的,但如果我们要勾画出一套打算跟意识形态决裂的话语,大胆地使之成为关于意识形态的(无主体的)科学话语的开端,我们必须达到的正是那种认识。

因此,为了表述"主体"为什么是构成意识形态的基本范畴,而意识形态也只存在于构成具体的主体(你或我)的过程中,我要使用一种特殊的阐述方式:既"具体"到足以被认出,又抽象到足以被思考且经过了思考,从而提供一种认识。

作为第一个提法,我要说的是:**所有意识形态都**通过主体这个范畴发挥的功能,**把具体的个人唤问为具体的主体**。

这个命题要求我们暂时把具体的个人和具体的主体区分开来,尽管在这个层面上,具体的主体只有通过具体的个人的担当才存在。

如此一来,我们要提出,意识形态"起作用"或"发挥功能"的方式是:通过我们称之为**唤问**的那种非常明确的活动,在个人中间"招募"主体(它招募所有的个人)或把个人"改造"成主体(它改造所有的个人)。我们可以通过平时最常见的警察(或其他人)的呼唤——"嗨!您,叫您呢!"①——来想象那种活动。

为了"让具体的东西"变得更具体,假定我们所想象的理论场景发生在大街上,那么被呼唤的个人就会转过身来。就这样,仅仅作了个一百八十度的转身,他就变成了一个**主体**。为什么呢?就因为他已经承认那个呼唤"正"是冲着他的,承认"被呼唤的**正是他**"(而不是别人)。经验表明,呼唤的远距离通信实践就是这样的,而且这种呼唤在实践上很少落空:无论是口头呼叫,还是一声哨子响,被呼唤的人总会承认正是他被人呼唤。然而这是一种奇怪的现象,尽管有大量的人在"因为做了什么事而自责",但单凭"犯罪感"是解释不了这种现象的,除非所有的人确实都因为做了什么事而不断自责,从而所有的人都隐约地,并且是时时刻刻

---

① 呼唤(interpellation)作为一种服从于明确仪式的日常实践,在警察的呼唤实践中采取了惊人的形式(它发挥功能的形式和在学校的呼唤中的形式非常相似):"嗨!您,叫您呢!"但与别的呼唤实践不同,警察的呼唤是镇压性的。"您的证件!"证件首先是指**身份证件**:照片、姓名、出生日期、居住地址、职业、国籍等等。集中体现在姓名等信息中的身份,使得人们可以识别这个主体(警察的呼唤说明他多少受到了怀疑,从而先天是"坏人"),从而认出他,不把他与其他人相混淆,以便或者"让他通过"("没问题!"),或者"逮住"他("跟我来!");其结果,所有在人民示威活动中被逮住的那些人都非常清楚:开始以"你"相称并伴以一阵痛打,在局子里过夜,还有一整套警察认出"坏主体"的可怕的物质仪式:"是他打了我!"相应的指控是:"对公务人员动武"或其他鉴定。当然,也有一些小偷和罪犯,还有一些警察,不"喜欢""某些实践"。(注意,本书中的"interpellation""interpeller"主要译为"唤问",凡为方便读者理解而译为"呼唤"的地方,原文也都是这个词。——译注)

地感到自己至少有一些事情要交代,也就是说,有一些职责要履行。难道只是这一点让人们回应所有那些呼唤吗？奇怪。

自然是为了让我们的小理论剧的展示方便实用、明了易懂,我们才不得不用一种前后连贯的形式,也就是按照时间的顺序,把事情表演出来。有几个人在一起溜达,从某个地方(通常是他们背后)传来一声呼唤:"嗨！您,叫您呢！"有个人(十有八九总是被叫的那个人)转过身来,相信—怀疑—知道这是在叫他,从而认识到呼唤声所叫的"正是他"。但实际上,这些事情的发生是**没有任何顺序性的**。意识形态的存在和把个人唤问为主体完全是一回事。

我们可以补充一句:像这样好像发生在意识形态**之外**(确切地说,发生在街上)的事,实际上发生在意识形态**当中**。因此,实际上发生在意识形态当中的事,也就好像发生在它之外。这就是那些身处意识形态当中的人(你和我)总是理所当然地相信自己外在于意识形态的原因:意识形态的后果之一,就是在实践上运用意识形态对意识形态的意识形态性加以**否认**。意识形态从不会说:"我是意识形态。"必须处于意识形态之外,也就是说,在科学的认识当中,才有可能说:我就在意识形态当中(这完全是例外的情况);或者说:我曾经在意识形态当中(这是一般的情况)。谁都知道,对身处意识形态当中的指责从来都是对人不对己的(除非他是真正的斯宾诺莎主义者或马克思主义者,在这一点上,两者的立场完全是一样的)。这就等于说,意识形态(对它自己来说)**没有外部**,但同时(对科学和现实来说)**又只是外部**。

斯宾诺莎比马克思早两百年就完美地解释过这一点,马克思实践了它,却没有对它作出详细的解释。不过,让我们把这一点搁下不谈吧,尽管它有重大的后果,不只是理论的后果,而且直接是政治的后果。因为,比如说,关于**批评和自我批评**的整套理论——马克思列宁主义阶级斗争实践的这个金子般的原则,就依赖于这一点。简单地说:怎么做到在批评之后会有(用毛的列宁主义提法来说)**改正错误**的自我批评呢?唯有以应用于阶级斗争实践的马克思列宁主义科学为基础才能做到。

因此,意识形态把个人唤问为主体。由于意识形态是永恒的,所以我们现在必须取消此前我们用来演示意识形态发挥功能的那种时间性形式,同时指出:意识形态总是—已经把个人唤问为主体,这就等于明确指出,个人总是—已经被意识形态唤问为主体。我们从这里不可避免地得出最后一个命题:**个人总是—已经是主体**。因此,这些个人与他们总是—已经是的那些主体相比,是"抽象的"。这个命题可能好像是一个悖论,像是在玩高空杂技。请稍等一会儿。

然而,个人——甚至在出生前——总是—已经是主体,却是一个谁都可以理解的、明摆着的事实,根本不是什么悖论。个人与他们**总是—已经**是的那些主体相比,永远是"抽象的",弗洛伊德仅仅通过指出围绕着期待孩子"出生"这桩"喜事"所进行的意识形态仪式,就已经证明了这一点。谁都知道,一个将要出生的孩子是以何种方式(关于这些方式,要说的还有很多)被寄予了多少期望。这就等于平淡无奇地说:如果我们同意先将各种"感情"放在一边,即把对将要出生的孩子寄予期望的家庭意识形态①

---

① 我们已经说过,在某种**程度**上,家庭是一种意识形态国家机器。

的各种形式(父系的/母系的/夫妇的/兄弟的)放在一边不谈,那么事先可以肯定的是,这个孩子将接受父姓①,并由此获得一个身份,成为不可替代的②。所以,在出生前,孩子就总是—已经是—个主体。它在特定的家庭意识形态的模子里并通过这个模子被规定为这样的存在,从(有意或意外)怀孕开始,它就按照这个模子而被"期望"着。不用说,这个家庭意识形态的模子在其独特性方面是被可怕地结构着的;正是在这个不可改变的、多少有点"病态的"结构中(想想我们能给"病态的"这个说法赋予的任何意义),原先那个未来—主体必定会"找到""它的"位置,即"变成"它预先就是的一个有性别的主体(男孩或女孩)。不必成为一个大知识分子,就能想到,这种意识形态的约束力和预定作用,以及在家庭中抚养和教育孩子的所有仪式,都肯定跟弗洛伊德所研究的前生殖器"期"和生殖器"期"的各种性欲形式,从而与对被弗洛伊德(根据其后果)称为**无意识**的东西的"控制",有着某种关联。但是,让我们把这一点也搁下不谈吧。

这个关于预先就总是—已经是主体的孩子(因而不是退伍的战士,而是未来的战士)的故事,不是一个玩笑,因为我们看到,这个故事是进入弗洛伊德领域的入口之一。不过,我们对它感兴趣,有另外的原因。当我们说意识形态一般总是已经把总是—已

---

① "父姓"原文为"le nom de son père",即拉康的术语"父亲的名"。——译注

② 这让人想到在一些戏剧中,孩子在产院里被调换或被真正的父亲"认出"来;孩子被从父亲那里夺走,被托付给母亲;等等,并想到这些事件所造成的所有可怕[被删除的字]后果。

经是主体的个体唤问为主体时,我们是什么意思呢?除"产前"有极端情况之外,它具体意味着这些东西:

当宗教意识形态开始直接发挥功能,把一个叫路易的小孩唤问为主体时①,这个小路易已经是主体了②,但还不是一个宗教的主体,而是家庭的主体。当法律意识形态(我们可以想象后来就是这样)开始把青年路易唤问为主体,不再跟他谈爸爸妈妈,也不再跟他谈仁慈的上帝和小耶稣,而是跟他谈正义时,他也早已经是主体了,是家庭的、宗教的还有学校的等等的主体。当最后,由于人民阵线、西班牙内战、希特勒、1940年的战败、被俘、偶遇一位共产主义者等等杂自传③环境,政治意识形态(通过它的一些对比形式)开始把已经是成人的路易唤问为主体——尽管此前很久他就已经是主体,总是—已经是的主体,家庭的、宗教的、道德的、学校的、法律的……主体——,这一次是政治的主体!他一从战俘营回来,就开始从传统的天主教的战斗态度转向进步的天主教的战斗态度:成为半异端分子,然后开始阅读马克思,然后加入共产党,等等。生命就这样向前走去。各种意识形态不断地把主体唤

---

① 这里"叫路易的小孩"显然是指阿尔都塞自己,接下来的一整段描述,也是以阿尔都塞自己的经历为原型的。具体参见其自传《来日方长》,前引。——译注

② 这里"已经是主体了"的原文是"est déjà-sujet"(直译为"是已经的主体"),阿尔都塞用了"déjà-sujet"这个词,表示这个主体从一开始就"已经"(déjà)是"主体"(sujet)。——译注

③ 原文为"auto-hétérobio-graphiques",是根据"autobiographique"(自传的)一词而杜撰的,其中词缀"hétéro-"有"异……""外来的……""杂……"等多种意思。——译注

问为主体,"招募"那些总是—已经是的主体。它们的作用在同一个总是—已经(多次)是主体的个人身上迭合交错、自相驳难。要靠他自己去设法应付……

我们现在要把注意力转向这样一个问题:置身于这个唤问场景中的"演员们",以及他们各自扮演的角色,是怎样被反映在所有意识形态的结构本身当中的。

七、一个例子:基督教的宗教意识形态

由于所有意识形态的结构在形式上总是相同的,因此,我们只分析一个所有人都熟悉的例子——宗教意识形态,同时明确指出,对于道德意识形态、法律、政治、审美和哲学意识形态,可以非常容易地作出同样的证明。另外,一旦将来我们准备停当,再次讨论哲学时,会专门回到这个证明。

接下来让我们来仔细考察一下宗教意识形态。为了大家都能理解,就以基督教的宗教意识形态为例。我们要使用一种修辞手段"让它说话",也就是说,把它不仅通过《旧约》和《新约》、神学家和布道辞,而且通过它的实践、仪式、典礼和圣事所"言说"的东西,汇总到一篇虚构的演说①中。基督教的宗教意识形态大抵是这样说的:

它说:我有话对你说,那个叫彼得的人(每一个人都是通过他的名字**被呼叫**的,在这个被动意义上,他的名字从来不是他自己给的),为了要告诉你,上帝存在,而你对他负有一些责任。它又

---

① "演说"原文为"discours",也译为"话语"。——译注

说:上帝藉我的声音传话给你(圣经记有上帝的言①,传统②使之远播世上,"教皇不谬"永远确定了它的"微言大义",比如圣母玛利亚的贞洁或……教皇不谬本身)。它说:这就是你,你是彼得!这就是你的起源③,你是永恒的上帝所造,尽管你生于主历1928年!这就是你在世上的位置!这就是你该做的事!像这样,如果你守"爱的律法",你就能得救,你,彼得,就能成为基督荣耀之躯的一部分!等等。

然而,这是一篇极其司空见惯的、陈腐的演说,但同时又是一篇极其令人惊奇的演说。

说它令人惊奇,是因为我们认为宗教意识形态的确是在对个人④说话,以便"把他们改造成主体"——它唤问彼得这个个人,就是为了让他成为一个主体,自由地服从或是不服从呼召,即上帝的诫命。如果它用这些个人的名字来称呼他们,因此承认他们总是—已经被唤问为具有某种个人身份的主体(以至于帕斯卡尔的基督——这个帕斯卡尔明确地……——说:"我这滴血正是为你

---

① "言"原文为"Parole",即"讲话、发言",这里指"圣言"。——译注

② "传统"原文为"tradition",作为宗教用语,指"口头流传下来的教义"。——译注

③ "起源"原文为"origine",也可译为"出身",具体参见第335页译注。——译注

④ 尽管我们知道个人总是已经是主体(虽然只是家庭意识形态的主体),但我们还是继续使用这个方便的说法,因为它可以造成一种对比效果。(本注释原本注在上文"上帝藉我的声音传话给你"这句话后面,当为误植。现根据《意识形态和意识形态国家机器》一文中与这一段文字相同的部分更正。——译注)

而流！"）；如果它以那样的方式唤问他们,以至于主体回答"是的,**正是我**！"如果它能让他们**承认**他们的确占据了它指派给他们在世上的位置、这流泪谷①中的一个固定的所在,说："完全正确,我在这里,是一个工人、老板或军人！"如果它能根据他们对"上帝的诫命"（化为爱的律法）所表现的敬与不敬,让他们承认某种命定的归宿:永生或入地狱；——在众所周知的洗礼、坚振礼、领圣餐、忏悔和终傅等仪式实践中,如果一切都确实是这样发生的话,我们就应该注意到:使基督教宗教主体得以演出的整套"程序"都由这样一种奇怪的现象统治着,即只有在存在一个独一的、绝对的**大他者主体**②即上帝的**绝对**条件下,才会有如此众多的、可能的宗教主体存在。

接下来让我们约定,用一个大写字母 S 开头的 Sujet,来特指这个新的、独一无二的大主体,以区别于小写 s 开头的那些普通的小主体。③

可见,把个人唤问为主体,是以一个独一的、中心的大他者主体的"存在"为前提的,宗教意识形态就是奉这个大主体的名把所有个人都唤问为主体的。这一切都明明白白地④写在理所当然被称之为圣经的东西里。"那时,上帝耶和华从云中对摩西讲话。

---

① "流泪谷"原文为"vallée de larmes",语出《圣经·诗篇》84:6。——译注

② "大他者主体"原文为"Autre Sujet",详见下注。——译注

③ 按照本书通例,我们把这个大写的主体用楷体表示,并在表示对照的地方,在前面加上一个"大"字,相应地,在表示对照的地方,小写的主体前加上一个"小"字,以使原文的意思更加显豁。——译注

④ 我以糅合的方式,不是逐字逐句,而是"按精神实质"进行引用。（参见《旧约·出埃及记》3。——译注）

他呼叫摩西说:'摩西!'摩西回答说:'(正)是我!我是你的仆人摩西。你吩咐吧,我听着呢!'耶和华就对摩西说:'我是自有永有的。'"

上帝就这样把自己定义为典型的大主体,他由于自己并为了自己而存在("我是自有永有的"),他唤问他的主体,那个由于他的唤问本身而臣服于他的个人,那个叫摩西的人。那个通过其名字而被唤问—呼叫的摩西,因为承认上帝所呼叫的"正"是他,也就承认——是的!——承认自己是一个主体、一个上帝**的**主体、一个臣服于上帝的主体、一个通过这个大主体而存在并臣服于这个大主体的小主体。证明是:他服从上帝,并使他的百姓服从上帝的诫命。而芸芸众生正在走向应许之地!因为上帝在唤问着、命令着,同时允诺说,如果人们承认他作为伟大的**主体**(Grand Sujet)的存在,承认他的诫命,并且在一切方面都服从于他,就将得到回报。如果不服从,他将变成可怕的上帝:当心他的圣怒!……

因此,上帝是主体,而摩西和无数是上帝百姓的主体则是这个主体的唤问—对话人,是他的**镜子**、他的**反映**。人不就是照着上帝的**形象**造出来的吗?而这不就是为了上帝能够在自己创世—堕落—救赎这一伟大战略计划结束时进行自我欣赏,也就是说,通过他们(就像通过他自己的荣光那样)来进行自我承认吗?

正如全部的神学思考都证明的那样,尽管上帝没有人也完全"能行",但他却需要人,这个大主体需要那些小主体,正像人需要上帝,那些小主体需要大主体一样。说得清楚点:上帝需要人,这个伟大的主体需要一些小主体,哪怕他的形象在他们身上发生了可怕的颠倒(当这些小主体沉迷于放纵也即沉迷于罪恶时)。

说得再清楚点:上帝把自己一分为二,并派圣子来到地上,作为一个仅仅被他"离弃"的主体(客西马尼园里漫长的抱怨直到被钉上十字架才结束①),既是小主体又是大主体,既是人又是上帝,专门要为最后的救赎即基督的复活预备道路。因此,上帝需要"让自己成为"人,大主体需要变成小主体,好像是为了完全在经验上显现出来,为那些小主体的眼所能见,手所能触(见圣多马②);而只要他们是小主体,就会臣服于大主体,**仅仅**是**为了**最后在末日审判时,能够像基督一样,回归上帝的怀抱,也就是说,回归那个大主体。③

让我们用理论语言将这种从大主体分出一些小主体,从大主体本身分出小主体——大主体的奇妙的必然性翻译出来吧。

我们看到,所有意识形态的结构——以一个独一的、绝对的大主体之名把个人唤问为主体——都是**镜像的**,也就是说像照镜子一样,而且还是一种**双重镜像**的结构:而这种镜像的重叠是意

---

① 可参见《新约·马太福音》26:36-46;27:46。——译注

② 圣多马(Saint Thomas),耶稣十二门徒之一,曾因怀疑耶稣的复活而用手触摸耶稣受伤处。阿尔都塞在其自传《来日方长》中也提到过这个典故:"我终于在自己的欲望中变得幸福了,这欲望就是要成为一个身体,首先要在自己的身体里存在,在身体里我获得了自己终于真正存在的无可辩驳的物证。我和神学上的圣托马斯毫不相干,因为他仍然在思辨的眼睛的修辞底下思考;但我和福音书里的圣多马却有更多的相通,因为他为了相信而愿意触摸 。更有甚者,我不满足于只通过手的简单接触而相信现实,我还要通过对现实进行加工改造,并远远超出这个单纯的现实本身,去相信我自己的、最终赢得的存在。"参见阿尔都塞《来日方长》,前引,第229-230页。——译注

③ 三位一体的教义正是关于从大主体(圣父)分出小主体(圣子)以及这两者的镜像关系(圣灵)的理论。

识形态的构成要素,并且保障着意识形态功能的发挥。这意味着所有意识形态都是**中心化的**,意味着这个绝对的大主体占据着这个独一无二的中心位置,并围绕这个中心,通过双重镜像的关系把无数个人唤问为小主体,以使那些小主体臣服于大主体,同时,通过每个小主体能籍以凝思自身(现在和将来)形象的那个大主体向他们作出**保证**:这确实关系到他们,也确实关系到他,而因为一切都发生在家庭(神圣家庭:家庭本质上都是神圣的)中,所以"上帝将在那里**承认**归他的人",也就是说,那些承认上帝且通过他而进行自我承认的人,将会得救,并坐在上帝的右边(在我们国家,这是死神的位置,因为我们国家驾驶员的位置在左边),融入基督神秘之躯。

因此,意识形态重叠的镜像结构同时保障着:

1.把"个人"**唤问**为主体;

2.小主体与大主体的相互**承认**,小主体们之间的相互**承认**,以及主体的自我**承认**①,以及

3.这种绝对的**保证**,即一切都确实会这样,上帝确实是上帝,彼得确实是彼得,只要小主体对大主体完全臣服,对他们来说就会一切顺利:他们将得到"回报"。

结果是:那些小主体落入了臣服、普遍承认和绝对保证的三重组合体系中,丝毫也不令人惊奇,他们"运转起来"了。他们"自动运转了起来",没有警察跟在屁股后面,但当拿那些"坏主体"实

---

① 黑格尔作为一位讨论了普遍承认的理论家,也是一位令人钦佩的、但有所偏袒的意识形态理论家。费尔巴哈,作为一位讨论镜像关系的理论家,也一样。还没有关于这种保证的理论家。我们以后会再讨论这些。

在没办法时,也需要在深思熟虑之后,时不时地在镇压中追加一些专门化小分队前来进行干预,比如宗教法庭的法官们,或者当涉及的不是宗教意识形态而是别的意识形态时,追加的是其他法官和其他专门化部队①。那些小主体"运转了起来":他们承认"真是这样的","事情确实如此"而不是如彼,承认必须服从上帝、服从本堂神甫、服从戴高乐、服从老板、服从工程师,并且承认必须爱自己的邻人,等等。这些小主体们承认了"一切都确实"(如此),于是运转了起来,为了事情能够完成,他们说:但愿如此!②

这证明:**事情并非如此**,但为了让事情成为它应该是的那样,**就必须如此**——我们可以顺嘴说出:为了每天、每时每刻在"意识"中,也就是说,在那些占据由劳动的社会—技术分工为他们指定的生产、剥削、镇压、意识形态化和科学实践等岗位的个人的物质行为中,**保障生产关系的再生产**,就必须如此。

我们都知道,在资本主义社会形态中,(存在于宗教意识形态国家机器当中的)宗教意识形态所扮演的角色与它在"农奴制的"社会形态中所扮演的角色不再相同。在资本主义社会形态中,其

---

① 利奥泰(Lyautey)说镇压的黄金法则是:"展示武力,以便不必动用武力。"我们可以将这个表达改进一下:"不要展示武力,以便不需要动用武力就让它起作用",等等。[路易·于贝尔·贡扎尔夫·利奥泰(Louis Hubert Gonzalve Lyautey,1854—1934),法国政治家、军事家、法兰西学院院士,曾参与指挥法军征服马达加斯加岛,1912—1916 年任法国殖民地摩洛哥总驻扎官,第一次世界大战时期任战争部长,后任法军元帅。著有《论军队在殖民地的作用》(*Du rôle colonial de l'armée*,1900)等。——译注]

② "但愿如此!"原文为"Ainsi soit-il!"即祈祷结束时说的"阿门",直译过来是一个祈使句:"让它成为这样的吧!"——译注

他一些意识形态机器扮演着更重要的角色,它们的集中作用总是包括同样的"目标":每天不间断地在"意识"中对生产关系进行再生产,也就是说,对在资本主义社会生产中发挥不同功能的当事人的物质行为进行再生产。但是,我们就宗教意识形态的结构和功能所说的话也同样适用于其他任何意识形态。在道德意识形态中,镜像关系发生在(职责)①这个大主体②与(各种道德意识)这些小主体之间;在法律意识形态中,镜像关系发生在(正义)这个大主体与(自由和平等的人)这些小主体之间;在政治意识形态中,镜像关系发生在(祖国、民族利益或普遍利益、进步、革命等各种)大主体与(相关成员、选民、战士等)这些小主体之间。

当然,马克思列宁主义革命的政治意识形态具有一种特殊性,**史无前例的**特殊性:它是由一门**科学**——即马克思主义历史科学——强有力地"加工过"、从而是被改造过的意识形态,这门关于社会形态、阶级斗争和革命的科学,虽然没有完全消灭意识形态的镜像结构,但却使它产生了"变形"(《国际歌》里唱得好:"既没有上帝,也没有护民官和主人"③,因此也就没有臣服的小

---

① "职责"原文为"Devoir",关于它与"obligation"(义务)的区别,参见第159页译注。——译注

② 原文为"subjet",根据下文,此处首字母应该大写,即"Subjet"。——译注

③ 阿尔都塞的引文为"Ni Dieu, ni Tribun, ni Maître",《国际歌》原文是"Ni Dieu, ni César, ni tribun"(直译为"既没有上帝,也没有恺撒和护民官",中文歌词译为"也不靠神仙皇帝"),其中"tribun"既有"(思想的)辩护士""平民演说家""民权保卫者"等意思,也指古罗马的"护民官""罗马军队高级军官"或(法国拿破仑时期的)护民院(下院)的议员。——译注

主体！……）。《国际歌》就这样希望使政治意识形态本身"**去中心化**"：这在多大程度上是可能的呢？或者说，既然它是相对可能的，那么到目前为止，它在什么样的限度内是可能的呢？这是另一个问题。① 虽然如此，但在去中心化努力（即群众对马克思列宁主义政治意识形态的去镜像化努力）所面临的阻力范围以内，我们仍会在所有意识形态中看到同样的状况和同样的运行原则。要证明这一点很容易。

---

① 看看"个人崇拜"的意识形态，它的基础中就有沙皇是"人民的小父亲"的意识形态的残余（带着宗教的回声）。目前在西欧共产党中发展出来的意识形态倾向于说，他们自己方面没有实践"个人崇拜"的意识形态，一点儿也没有（意共），或仅仅在一种情况下有，即在"莫里斯·多列士的党（法共）"这个不适当的表达中。"对个人崇拜进行批判"的意识形态，本身仍然是一种意识形态，因此，尽管它作出了"去中心化"或……否定的努力，在某个地方它还是有一个中心。在哪里呢？自捷克斯洛伐克"事件"以来，这个中心有点儿难以辨认了：过于军事化了，政治意识形态不喜欢这样。如果愿意在我们的分析的烛照下，从另一个角度想想陶里亚蒂关于国际工人运动的"多中心主义"这个表达或"再没有社会主义导师国家"这句话，想想第三国际取消之后甚至没有任何国际，乃至当前国际共产主义运动分裂的情况，我们就会看到正在起作用的"去中心化"的各式各样的例子。说实话，它们是不合常规的，而且并非总是经过马克思列宁主义科学的"加工"和"检验"。但总有一天，国际共产主义运动的重新统一，会通过那些能够最大程度地保障"去中心化"的形式而得到保障。要有"耐心"。（"耐心"原文为意大利文"Pazienza"，这个词很可能是从葛兰西那里借来的。可参考葛兰西 1927 年 2 月 26 日从狱中写给他母亲的信，见葛兰西《狱中书简》，田时纲译，人民出版社，2008 年，第 48 页："要有耐心，而我有足够的耐心，它车载斗量，广厦难装。"——译注）

既然我们已经附带地顺嘴说出了那些话,就让我们回到这个任何人都肯定会提出的问题:在这样一套机制——对大主体和小主体的镜像承认,以及如果小主体接受了对大主体"诚命"的臣服地位,大主体就为他们提供的保证——当中,实际上真正涉及的是什么呢?在这套机制中涉及的现实,即通过**承认**的形式本身而被误认的现实(承认因此必然是**误认**)①,说到底,就是生产关系的再生产,以及由生产关系派生的其他关系的再生产。

八、意识形态具体如何"发挥功能"

接下来要做的,是通过几个具体的例子来阐明这整套非凡(且简单)的机械装置②是如何通过自己实际的具体复杂性来发挥功能的。

为什么说"简单"呢?因为意识形态的作用原理很简单:承认、臣服、保证——整个这些都以**臣服**为中心。意识形态使总是—已经是主体的个人(你和我)"运转起来"。

为什么说"复杂"呢?因为每个主体(你和我)都臣服于多种相对独立的意识形态——虽然它们都在国家的意识形态的统一性之下被统一。事实上我们看到,存在着复数的意识形态国家机器。每个主体(你和我)都同时生活在多种意识形态中,并受到它们的制约,它们的臣服作用在主体自身的行为——这些行为被铭刻在实践中,受到仪式的支配,等等——中"结合"了起来。

---

① 关于"承认"和"误认",详见第 339 页注释。——译注
② "机械装置"原文为 mécanique,也可译为"机器"。——译注

这种"结合"并不会自动发生:这里产生了在我们官方哲学的绝妙语言中被称作"职责冲突"①的东西。当"特定的"情况出现时,如何使家庭、道德、宗教、政治等的职责在总体上协调一致呢?这时候必须进行选择,甚至当人们(经历了"良知危机"——它是在这种情况下必须尊重的神圣仪式的一部分——之后,有意识地②)不进行选择的时候,选择也会自动进行。1940年就是这样,在"奇怪的战争"③的奇特失败之后,戴高乐作出了选择,贝当也一样。一些既没有戴高乐那样的贵族称号,也没有自己运输工具的法国人,也进行了"选择",他们留在了法国,并在建立游击队基地之前,暗中尽其所能地与那些脱离了德国人的游散部队进行斗争。

还有着别样的"职责冲突"和别样的选择,它们不那么壮观,但却同样富有戏剧性。仅举一个简单的例子:不少年来,天主教会(而不是上帝这个父亲)一直给信奉基督教的夫妻提供用来挂带的"祝圣"十字架,这就带来了家庭意识形态和宗教意识形态之间的冲突,而冲突的对象,就是"避孕丸"。我要让读者凭自己的想象和经验去对其他的"良知问题"——也就是说,不同意识形态机器之间客观存在的尖锐摩擦声——进行重新组合。比如有些

---

① "职责冲突"原文为"conflits de devoirs",其中"devoirs"(职责)与"obligation"(义务)的区别,参见第159页译注。——译注

② "良知危机"原文为"crise de conscience",也译为"良心危机",其中"conscience"也译为"意识","consciemment"(有意识地)是它的副词形式。——译注

③ "奇怪的战争"(drôle de guerre)指英国和法国在1939年9月至1940年5月期间采取绥靖政策,对德国宣而不战的"战争"。——译注

法学家、法官或官员们面临的良知问题,他们陷在自己所处的秩序(或他们在国家机器中所承担的客观功能)和自己的道德意识形态(以及正义)或(进步的与革命的)政治意识形态之间。没有任何人能避开"良知问题",甚至警察中的某些警官也不例外。

我们要搁下这一点不谈,因为要对它进行发挥很容易。让我们回到我们的总论点上来,以阐明为什么可以说一切社会形态都"通过意识形态而运行",就像在谈到汽车时说它"通过汽油而运行①"一样。

此前在谈到"法"时,我们就同时注意到,法的本质功能更多地不是保障生产关系的再生产,而是调节和控制**生产**(以及那些保障生产关系再生产的机器)**的运行本身**。现在,我们对一些事情可以理解得更深了,因为我们已经注意到,法只有通过法律—道德的意识形态才能发挥功能。它在调节生产关系的运行的同时,通过自己的法律意识形态,来协助保障**生产关系的再生产**在每个主体(即生产、剥削等的当事人)的"意识"中不间断地进行。

现在我们可以说,意识形态国家机器表现出了这样的特殊性:它属于上层建筑,并且躲在镇压性国家机器这个盾牌和靠山背后,以上层建筑的名义保障着生产关系的再生产。但既然它们是在主体(生产等的当事人)的"意识"中保障生产关系的这种再生产,我们就不得不补充说,通过意识形态机器以及它们在主体(生产的当事人)身上产生的意识形态后果而进行的生产关系的这种再生产,是**在**生产关系本身的运行**中**得到保障的。

---

① "运行"原文为"fonctionner",在其他地方也译为"发挥功能"。——译注

换言之,上层建筑相对于下层建筑而言具有一种**外在性**——尽管这个论点在原则上有充分的理由;尽管要是没有这个论点,在生产方式(从而社会形态)的结构和运行中就没有任何东西是可理解的;但这种外在性在很大程度上是在**内在性**的形式下起作用的。更明确地说,我的意思是,有些意识形态,比如宗教意识形态、道德意识形态、法律意识形态,甚至政治意识形态(甚至审美意识形态:这让人想到手艺人、艺术家,以及所有那些需要把自己视为"创造者"而进行劳作的人),恰恰是在生产关系——那些意识形态有助于使它"自动运转起来"——运行的内部,保障着生产关系的再生产(因而以意识形态国家机器的名义隶属于上层建筑)。

相反,镇压性国家机器并不是以同样的方式出现在生产关系运行的内部。除发生交通总罢工时军用卡车会出来尽其所能地保障部分"公共交通"(至少在巴黎地区是这样),通常不会有军队、警察,甚至不会有政府部门,直接在生产关系运行的内部,对生产或意识形态国家机器进行干预。存在一些众所周知的极端情况,这时警察、共和国保安部队,甚至军队会被用来"打压"工人阶级,但这是在工人阶级罢工的时候,也就是当生产停止的时候。不过生产有自己内部的镇压当事人,经理和他们的下属、管理人员,乃至工头,还有绝大部分"工程师"或甚至高级技术人员(无论他们本人是怎么想的,也无论人们怎么看他们)。一旦我们明白了不存在劳动的纯技术分工,存在的只有劳动的**社会—技术分工**;也就是说,一旦我们明白了在生产力和生产关系的统一体(它构成了归根到底对发生在上层建筑中的事情起决定作用的下层建筑)中,不是生产力,而是生产关系在现有生产力的限度内起决定作用①;我们就能理解那些内部的镇压当事人的存在。

然而,生产中(更不必说在其他领域,包括在各种国家机器的劳动分工中)的这种劳动的社会—技术分工,本身只有通过意识形态才能运行:首先是通过法律—道德的意识形态,同时也通过宗教、政治、审美和哲学的意识形态而运行。由此我们会发现(我敢说这非常清楚),生产(以及一种社会形态其他领域的活动)的运行极其简单,同时又极其复杂。由此我们还会看到,必需再一次纠正我们先前对上层建筑和下层建筑之间关系的"地形学"表述。

九、下层建筑和上层建筑

下层建筑由生产关系统治着。生产关系既作为生产关系(它使劳动过程的运作成为可能)又作为剥削关系而运行(当然是在劳动的物质过程的基础上运行的,因为是劳动生产了作为商品的社会有用物品)。而生产关系的运行得到保障,是通过:

1. 生产过程自身内部的(而不是外部的)剥削和镇压当事人。不是警察或军人,而是生产过程自己的当事人(经理和他们的下属,乃至工头,还有绝大部分"工程师"和高级技术人员)保障了生产过程中监视—控制—镇压等功能。这些人员在发挥自己的功能时,可能会带着全部能想象得到的"老练",利用一切"先锋的"

---

① 这个论点将在其他地方得到证明。[参考"附录"。原编者](指"附录:论生产关系对生产力的优先性"。——译注)

公关技巧或**人际关系**技巧(即全部"先锋的"①心理学和社会心理学技巧),在某些情况下,还会带着人们所希望的、使他们即便不是倒向也能偏向无产者一边的全部"道德上的"审慎和温情(包括他们自己的良知危机和觉悟);但在客观上,他们并不因此就不属于生产关系运行内部的镇压人员。

2. 各种的不同意识形态后果的作用。首先是法律—道德的意识形态,在绝大多数情况下,它带来的结果是:"每个人"(包括无产者)出于好好工作的"职业良知",都在各自的岗位(包括无产者的岗位)上"尽自己的职责"——之所以包括无产者,是因为他们也要尽自己无产者的(其实是资产阶级的)"政治职责";接受资产阶级的法律—道德意识形态,承认自己的工资代表了"自己的劳动价值";接受资产阶级的技术意识形态,承认"必须要有经理、工程师、工头等人才行";等等。

在生产中,生产关系的运行是由镇压和意识形态联手保障的,其中意识形态起占统治地位的作用。

整个上层建筑都集中在国家那里。国家为掌握政权的那个阶级(或几个阶级)的代表服务,它包括各种国家机器:镇压性国家机器和诸意识形态国家机器。

上层建筑,从而一切国家机器的根本作用,就是保障对无产者和其他雇佣工人的剥削永世长存,也就是说,保障生产关系——同时也是剥削关系——的永世长存即再生产。

镇压性国家机器保障了好几项功能。一部分(专为由法律意识形态机器所宣判的惩罚服务的专门化小分队)保障对违法者进

---

① "先锋(的)"一词原文为"d'avant-garde",也译为"前卫的"。——译注

行起诉,对违章人员进行扣押,对被判为违法的行为进行物质惩罚。这一部分+阶级斗争中的专门化暴力小分队(共和国保安部队等等)+军队,保障着一个总功能:为意识形态国家机器的运行条件提供物质上的政治保证。

因此,是意识形态国家机器承担着生产关系(及其派生出来的其他关系,包括在它们自己的"人员"——他们本身也要被再生产——内部派生出来的关系)再生产的主要功能。然而,刚才我们发现,这种功能,尽管远远超出了那种完全内在于正常进行的生产关系的运作的功能,却仍然在生产关系的运作内部起作用。此前我们发现,"法"是保证生产关系运行的首要的专门化意识形态国家机器,现在我们意识到,我们必须扩展这个命题,说:**其他的意识形态国家机器,(作为它们自身干预作用的一部分)只有同时保障生产关系的运作本身,才能保障生产关系的再生产。**

由此可得出,上层建筑和下层建筑之间错综复杂的关系——不是笼统的、含糊的,而是极其精确的错综复杂的关系——首先是通过各种意识形态国家机器表现出来的。只有当这些意识形态国家机器的绝大部分"活动"表现在生产关系的运作本身当中以保障生产关系的再生产时,它们才列入上层建筑中。

在这个新的精确表达中,没有对那个地形学向我们表明的东西(即下层建筑对上层建筑的归根到底的决定作用)提出任何质疑。恰恰相反,我们的分析不但捍卫了这个首要的原理,而且使它变得更为有力了。反过来,我们由此得到的收获是,从一种仍然是描述性的理论过渡到了一种更"理论的"理论。这种理论通过意识形态国家机器的运作,通过意识形态国家机器保障生产关系的再生产在很大程度上是通过保障生产关系本身的运作来实现的这一事实,向我们揭示了上层建筑和下层建筑之间错综复杂关系的精确复杂性。

十、一个具体的例子

为了不停留在这些虽然精确但也同样是抽象的概念(notions)上,是不是应该补充说:这一切都能在个人主体的日常生活中得到经验上的验证,而无论他们在"劳动"的社会—技术"分工"(生产)中或"劳动"的纯社会"分工"(剥削、镇压、意识形态化)和科学"分工"中占据的是什么岗位呢?

具体地说(我只举以下一些例子,任何读者都可以自己对它们进行无限扩展),这意味着:

1. 一个无产者,除非为"需要"所迫,并且除非同时臣服于法律意识形态("应该用劳动换取自己的工资"),臣服于关于劳动的经济—道德意识形态(参考勒内·克莱尔嘲讽味十足的话:"劳动是义务的,因为劳动即自由"①),或者如果他"落后"一点的话,臣服于关于劳动的宗教意识形态("为了获救,必须受苦,基督曾经是工人,劳动'共同体'是灵魂'共同体'的雏形"),等等,就不会去劳动。

2. 一个资本家,如果不再为自己的"需要"尤其是竞争(说到底,是相互抗衡的资本在平均利润率基础上的竞争)所迫,同时,

---

① 勒内·克莱尔(René Clair,1898—1981),法国电影艺术家,法兰西科学院院士。这里"义务的"一词原文为"obligatoire",即"必需的",也可以译为"强迫的"。关于这个词的更多解释,参见第159页译注。——译注

如果他没有受到他本人根据一整套关于所有权、利润,以及关于他的恩惠的道德—法律意识形态所编造的观念的支持,他就不再是一个资本家了。——多亏了他的资本,他才能把这些恩惠赐予他的工人们("我自己带了钱来,不是吗?我拿它去冒险吗?那么我理应用它**换取**点什么:那就是利润;况且也需要有一个老板去管理工人,要是没有我,他们靠什么生活呢?")

3. 一个财政部的官员……一个老师、一个教授、一个研究员、一个心理学家、一个教士、一个军官、一个部长,甚至国家元首本人……一个父亲、一个母亲、一个大学生等等(对于每一种类别,我们都可以使阐明变得完整)。

为了举另一种例子,为了看到不同的意识形态的后果是如何相互结合、相互补充、和平共处或相互抵牾的,让我们看看在工人的一些实践仪式中所发生的事情(我要提醒大家注意:意识形态最终存在于这些仪式中,存在于在实践中——即这些仪式出现的地方——被这些仪式所规定的行为中)。

我们将只考虑一些招募仪式,或更简单一点,一天结束后离开工厂的仪式。(接下来的内容,忠实地转录自一位在雪铁龙公司当车工的同志某天对我所说的话)。

无产者结束了一整天的劳动(他从早上开始就等待着这一时刻的到来),铃声一响,他"立马"丢开一切,奔向洗手间和衣帽间,洗手,换衣服,梳头。他变成了另一个人:他要回家找老婆孩子。一回到自己家里,他就进入了另一个世界:同地狱般的工厂和劳动节奏再也没有任何关系的世界。但与此同时,没有过渡,他就陷入了另一种仪式中,即**家庭**意识形态的(当然是自由的)实践和行为仪式中:与妻子、孩子、邻里、亲戚和朋友的交往关系中;到了星期天,还会陷入别的仪式中,一些与他的(总是自由的)爱好或嗜好相关的仪式:去枫丹白露森林或(有时候)去郊区小花园度周末、做运动、看电视、听广播,天晓得会是什么;到了假期,又是另外的仪式(去钓鱼、野营,或去"旅游与劳动"和"人民与文化"中心①,天晓得会是什么)。

由于陷入了这些不一样的"系统"中,这位同志补充说,你怎么能指望在某些情况下,工人不会变成和在工厂里不一样的人,比如变成和工会战士或"法国劳工总联盟"②成员(他本来就是它的成员)完全不一样的人呢?那个不同的"系统",比如说可以是(大多数情况下确实就是)小资产阶级的家庭意识形态仪式。那么,这个无产者,这个在工会中与自己的劳动同志在一起时是"有觉悟、有组织的"无产者,一旦回到家里,就碰巧会陷入另一种小资产阶级意识形态系统中吗?为什么不会呢?有时候就是这样。这可以解释不少事情。当然,不仅能解释所有那些和小孩子有关的故事(它们提出了一些"学校教育的"难题),甚至能解释一些独特的政治故事,即那些可能以"出乎意料的"选举结果而告终的故事。因为我们都知道选举的时候是怎么回事。大家好像碰巧

---

① "旅游与劳动"(Tourisme et Travail)和"人民与文化"(Peuple et Culture),是由抵抗运动中共产党员和其他活跃分子创立的组织,前者致力于为工人提供免费或便宜的旅游服务,培养他们之间的"兄弟情谊",提供文化教育;后者致力于给工人和农民进行终身的文化教育,以反抗文化上的不平等。从20世纪60年代开始,这两个组织在不少地区建立了自己的组织网络,为工人或农民提供文化教育和更便宜的旅游服务。——译注

② 原文为"CGT",即"Confédération Générale du Travail"(也译为"法国总工会")的缩写。参见第241页译注。——译注

在电视或广播中听到了戴高乐讲话(这个狡猾的家伙以民族主义者的姿态出现,大谈法国人的和解、法兰西的伟大和所有好听的调调)。人们星期天全家出动,把一张不记名选票投到秘密写票室边上的投票箱里,神不知鬼不觉。一念之间随大流的晕头晕脑就足以使人们向政治选举的小资产阶级意识形态(首先是民族主义意识形态)让步:于是把票投给了戴高乐。可是此前工会已经宣布不该投戴高乐的票。第二天,大家肯定会在《世界报》上看到雅克·福韦[①]的文章(这文章也是仪式),大谈关于选举结果的"钟摆"定律。

毫无疑问。但第二天,这个无产者就回到自己的工厂,重新和伙伴们在一起了。谢天谢地,并不是所有的人都作出了同样的反应。但是要一辈子(终其一生)都当工会战士,并不容易,更不用说当革命战士了。特别是当"什么也没发生"的时候。

什么也没发生,是因为意识形态国家机器完美地发挥了功能。当它们无法继续发挥功能,无法继续在所有主体的"意识"中对生产关系进行再生产时,就会有人们所说的(多少有点严重的)"事件"发生,就像在五月一样——它是一流的总演习的开始。长征之后,总有一天,革命会到来。

权且的结论

我要在这里,在这第一卷的结尾,停止这项分析工作。在以

---

① 雅克·福韦(J. Fauvet,1914—2002),法国著名记者,曾任《世界报》总编辑,著有《法共史》(*Histoire du parti communiste français*)等。——译注

后要出版的第二卷①中,我会继续这项分析。

我将在第二卷中依次研究下列问题:

1. 各社会阶级;
2. 阶级斗争;
3. 各种意识形态;
4. 各门"科学";
5. 哲学;
6. 哲学上的无产阶级观点;
7. 革命的哲学对科学实践和无产阶级的阶级斗争实践的干预。

这样,我们将重新回到自己曾由之出发的"对象":哲学;并可以回答我们一开始就提出的那个问题:什么是马克思列宁主义哲学?但到那时候,我们最初的问题已经被"稍稍地"修改过了。

1969 年 3—4 月

---

① 详见本书卷首"法文版编者说明"和阿尔都塞的"告读者"。——译注

附 录

论生产关系对生产力的优先性

Du primat des rapports de production
sur les forces productives

这个论点是绝对根本性的，它可能是社会主义运动和国际共产主义运动史中某一部分的关键所在，因此必须让事情**尽可能清楚**。

为什么是尽可能清楚而不是完全清楚？为什么要有这个限制，要有这种保留？因为：

1. 事情本身并不清楚，而且由于他们亲身经历了的那段历史，不少马克思主义者和共产主义战士很难在自己头脑中把它搞清楚。

2. 除了这段历史所造成的迷乱之外，还因为他们受到了资产阶级意识形态的影响，这种本质上是"经济主义"的资产阶级意识形态，不停地向他们灌输（甚至强加）虚假的显而易见性，即一切归根到底取决于生产力，特别是取决于"科学和技术的迅猛发展"，取决于我们将要见证的"奇迹般的突变"〔原文如此〕。

3. 因为，说来遗憾，马克思的有些文本极其含糊不清，其中（不用过多列举）首推1859年的著名的《〈政治经济学批判〉序言》，这个文本一直以来都是第二国际和斯大林的圣经。

4. 因为这个问题在理论上很难通过一种得到精心设计的完美形式陈述出来，因为这样做需要努力和时间。

作出这些说明之后，我要以明确的形式将这个论点表述如下："**在构成了某种生产方式的生产力和生产关系的特定统一体中，是生产关系在现有生产力的基础上并在它规定的客观限度内**

起决定作用。"

这马上就会遭到口诛笔伐。所以还是让我自己来展开这场论战吧。

确实,马上就会有人用马克思的著作来反对这个论点。首先是用《哲学的贫困》(1847)中那句众所周知的话。马克思在《哲学的贫困》中说:与水推磨相应的是封建制度,与蒸汽机相应的是资本主义①。因此,在某种程度上,是生产力依照其"发展水平"为自己生产出其生产关系,即与那些生产力完全一致的生产关系。一切生产力的革命,都会造成与先前生产关系的不相适合,从而会引起生产关系的革命,以使新的生产关系与新的生产力之间获得新的(完全一致的)相适合。

这些都清清楚楚地写在《〈政治经济学批判〉序言》中(该"序言"于1859年由马克思本人发表,因此可以认为其中的观点为他本人所认可)。我以狄茨(Dietz)出版社(《政治经济学批判》第13-14页)的德文文本为基础,将"序言"中最重要的段落翻译如下:

> 人们在自己生活的社会生产中发生一定的、必然的、不以他们的意志为转移的关系,即同他们的物质生

---

① 参见马克思《哲学的贫困》,《马克思恩格斯文集》第一卷,前引,第602页:"社会关系和生产力密切相联。随着新生产力的获得,人们也就会改变自己的生产方式,随着生产方式即谋生的方式的改变,人们也就会改变自己的一切社会关系。手推磨产生的是封建主的社会,蒸汽磨产生的是工业资本家的社会。"这里阿尔都塞把"手推磨"写成了"水推磨",把"蒸汽磨"写成了"蒸汽机"。——译注

产力的一定发展阶段相适合的**生产关系**。这些生产关系的总和构成社会的经济结构，即有法律的和政治的上层建筑竖立其上并有一定的社会意识形式与之相适应的现实基础。物质生活的生产方式制约着整个社会生活、政治生活和精神生活的过程。不是人们的意识决定人们的存在，相反，是人们的社会存在决定人们的意识。**社会的物质生产力发展到一定阶段，便同它们一直在其中运动的现存生产关系**或财产关系（这只是生产关系的法律用语）**发生矛盾。于是这些关系便由生产力的发展形式变成生产力的桎梏。**那时社会革命的时代就到来了。随着经济基础的变更，全部庞大的上层建筑也或慢或快地发生变革。……**无论哪一个社会形态，在它所能容纳的全部生产力发挥出来以前，是决不会灭亡的；而新的更高的生产关系，在它的物质存在条件在旧社会的胎胞里成熟以前，是决不会出现的。所以人类始终只提出自己能够解决的任务，因为只要仔细考察就可以发现，任务本身，只有在解决它的物质条件已经存在或者至少是在生成过程中的时候，才会产生。**大体说来，亚细亚的、古代的、封建的和现代资产阶级的生产方式可以看作是经济的社会形态演进的几个时代。资产阶级的生产关系是社会生产过程的最后一个对抗形式，这里所说的对抗，不是指个人的对抗，而是指从个人的社会生活条件中生长出来的对抗；但是，在资产阶级社会的胎胞里发展的生产力，同时又创造着解决这种对抗的物质条件。**因此，人类社会的史前时期就以这种社会形态而告终。①

一个细节:文中的斜体②不是马克思所为,而是我本人所为,大家稍后就会明白我为什么要这么做。

一个说明:问题不在于对这个如此简短的、必然是极其浓缩的文本进行不合时宜的指责。可是,我们会注意到,这个文本既没有明确地提到国家,也没有明确地提到各社会阶级,甚至没有哪怕隐含地提到**阶级斗争**。然而《共产党宣言》早就断言过,阶级斗争在全部人类历史中,特别是在"社会革命"中起着"火车头"③的作用。但"社会革命"在这里只是在论及生产力和生产关系之间的矛盾时被提及。不能将这种奇怪的沉默仅仅归之于表达上简洁的需要。

另一个说明:这个文本实际上是马克思阐释了历史唯物主义基本原理的唯一文本,正因为如此,它才成为经典。斯大林在其《论辩证唯物主义和历史唯物主义》一书中几乎逐字逐句地重复了它。而与此相反,据我(有限的)了解,列宁在其思考和行动中,从来没有把这个文本置于核心位置,也从来没有把它当成历史唯物主义的圣经(哪怕是极其简要的圣经)来推荐。他只引用过其中一些无可争辩的段落。

---

① 参见《〈政治经济学批判〉序言》,《马克思恩格斯全集》第三十一卷,前引,第412–413页。——译注

② 根据本书体例,除非是著作名,其他作为强调形式的斜体在中译时一律改为黑体。——译注

③ "火车头"原文为"moteur",也译为"原动力",参见马克思《1848年至1850年法兰西阶级斗争》,《马克思恩格斯文集》第二卷,前引,第161页:"革命是历史的火车头。"——译注

最后一个说明：从马克思与恩格斯的通信中我们得知，出于偶然，马克思曾在1858年带着惊叹"重读"了黑格尔的《大逻辑》①。在我看来，《大纲》②（其注明的写作时期是1857—1859年）中表现出来的黑格尔的影响，在这篇"序言"中是非常明显的。我想提醒大家，**八年之后**，《资本论》发出了完全不同的声音。

以下就是我的论证。

我用斜体标出来的那些说法总体上属于黑格尔的哲学，任何人只要稍微读过一点黑格尔（特别是他的《历史哲学》，尤其是其"绪论"），就会清楚地注意到这一点，并且不得不承认这一点。我要明确指出：这不仅是对黑格尔术语的借用，而且就是对黑格尔的**观念**的重复，除了一个重要的差别之外，实际上没有任何不同。那些黑格尔的术语总体实际上构成了一个体系，这个体系在马克思的文本中正是按照黑格尔的观念起作用的。

---

① 即《逻辑学》。参见《马克思致恩格斯（1858年1月16日）》，《马克思恩格斯文集》第十卷，前引，第143页："完全由于偶然的机会——弗莱里格拉特发现了几卷原为巴枯宁所有的黑格尔著作，并把它们当作礼物送给了我——，我又把黑格尔的《逻辑学》浏览了一遍，这在材料加工的**方法**上帮了我很大的忙。如果以后再有工夫做这类工作的话，我很愿意用两三个印张把黑格尔所发现、但同时又加以神秘化的方法中所存在的**合理的东西**阐述一番，使一般人都能够理解……"——译注

② 指马克思的《政治经济学批判（1857—1858年手稿）》，这部手稿于1939年和1941年在莫斯科第一次以德文原文发表时，编者加上了《政治经济学批判大纲》的标题，从此它就以《大纲》闻名于世。阿尔都塞说它注明的写作时间是"1857—1859年"，可能是把1859年出版的《政治经济学批判。第一分册》也包括了进去。——译注

这个观念就是异化的观念，它通过**形式**与**内容**之间相适合和不相适合（或"矛盾""对抗"）的辩证法表现出来。**形式**与**内容**之间的不矛盾（"相适合"）和矛盾（"不相适合"）的辩证法，以及生产力的发展**阶段**（在黑格尔那里，是理念的发展**环节**）的辩证法，不折不扣地是黑格尔式的。

这个文本中属于马克思的概念，是生产力、生产关系、基础和上层建筑，以及社会形态。这些概念占据了黑格尔下列概念①的位置：理念的环节的内容、内在性—对象化、内容的发展形式、"民族"。新的马克思主义概念简单地替代了黑格尔的那些概念。它们都通过**内容**与**形式**之间由不矛盾到矛盾的异化这一**黑格尔的辩证法**而起作用，因此它们的理论基础就是黑格尔的观念。

黑格尔的这种观念想用"历史上的每个民族"代表理念的每一个发展环节，而各环节的内容在旧"民族"得到发展的旧环节内部成长起来，正如一个果仁的果核，在特定的环节，新的内容（果仁）与旧的形式（果壳）发生了矛盾，于是就使果壳爆裂，从而为自己找到属于自己的发展形式（新的果壳）。② 黑格尔把这个过程思

---

① 谈到马克思的概念时，"概念"原文是"concepts"，谈到黑格尔的概念时，"概念"原文是"notions"，关于这两种"概念"之间的区别，参见第77页译注。——译注

② 这个形象化的比喻出自黑格尔。[关于阿尔都塞对马克思的辩证法中黑格尔观念残余的批判性分析，还可参考阿尔都塞《矛盾与过度决定》（以往被译为《矛盾与多元决定》）一文。关于黑格尔果核果仁的比喻，也可参见这篇文章的注释，见《保卫马克思》，顾良译，商务印书馆，2006年，第78页注释："关于果核，参见黑格尔的《历史哲学绪论》。他说：对于伟人们，'应该称他们是英雄，因为他们的目的和志向不仅来自于平静的、安定的、为现行制度所接受的那些事件的进展，而且导源于人们还不知其内容的、尚未达到现实存在的内在

考为内容在其自身形式中的外化——异化:在这些形式的内部,一个新的果核、一个新的果仁(理念"发展"的新的"更高的阶段")在重新形成,先是胚芽,然后越来越坚硬,接着它会与现存形式(果壳)发生矛盾,于是这个过程不断继续下去,直到历史终结,最后的矛盾得以解决(对黑格尔来说,这种解决是通过将法国大革命与德国的宗教感情——这种宗教感情因他本人的哲学而变得神圣——统一起来而实现的)。

  回到马克思的这个文本,我们会发现完全相同的图式,物质生产力循序渐进的、向"更高"阶段的发展,取代了理念发展的各"阶段"或各"环节"的发展。我们在这里还会发现这样的论点:生产力(发展)的每个阶段必须在现存生产关系留给它的空间内发挥出其全部的潜能,直到出现了对于这些生产关系来说致命的矛盾,即作为形式,这些生产关系不再有"足够的空间"去容纳新的内容,等等。此外,我们在这里还发现这样一种合目的性,它使社会形态中的每一个时刻①都孕育着将要取代过去的未来,它引

精神,这种隐藏的内在精神**冲击着和打破着外部世界,因为它不是同这一果核相适应的果仁**'。这是关于果核、果肉、果仁的长篇故事中的另一种有趣的说法。这里,果核起着包裹果仁的'外壳'作用,果核在外面,果仁在里面。果仁(新的原则)最终要冲破旧果核,因为旧果核对它已不再适应(这是旧果仁的果核……);果仁要求有**自己的**果核,即新的政治形式和社会形式;等等。"译文有修改。另外,黑格尔的那段话,参见《历史哲学》,王造时译,上海书店出版社,2011年,第27-28页。另外也要注意,这里所讲的"果仁""果核""果壳"的关系,与《矛盾与过度决定》一文中的表述稍有不同。——译注]

  ①"时刻"原文为"moment",与前文黑格尔历史哲学中的"环节"为同一个词。——译注

出了下面这个著名的论点:"人类(奇怪的马克思主义概念)始终只提出自己能够解决的任务",因为仿佛天意一般,他们解决任务的手段每次都已经准备停当,唾手可得。最后,我们在这里还发现这样一种合目的性:生产方式"循序渐进的"直线演替,会导致阶级社会走向终结。第二国际的进化论(斯大林重复了它)将从这种合目的性中获得其莫大的乐趣。既然一切都似乎已经通过内容(生产力)与形式(生产关系)之间先"相适合"然后又相矛盾的游戏得到了解决,那么,全然不提阶级斗争又有什么可惊讶的呢?

再重申一遍,问题不在于[指责]马克思写下了几行特别含糊不清的文字,甚至还出版了它们(然而他却没有出版其他更可疑的文本,比如《1844年手稿》①或甚至《德意志意识形态》)。因为,《资本论》虽然在字面上还有一些(但为数不多)不当的提法,但在其精神实质的最深处,它是彻头彻尾反黑格尔主义的。事实上,在《资本论》中:(1)马克思完全不再把生产力和生产关系的统一思考为内容与形式的关系;(2)得到强调的是生产关系,其优先性得到了无可争辩的确认。

无论如何,我们必须为工人运动的历史记下一个特别重要的历史事实。我在这里提供的仅仅是一个要素,它最终只不过是一个症状,但我认为它相当重要,值得思考。

我们看到,在马克思主义工人运动史上,1859年这篇著名而又不幸的"序言",对某些人来说是天经地义的真理②,但却被另

---

① 即《1844年经济学哲学手稿》。——译注
② "天经地义的真理"原文为"la Loi et les Prophètes",源自希伯来圣经,直译即"律法和先知"(指"摩西津法"即"摩西五经"和"先知书"即希伯来圣经的第二部分)。——译注

一些人完全搁在一边。换言之，我们可以通过仔细考察对如下问题所作出的回答，来书写马克思主义工人运动史，这个问题就是：在生产力和生产关系的统一体中，究竟应该给哪个要素以理论上和政治上的**优先性**？

有些人（通过他们的文本和行动）回答说：应该给生产力以优先性。他们大多数是第二国际的领袖，以伯恩斯坦和考茨基为首，后来则有斯大林。

另一些人则（通过他们的文本和行动）回答说：应该给生产关系以优先性。他们是列宁和毛。列宁和毛领导他们的共产党取得革命的胜利，绝非出于偶然。

我只想提出下面这个问题。如果列宁和毛真的照字面意思接受了"序言"中的核心论点："无论哪一个社会形态，在它所能容纳的**全部**生产力发挥出来以前，是决不会灭亡的；而新的更高的生产关系，在它的物质存在条件在旧社会的胎胞里成熟以前，是决不会出现的。"如果列宁和毛真的接受了这个论点，他们怎么可能最后成为党和群众的领袖并领导社会主义革命获得胜利呢？

考茨基正是用这个论点来反对列宁，指责他在一个落后的国家"过早地发动革命"，而这个国家的生产力远远没有得到充分发展，还"不宜"（通过列宁这个可恶的唯意志论的政变者）接受显然"早熟的"生产关系……考茨基甚至可以补充说（或许他真说过，应该去查查看），俄国的资本主义生产力，刚摆脱了尼古拉二世的束缚，还远没有在新的资本主义生产关系中发挥其**全部**的潜能，而资本主义生产关系在沙皇制度崩溃之前就已经非常发达了。

那么中国呢？1949年革命时，中国的生产力发展水平低于

1917年俄国生产力的发展水平。这该怎么说呢？如果考茨基当时还活着的话，他可能会更严厉地斥责毛为"唯意志论的政变者"……让我们搁下这个仍然棘手的问题吧，这不仅是因为我们能远距离地感觉到，在大跃进①中、在随后毛的被排挤中、在毛通过无产阶级"文化大革命"重新掌握权力的过程中，有些东西在中国变得有争议了。在我看来，生产力与生产关系谁具有优先性这个问题，必定在其中又一次发挥了某种作用。

还是谈谈离我们更近的、我们更了解的事情吧。不是谈"个人崇拜"，而是谈谈斯大林的政策，它大约形成于20世纪30年代，并在后来被毫无保留地顽固遵循着。我并不认为斯大林在1938年逐字逐句地重复马克思1859年"序言"中的那些论点是出于一种偶然。

毋庸置疑，我们可以这样来描绘斯大林的政策（因为从1930年到1932年的"转折时期"开始，斯大林是唯一能最终作出决策的人）的特征，说它是**生产力对于生产关系的优先性的政治后果**。从这个方面来同时考察斯大林的计划化政策、农民政策（他曾通过农民给党施加影响），乃至一些令人惊愕的提法，会非常有意思。那些提法，比如把"人"称为"最宝贵的**资本**"②，显然仅仅是从劳动力方面来看待人，也就是说，把人完全只当作生产力的要

---

① "大跃进"原文为"le Grand Bon en avant"，其中"Bon"（好的）为"Bond"（跃进）之误。——译注

② 参见斯大林《在克里姆林宫举行的红军学院学员毕业典礼上的讲话》，《斯大林文选（1934—1952）》，人民出版社，1962年，第36页："最后，应该了解，人才、干部是世界上所有宝贵的资本中最宝贵最有决定意义的资本。"——译注

素（由此我们想到与此相关的斯达汉诺夫运动①）。

当然，我们可以为这个政策辩护，说有绝对迫切的需要，让受到帝国主义包围和侵略威胁的苏维埃俄国发展生产力和重工业，使它能够应对可预见（因为几乎不可避免）的战争的考验。当然，我们还可以说，在这种紧急关头，社会主义的原始积累只能由农民阶级来负担，而且是几乎"不择手段"才能完成，等等。当然，我们还可以补充说，当年参加1917年革命的工人阶级的最主要的部分，已经在公开的和隐蔽的内战中牺牲了，在那些年里，农村到处都是隐蔽的内战，许多工人战士就在农村被直接杀死了，而在经过这些大屠杀和多年的饥荒之后，斯大林的党不可能还是列宁的党。我同意这些说法。

但我还是禁不住要提出那个一直困扰着我的问题，因为它也一直困扰着我们所有的人，这个问题就是：难道斯大林（正如他1938年的文章所证明的那样）不是回到了列宁之前的政治，回到了第二国际的政治传统——即认为生产力优先于生产关系的政治传统——中去了吗？尽管存在着所有的客观困难，难道另一种政治是不可能的，在**很长时间**都一直是不可能的，直到预定的政治逻辑强过所有的东西，并引发了我们后来所知道的一切吗？即在战胜纳粹主义的同时，又产生了在方法上和规模上都骇人听闻的系统性大屠杀（其他的就不说了）。

---

① 指苏联早期以斯达汉诺夫命名的社会主义群众竞赛运动。顿涅茨矿区采煤工人斯达汉诺夫在1935年8月30日创造了一班工作时间内用风镐采煤102吨的记录，超过定额13倍。这一事迹，在苏联第二个五年计划时期得到广泛传播，形成了"斯达汉诺夫运动"。——译注

既然我已经进行到了这一步,即一方面,我非常清楚自己就那些仍然超出我们理解能力的事件所提出的解释多么微不足道;另一方面,我也非常清楚自己所冒的风险是什么;那么,为了回到苏共二十大之后的苏联,为了重新思考在计划化问题、计划化的"自由化"等问题名义下讨论过的全部棘手难题,我要问的是:从这方面看,**当今的苏联**,一旦不再有斯大林政策中的对警察的滥用,**难道就不会沿着同样的强调生产力的优先性的政治走下去吗**?一切来自苏联的可读材料,一切我们可获得的与苏联人进行的谈话,还有赫鲁晓夫提出的未必确实(后来没有遭到否认)的论点——其中一个论点是,无产阶级专政在苏联已经被超越了,苏联正在进入共产主义……建设时期;另一个论点是,与美国进行的**经济**竞赛会决定社会主义在世界其他地方的命运(著名的"土豆烧牛肉的社会主义"的故事:只要"他们"看见我们所**生产**的东西,"他们"就会被社会主义争取过来!)——,所有这一切都发人深思,我们禁不住要问:**苏联要往哪里去**?**它知道自己要往哪里去吗**?

我要回到我关于生产关系优先于生产力的命题。要对这个问题表态,需要进行大量的理论加工工作:要知道——不仅就某种特定的生产方式而言,而且就一种社会形态而言(因为在一种社会形态中,存在着多种生产方式,其中这种或那种生产方式占据着统治地位)——什么是生产力,什么是生产关系;还要知道处于**帝国主义阶段**的资本主义社会形态中,生产力和生产关系的统一体发生了什么变化,因为帝国主义阶段给这个"统一体"的问题补充了一些额外但并非次要而是本质的规定性。比如说,为什么不这样来看:1917年俄国革命,以及中国革命,之所以在世界大战结束后、在"最薄弱的环节"爆发,恰恰是因为那些最薄弱的环节正是被称之为帝国主义的链条上的最薄弱环节?为什么不这样来看:在技术落后的国家里取得了胜利的那些革命,之所以一直能、并且现在依然能在相对较短的时间内缩小它们生产力的差距,恰恰取决于全球生产力的状况,特别是全球在**技术**方面非常先进的状况?

正因为如此,在仔细考虑了这一切之后,为了不让人认为我在向唯意志论的冒险主义理论倾向让步,我曾写下并且现在要重申:不能无条件地,而只能**在现有生产力的基础上并在它规定的客观限度内**援引生产关系对生产力的优先性。这是因为考虑到这样一个事实(这个事实的限度本身也是具体的,也就是说取决于具体的条件):现代生产力的最重要的部分,即处于最高发展水平的技术,今后将供所有国家使用,这些国家一旦革命胜利,就可以利用那些技术在从前不可想象的条件下缩小自己在生产力方面的差距。在1917年到1941年间,苏联已经对此作出了证明。中国也对此作出了证明,原子弹只是一个代表性的标志。

关于我们所知道的那些革命之间的差异,还有许多其他要考虑的地方有待在理论层面上展开讨论。1789年大革命**之前**,法国的资产阶级不仅已经发展了自己的生产力,而且也已经在很大程度上具备了高度发达的生产关系。

俄国的资本主义资产阶级在二月革命前也是这样。对中国的资产阶级也可以说同样的话。但无论是俄国革命还是中国革命,资产阶级革命都只有通过人民群众的广泛参与才有可能,而后者马上就使无产阶级革命超越了资产阶级革命。同样的事情不会在我们这里上演,因为资产阶级革命已经发生过了。从前,在"封建社会形态的内部"实际上"长出了"属于资本主义生产方式的生产关系的强大要素，而与在封建社会形态中所发生的情况相反，在欧洲资本主义社会形态内部，没有任何地方发展出了有丝毫重要性的社会主义生产关系的要素（原因就不必说了）。无论与俄国还是与中国相比，那种要素都没有更多地出现。因此，在我们这里，革命必将以一种不同的形式发生，它**得不到资产阶级的丝毫协助和赞同**，而只能得到团结在无产阶级周围的资产阶级的受害者的协助。

关于意识形态国家机器的说明[①]

Note sur les AIE

①本文翻译过程中参考了孟登迎、赵文的译文(载《美术馆》总第十二期),特此致谢。——译注

一

对我在1969—1970年间所写的那篇论意识形态国家机器①的文章，最常见的指责，是说它是"**功能主义的**"。人们想在我的理论草图中发现我为马克思主义重新作出这样一种解释的企图：仅仅用机构的各种功能来直接定义那些机构，从而将社会**凝固**在履行着使人臣服的功能的各意识形态机构②中。说得极端一点，认为我的解释是一种非辩证的解释，其深层逻辑排除了一切阶级斗争的可能性。

但我认为，人们没有带着充分的注意力去读我那篇文章结尾的附记，它着重指出了我的分析的"抽象"性，并明确把阶级斗争置于我的构想的中心。

实际上我们可以说，我们从马克思那里能够得出的意识形

---

① 这里的"意识形态国家机器"，原文为"AIE"，系"Appareils idéologiques d'État"的缩写。在本书中，为了行文方便，除此处及个别章节标题外，凡作者使用这种缩写的地方，我们都保留了缩写形式原文。——译注

② 这句话前面两个"机构"的原文为"organes"，最后一个"机构"的原文为"institutions"，前者强调的是组成某个有机整体的各个"器官"，后者强调的是作为一个整体的组织系统。——译注

理论的特性,就在于确认**阶级斗争**对于国家机器和意识形态国家机器的功能与运行的**优先性**。这种优先性显然与任何功能主义是不相容的。

实际上很显然,我们不能把统治阶级对社会的意识形态"领导"系统,即占统治地位的意识形态("统治阶级的意识形态",马克思语)的同意作用,设想为是一种纯粹的**既定事物**,一种**自动地**复制着同一阶级的暴力统治的**特定机构的系统**,或设想为由这个阶级的明确政治意识——为了达到那些机构的功能所规定的目的——建立起来的各机构的系统。实际上,占统治地位的意识形态从来都不是**阶级斗争的**一个**既成事实**,相反,它永远都无法摆脱阶级斗争。

事实上,存在于意识形态国家机器复杂系统中的占统治地位的意识形态本身,就是漫长而艰苦的阶级斗争的结果。通过这种斗争,资产阶级(以它为例)只有两面作战才能达到自己的目的:一方面与继续残留于各种旧机器当中的、先前占统治地位的意识形态作斗争;**同时**另一方面,与正在寻求自身组织和斗争形式的被剥削阶级的新意识形态作斗争。并且资产阶级借以确立其自身对旧土地贵族和工人阶级领导权的这种意识形态,不仅是通过反对那两个阶级的**外部**斗争,而且同时还是通过那种为了克服资产阶级各派的矛盾、实现资产阶级作为统治阶级的统一而进行的**内部**斗争,才建立起来的。

恰恰应该从这个角度来设想占统治地位的意识形态的再生产。从形式上看,统治阶级必须对它的存在的各种物质的、政治的和意识形态的条件进行再生产(存在,就是自我再生产)。但对占统治地位的意识形态的再生产,不是对由其功能所一劳永逸地规定了的**既定**机构的简单复制,不是对它的简单再生产,甚至也不是对它的自动的、机械的扩大再生产。这是一场战斗①,其目的在于,通过在(反对先前意识形态形式和新的敌对倾向的)阶级斗争中并经由这种阶级斗争而获得的统一,对不协调的、自相矛盾的**先前的意识形态要素**进行统一和更新。为占统治地位的意识形态的再生产而进行的斗争,是一场总会重新开始的未完成的战斗,并且永远受着阶级斗争法则的制约。

这场为了占统治地位的意识形态的统一而进行的战斗,总是"未完成的",总会"重新开始",这有多种原因。这些原因不仅在于旧的统治阶级的意识形态国家机器和意识形态形式的**残留**——它会采用一种疯狂的抵抗形式(列宁称之为"习惯");不仅在于建立统治阶级的**统一**这个生死攸关的要求——这种统一是阶级的各派系(商业资本主义、工业资本主义、金融资本主义等等)充满矛盾的融合的出路所在;不仅在于要使统治阶级认识到其**阶级"普遍利益"**(它与个体资本家的"特殊利益"有一些矛盾)的要求;不仅在于将要进行的、反对**被统治阶级的意识形态**的各种新生形式的阶级斗争;不仅在于生产方式的历史变革——它迫使占统治地位的意识形态"**适应**"各阶级的斗争(古典的资产阶级法律意识形态目前正在让位于一种专家治国论的意识形态);并且还在于**实践的物质性和多样性**——而关键是把这些实践的"自发的"意识形态统一起来。这项艰巨而矛盾的任务永远都无法圆满完成,而且我们还可以认为,"伦理国家"——葛兰西曾从克罗齐那里借用了它的乌托邦理想——的模式永远都不会存在。正

---

① 原文为"contrat"(契约),据下文,应为"combat"(战斗)之误。——译注

如阶级斗争永远不会停息,统治阶级为了统一现有意识形态各形式和要素而进行的战斗也永远不会停息。这就等于说,占统治地位的意识形态,**永远无法彻底解决它固有的矛盾**(尽管它的功能就在于要解决这些矛盾),因为那些矛盾是各阶级的斗争的反映。

正因为如此,我们可以由**阶级斗争对占统治地位的意识形态和意识形态国家机器的优先性**这个论点得出另一个论点,它是前者的直接推论:意识形态国家机器必然是某一场阶级斗争的场所和赌注,这场斗争使得统治着社会形态的总的阶级斗争在占统治地位的意识形态机器中延续下去。如果说各种 AIE 的功能是反复灌输占统治地位的意识形态,那是因为存在着**抵抗**,而之所以存在着抵抗,是因为有斗争,并且这种斗争说到底是各阶级的斗争或直接或间接的、有时切近但更多时候是遥远的回响。1968 年的五月事件为这个事实投下了一道亮光,并让直到那时为止一直暗哑无声的、被压抑着的斗争变得可见。但那些事件以造反的形式,一方面让人们在意识形态国家机器(特别是学校机器、医学机器、建筑机器等等)中看到了**直接的**阶级斗争,另一方面也使得支配着这些**直接**事件的根本现象,即历史的**构成**和占统治地位的意识形态充满矛盾的**再生产**所固有的阶级斗争性,变得多少有些模糊了。人们既没有从(严格意义上的)历史的视角,也没有从(严格意义上的)政治的视角,去"体验"1968 年 5 月。因此,我当时认为应该提醒人们注意:为了理解存在于意识形态国家机器中各阶级的斗争的真相,并把造反运动带回到合理的限度内,就必须采用"**再生产的观点**"。这种观点把阶级斗争当作**总体过程**,而不是当作局部抗衡的总和,或当作局限在这个或那个"领域"(经济的、政治的、意识形态的领域)的抗衡的总和;这种观点把阶级斗争当作**历史过程**,而不是当作插曲式的**直接的**镇压或造反。

在我看来,由于对那些视角作了提醒,人们确实很难指责我对上层建筑和意识形态进行了"功能主义"或"系统论"的解释。因为那种解释对上述层级采取了某种机械论的观念,所以排除了阶级斗争。

二

针对我的其他一些反对意见,同政党、首先是同**革命政党**的性质有关。简言之,人们经常倾向于认为我有这么一种思想,即把**每**一个个别的政党都视为一种意识形态国家机器,而这将使每个政党彻底被封死在意识形态国家机器"系统"之中,服从这一"系统"的法则,因而排除了这个"系统"中存在革命党的可能性。如果所有的党都是 AIE,都服务于占统治地位的意识形态,那么革命党(由于被化约为这种"功能")就是不可想象的。

然而,我从没写过一个政党就是一个意识形态国家机器。我甚至说过**完全不同的话**(非常简单,我得承认),那是说政党只是一个特殊意识形态国家机器即**政治的**意识形态国家机器的"**部件**"①:是**政治的**意识形态国家机器使得统治阶级的政治意识形态在它的"宪法制度"(旧制度的君主政体之下的"基本法"、最高法院等等;"自由主义"阶段的资产阶级统治下的代议制)中得以"实现"。

对于我提出的应该在**政治的**意识形态国家机器这个概念下

---

① 参见第190页相关论述。——译注

所思考的东西，我怀疑人们没有很好地领会它。为了更好地理解它，就必须小心翼翼地把**政治的**意识形态国家机器和(镇压性)**国家机器**区分开来。

(镇压性)国家机器的统一体即便是充满矛盾的，也仍然要比诸意识形态国家机器的整体强大得多，那么(镇压性)**国家机器**是由什么构成的呢？[镇压性]国家机器包括国家总统、政府、行政部门(作为执政的工具)、军队、警察、司法系统、法院及其附属机构(监狱等)。

在这个整体的内部，必须区分出我要称之为**政治的国家机器**的东西，它包括三个部分：国家元首、直接归国家元首领导的政府(这是法国和许多其他国家的现行制度)，以及行政部门(它**执行政府的政策**①)。国家元首代表统治阶级的统一和意志，代表能够保证资产阶级普遍利益高于该阶级个别成员或个别集团特殊利益的权威。吉斯卡尔·德斯坦②曾非常尽责地"表明"自己的立场，声称即使左派在1978年大选中占据优势席，他仍将继续"保卫法国的自由"，也就是资产阶级的那些自由。政府(在现任国家元首的直接指挥下)执行统治阶级的政策，行政部门则在政府的指挥下具体实施这些政策。我们要记住这个区分，它表明了**政治的国家机器**的存在，行政部门是它的组成部分，尽管在资产阶级国家的学校中人们被灌输这样一种意识形态，说行政部门"服务于普遍利益"并起着提供"公共服务"的作用。这里关键的不是个

---

① "政策"原文为"politique"，也译为"政治(的)"，下同。——译注

② 吉斯卡尔·德斯坦(Giscard d'Estaing ,1926—)，法国政治家，1974年至1981年任法国总统。——译注

人意图,也不是例外:在其总体上,行政部门的功能,与资产阶级政府的政策即阶级政治的实施密不可分。高级行政部门被委以具体实施那些政策的重任,因而就发挥直接的政治作用,而行政部门就整体而言日益发挥"分区控制"的作用。行政部门如果不同时被委以对个体或群体的执行情况进行监督的职责,并向镇压部门揭发或移交那些拒不服从的个体和群体,它就无法实施资产阶级政府的政策。

政治的国家机器(国家元首、政府、行政部门)是(镇压性)国家机器的一部分,这样来理解,才能合法地在国家机器内部把它分离出来。

这就是要点所在:必须把**政治的国家机器**(国家元首、政府、行政部门)和**政治的意识形态国家机器**区分开来。前者属于(镇压性)国家机器,而后者属于意识形态国家机器。

那么,我们用**政治**的意识形态国家机器这个称呼来指称什么呢?"政治系统",或者一定社会形态的"构成"。比如说,法国的资产阶级尽管在阶级斗争的危急局势下曾采用过别的制度(波拿巴一世和二世、宪章或立宪君主制、贝当的法西斯主义),但它和所有同时代的资本主义国家的资产阶级一样,总的来讲只承认**议会代表**的政治系统,后者通过一种**政治**的意识形态国家机器而实现了资产阶级意识形态。

这种 AIE 可以用"人民意志"的(选举的)代表模式来定义,"人民意志"由被选出(这种选举带有或多或少的普遍性)的代表们来代表,而由国家元首或议会本身所选定的政府在其政策上对代表们"负责"。然而,我们都知道,政府事实上掌握着数量大得惊人的手段来改变并规避"责任"(资产阶级在这个机器中的优势就在这里):从一开始,除了一切我们可想象的逼迫形式之外,就在所谓有普遍代表性的选举中弄虚作假,接下来又对现行议会设置各种规定(纳税选举人制、投票时把妇女和青年排除在外、不同等级的选举、在不同选举基础上的两院制、"分"权、封杀革命政党,等等)。这就是这些**事实**的现实。但是最终恰恰是一种**虚构**,让我们可以说这个"政治系统"是一种"**意识形态**国家机器"。这个虚构对应着"某种现实",即这个系统的部件与这个系统发挥功能的原理完全一样,依靠的都是关于投票个体"**自由**"和"**平等**"**的意识形态**,依靠的是"构成"人民的个体对人民代表的"自由选择"——而其所依据的观念是:每个个体为自己所搞的政治,就是国家一定会遵行的政治。正是在这一虚构(说虚构是因为国家政治最终取决于阶级斗争中统治阶级的利益)的基础上,"**政党**"才得以组建。人们认为这些政党表达着并代表了与某项国家①政策有关的有分歧的(或趋同的)主要选项,因而,每个个体也就能够通过为他所选择的某个政党投票的方式,"自由地"表达他的意见(如果他的选择不被判定为非法的话)。

请注意,在那些政党背后**可能**存在着一定的现实。大致说来,**如果阶级斗争发展到相当的程度**,各政党就可能**在**大体上代表阶级斗争中敌对的阶级和阶级中敌对的派系的利益,或社会各阶层的特殊利益——这些阶层在阶级冲突中总是试图把自己的特殊利益凌驾于其他利益之上。正是透过这一现实,无论那个"系统"有多少干扰手段或欺骗手段,根本的阶级对抗最终**可能**浮现出来。我之所以说"可能",是因为我们知道,存在着这样一些

---

① 这里的"国家"原文为"nation",有时也译为"民族"。——译注

资产阶级国家(美国、英国、联邦德国等等),在那里,阶级斗争的政治发展还**没能跨过选举代表制的门槛**:因而在这些国家,议会中的对抗只是极其遥远地反映甚至完全歪曲真实的阶级对抗。因此,这些国家的资产阶级处于完美的庇护之下,受到一种要么原地打转、要么变成什么也不是的议会制度的保护。相反,也可能存在这样的情况,在那里,工人阶级在政治上和经济上的阶级斗争可能取得一定程度的势力,使得资产阶级可能害怕"普选的裁决"(法国、意大利),尽管资产阶级也掌握着大量的资源以颠倒这一裁决或使这一裁决失效。我们不禁想起了法国人民阵线时期的议会:资产阶级只用了两年时间便削弱了议会的多数,然后便**一致同意**把它移交给了贝当。

我认为,如果把议会制的种种"原则"与这些事实和结果进行对照①的话,就没有人会怀疑它的**意识形态性**。

几个世纪以来得到传播的所有意识形态,从法律意识形态、哲学意识形态,到道德意识形态,都主张关于"人权"的这种"显而易见性":每个人在政治上的选择,对自己的观念和阵营(自己的党派)的选择,都是自由的。它们还尤其在上述观念之下主张另一种观念(尽管说到底它只是一种欺骗),即**社会是由个人构成的**(但马克思说:"社会不是由个人构成"②,而是由阶级斗争中相互

---

① "对照"原文为"confortant"(加强),应为"confrontant"(使对照)之误。——译注

② 参见马克思《政治经济学批判(1857—1858 年手稿)》,《马克思恩格斯全集》第三十卷,前引,第 221 页:"社会不是由个人构成,而是表示这些个人彼此发生的那些联系和关系的总和。"——译注

抗衡的各阶级构成），**普遍意志**就来自多数选票制的投票箱，正是这种由各党派代表所代表的普遍意志决定着**国家的政治**①——而实际上它最终永远只是决定着某一阶级即统治阶级的政治。

这种政治意识形态是占统治地位的意识形态的一部分，并与后者同质，这是再也明显不过的了：同样的意识形态在资产阶级意识形态中随处可见（我们要注意，资产阶级意识形态在近十年来正在发生变化）。如果我们看到这种占统治地位的意识形态的"母板"（matrice）是资产阶级法权②发挥功能所不可或缺的**法律意识形态**，这一点也不令人惊讶。正是**随处可见**这一事实告诉我们，我们碰到了**占统治地位**的意识形态。**一切**意识形态的"显而易见性"正是在这种从一种"**显而易见性**"到另一种"**显而易见性**"的不断反射转移中（从法律意识形态的"显而易见性"到道德意识形态的"显而易见性"，再从后者到哲学意识形态的"显而易见性"），获得其**直接的确认**，并通过 AIE 各种不同的实践把这种确认强加给每个个人的。自由和平等（选择自己的观念和代表的自由，投票箱前的平等）的人权意识形态最终（并非通过"观念"的力量，而是作为阶级斗争的结果）生产出这种意识形态**机器**，在这种机器中，人权的政治意识形态获得了自己的具体形式，并变成了某种对马克思主义批判家之外的所有人来说都"显而易见的东西"，可以在没有明显强制的情况下为选民或至少是绝大多数选民所接受。在这里，我们显然是在与某种机器打交道，因为它

---

① 这里的"国家"原文为"nation"，有时也译为"民族"。——译注
② "法权"原文为法权"droit"，也译为"法""权利"，详见第 140 页译注。——译注

完全以一种物质的、法定的配置为条件,这一配置包括选举名单、选票、投票亭、竞选活动乃至由此而产生的议会等等。但我们显然也是在与一种**意识形态**机器打交道,因为它不是依靠暴力,而是依靠其参与者的"意识形态""自动"发挥功能。它的参与者接受其规则并遵照那些规则进行实践,他们确信必须"履行自己的选举职责",确信这是"正常的"。臣服和同意在这里变得一致。这种由资产阶级意识形态所强加的"显而易见的东西"被选民们当作"显而易见的东西"接受下来:他们把自己当作是选民,从而进入这个系统。他们"遵守着游戏规则"。

如果这一分析是正确的,那么我们就不能以任何理由说:每一个党派,从而也包括工人阶级的党派,**作为党派**,**同各种意识形态国家机器一样**,都被整合进了资产阶级系统中,因而也就不能展开它们自己的阶级斗争。而有人为了把我封死在一种否认所有革命行动可能性的理论中,就从中得出了这样"草率的"结论。

如果我刚才所说的都是准确的,我们就会看到相反的情况:政党的存在决不否认阶级斗争,而是以阶级斗争为基础。如果资产阶级总是企图对工人阶级的党行使它的意识形态和政治领导权,这也正是阶级斗争的一种形式。而资产阶级只有在工人党自己落入其陷阱的情况下才能取得成功:要么是工人党的领袖被吓倒(1914—1918年的神圣联合①),要么干脆就是被"收

---

① 指第一次世界大战开始之后,法国的工会组织和左翼政党(主要包括法国劳工总联盟和工人国际法国支部)自愿与法国政府结盟。而1914年8月德国社会民主党投票赞成参战后,在其他交战国如英国也发生了同样的情况。——译注

买",要么就是工人党的基层人员改变革命任务的方向以捞取物质好处(工人贵族),再要么就是向资产阶级意识形态的影响投降(修正主义)。

三

如果我们对革命的工人党,比如共产党进行考察,就能更清楚地看到那些阶级斗争的后果。因为这些党是工人的阶级斗争组织,所以它们**在原则上**(之所以说在原则上,是因为它们可能落入改良主义和修正主义)与资产阶级利益、与资产阶级政治系统完全**不相干**(*étrangers*)。它们的意识形态(它们以此为基础招募自己的成员)与资产阶级意识形态是相敌对的。它们的组织形式(民主集中制)使它们与资产阶级党,甚至与社会民主党和社会党区别开来。它们的目标不是要将自己的行动限制在议会竞争上,而是要将阶级斗争扩展到全体劳动者,将它从经济领域扩展到政治领域,进而扩展到意识形态领域,而且要采取属于它们自己的、与每五年一次将选票放进投票箱截然不同的**行动形式**。**不是仅仅在议会中,而是在所有领域领导工人的阶级斗争**,这才是共产党的任务。**它的最终使命**不是"参与"政府,而是推翻并摧毁资产阶级国家政权。

必须强调这一点,因为大多数西欧共产党今天都说自己是"政府的党"。**共产党即便偶尔参与政府**(在某些特定条件下这么做可能是对的),**但在任何情况下都不能被定义为"政府的党"**——无论是资产阶级统治下的政府,还是无产阶级统治("无产阶级专政")下的政府。

这一点生死攸关。因为共产党永远不会**为了"管理"**资产阶级国家的**事务**而进入资产阶级国家政府(即便这个政府是统一的"左翼"政府,致力于推行民主改革)。它进入资产阶级政府,是为了把阶级斗争的**范围扩大**并为推翻资产阶级国家作准备。它也不可能以自己的最终使命是**"管理"**这个国家的**事务**为由而进入无产阶级专政的政府,相反,**它必须为国家的消亡作准备**。如果它真的把全部精力都用于那种"管理",也就是说,如果这个党实际上让自己和这个国家融合在一起——就像我们在东欧所看到的那样,那它就不可能致力于消灭国家。所以在任何情况下,共产党都不能作为普通的"政府的党"去行事,因为做政府的党就意味着做**国家的党**,这就等于要么为资产阶级国家服务,要么使无产阶级专政国家永久化,而共产党的任务相反,是要致力于消灭国家。

我们看到,一个革命的党即便要求在**政治**的意识形态国家机器中获得自己的位置,以便让阶级斗争的回响甚至能够在议会中被听到,或者即便它在环境有利时为了促进阶级斗争的发展而"参与"了政府,它也不能通过自己在由选举产生的议会中的位置来定义,不能通过资产阶级**政治**的意识形态国家机器所实现的意识形态来定义。实际上,共产党有着与各资产阶级党完全不一样的"政治实践"。

资产阶级党掌握着各种资源,并得到现有资产阶级的支持,拥有经济上的统治权、剥削权,掌握着国家机器和种种意识形态国家机器,等等。它要存在,不需要**预先**团结人民群众以赢得他们对自己观念的支持:是资产阶级的社会秩序本身首先承担了这项说服、宣传和拉拢工作,它保障了资产阶级党的**群众基础**。就资产阶级这方面而言,政治的和意识形态的控制是如此稳固,而且由来已久,以至于人们的"选择"在"正常"时期几乎是自动进行的——只有某些变化会对资产阶级不同派系的党产生影响。对于资产阶级党来说,在更多的情况下,只需要有效地迅速动员起来,组织好它们的选举大战,就可以从这种被转化为选举信仰的统治中收获胜利的果实了。

这也就是为什么资产阶级党根本不需要科学的学说甚至任何学说就能持续存在下去:它只需要从占统治地位的意识形态储备中借用一些观念,就足以集合起事先就因利益或恐惧而被说服的支持者了。

相反,工人党则没有任何东西可以提供给自己的党员:既没有教士似的职位,也没有物质上的好处,而资产阶级在自己的主顾出现迟疑时,恰恰就是用这些东西来收买他们的。工人党如实地表现自己:它是工人的阶级斗争组织,它的一切力量来自被剥削阶级的本能、科学的学说和以党的章程为基础的自愿入党者的自由意志。它把自己的党员组织起来,去领导一切形式的阶级斗争:经济的(与工会组织相联合)、政治的和意识形态的阶级斗争。它确定自己的路线和实践的基础,不仅仅是被剥削劳动者的**造反**,还有各阶级间的**力量关系**。多亏了它的由全部阶级斗争经验丰富起来的科学的学说原理,这种力量关系才得以"具体地"被分析。因此,它不仅能在一国范围内,而且能在世界范围内,对统治阶级进行阶级斗争的各种形式和力量作出最全面的考虑。只有根据这条"路线",它才能把在某个特定时期进入左翼政府以便带着自己的目标在其中进行阶级斗争判定为有益和"正确"。在任何情况下,它总是使行动的当前利益服从于工人阶级的未来利益。它使自身的战术服从于共产主义的战略,即无阶级社会的战略。这些就是最起码的"原则"。

只有在这些条件下,共产党人才有理由说他们的党是与资产阶级党完全不同的"新型党",才有理由说他们自己是与资产阶级政客完全不同的"新型战士"。他们的政治实践,非法的也好,合法的也好,议会内的也好,"议会外的"也好,都与资产阶级的政治实践毫无共同之处。

也许有人会说,共产党自己也像一切党一样,以某种**意识形态**——而且它自己称之为**无产阶级意识形态**——为基础而构成。当然如此。在共产党那里,意识形态也起着把一个特定社会团体在思想和实践上**统一**起来的"粘合剂"①(葛兰西)的作用。在共产党那里,这种意识形态也"把个人唤问为主体",更准确地说,是

---

① "粘合剂"原文为"ciment",也译为"水泥"。关于意识形态像"水泥"的比喻,还可参见阿尔都塞的另一篇文章《论"文化大革命"》(*Sur la révolution culturelle*),载《马列主义手册》(*Cahiers marxistes-léninistes*),1966 年 11—12 月号:"如果用建筑学的比喻(房子的比喻:下层建筑/上层建筑),我们可以说,意识形态代表了上层建筑的一个层面。用这个比喻,是为了既指出意识形态在社会结构中的位置(上层建筑而非下层建筑)和它对于政治、经济的相对独立性,同时又指出它对于政治和经济的依赖关系。相反,如果我们要给出意识形态的具体存在形式,更好的办法是把它比作'水泥',而不是比作大楼的某一层。事实上,意识形态渗透到了大厦每一个房间的各个角落:渗透到了每个个人与他们的全部实践、与他们的所有对象的关系中,渗透到了他们与科学、技术和艺术的关系中,渗透到了他们与经济实践和政治实践的关系中,渗透到了各种'个人的'关系中,等等。意识形态就是那种在社会中起**区分**和**粘合**作用的东西,无论所涉及的是技术区分还是阶级区分。意识形态是对整个社会的存在来说不可或缺的一种客观现实。"——译注

唤问为主体——**战士**：只要对共产党有点实际的经验，就能看到这种机制和动力在发挥作用；而由于不同意识形态之间存在的"游戏空间"和矛盾，这种意识形态**在原则上**不再像其他任何意识形态一样将个人的命运封死。但是，人们所说的无产阶级意识形态，并非是无产阶级完全"自发的"意识形态——无产阶级的"成分"（列宁）在那里总和资产阶级成分混合在一起，而且往往服从后者。因为，要作为一个意识到自己的统一性并在自己的斗争组织中积极发挥作用的阶级而存在，无产阶级不仅要有经验（一百多年来它所进行的阶级斗争的经验），还得要有**客观认识**，而马克思主义理论为无产阶级提供了关于那些客观认识的原理。马克思主义理论照亮了那些经验，正是在这个理论与经验的双重基础上，无产阶级意识形态才得以构成。它是能够在其阶级斗争组织中使工人阶级的先锋队统一起来的大众的意识形态。**因而无产阶级意识形态是一种非常特殊的意识形态**：说它是意识形态，是因为它同所有意识形态一样在大众层面发挥功能（把个人唤问为主体），但同时它又渗透着被科学分析原理所照亮了的历史经验。正如它所表现的那样：它构成了一种将工人运动与马克思主义理论相融合的形式。但这种融合却又不能没有张力和矛盾，因为，在无产阶级意识形态（就它在某个特定时刻的存在来说）和使这种意识形态得以实现的党之间，可能存在一种对于马克思主义理论本身来说都**不透明**的统一形式，尽管马克思主义理论在这种统一中是相关方。在这种情况下，马克思主义理论仅仅被当成一种权威论据，也就是说，当成一种承认的标记或一种信条，甚至可以说，尽管马克思主义理论被宣布为党的理论，它还是可能完全**消失**，让位于仅仅为党或国家利益服务的实用主义和宗派主义意识形态。无须长篇大论,我们就能在这里认出带有斯大林时期印记的那些党一直所处的当前处境,并得出如下结论:"无产阶级意识形态"本身也是阶级斗争的"赌注",当占统治地位的资产阶级意识形态和资产阶级的政治实践渗透到工人的阶级斗争组织中时,它①就会损害无产阶级自身的统一原则和行动原则。

意识形态:当然。但无产阶级意识形态不是随便一种意识形态。因为每个阶级都在一种独特的、绝非任意的意识形态中认出自己②,这种意识形态**植根于其战略实践**,能够对该阶级进行统一,并为其阶级斗争指明方向。我们知道,封建阶级就是这样出于还有待我们进一步分析的种种原因,在基督教的**宗教意识形态**中认出自己;资产阶级也以相似的方式,至少是在其阶级统治那段时期(在帝国主义最后发展阶段之前),在**法律意识形态**中认出自己。而工人阶级,虽然它对宗教、道德和法律意识形态的各要素都很敏感,但它超越那一切,并在一种具有政治性质的意识形态——不是资产阶级的政治意识形态(阶级统治),而是无产阶级政治的意识形态——中认出自己。这是阶级斗争的意识形态,目的是为了消灭阶级和实现共产主义。正是这种意识形态构成无产阶级意识形态的"果核":它一开始具有自发的形式(乌托邦社会主义),随后,自工人运动与马克思主义理论融合以来,成了有教养的。

---

① 指由于上述原因而被损害了的"无产阶级意识形态"。——译注

② "认出自己"原文为"se reconnaît",其中"reconnaître"是阿尔都塞意识形态理论的关键词,也译为"承认""辨认"。详见"第十二章:论意识形态"。——译注

可以料想得到,这样一种意识形态并非一些"知识分子"个人(比如马克思和恩格斯)给予工人运动以某种**教育**的结果。工人运动之所以会采纳这种意识形态,是因为这个阶级在其中认出了自己:这样一来,就必须解释资产阶级知识分子何以能完成这样一个奇迹,即为无产阶级量身定制了这么一套理论。它也并非如考茨基所希望的那样,是被"从外部引入到工人运动当中"的。因为如果马克思和恩格斯没有先把自己的理论建立在理论的阶级立场基础上,就不可能构想他们的理论——他们的理论的阶级立场,是他们有机地从属于自己时代的工人运动的直接后果。实际上,马克思主义理论当然是通过一些学识渊博的知识分子构想出来的,但只有**在工人运动内部并从其内部出发**才能做到这一点。马基雅维利曾说过:"要理解君主他就得是人民。"①生而非人民的知识分子要理解君主,就必须**变成人民**,而只有参与到人民的斗争中去,他才能变成人民。这正是马克思所做的:他通过参加早期无产阶级组织的斗争,而**变成了"无产阶级的有机知识分子"**(葛兰西语),也正是站在无产阶级的政治和理论立场上,他才得以"理解"资本。所以,马克思主义理论从外部**灌输**进来这个伪问题,就变成了一个**从工人运动内部形成的理论在工人运动内部传播**的问题。当然,这种"传播"是经历了大起大落的非常漫长的阶级斗争的结果——在因帝国主义阶级斗争的操纵而经历了一系列悲剧性分裂之后,这种传播依然在进行着。

---

① 参考马基雅维利《君主论》,潘汉典译,商务印书馆,2005年,第2页:"深深地认识人民的性质的人应该是君主,而深深地认识君主的性质的人应属于人民。"——译注

为了总结这里对革命党性质所作的分析的核心精神，我们可以回到阶级斗争对国家机器和意识形态国家机器的优先性这个论点上来。一个以共产党面目出现的党，一旦热衷于通过选举游戏来享受成为议会代表的权利，那么**从形式上讲**，它也可能以其他党的面目出现。一旦这个党进入议会或甚至"参加"一个人民的联合政府，那么**从形式上讲**，它也可能以"**遵守**"政治的意识形态国家机器的"游戏规则"的面目出现。同样**从形式上讲**，它还可能以如下面目出现：它认可那些"游戏规则"，并同时认可通过它们而得以实现的整个意识形态系统，即资产阶级的政治意识形态系统。而工人运动的历史给我们提供了足够多的例子，其中革命党在"玩这个游戏"时，事实上"陷入了这个游戏"，从而在占统治地位的资产阶级意识形态的影响下为了阶级合作而放弃了阶级斗争。这样一来，在阶级斗争的作用下，"形式上"就可能变成"实际上"。

一直存在着的这种风险，提醒我们注意工人运动的形成所屈从的条件：**资产阶级的阶级斗争对工人的阶级斗争的统治**。如果你认为阶级斗争是**工人阶级**反对社会不公正、反对不平等乃至反对资产阶级剥削的**造反行为**，一句话，如果你把阶级斗争化约为工人阶级反对**既定的**剥削条件的斗争，并化约为资产阶级对这种斗争的回击，那么你对阶级斗争所抱的观念就是错误的。这里被遗忘的恰恰是：剥削条件是在先的，形成剥削工人的条件的过程正是资产阶级的阶级斗争的基本形式，因而剥削本身就已经是阶级斗争，而**资产阶级的阶级斗争是在先的**。原始积累的全部历史都可以被看作是**资产阶级**通过阶级斗争而**生产工人阶级的过程**，正是这个阶级斗争过程创造了资本主义的剥削条件。

如果这个论点是准确的,那么我们就会很清楚地看到:资产阶级的阶级斗争在哪方面从一开始就统治着工人的阶级斗争,为什么工人的阶级斗争需要那么长的时间才成形并找到自己的存在形式,为什么阶级斗争从根本上来说就是**不对等的**①,为什么阶级斗争在资产阶级那边和在无产阶级这边通过不一样的实践而进行,以及为什么资产阶级要通过意识形态国家机器强加一些**形式**,**预防**②工人阶级的革命行动,并使之屈从于自己。

工人阶级的重大战略要求,即它的**自主性**,也反映了这一条件。由于工人阶级受到资产阶级国家的统治,受到占统治地位的意识形态的"显而易见性"的效果和恫吓作用的统治,所以,工人阶级只有在如下条件下才能获得自主性:它要把自己从那种占统治地位的意识形态中解放出来,与那种占统治地位的意识形态划清界限,为自己找到能实现自身意识形态即无产阶级意识形态的组织形式和活动形式。这一断裂和彻底拉开距离的特殊之处在于,它只有通过长期不断的斗争才能完成,而这一斗争又不得不认真对待资产阶级的那些统治**形式**,不得不在**资产阶级固有的统治形式内部**与资产阶级展开战斗,但又永远不能让自己"**陷入**"那些形式的"**游戏**"中,因为它们实际上并不是单纯中性的"形式",而是使占统治地位的意识形态的**存在**得以实现的**机器**。

正如我在 1970 年的研究笔记中所说:"因为,如果 AIE 真的

---

① 这里和下文中的"不对等的"原文都是"inégale",也即"不平等的"。——译注

② "预防"原文为"prévenir",也译为"先发制人"或"预先应付"。——译注

代表了统治阶级的意识形态由以得到实现的**形式**(以便在政治上变得有效),代表了被统治阶级的意识形态**必然**由以进行较量和抗衡的形式,那么,各种意识形态就不是从 AIE 当中'诞生'的,而是来自卷入阶级斗争的各社会阶级:来自他们的生存条件、他们的实践、他们的斗争经验等等。"①

无产阶级的阶级斗争的存在条件、实践(生产实践和政治实践)和形式,同资本家和帝国主义者的阶级斗争的存在条件、实践(经济实践和政治实践)和形式,毫无共同之处。因此就出现了敌对的意识形态,它们正如(资产阶级和无产阶级的)阶级斗争一样,也是**不对等的**。这也就意味,无产阶级意识形态并非是资产阶级意识形态的直接对立、颠倒或翻转,而是一种**截然不同的意识形态**,它有着不一样的"批判的和革命的""价值"。尽管它的历史几经沉浮,但由于它已然具有了这样的价值,由于它已然在工人斗争的组织和实践中得到了实现,所以,无产阶级意识形态预见了社会主义过渡期的意识形态国家机器的模样,并正好由此预见了共产主义条件下国家的废除和意识形态国家机器的废除。

---

① 参见《意识形态和意识形态国家机器》一文的"附记",此处引文在个别字词上有改动,具体参见第 501 页正文。——译注

意识形态和意识形态国家机器
（研究笔记）

Idéologie et Appareils idéologiques d'État

（Notes pour une recherche）

论生产条件的再生产①

我们过去在谈到为了使生产得以可能就必须更新生产资料这一点时,曾在某个瞬间从我们的分析中隐约发现某种东西。现在,我们应该使它凸显出来。过去只是顺便提到的事情,现在我们要就它本身来考察一番。

正如马克思曾说过,甚至连小孩子都知道,一种社会形态如果在进行生产的同时不对生产的条件进行再生产,它就连一年也维持不下去。② 因此,生产的最终条件,是各种生产条件的再生

---

① 我们将要读到的这个文本,由正在进行中的一项研究的两个摘要部分构成。作者特意给它们加上了如下标题:"研究笔记",因而在他眼里,这里所阐述的观点,只是其思考的一个环节。[原编者注]("研究笔记"原文为"Notes pour une recherche",即"为一项研究而做的笔记",其中"一项研究"系指本书《论再生产》。关于这篇文章的发表情况,可参见巴利巴尔给本书法文版所写的序,以及本书法文版编者所写的导言和编者说明。这里的译文,是以《哲学与政治:阿尔都塞读本》中的译文(孟登迎译,陈越校)为底本,根据法文版重新校订而成的。——译注)

② 马克思致库格曼,1868年7月11日(关于《资本论》的信,社会出版社,第229页)。(参见马克思1868年7月11日致路德维希·库格曼的信,《马克思恩格斯文集》第十卷,前引,第289页:"任何一个民族,如果停止劳动,

产。这种再生产可能是"简单的"(仅仅对先前的生产条件进行再生产),也可能是"扩大的"(对那些生产条件进行扩展)。让我们暂时把后面这个区分放在一边。

那么,什么是**生产条件的再生产**呢?

现在,我们正在进入一个(从《资本论》第二卷以来)特别为人们熟视无睹的领域。仅仅从生产的观点,乃至从单纯生产实践(与生产过程相比,它本身仍是抽象的)的观点来看待上述问题,这种方式具有根深蒂固的显而易见性(经验主义类型的意识形态的显而易见性),这种显而易见性是如此地与我们的日常"意识"融为一体,以至于我们要把自己提高到**再生产的观点**上来,是极其困难的——我这样说,是为了避免说"几乎不可能"。然而,脱离再生产的观点,一切都仍然是抽象的(比片面更糟:是歪曲的)——即使是在生产的层面上也是如此,更不用说在单纯实践的层面上了。

让我们试着来系统地考察一下这些事情。

为了简化我们的叙述,同时假定任何社会形态都产生于一种占统治地位的生产方式,那么我们可以说,生产过程是在特定的生产关系内,并在这种关系的制约下,使现有的生产力发挥作用的。

不用说一年,就是几个星期,也要灭亡,这是每一个小孩子都知道的。小孩子同样知道,要想得到与各种不同的需要量相适应的产品量,就要付出各种不同的和一定量的社会总劳动量。"——译注)

因而，为了存在，并且为了能够进行生产，一切社会形态都必须在生产的同时对其生产条件进行再生产。因此，必须再生产：

1. 生产力；
2. 现有的生产关系。

生产资料的再生产

因为马克思在《资本论》第二卷中已经作出了强有力的证明，从那以后，所有的人（包括那些从事国民经济核算的资产阶级经济学家或现代"宏观经济学的理论家"）都承认，如果生产的物质条件的再生产——即生产资料的再生产——没有得到保障的话，就不可能进行生产。

在这方面，任何经济学家和任何资本家没有两样，他们都认识到，每年必须预备一些东西，用来替补在生产中被消耗或损耗的东西：原料、固定设备（厂房）、生产工具（机器）等等。我们说任何经济学家＝任何资本家，是因为他们两者都表达了企业的观点，都仅仅满足于对企业财务核算的实践进行讨论。

但是，多亏了天才的魁奈第一个提出了这个"触目可见"的难题，也多亏了天才的马克思解答了这个难题，于是我们懂得了，不能在企业的水平上来思考生产的各种物质条件的再生产，因为这种再生产的真正条件，并不存在于那个水平上。在企业的水平上发生的事情，只是一种后果，它只是给人一种关于再生产的必要性的观念，但它绝没有让我们能够对再生产的各种条件和各种机制进行思考。

片刻的反思就足以确信这一点：一个开纱厂生产羊毛织品的

资本家 X 先生，必须"再生产"他的原料、他的机器等等。但并不是他本人为了自己的生产而生产这些东西——而是别的资本家为他生产：比如澳大利亚的牧场主 Y 先生、生产机床的重型机械商 Z 先生等等。他们生产的那些产品，是 X 先生的生产条件再生产的条件，而他们为了生产那些产品，也必须对自己的生产条件进行再生产，以此类推，直至无穷——从国内到世界市场，整个都按一定比例进行，从而对（用于再生产的）生产资料的需求都可以通过供给来满足。

这种机制造成了一根"无穷无尽的链条"，要思考它，就必须追随马克思所说的"全球"进程，特别要研究《资本论》第二、三卷讨论的第一部类（生产资料的生产）和第二部类（消费资料的生产）之间的资本流通关系以及剩余价值的实现。

我们不打算深入分析这个问题。对于生产的各种物质条件的再生产，我们已经指出了它的存在的必要性，这就足够了。

劳动力的再生产

然而，读者不会没有注意到一件事。我们刚才谈到的是生产资料的再生产，而不是生产力的再生产。因此，我们以缄默的方式跳过了那个把生产力和生产资料区分开来的东西的再生产，即劳动力的再生产。

尽管通过观察在企业中发生的事情，特别是通过考察对折旧和投资进行预测的财务核算实践，我们可以得到一个关于再生产的物质过程存在的粗略观念，但对于我们现在要进入的领域来说，只观察企业中发生的事情，即便不是完全盲目的，至少也是近乎盲目的。原因很简单：因为劳动力的再生产就本质而言发生在企业之外。

劳动力的再生产是如何得到保障的呢？

劳动力的再生产是通过给劳动力提供用于其自身再生产的物质资料——即通过工资——得到保障的。工资被列入每个企业的核算中，但那是作为"人工资本"①，而根本不是作为劳动力物质再生产的条件。

然而，工资就是以那种方式"起作用"的，因为它只代表劳动力消耗所产生的价值的一部分，也就是劳动力再生产必不可少的那部分：也就是恢复雇佣劳动者的劳动力所必不可少的那部分（用来支付衣、食、住，简言之，为了让雇佣劳动者在第二天——上帝让他多活的每一个第二天——再次出现在工厂门口所必需的费用）。让我们补充一点：它也是抚养和教育子女所必不可少的；无产者通过对子女的抚养和教育，把自身当作劳动力再生产出来（以 x 个样本的方式，x 可以等于 0，1，2……，可以是任意数）。

让我们记住，劳动力再生产所必需的这个价值量（工资），不单单取决于"生物学的"行业最低保障工资②的需要，而且还取决于历史的最低限度的需要（马克思曾指出，英国工人需要啤酒，而法国无产者需要葡萄酒），因而是历史地变化着的。

---

① 马克思给了它一个科学的概念：**可变资本**。
② 原文为"SMIG"，即"Salaire minimum interprofessionnel garanti"（行业最低保障工资）的缩写。——译注

我们还要指出,这个最低限度在两方面是历史性的,因为它不是由资本家阶级所"承认"的工人阶级的历史需要所规定的,而是由无产阶级的斗争(两方面的阶级斗争:反对延长工作日和反对降低工资)所强加的历史需要所规定的。

然而,为了使劳动力作为劳动力被再生产出来,仅仅保障其再生产的物质条件还不够。我们已经说过,后备劳动力必须是"有能力的",也就是说,适合在生产过程的复杂体系内从事工作。生产力的发展以及特定时期由生产力历史地构成的统一体类型,都造成了这样的结果:劳动力必须(在不同的方面)是合格的,并因此要以这种要求得到再生产。所谓"在不同的方面",是根据劳动的社会—技术分工的要求,对于不同的"岗位"和"职业"来说的。

那么,在资本主义制度下,劳动力(多样化的)合格能力的再生产是怎样获得保障的呢?与在奴隶制或农奴制的社会形态中所发生的情况不同,上述的劳动力合格能力的再生产,趋向(这涉及某种趋势规律)不再(在生产本身的学徒期中)"通过现场实践"而得到保障,而是越来越多地在生产之外,通过资本主义的学校系统以及其他层级①和机构来完成。

那么,人们在学校里学习什么呢?虽然人们在学习上深入的程度不一,但他们无论如何学会了读、写、算,也就是说学会了一些技能,同时还学到了不少别的东西,包括"科学文化"或"文学"方面的一些要素(它们可能是初步的,也可能正好相反,是深入的)。那些技能和知识在生产中的不同岗位上是可以直接拿来用

---

① "层级"原文为"instances",详见第126页译注。——译注

的(有的教育是为了培养工人,有的是为了培养技术人员,有的培养工程师,还有的培养高级管理人员,等等)。因此,人们是在学习一些"本领"①。

但是,在学习这些技能和认识②之外,以及在学习它们的同时,人们在学校还要学习良好的举止"规范",也就是说,学习劳动分工中的所有当事人依照他们"被指定"要占据的岗位所应遵守的行为"规范":公民的和职业的道德规范、良知规范;说得更清楚一点,也就是关于尊重劳动的社会——技术分工的规范,说到底就是由阶级统治建立起来的秩序的规范。人们在学校还学习"说好法语",学习正确地"管理"工人,实际上也就是说,(作为未来的资本家及其奴仆)学习"恰当地使唤"他们,即(作为理想的解决办法)学习"出色地对他们讲话",等等。

如果用一种更科学的语言来陈述这件事情,我们可以说,劳动力的再生产不仅要求再生产出劳动力的合格能力,同时还要求再生产出劳动力对既定秩序的各种规范的服从,即一方面为工人们再生产出对占统治地位的意识形态的服从,另一方面为从事剥削和镇压的当事人再生产出出色地运用占统治地位的意识形态的能力,以便他们能"用词句"③来保障统治

---

① 注意,"知识"原文为"savoirs","本领"原文为"savoir-faire",即"知道怎么干"。——译注

② "认识"原文为"connaissances",其名词形式为"connaître"(认识),通常也译为"知识",但为了与"savoir"(知识、知道)相区分,在本书中一律译为"认识"。——译注

③ "用词句"原文为"par la parole",其中"la parole"也有"言语""诺言""讲话"的意思。——译注

阶级的统治。

换言之,学校(还有像教会这样的其他国家机构,像军队这样的其他机器)给人们传授"本领",但却是以保障**对占统治地位的意识形态的臣服**或以保障对这种意识形态的"实践"的掌握的形式进行的。所有那些从事生产、剥削和镇压的当事人,更不用说那些"职业的意识形态家"(马克思语),为了要恪尽职守地完成他们的工作,都不得不以这样或那样的方式"浸染"在那种意识形态当中。无论他们是被剥削者(无产者)、剥削者(资本家)、剥削者的助手(管理者),还是占统治地位的意识形态的大祭司(它的"官员")等等,都是如此。

由此可见,作为劳动力再生产的**必要条件**,不仅要再生产出劳动力的"合格能力",而且要再生产出它对占统治地位的意识形态的臣服或这种意识形态的"实践"。准确地说,甚至只说"不仅……而且……"都是不够的,因为很显然,**只有在这种意识形态臣服的形式下并受到这种形式的制约,劳动力的合格能力的再生产才能得到保障**。

但是由此,我们就承认了一种新的现实——**意识形态**——的有效存在。

在这里,我们要做两点说明。

第一点说明是为了总结一下我们对**再生产**的分析。

我们刚刚简短地探讨了生产力再生产的两种形式,其一是生产资料的再生产,其二是劳动力的再生产。

但是,我们还没触及**生产关系的再生产**问题。然而,对马克思主义生产方式理论来说,这是**一个决定性的问题**。弃而不谈这个问题将是一个理论失误——说得再坏点,是一个严重的政治错误。

所以,我们准备谈谈这个问题。但是为了获得谈论它的手段,我们还必须再兜一个大圈子。

第二点说明是,为了兜这个圈子,我们不得不重提我们的老问题:什么是社会?

下层建筑和上层建筑①

我们曾在一些场合②强调过马克思主义"社会整体"观的革命性,因为它跟黑格尔的"总体"截然不同。我们说过(而这个论点只是对历史唯物主义著名命题的重复),马克思把任何社会的结构都设想成是由两个"层面"或"层级"③所构成的,即**下层建筑**或经济基础(生产力与生产关系的"统一体")和**上层建筑**。它们又被一种特殊的决定作用连接在一起。而上层建筑本身又包括两个"层面"或"层级":一个是法律—政治的(法和国家),另一个是意识形态(各种不同的意识形态:宗教的、道德的、法律的、政治的等等)。

这种表述除了有理论教学上的好处(揭示了马克思和黑格尔的不同)之外,还有这样一种决定性的理论优势:它使我们有可能把我们所说的这些基本概念**各自的作用力指数**纳入这些概念

---

① 关于"下层建筑"和"上层建筑"的译法,详见第132页译注。——译注

② 见《保卫马克思》和《阅读〈资本论〉》,马斯佩罗出版社,1965年。

③ "层级"原文为"instances",详见第126页译注。——译注

的理论配置中。这是什么意思呢?

任何人都能轻而易举地认识到这个表述是一个隐喻,它把一切社会结构都说成是一座大厦,它有一个基础(下层建筑),上面竖立着两"层"上层建筑,更准确地说,这是一个空间的隐喻,一个地形学的隐喻①。像任何隐喻那样,它暗示着、揭示着某种东西。什么东西呢?那便是:上层如果不是正好建立在它们的基础之上,是不可能独自"矗立"(在空中)的。

因此,大厦这个隐喻的目的,首先是要表述经济基础"归根到底的决定作用"②。这个空间隐喻的作用,就是给基础分配一种作用力指数,这种指数以下的著名说法而闻名于世:在(上层建筑的)各"层"中所发生的事情,归根到底是由在经济基础中所发生的事情决定的。

从这种"归根到底"的作用力指数出发,上层建筑的各"层"显然都被分配了不同的作用力指数。那是些什么样的指数呢?

人们可以说,上层建筑的各层不具有归根到底的决定作用,它们都是由基础的效力③所决定的;假如它们也以各自的(至今还没有得到明确规定的)方式具有某种决定作用,那也只有在被基础决定的范围内才是如此。

---

① 地形学(topique)源于希腊文的 topos:场所。地形学表述了某些现实在一个特定空间内所分别占据的场所;这样说来,经济就在底层(基础),它上面是上层建筑。

② 注意"归根到底"原文为"en dernière instance",其中的"instance"即前文所说的"层级",关于"归根到底",详见第 82 页译注。

③ "效力"原文为"efficace",在这里与前文中的"efficacité"(作用力)意思相当。——译注

上层建筑各层的作用力指数（或决定作用指数），是由基础的归根到底的决定作用所决定的，它们在马克思主义传统中通过两种形式得到思考：（1）上层建筑对基础有"相对自主性"；（2）上层建筑对基础有"反作用"。

因此我们可以说，马克思主义的地形学即关于大厦（基础和上层建筑）的空间隐喻的巨大理论优势在于，它既揭示出决定作用（或作用力指数）的问题是首要的问题，又揭示出正是基础归根到底决定了整个大厦，并从而迫使我们提出那些专属于上层建筑自己的"派生的"作用力类型的理论难题，也就是说，迫使我们思考马克思主义传统一并称之为上层建筑的相对自主性和上层建筑对基础的反作用的问题。

用大厦的空间隐喻来表述任何社会结构的重大缺点在于：它显然是隐喻性的，也就是说，它仍然是**描述性的**。

在我们看来，从今以后，我们应该并且有可能用另外的方式来表述这些事情。希望大家不要误解：我们绝不是要否认这个经典的隐喻，因为这个隐喻本身迫使我们去超越它。而我们要超越它，并不是要把它当作无效的东西扔掉。我们只是想尝试着去思考它通过这一描述的形式给我们所提供的东西。

我们认为，对上层建筑的存在和性质的本质特征进行思考，可以并且必须从**再生产出发**。要想阐明由大厦的空间隐喻指出了其存在、却又没有为其提供概念解答的许多问题，只要采取再生产的观点就够了。

我们的基本论点是，**只有采取再生产的观点**，才可能提出（并解答）这些问题。

我们将**从这一观点出发**，对法、国家和意识形态作出简要的分析。我们将同时揭示,从实践和生产的观点出发和从再生产的观点出发,分别会发生什么情况。

国家

马克思主义传统在这一点上是很明确的:自从《共产党宣言》和《雾月十八日》①发表以来,(以及在后来所有的经典文本中,尤其是在马克思有关巴黎公社的作品和列宁的《国家与革命》中),国家都被明确地构想为镇压性机器。国家是一种镇压"机器"②,它使得统治阶级(在19世纪是资产者阶级和大土地所有者"阶级")能够保障他们对工人阶级的统治,使得后者服从于对剩余价值的榨取过程(即服从于资本主义剥削)。

因此,国家首先是马克思主义经典作家称作**国家机器**的东西。这个术语的含义,不仅是指那些专门化的(狭义上的)机器,即警察、法院、监狱——我们曾经从法律实践的要求出发承认了它们的存在和必要性;还指军队,当警察及其专门化辅助部队"无法控制事态"时,它归根到底会作为追加的镇压力量直接干预进来(无产阶级为这一经验付出过血的代价);而且还指在这一切之上的国家元首、政府和行政部门。

---

① 即《路易·波拿巴的雾月十八日》。——译注
② 阿尔都塞的"国家机器"概念中"机器"一词的原文是"appareil",而此处"机器"的原文是"machine"。关于"appareil"与"machine"的区别,详见第165页译注。——译注

以这种形式被表达①的马克思列宁主义国家"理论",触及了事情的本质,任何时候都绝不可能不意识到,这确实就是事情的本质。国家机器把国家定义为在资产阶级及其同盟所展开的反对无产阶级的斗争中"为统治阶级利益服务"的执行力量和镇压性的干预力量;这样的国家机器才是真正的国家,才真正定义了国家的基本"功能"。

从描述性的理论到理论本身

然而,在这里也像我们关于大厦的隐喻(下层建筑和上层建筑)所指出的那样,对国家性质的这种表达②也仍然部分地是描述性的。

由于我们以后还要经常使用这个形容词("描述性的"),为了避免所有的歧义,有必要对它作些解释。

在提到大厦隐喻或马克思主义国家"理论"时,我们说这些都是对其对象的描述性的观念或表述③,我们这样说并没有任何私下保留的批评想法。相反,我们有充分的理由认为,伟大的科学发现都不得不经过我们称之为**描述性的"理论"**这个阶段。这是所有理论的第一个阶段,至少在我们所讨论的领域(关于社会形态的科学的领域)是这样。如此说来,人们也可以——依我们看就是必须——把这个阶段看成是理论发展的必要过渡阶段。我们把这种过渡性铭刻在自己的表达方式("描述性的理论")中,并通过我们所用的这种词语组合,把其中好像是"矛盾"的东西显

---

① "被表达"原文为"présentée",详见第166页译注。——译注
② "表达"原文为"présentation",参见上一条译注。——译注
③ 这里的"表述",原文为"représentations",参见前两条译注。——译注

示了出来。事实上,理论这个术语与加在它前面的"描述性的"这个形容词有几分"相抵触"。这恰好意味着:(1)"描述性的理论"确实毫无疑问不可逆转地是理论的开端;但是(2)理论以"描述性的"形式出现,这个"矛盾"的后果本身会要求理论的发展去超越那个"描述"的形式。

让我们回到目前讨论的对象——国家——上来,进一步澄清我们的思考。

当我们说我们现在拥有的马克思主义国家"理论"仍然部分地是"描述性的"时,首先并首要是指这种描述性的"理论"毫无疑问正是马克思主义国家理论的开端;这个开端为我们提供了最重要的东西,即这一理论今后一切发展的决定性原则。

确实,我们可以说这种描述性的国家理论是正确的,因为人们可以把在它所涉及的这个领域里可观察到的绝大多数事实,同它给自己对象所下的定义完全对应起来。因此,把国家定义为存在于镇压性国家机器中的阶级国家,能够洞若观火地说明我们在任何领域的不同层面的镇压中可以观察到的所有事实:从1848年6月、巴黎公社、1905年5月的彼得格勒"流血星期日"、抵抗运动、夏龙①等历次大屠杀,到"审查"的(相对和缓的)简单干预,例如查禁狄德罗的《修女》②或加蒂关于佛朗哥的戏剧③;它能够说明所有直接或间接的剥削形式和灭绝人民大众的形式(帝国主义战争);它能够说明那种微妙的日常统治,我们可以在这种统治底

---

① 详见第168页译注。
② 详见第168页译注。
③ 详见第168页译注。

下,比如在各种政治民主形式中,窥见列宁遵循马克思的观点称之为资产阶级专政的东西。

然而,描述性的国家理论仅仅代表了理论构成过程本身需要"超越"的一个阶段。因为很清楚,虽然这个定义把压迫的事实与被当作镇压性国家机器的国家联系在一起,从而确实给我们提供了辨别和认出①这些事实必不可少的手段,但这种"联系起来"的做法却会引起某种特别的显而易见性,在稍后我们将有机会把这种显而易见性表达为:"是的,就是如此,完全正确!……"②而在国家的这种定义中,即使事实的积累会使例证成倍地增加,也不会对国家的定义(也就是说科学的国家理论)有什么真正的推进。因此,任何描述性的理论都冒着"阻碍"理论发展的风险,而理论的发展又是必不可少的。

正因为如此,我们认为,为了把这种描述性的理论发展为理论本身,也就是说,为了进一步理解国家发挥功能的各种机制,就有必要给把国家当作国家机器的这个经典定义**补充**某种东西。

马克思主义国家理论的主要内容

让我们先来澄清很重要的一点:如果不根据**国家政权**来看待国家(及其在国家机器中的存在),它就没有任何意义。全部政治的阶级斗争都是围绕着国家展开的。我们的意思是,围绕着由某个阶级、由阶级之间或阶级的某些部分之间的联盟对国家政权的

---

① "认出"原文为"reconnaître",即"再次、重新"(re)"认识"(connaître),也译为"承认"。——译注

② 参见第486页正文,这句话在文字上稍有不同。——译注

占有(即对它的夺取和保持)而展开的。因此,首先作出的这点澄清迫使我们把作为政治性阶级斗争目标的国家政权(对国家政权的保持或夺取)与国家机器区分开来。

我们都知道,国家机器是可以历经事变而幸存的,就像19世纪法国的资产阶级"革命"(1830年、1848年)、政变(1851年12月2日和1958年5月)、国家的崩溃(1870年帝国的垮台、1940年第三共和的垮台)、小资产阶级的上台(1890—1895年的法国)等等所证明的那样,它们都没有触动或改变国家机器:国家机器在经历了影响国家政权归属的政治事件之后,仍然可以不变地存在下去。

甚至经历了像1917年那样的社会革命之后,在无产阶级和小农的联盟掌握了国家政权之后,大部分国家机器仍然不变地保存了下来。列宁一再重申了这个事实。

可以说,国家政权和国家机器之间的这种区分已成为"马克思主义"国家"理论"的组成部分,从马克思的《雾月十八日》和《法兰西阶级斗争》以后,这个区分就明确地存在着。

从这一点上来概括"马克思主义国家理论",我们就可以说,马克思主义经典作家历来主张:

1. 国家就是镇压性国家机器;
2. 必须对国家政权和国家机器加以区分;
3. 阶级斗争的目标在于国家政权,从而在于通过国家政权而利用国家机器——掌握国家政权的阶级(以及阶级之间或阶级的某些部分之间的联盟)可以根据其阶级目标来利用国家机器;
4. 无产阶级必须夺取国家政权,以便摧毁现存的资产阶级国家机器,在第一阶段代之以完全不同的国家机器,即无产阶级国家机器,接着在随后的阶段,进入一个彻底的过程,即消灭国家

(国家政权和一切国家机器的终结)的过程。

由此看来,我们原打算给"马克思主义"国家"理论"补充的东西,早已白纸黑字地写在那里了。可在我们看来,即使补上了这一点,这个理论也仍然部分地是描述性的;虽说它现在的确包含了一些复杂的和差异性的要素,但如果不在理论上进一步深化和补充,就无法理解这些要素的运行和作用。

意识形态国家机器

因此,必须给"马克思主义国家理论"补充别的东西。

在这里,我们必须小心翼翼地踏进一个领域。事实上,在我们之前,马克思主义经典作家早就进入这个领域了,只是他们还没有用理论的形式,把在他们的经验和做法中所隐含的决定性进步系统化。他们的经验和做法实际上首先停留在政治实践的领域。

马克思主义经典作家,在事实上,也就是说在他们的政治实践中,是把国家当作一个比"马克思主义国家理论"对国家的定义更为复杂的现实来对待的——即使这个定义已经像我们刚才那样作了补充。他们在自己的实践中已经承认了这种复杂性,但他们还没有用相应的理论将它表达出来。①

---

① 据我们所知,我们现在走的路以前只有葛兰西一个人有所涉足。他有一个"独特的"观念,认为国家不能被化约为(镇压性)国家机器,按他的说法,国家还应包括若干"**市民社会**"的机构,如教会、学校、工会等。令人遗憾的是,葛兰西没能系统讨论这些机构,只留下了一些精辟而又零散的笔记。[参见《葛兰西著作选》(Gramsci: Œuvres choisies),社会出版社,第290,291(注释3),293,295,436页。另见《狱中书简》(Lettres de la Prison),社会出版社,第313页]。

我们想尝试着为这个相应的理论画出一个非常图式化的草图。为此，我们提出以下论点。

要推进关于国家的理论，不仅必须考虑到**国家政权**与**国家机器**的区分，而且还必须考虑到另一种现实——它显然是和(镇压性)国家机器并立的，但与后者不能混为一谈。我们要用一个属于它自己的概念把这种现实叫作**意识形态国家机器**。

什么是意识形态国家机器(AIE①)呢？

它们与(镇压性)国家机器不能混为一谈。我们还记得，在马克思主义理论中，国家机器(AE②)包括政府、行政部门、军队、警察、法院、监狱等，它们构成了我们今后要称作镇压性国家机器的东西。"镇压性"意味着上述国家机器是"通过暴力发挥功能"的，至少最终会是这样(因为镇压也可以采取非肉体的形式，比如行政压制)。

我们所说的意识形态国家机器是指这样一些现实，它们以一些不同的、专门化的机构的形式呈现在临近的观察者面前。我们给这些现实开出了一个经验性的清单，它当然还必须在细节上接受考察、检验、修改和重组。尽管有由这种需要包含着的所有保留意见，我们暂时还是可以把下列机构看成是意识形态国家机器(我们的列举顺序没有任何特殊的含义)：

——宗教的 AIE(由不同教会构成的系统)；

---

① "AIE"是"意识形态国家机器"(Appareils idéologiques d'État)的法文缩写。为了行文方便，下文作者使用这个缩写的地方，我们保留了缩写形式原文，不再一一译出。——译注

② "AE"是"国家机器"(Appareil d'État)的法文缩写。——译注

——学校的AIE(由不同公立和私立"学校"构成的系统);

——家庭的AIE;①

——法律的AIE;②

——政治的AIE(政治系统,包括不同党派);

——工会的AIE;

——信息的AIE(出版、广播、电视等);

——文化的AIE(文学、艺术、体育等)。

我们说,AIE与(镇压性)国家机器不能混为一谈。那么,是什么构成了它们的区别呢?

第一点,我们会注意到,(镇压性)国家机器是**单数**,而意识形态国家机器是**复数**。即使假定存在着一个由复数的AIE构成的统一体,这个统一体也不是直接可以看到的。

第二点,我们会发现,统一的(镇压性)国家机器完全属于**公共**领域;而与之相反,绝大部分的意识形态国家机器(它们表面上是分散的)隶属于**私人**领域。教会、党派、工会、家庭、某些学校、大多数报纸、各种文化企业等等,都是私人性的。

我们可以暂时把第一点放在一边。但一定会有人对第二点提出反驳,问我们凭什么把大部分不具有公共地位而完全只是**私人性质**的那些机构看成是意识形态国家机器呢?作为一个清醒的马克思主义者,葛兰西早已用一句话堵住了这种反对意见。公

---

① 家庭除了作为AIE外,当然还有其他的"功能"。它干预劳动力的再生产。在不同的生产方式中,它是生产单位和/或消费单位。

② "法"既属于(镇压性)国家机器,也属于AIE系统。

私之分是资产阶级法权①内部的区分,在资产阶级法权行使"权力"的(从属)领域是有效的。而国家领域避开了这种区分,因为国家"高于法权":国家是统治阶级的国家,既不是公共的,也不是私人的;相反,国家是公共与私人之间一切区分的前提。在这里,当谈到意识形态国家机器时,我们也可以说同样的话。它们在"公共"机构还是"私人"机构中得到实现,这并不重要,重要的在于它们如何发挥功能。私人机构完全可以作为意识形态国家机器"发挥功能"。对任何一种 AIE 稍加分析,都能证明这一点。

但还是让我们来看看最重要的东西吧。把 AIE 与(镇压性)国家机器区分开来的根本差别是:镇压性国家机器"通过暴力发挥功能",而意识形态国家机器则"**通过意识形态**"发挥功能。

我们可以修改一下这个区分,使问题更加清楚。事实上,我们应该说,任何国家机器,无论是镇压性的,还是意识形态的,都既通过暴力也通过意识形态发挥功能,但有一个非常重要的区分,使我们绝对不能把意识形态国家机器与(镇压性)国家机器混为一谈。

这个区分就是,(镇压性)国家机器就其本身而言,大量并首要地通过**镇压**(包括肉体的镇压)来发挥功能,而同时辅之以意识形态(根本不存在纯粹的镇压性机器)。例如,军队和警察为了确保它们自身的凝聚力和再生产,也要凭借它们对外宣扬的"价值",通过意识形态发挥功能。

以同样的方式,只是必须反过来说,意识形态国家机器就其

---

① "法权"原文为"droit",也译为"法""权利",具体参见第 140 页译注。——译注

本身而言,大量并首要地**通过意识形态**发挥功能,但是,在不得已的情况下,且只有在不得已的情况下,它们也会辅之以镇压,哪怕这种镇压是相当缓和的、隐蔽的,甚至是象征性的(根本不存在纯粹的意识形态机器)。学校和教会就是这样使用处罚、开除、选拔等恰如其分的方法,既"训练"它们的"牧人",也"训练"它们的"羊群"。家庭是如此……文化的 AIE(只要提一下"审查制度"就够了)等等也是如此。

(镇压性)国家机器或意识形态国家机器按各自的情况(首要地或辅助性地)通过镇压或意识形态的双重方式"发挥功能",这种规定性使我们可以理解(镇压性)国家机器的运作和意识形态国家机器的运作不断地相互交织成的、各种非常微妙的、或明或暗的结合形式——这一点还有必要再说吗?日常生活给我们提供了无数这样的例证,但是,如果我们要超越这种简单的观察,就必须对它们进行详细的研究。

然而,这点说明使我们接近于了解到,是什么东西构成了那些表面上不一致的 AIE 的"实体"①的统一性。如果说 AIE 大量并首要地通过意识形态"发挥功能"的话,那么,把它们的多样性统一起来的,正是这种发挥功能的方式本身,因为它们赖以发挥功能的意识形态,不管如何多样,如何矛盾,事实上总是统一**在占统治地位的意识形态底下的**,这种占统治地位的意识形态就是"统治阶级"的意识形态。如果我们真的愿意承认通常是"统治阶级"(以一种直接的形式,或者更多地借助于阶级之间或阶级的某些部分之间的联盟)掌握国家政权,从而能够支配(镇压性)国家

---

① 这里的"实体"原文为"corps",本义是"身体""躯体"。——译注

机器,那么,我们就姑且可以认为,正是这个统治阶级在意识形态国家机器中握有主动权,因为最终总是占统治地位的意识形态(恰恰通过它自己的各种矛盾)在意识形态国家机器里获得了实现。当然,在(镇压性)国家机器里通过法律和政令来"行事"和在意识形态国家机器里通过占统治地位的意识形态这个中介来"行事",是完全不同的事情。应当深入到这种差别的细节中去——但是,这种差别掩盖不住某种具有深刻同一性的现实。就我们所知,**任何一个阶级,如果不在掌握政权的同时通过意识形态国家机器并在这套机器中行使其领导权,就不能持久地掌握政权**。我只需要一个例子来证明这一点:列宁(尤其)忧心忡忡地惦念着使学校的意识形态国家机器革命化,只是为了让已经夺取国家政权的苏维埃无产阶级能够保障无产阶级专政的未来和向社会主义的过渡。①

后面这点说明使我们可以明白,意识形态国家机器也许不只是阶级斗争的**赌注**,还是阶级斗争的**场所**,而且往往是激烈形式的阶级斗争的赌注和场所。掌握政权的阶级(或阶级联盟)在AIE中不能像在(镇压性)国家机器中那样轻易地制定法律,这不仅是因为先前的那些统治阶级能够在那里长时间地保持牢固的阵地,而且也因为被剥削阶级能够通过抵抗,利用那里存在的矛盾,或者通过斗争,攻克那里的战场,从而在那里找到表现自己的

---

① 在1937年一篇哀婉动人的文章里,克鲁普斯卡娅讲述了列宁作出绝望的努力的一段历史和她认为是列宁失败的地方(《走过的道路》«Le chemin parcouru»)。

手段和机会。①

　　让我们来给自己的说明作一个总结吧。

　　如果我们提出的论点是言之有据的,那么它就可以把我们带回经典的马克思主义国家理论,使之在某一方面更加准确。我们说过,必须把国家政权(及其被……占有)与国家机器两者区分开来。但我们还要补充说,国家机器包括两块(corps):一块是代表镇压性国家机器的机构;另一块是代表那些意识形态国家机器的机构。

　　但如果真是这样,那么一定会有人提出下列问题,甚至是采用对我们的意见进行概括的方式:意识形态国家机器的作用的具体范围是什么? 它们的重要性的基础是什么? 换句话说,这些不通过镇压而通过意识形态发挥功能的意识形态国家机器,它们的

---

①　我在这里关于 AIE 中的阶级斗争所说的寥寥数语,显然远没有穷尽有关阶级斗争的问题。要探讨这个问题,必须时刻牢记两个原则:**第一个原则**已经由马克思在《〈政治经济学批判〉序言》中明确表达了出来:"在考察这些变革[社会革命]时,必须时刻把下面两者区别开来:一种是生产的经济条件方面所发生的物质的、可以用自然科学的精确性指明的变革,一种是人们借以意识到这个冲突并力求把它克服的那些法律的、政治的、宗教的、艺术的或哲学的,简言之,意识形态的形式。"(参见《马克思恩格斯全集》第三十一卷,前引,第 413 页。——译注)阶级斗争就是这样以意识形态的形式,因而也是以 AIE 中的意识形态的形式表现和进行的。但是,阶级斗争本身远远**超出了**这些形式,并且正因为它超出了这些形式,被剥削阶级的斗争也同样可以在各种 AIE 的形式中进行,并掉转意识形态武器来反对掌握政权的阶级。这是由于**第二个原则**:阶级斗争超出了 AIE,因为它植根于意识形态之外的地方,植根于下层建筑,植根于生产关系,而后者是一些剥削关系,它们构成了阶级关系的基础。

"功能"是跟什么相对应的呢?

论生产关系的再生产

现在我们可以来回答那个让我费了很长篇幅却仍然悬而未决的核心问题:**生产关系的再生产是如何得到保障的**?

如果用地形学的语言(下层建筑和上层建筑),我们可以说:在很大程度上①,生产关系的再生产是通过法律——政治的和意识形态的上层建筑来保障的。

但是,既然我们此前认为必须超越这种依然是描述性的语言,我们可以说:在很大程度上,生产关系的再生产是通过国家政权在国家机器——一方面是(镇压性)国家机器,另一方面是意识形态国家机器——中的运用来保障的。

我们要把前面所说的一切都考虑进来,并把它们归纳为以下三个特征:

1. 所有国家机器都既通过镇压也通过意识形态发挥功能。区别在于(镇压性)国家机器大量并首要地通过镇压发挥功能,而意识形态国家机器大量并首要地通过意识形态发挥功能。

2. (镇压性)国家机器构成了一个有组织的整体,它的不同组成部分通过一个指挥上的统一而集中在一起,这个统一就是由掌握国家政权的统治阶级的政治代表来实施的阶级斗争的政治;而

---

① 说在很大程度上,是因为生产关系首先是通过生产过程和流通过程的物质性再生产出来的。但是不应忘记,意识形态的关系直接就出现在这些过程中。

意识形态国家机器是多样的、彼此各异的、"相对自主的",并且能够给各种矛盾的展开提供一个客观的场域,这些矛盾以时而有限时而极端的形式,表现了资本家的阶级斗争和无产阶级的阶级斗争之间冲突的后果,以及这些斗争的次要形式。

3.(镇压性)国家机器的统一是通过统一的、集中化的组织来保障的,这个组织由掌握政权的各阶级中实行着这些阶级的阶级斗争政治的代表们领导着;而各种不同的意识形态国家机器的统一更经常地是以矛盾的形式,通过占统治地位的意识形态(即统治阶级的意识形态)来保障的。

如果同意把这些特征考虑进来,我们就能根据某种"劳动分工"①,以如下方式来表述生产关系的再生产。②

镇压性国家机器的作用,就其作为镇压机器来说,本质在于用(肉体的或非肉体的)武力来保障生产关系(说到底是一些**剥削关系**)再生产的政治条件。国家机器不仅在很大程度上致力于自身的再生产(在资本主义国家内部,存在着一些政客家族、军人家族等等),而且同时特别要通过镇压(从最野蛮的肉体施暴,到纯粹的行政命令和禁令,直到公开和隐蔽的审查制度)来保障意识形态国家机器运行的政治条件。

实际上,在很大程度上,正是意识形态国家机器,在镇压性国家机器为它们提供的"盾牌"后面,保障了生产关系的再生产本身。也正是在这里,占统治地位的意识形态(即掌握国家政权的统治阶级的意识形态)得以大量地发挥作用。正是通过占统治地

---

① 关于"劳动分工"一词的译法,详见第 87 页译注。——译注
② 就镇压性国家机器和意识形态国家机器所**分担**的再生产部分而言。

位的意识形态这个中介,镇压性国家机器与意识形态国家机器之间,以及不同的意识形态国家机器之间(时有摩擦)的"和谐"才得到了保障。

因此,我们恰恰必须在各种意识形态国家机器**唯一的**(因为是**共同的**)作用——即生产关系再生产的作用——中,根据意识形态国家机器的多样性,来考虑接下来的假设。

事实上,我们已经列举了相当多的、存在于当代资本主义社会形态中的意识形态国家机器:学校机器、宗教机器、家庭机器、政治机器、工会机器、信息机器、"文化"机器等等。

然而,在"农奴制的"(通常称为封建的)生产方式的社会形态中,我们可以看到,尽管存在着单一的镇压性国家机器,而且它从已知最早的古代国家起(更不要说绝对君主制了),就已经与我们今天熟悉的形式非常相似,但在那里,意识形态国家机器的数量却要少得多,而且它们的特性也与现在不同。例如,我们看到,在中世纪,教会(宗教的意识形态国家机器)兼具了许多功能,这些功能今天已经转交给了若干不同的意识形态国家机器;这些意识形态国家机器与我们刚才提到的过去相比是全新的,尤其在学校的和文化的功能方面更是如此。曾经与教会并列的还有家庭的意识形态国家机器,它扮演了相当重要的角色,但这与它在资本主义社会形态中所扮演的角色又是不可同日而语的。不管表面现象如何,教会和家庭并不是当时仅有的意识形态国家机器。还有一种政治的意识形态国家机器(三级会议、最高法院、作为现代政党前身的不同政治派别和政治同盟,以及由自由的公社和随后的市政机关构成的整个政治系统)。如果我们能冒昧地使用一个与当时时代不符的说法的话,那么还有一种强大的"前工会"的意识形态国家机器(强大的商会和银行行会以及帮工协会等等)。出版和信息本身也获得了无可争议的发展,演出①也一样,它们起初是作为教会的组成部分,随后从它那里越来越独立了出来。

然而,在我们极其概括地考察的前资本主义历史时期,最清楚不过的是,**存在着一个占统治地位的意识形态国家机器——教会**,它不仅把宗教的功能,而且还把学校的功能,以及大部分信息和"文化"的功能集于一身。从16世纪到18世纪,从宗教改革的最初动荡开始,全部的意识形态斗争,之所以都**集中于**反教权和反宗教的斗争,这绝不是偶然,而是恰恰取决于宗教的意识形态国家机器所占据的统治地位。

法国大革命首要的目标和结果,不仅在于把国家政权从封建贵族手中转移到商业资本主义的资产阶级手中,打碎了一部分以前的镇压性国家机器,代之以新的镇压性国家机器(如国民卫队),而且在于打击了头号的意识形态国家机器——教会。因此才出现了世俗的教士机构,没收了教会财产,创造了新的意识形态国家机器来取代宗教的意识形态国家机器占统治地位的作用。

当然,这些事都不是自动发生的:政教协议、王朝复辟,以及地主贵族与工业资产阶级在整个19世纪进行的长期的阶级斗争,就是证明。这场斗争是为了确立资产阶级——首先通过学校——对以往由教会履行的各种功能的领导权。资产阶级在大革命最初几年就建立了新的(即议会民主的)政治的意识形态国

---

① "演出"原文为"spectacles",详见第175页译注。——译注

家机器,后来又经过长期激烈的斗争,在1848年的几个月和第二帝国垮台后的数十年重建了它。可以说,资产阶级正是依靠这架新机器展开了反对教会的斗争,并剥夺了它的意识形态功能:简言之,不仅保障了自己的政治领导权,而且保障了资本主义生产关系再生产所必需的意识形态领导权。

正因为如此,我们自信有理由提出以下的论点(冒着它将带来的一切风险)。我们认为,经过同旧的、占统治地位的意识形态国家机器进行了激烈的政治的和意识形态的阶级斗争之后,在成熟的资本主义社会形态中建立起来的**占统治地位的**意识形态国家机器,是**学校的意识形态机器**。

这个论点可能看起来是悖论性的,因为在大家看来,也就是说,在资产阶级想要给自己和被剥削阶级提供的意识形态表述中,资本主义社会形态中占统治地位的意识形态国家机器似乎的确不是学校,而是政治的意识形态国家机器,即与普选和党派斗争相匹配的议会民主政体。

然而,历史(甚至是最近的历史)表明,资产阶级曾经并且现在仍然完全有能力适应那些不同于议会民主制的政治的意识形态国家机器:单就法国来说,就有过第一和第二帝国、宪章君主制(路易十八和查理十世)、议会君主制(路易·菲利普)和总统民主制(戴高乐)。在英国,事情就更为明显。从资产阶级观点看,那里的革命尤其"成功",因为不像在法国,资产阶级(部分地由于小贵族的愚蠢)不得不听任农民和平民在"革命日"把自己拥上权力的宝座,并不得不为此付出了高昂的代价;而英国资产阶级则能够与贵族"妥协",并能长期与之"分享"国家政权以及对国家机器的运用(统治阶级中所有心怀善念的人们共享太平!)。而在德国,事情更令人吃惊。因为那里的帝国主义资产阶级在"跨越"魏玛共和国、委身于纳粹主义之前,是躲在由帝国的容克(以俾斯麦为代表)及其军队、警察提供庇护和领袖人物的政治的意识形态国家机器背后,支离破碎地进入到历史里来的。

因此我们自信有充分的理由认为,在占据前台的政治的意识形态国家机器的活动的背后,资产阶级建立起来的头号的、占统治地位的意识形态国家机器,是学校机器,它实际上已经在功能上取代了先前占统治地位的意识形态国家机器,即教会。我们甚至可以补充说:学校—家庭这个对子已经取代了教会—家庭这个对子。

为什么说学校机器实际上是资本主义社会形态占统治地位的意识形态国家机器呢?它又是怎样发挥功能的呢?目前只要说以下几点就够了:

1. 所有的意识形态国家机器,无论它们是哪一种,都服务于同样的结果:生产关系的再生产,即资本主义剥削关系的再生产。

2. 每一种意识形态国家机器都以其特有的方式服务于这个唯一的结果。政治机器的方式是,使个人臣服于国家的政治意识形态,臣服于"间接的"(议会制的)或"直接的"(全民公投的或法西斯主义的)"民主的"意识形态。信息机器的方式,则是利用出版物、广播和电视,每天用一定剂量向每个"公民"灌输民族主义、沙文主义、自由主义和道德主义等等。文化机器等等也是一样的(在沙文主义中,体育的作用占首位)。宗教机器的方式,则是在布道和其他有关出生、结婚和死亡的重大典礼中提醒人们:人只是尘土,除非他懂得爱他的同类,爱到有人打他的右脸,连左脸也转过来由他打①。家庭机器等等也就没有必要再说下去了。

3. 这台音乐会由一个唯一的总谱统治着,偶尔也会受到一些反对声音(先前统治阶级残余的声音、无产者及其组织的声音)的干扰。这个总谱就是现行统治阶级的意识形态,它把——在基督教之前就创造了希腊奇迹、以后又创造了不朽之城罗马的荣耀的——伟大先辈的那些人文主义②的伟大主题,以及特殊利益和普遍利益等主题,统统融合到它的音乐当中。民族主义、道德主义和经济主义。

4. 不过,在这台音乐会上,有一种意识形态国家机器确确实实地起着占统治地位的作用,尽管几乎没有人留意它的声音:它是如此沉默!这就是学校。

从幼儿园开始,学校接纳了各个社会阶级的儿童,并且从幼儿园开始,在以后的若干年里(这是儿童在家庭国家机器和学校国家机器的双重挤压下最"脆弱的"几年),它使用各种或新或旧的方法,反复向他们灌输一些用占统治地位的意识形态包裹着的"本领"(法文、算术、自然史、科学、文学),或者干脆就是纯粹的占统治地位的意识形态(伦理、公民教育和哲学)。到大约16岁左右,大批孩子就掉"到生产中去",成为工人和小农。另一部分可培养的年轻人继续学业,好歹多学几年,直到中途落伍,充当中小管理人员、雇佣劳动者、中小行政人员以及形形色色的小资产

---

① 语出《新约·马太福音》5:39:"只是我告诉你们:不要与恶人作对。有人打你的右脸,连左脸也转过来由他打……"——译注

② "人文主义"原文为"Humanisme",也译为"人道主义"。详见第278-279页相关论述。——译注

者。最后一部分达到顶点，或者成为半失业的知识分子，或者作为"集体劳动者的知识分子"，充当剥削的当事人（资本家、经理）和镇压的当事人（军人、警察、政客、行政官员等）以及职业的意识形态家（各式各样的僧侣，可以确信其中大多数都是"俗人"）。

　　沿途掉队的每一批人，实际上都被提供了与他们在阶级社会必须充当的角色相适应的意识形态：被剥削者的角色需要"高度发达的""职业的""道德的""公民的""民族的"和非政治的意识；剥削的当事人的角色需要一种向工人发号施令和对他们讲话的"人际关系"的能力；镇压的当事人的角色需要有发号施令和强迫"无条件"服从的能力，或是玩弄政治领袖的修辞术进行煽动的能力；而职业的意识形态家的角色则需要一种带着尊重（即带着恰如其分的轻蔑、敲诈和煽动）去影响人们意识的能力，以大谈道德、德性、"超越"、民族和法兰西的世界地位之类的论调。

　　当然，许多这些相反相成的德性（一方面是谦逊节制、听天由命、温良顺从，另一方面是玩世不恭、轻蔑傲慢、狂妄自负乃至巧言令色和狡诈），也会在家庭、教会、军队、各种美书①和圣经、电影里，甚至体育场上传授。但是，在资本主义社会形态中，没有任何别的意识形态国家机器能在这么多年的时期里，有全体儿童每周五六天、每天八小时来充当义务的（并且最不值一提的，还是免费的）听众。

　　然而，在很大程度上，正是通过在这个学徒期学习由大量灌输的统治阶级的意识形态包裹起来的一些本领，资本主义社会形态的**生产关系**（即被剥削者对剥削者和剥削者对被剥削者的关

---

① "美书"原文为"Beaux Livres"，详见第291页译注。——译注

系)才被再生产出来。造成这个对于资本主义制度来说生死攸关的结果的机制,自然被一种普遍盛行的关于学校的意识形态掩盖和隐瞒了。之所以普遍盛行,是因为它就是占统治地位的资产阶级意识形态的根本形式之一:这种意识形态把学校表述为没有意识形态的中立环境(因为它是……世俗的)。在学校里,尊重孩子"良知"和"自由"的教师们,面对"家长"(即孩子们的所有者,那些同样自由的人)满怀信任所托付的孩子,以自身为榜样,运用知识、文学和它们的"解放"能力①,为孩子们开辟了通向成年人的自由、道德和责任感的道路。

我要请另一些教师原谅,因为他们在恶劣的条件下,仍然试图利用他们从历史上、从他们所"教授"的学问中所能找到的不多的武器,来反对自己所陷入的意识形态、体系和实践。他们算得上是一类英雄。但是他们人数很少,而且有多少人(大多数人)甚至还从没有怀疑过这个体系(比他们要强大并且会把他们压垮的体系)所强加给他们的这项"工作",更糟糕的是,他们用最先进的意识(各种著名的新方法!),倾注自己的全部身心和聪明才智来完成这项"工作"。他们对这项"工作"的怀疑如此微不足道,以致他们用自己的忠诚本身维护和滋养了对学校的意识形态表述,这种表述使今天的学校对于我们当代人来说,显得那样"自然"、必需、甚至有益,就像几个世纪前,对于我们的祖先来说,教会也是那样的"自然"、必要、慷慨大度。

事实上在今天,学校已经取代了教会作为**占统治地位的意识形态国家机器**的作用。它和家庭结成对子,正像从前教会和家庭

---

① "能力"一词原文为"vertu",也译为"德性""效能"。——译注

结成对子一样。因此，如果我们考虑到学校（以及学校—家庭这个对子）构成了占统治地位的意识形态国家机器，而这个机器在某种生产方式（其存在已经受到世界范围的阶级斗争的威胁）的生产关系再生产中扮演着决定性的角色，我们就可以断言，这场动摇着全球那么多国家的学校系统的空前深刻的危机①——常常还伴随着（《共产党宣言》早已宣告过的）动摇家庭系统的危机——具有一种政治上的意义。

关于意识形态

在我们提出意识形态国家机器这个概念的时候，在我们说AIE"通过意识形态发挥功能"的时候，我们援引了一种现实——意识形态。现在必须对它说上几句。

我们知道，"idéologie"这个词是由卡巴尼斯、德斯蒂·德·特拉西和他们的朋友一起发明的，他们用这个词所指的对象，是关于各种观念的（起源的）理论。50年后，当马克思重新采用这个词语时，甚至从他**青年时期的著作**开始，他就已经赋予了它一种完全不同的含义。在这里，意识形态是指在某个人或某个社会集团的思想中占统治地位的观念和表述体系。从马克思为《莱茵报》撰稿时开始，他所从事的意识形态—政治斗争就已经无可避免地一下子把他带到了这个现实的面前，并迫使他深入研究自己最初的直觉。

然而，我们在这里碰到了一个相当令人惊讶的悖论。一切都

---

① 指1968年席卷全球的学生运动。——译注

仿佛在促使马克思提出一套意识形态理论。实际上,继《1844年手稿》①之后,《德意志意识形态》也的确为我们提供了一套明确的意识形态理论,但……它却并非马克思主义的(我们马上就会明白为什么了)。至于《资本论》,尽管它的确包含了一种关于各种意识形态(最明显的是庸俗经济学家们的意识形态)的理论的许多线索,但并没有包含这种理论本身,因为这种理论在很大程度上取决于一种关于意识形态一般②的理论。

我想冒险为这个关于意识形态一般的理论画出一个初步的、相当图式化的草图。我将要提出的这些论点,当然不是即兴而发的,但也只有经过深入的研究和分析,才能得到支持和证明,也就是说,才能得到确认或纠正。

意识形态没有历史

首先要简单阐述一下根本原因,说明为什么在我看来可以提出一套方案(至少证明有权提出这套方案),以建立一种关于意识形态**一般**的理论,而不是建立一种关于**各种**个别的意识形态的理论。这些个别的意识形态无论具有怎么样的形式(宗教的、道德的,法律的或政治的形式),都始终表达了**一些阶级立场**。

很显然,必须从刚才提到的两个方面出发③,来讨论关于**各种**

---

① 即《1844年经济学哲学手稿》。——译注

② "意识形态一般"原文为"idéologie en général",详见第47页译注。——译注

③ "两个方面"是指任何意识形态都属于某个"领域",同时也都表达了某种阶级立场。——译注

意识形态的理论。于是我们会看到，关于各种意识形态的理论最终取决于社会形态的历史，因此取决于在社会形态中结合起来的生产方式的历史，以及在社会形态中展开的阶级斗争的历史。在这个意义上，显然就不可能有关于**各种**意识形态的理论**一般**①了，因为**那些**意识形态（从上面提到的两个方面看，可以把它们定义为不同领域的和不同阶级的意识形态）是有历史的，而这种历史的归根到底的决定作用显然**外在于**那些意识形态本身，尽管又涉及那些意识形态。

相反，如果我能够提出一套关于意识形态**一般**的理论方案，并且如果这套理论正是关于**各种**意识形态的**那些**理论必须依赖的诸要素之一，那就意味着要提出一个在表面上是悖论的命题，我将把它表达为：**意识形态没有历史。**

我们知道，这个提法白纸黑字地写在《德意志意识形态》的一段话里。马克思在谈到形而上学时说了这样的话，他说，形而上学同道德（言语间还包括其他的意识形态形式）一样不再有历史。②

在《德意志意识形态》中，这个提法是在一种坦率的实证主义语境中出现的。在这里，意识形态被设想为纯粹的幻象、纯粹的

---

① "理论一般"原文为"théorie en général"，详见第341页译注。——译注

② 参见《德意志意识形态》，《马克思恩格斯文集》第一卷，前引，第525页："因此，道德、宗教、形而上学和其他意识形态，以及与它们相适应的意识形式便不再保留独立性的外观了。它们没有历史，没有发展，而发展着自己的物质生产和物质交往的人们，在改变自己的这个现实的同时也改变着自己的思维和思维的产物。"——译注

梦想，即虚无。它的所有现实性都外在于它自身。因此，意识形态被思考为一种想象的建构物，它的理论地位与梦在弗洛伊德之前的作者们心目中的理论地位恰好是一样的。在那些作者看来，梦是"白昼残迹"的纯粹想象的（即无用的）结果，它表现为一种任意的、有时甚至是"颠倒的"组合和秩序，简而言之，表现为"无序的"状态。在他们看来，梦是想象的东西，是空幻的，无用的，是人一旦合上双眼，就会从唯一完满而实在的现实——白昼的现实——的残迹中任意"拼合起来"的东西。这恰好就是哲学和意识形态（因为在该书中，哲学就是典型的意识形态）在《德意志意识形态》中的地位。

当时，在马克思看来，意识形态是一种想象的拼合物，是纯粹的、空幻而无用的梦想，是由唯一完满而实在的现实的"白昼残迹"构成的东西——这个现实，就是许多物质的、具体的个人的具体的历史，他们物质地生产着自身的存在。在《德意志意识形态》中，意识形态没有历史的提法正是以这一点为基础的，因为它的历史在它之外，而在那里唯一存在的历史就是那些具体的个人等等的历史。因此，在《德意志意识形态》中，意识形态没有历史这个论点是一个纯否定的论点，因为它同时意味着：

1. 意识形态作为纯粹的梦，什么都不是（这种梦是由天知道什么力量制造出来的：如果不是由劳动分工的异化制造出来的话。而异化同样也是**一种否定的**规定性）。

2. 意识形态没有历史，这绝不是说意识形态真没有历史（恰恰相反，因为意识形态无非是对实在历史的苍白、空幻和颠倒的反映），而是说它没有**属于自己的**历史。

然而，我希望捍卫的这个论点，尽管在形式上重复了《德意志

意识形态和意识形态国家机器（研究笔记）　473

意识形态》中的措辞（"意识形态没有历史"），但是它与《德意志意识形态》中那个实证主义—历史主义的论点有着根本的不同。

因为一方面，我认为可以主张各种意识形态**有属于它们自己的历史**（尽管这个历史归根到底是由阶级斗争决定的）；另一方面，我认为也可以同时主张意识形态**一般没有历史**，但这不是在否定的意义上（它的历史在它之外），而是在绝对肯定的意义上来说的。

意识形态的特性在于，它被赋予了一种结构和一种发挥功能的方式，以至于变成了一种非历史的现实，即在历史上无所不在的现实，因为这种结构和发挥功能的方式以同样的、永远不变的形式出现在我们所谓的整个历史中——说整个历史，是因为《共产党宣言》把历史定义为阶级斗争的历史，即**阶级社会的历史**。如果真是这样，那么意识形态没有历史这个提法就具有了肯定的意义。

为了在这里提供一个理论参照点，我要再次回到我们关于梦的例子上来，而这一次是要依据弗洛伊德的观念。我要说，我们的命题（意识形态没有历史）能够而且也应该与弗洛伊德的命题（**无意识是永恒的**，即它没有历史）建立起直接的联系（这种做法绝对没有任意的成分，完全相反，它在理论上是必然的，因为这两个命题之间存在着有机的联系）。

如果"永恒的"并不意味着对全部（暂存的）历史的超越，而是意味着无处不在、无时不在、因而在整个历史范围内具有永远不变的形式，那么，我情愿一字不变地采用弗洛伊德的表达：**意识形态是永恒的**，恰好就像无意识一样。我还要补充说，这种相似在我看来是有理论根据的：因为事实上，无意识的永恒性与意识形态一般的永恒性并非没有关系。

因此,在弗洛伊德提出了一种关于无意识**一般**的理论这个意义上,我自认为有权提出(至少以假说的形式提出)一种关于意识形态**一般**的理论。

为了简化用语,并考虑到上面已经对各种意识形态有所讨论,我们更愿意约定用"意识形态"这个术语本身称呼"意识形态一般"。我刚才说过,这个意识形态没有历史,或者(这是一回事)它是永恒的,也就是说,它无所不在,在整个历史(= 有各社会阶级存在的社会形态的历史)中具有永远不变的形式。事实上,我将自己的讨论暂时限制在"阶级社会"及其历史的范围内。

意识形态是个人与其实在生存条件的想象关系的"表述"①

为了着手讨论关于意识形态的结构和运行的核心论点,我要先提出两个论点,一个是否定的,另一个是肯定的。前者说的是以意识形态的想象形式所"表述"的对象,后者说的是意识形态的物质性。

论点 1:意识形态表述了个人与其实在生存条件的想象关系。

我们通常把宗教意识形态、道德意识形态、法律意识形态、政

---

① "表述"原文为"représentation",也有"表现""描绘""再现""代表"等含义,详见第 353 页译注。——译注

治意识形态等等都说成是各种"世界观"。当然,除非把这些意识形态中的任何一个当作真理来体验(比如"信仰"上帝、职责、正义等等),否则我们就会承认自己是从一种批判的观点来讨论意识形态的,是像人种学家考察"原始社会"的神话那样来考察它的,就会承认这些"世界观"大都是想象的,也就是说,是不"符合现实的"。

然而,一旦承认这些世界观不符合现实,从而承认它们构成了一种幻象,我们也就承认了它们在暗示着现实,并且承认了只要对它们进行"阐释",就可以在它们对世界的想象性表述背后,再次发现这个世界的现实本身(意识形态=**幻象/暗示**)。

存在着不同类型的阐释,其中最著名的是流行于18世纪的**机械论**类型(上帝是对现实的国王的想象性表述)和由基督教初期的教父们所开创、后来由费尔巴哈和从他那里延续下来的神学—哲学学派(如神学家巴特①等)所复兴的"**诠释学的**"阐释(例如对费尔巴哈来说,上帝是现实的人的本质)。我要说它们的本质在于,只要我们对意识形态的想象性置换(和颠倒)进行阐释,我们就会得出结论:在意识形态中,"人们以想象的形式对自己表述了他们的实在生存条件"。

遗憾的是,这种阐释留下了一个小小的难题没有解决:人们为了"对自己表述"他们的实在生存条件,为什么"需要"对这些实在生存条件进行想象性置换呢?

第一种回答(18世纪的回答)提供了一个简单的解答:这是

---

① 指卡尔·巴特(Karl Barth,1886—1968),瑞士籍新教神学家,新正统神学的代表人物之一。——译注

僧侣或专制者的过错。他们"杜撰"了高贵的谎言①，使人们相信自己在服从上帝，从而在实际上服从僧侣和专制者，而这两者通常串通一气，狼狈为奸。根据上述提供解答的理论家的不同政治立场，他们或者会说僧侣为专制者的利益服务，或者相反，说专制者为僧侣的利益服务。因此，对实在生存条件进行想象性置换是有原因的：这个原因就在于有一小撮寡廉鲜耻的人，把他们对"人民"的统治和剥削建立在对世界的扭曲的表述之上，而他们想象这样的世界，是为了通过统治人们的想象来奴役人们的心灵。

第二种回答（费尔巴哈的回答，马克思在他**青年时期的著作**中一字不变地重复了这个回答）要更"深刻"，也就是说，正好同样错误。它同样在寻找并找到了对人们的实在生存条件进行想象性置换和歪曲的原因，简言之，找到了在对人们的生存条件进行表述的想象中出现异化的原因。这个原因不再是僧侣或专制者，也不再是他们自己主动的想象和受骗者被动的想象。这个原因就在于支配着人们自身生存条件的物质异化。在《论犹太人问题》和其他地方，马克思就是这样为费尔巴哈的观念辩护的：人们之所以对自己作出了关于他们生存条件的异化的（＝想象的）表述，是因为这些生存条件本身是使人异化的（《1844年手稿》中说：是因为这些条件受到了异化社会的本质即"**异化劳动**"的统治）。

因此，所有这些阐释都紧紧抓住了它们作为前提所依赖的那个论点：我们在意识形态中发现的、通过对世界的想象性表述所

---

① "高贵的谎言"原文为"Beaux Mensonges"，参见第351页正文和译注。——译注

反映出来的东西,就是人们的生存条件,因而也就是他们的实在世界。

但是,这里我要重复我早就已经提出的一个论点:"人们"在意识形态中"对自己表述"的并不是他们的实在生存条件、他们的实在世界,相反,在那里首先对他们表述出来的是他们与这些生存条件的**关系**。正是这种关系处在对实在世界的所有意识形态的(即想象的)表述的中心。正是这种关系包含了必定可以解释对实在世界的意识形态表述带有想象性歪曲的"原因"。或者,抛开原因这一词语,更确切地说,应该这样来提出这个论点:正是**这种关系的想象性质**构成了我们在所有意识形态中(只要我们不是生活在它的真理中)都可以观察到的一切想象性歪曲的基础。

用马克思主义的语言来说,一些个人占据着生产、剥削、镇压、意识形态化和科学实践的当事人的岗位,对他们的实在生存条件的表述,归根到底产生于生产关系及其派生出来的其他关系;如果真是这样,我们就可以说:所有意识形态在其必然作出的想象性歪曲中所表述的并不是现存的生产关系(及其派生出来的其他关系),而首先是个人与生产关系及其派生出来的那些关系的(想象)关系。因此,在意识形态中表述出来的就不是主宰着个人生存的实在关系的体系,而是这些个人同自己生活于其中的实在关系之间的想象关系。

如果真是这样,那么实在关系在意识形态中发生想象性歪曲的"原因"问题就消失了,而且势必被另一个问题所取代:为什么那些个人为自己作出的、关于他们与社会关系(它主宰着人们的生存条件和他们个体的与集体的生活)的(个人)关系的表述必然是想象的呢?这是什么性质的想象呢?以这种方式提出问题,既避免了根据个人"小集团"①(僧侣或专制者,那些意识形态的伟大神话的创造者们)作出的解释,也避免了根据实在世界的异化特性作出的解释。在稍后的阐述中,我们就会看到其中的原因。目前,让我们先告一段落。

论点2:意识形态具有一种物质的存在。

我们先前曾谈到,那些看似构成了意识形态的"观念"或"表述"等等,其实并不具有一种理想的、观念的或精神的存在,而是具有一种物质的存在。那样说时,我们就已经触及这个论点了。我们甚至提出,关于各种"观念"的理想的、观念的和精神的存在这种想法,完全产生于某种关于"观念"和意识形态本身的意识形态。我们还可以补充说,这种想法完全产生于关于某种自科学出现以来似乎就"建立了"这种观念的东西的意识形态,即科学工作者在他们自发的意识形态中将其作为各种(真实的或虚假的)"观念"对自己表述出来的东西的意识形态。当然,这个以肯定命题形式提出的论点还没有得到证明。我们只想请大家——比方说以唯物主义的名义——先友善地接受这个论点。证明这个论点是必须作长篇大论的。

"观念"或其他"表述"具有物质的而非精神的存在这个推定的论点,对我们进一步分析意识形态的性质来说,确实是必需的。或者更确切地说,对任何意识形态的一切稍微严肃一点的分析,

---

① 我故意使用了这个非常现代的说法。因为说来遗憾,甚至在共产党内部,用"小集团"行为来"说明"某些政治偏向("左倾"或"右倾")都成了家常便饭。[宗派主义]/机会主义。

都会以直接的、经验的方式让每一位稍有批判性的观察者有所发现，而这个论点只是有助于我们将那些发现更好地揭示出来。

在讨论意识形态国家机器及其实践时，我们曾说过，每一种意识形态国家机器都是一种意识形态的实现（这些宗教的、道德的、法律的、政治的、审美的等等不同领域的意识形态的统一，是由它们都归入占统治地位的意识形态之下来保障的）。现在让我们回到这个论点上来：一种意识形态总是存在于一种机器当中，存在于这种机器的某种实践或多种实践当中。这种存在就是物质的存在。

当然，意识形态在某种机器及其实践当中的物质存在，与一块铺路石或一支步枪的物质存在有着不同的形态。但是，尽管冒着被误认为是新亚里士多德派的风险（注意：马克思非常尊敬亚里士多德），我们还是要说，"物质是在多种意义上而言的"，或更确切地说，它以不同的形态而存在，而所有这些形态归根到底都源于"物理上的"物质。

说过这点之后，让我们以最简便的方式继续下去，并看看在"个人"身上发生的事情。这些"个人"生活在意识形态当中，也就是生活在一定的对世界的（宗教的、道德的等等）表述当中；表述的想象性歪曲取决于他们与自身生存条件的想象关系，也就是说，归根到底取决于他们与生产关系和阶级关系的想象关系（意识形态＝与实在关系的想象关系）。我们要说的是，这种想象关系本身就具有一种物质的存在。

然而，我们会观察到这样的事情。

一个个人会信仰上帝、职责或正义等等。（对所有的人来说，也就是说，对所有生活在对意识形态的意识形态表述——这种表述把意识形态化约为各种观念,并把它们定义为精神的存在——当中的人来说)这种信仰产生于那个个人的**观念**,因而也就是产生于那个作为有意识的主体的个人:他所信仰的观念包含在他的意识当中。借助于这种方式,即借助于这样建立起来的纯粹意识形态的"概念的"配置(即一个被赋予了意识并在这种意识中自由地形成或自由地承认他所信仰的那些观念的主体),这个主体的(物质的)行为自然地就来自于这个主体了。

这个个人以这样那样的方式行事,采取这样那样的实践行为,而且,更重要的是参与了意识形态机器的某些常规实践,他作为主体在完全意识到的情况下所自由选择的那些观念就"依赖于"这个意识形态机器。如果他信仰上帝,他就去教堂做弥撒、跪拜、祈祷、忏悔、行补赎(从这个说法的通常意义来说,它从前就是物质性的),当然还有悔过,如此等等。如果他信仰职责,他就会采取相应的行为,把这些行为铭刻在仪式化的实践中,并使之"与良好的道德相一致"。如果他信仰正义,他就会无条件地服从法①的规则,甚至会在这些规则遭到违反时提出抗议、联名请愿和参加示威游行等等。

因此,在这整个图式中,我们可以看到:对意识形态的意识形态表述本身不得不承认,每一个被赋予了"意识"、并信仰由自己的"意识"所激发且被自己所自由接受的"观念"的主体,就应该"按照他的观念**行动**",因而也就应该把自己作为一个自由主体所固有的那些观念铭刻在他的物质实践的行为中。如果他没有那

---

① "法"原文为"Droit",也译为"权利""法权",具体参见第五章"法"以及第140页译注。——译注

样做,"那就不好"。

事实上,假如他没有按照他的信仰去做他应该做的事,那是因为他做了别的事,这意味着,还是按照同样的唯心主义图式,在他的头脑中除了他公开宣称的观念之外还有其他观念,意味着他是作为一个要么"自相矛盾"("无人自甘为恶"),要么玩世不恭,要么行为反常的人,在根据其他那些观念而行动。

因而,无论如何,关于意识形态的意识形态尽管带有想象性的歪曲,但也还是承认:某个人类主体所拥有的各种"观念"存在于他的各种行为中,或者说应该存在于他的各种行为中;如若不然,这个关于意识形态的意识形态也会给他提供与他所实施的行为(甚至是反常的行为)相符的另一些观念。这个意识形态谈到的是各种行为,而我们将要谈到的是嵌入各种实践当中的行为。我们还要指出,**在某种意识形态机器的物质存在内部**,这些**实践**被铭刻在各种**仪式**当中,并受到这些**仪式**的支配,哪怕它只是那个机器的一小部分:例如一个小教堂里的小弥撒、一次葬礼、一场体育俱乐部的小型比赛、一个上课日、一次政党集会或会议等等。

此外,我们还要感谢帕斯卡尔的自我辩护的"辩证法",它有一个惊人的提法,使我们能够把这种意识形态概念图式的顺序颠倒过来。帕斯卡尔大致是这样说的:"跪下,开口祈祷,你就会信。"他就这样诽谤性地把事情的顺序颠倒了过来,像基督一样,带来的不是和平而是分裂,还有特别没有基督徒味道的东西——诽谤本身(因为把诽谤带到世上的人活该倒霉!)。然而这种诽谤却使他有幸通过詹森派的挑战,掌握了一种直接指明现实的语言。

请容许我们把帕斯卡尔留在他那个时代宗教意识形态国家

机器内部的意识形态斗争的争论当中吧。如果可能的话,也请容许我们使用一种更为直截了当的马克思主义的语言,因为我们正行进在还没有很好地被探索过的领域。

那么,我们要说,仅就某个主体(某个个人)而言,他所信仰的那些观念的存在,是物质的,**因为他的观念就是他的物质的行为,这些行为嵌入物质的实践中,这些实践受到物质的仪式的支配,而这些仪式本身又是由物质的意识形态机器所规定的——这个主体的各种观念就是从这些机器里产生出来的**。当然,在我们命题中被用了四次的"物质的"这个形容词可能会表现出不同的形态:出门做一次弥撒、跪拜、画十字,或是**认罪**、判决、祈祷、痛悔、赎罪、凝视、握手、外在的言说或"内在的"言说(意识),这些事情的物质性,并不是同一个物质性。我们要把关于不同物质性的形态差异的理论搁下不谈。

无论如何,在对事情这种颠倒过来的表达中,我们所面对的根本不是一个"颠倒"①的问题,因为我们看到,有某些概念(notions)已经完全从我们的新的表达中消失了,而相反,另一些概念(notions)却保存了下来,还出现了一些新的术语。

消失了的术语有:**观念**。
保存的术语有:**主体、意识、信仰、行为**。
新出现的术语有:**实践、仪式、意识形态机器**。

---

① 对"颠倒"这种提法的批判,可参见阿尔都塞《矛盾与过度决定(研究笔记)》一文的相关论述,见《保卫马克思》[该文在书中被译为《矛盾与多元决定(研究笔记)》],顾良译,商务印书馆,2006年。——译注

因此,这不是一种颠倒(除非在一个政府被"颠"覆或一个玻璃杯被碰"倒"的意义上讲),而是一种相当奇特的(非内阁改组式的)改组,因为我们得到了以下结果。

作为观念的观念(即作为具有一种观念的或精神的存在的观念)消失了,而这恰恰是因为出现了这样的情况:它们的存在被铭刻在实践的行为中了,这些实践受到仪式的支配,而这些仪式归根到底又是由意识形态机器来规定的。由此看来,主体只是在下述系统策动他时才去行动。这个系统就是意识形态,(按照它的实际决定作用的顺序来说)它存在于物质的意识形态机器当中,并规定了受物质的仪式所支配的物质的实践,而这些实践则存在于主体的物质的行为中,最后,这个主体完全有意识地根据其信仰而行动。

但就是以上的表达也表明,我们保留了下列概念(notions):主体、意识、信仰、行为。我们要马上从这个序列里抽出一个决定性的、其余一切都依赖于它的中心词:**主体**的概念(notion)。

我们还要马上写下两个相互关联的论点:

1. 没有不借助于意识形态并在意识形态中存在的实践;
2. 没有不借助于主体并为了一些主体而存在的意识形态。①

现在我们可以谈到我们的核心论点了。

---

① 前一个"主体"是单数,后一个是复数,这个区别在下一节开头讲明了,并在"基督教的宗教意识形态"一节里具体地演示了出来。——译注

意识形态把个人唤问为主体①

这个论点就完全等于把我们后面一个命题的意思挑明：没有不借助于主体并为了一些主体而存在的意识形态。这意味着：没有不为了一些具体的主体而存在的意识形态，而意识形态的这个目标又只有借助于主体——即**借助于主体的范畴**和它所发挥的功能——才能达到。

我们这么说的意思是，尽管主体范畴是随着资产阶级意识形态的兴起，首先是随着法律意识形态的兴起，才以（主体）这个名称出现的②，但它（也可以以其他的名称——如柏拉图所谓的灵魂、上帝等等——发挥功能）却是构成所有意识形态的基本范畴，不管意识形态的规定性如何（属于什么领域或属于什么阶级），也不管它出现在什么历史年代——因为意识形态没有历史。

我们说，主体是构成所有意识形态的基本范畴，但我们同时而且马上要补充说，**主体之所以是构成所有意识形态的基本范畴，只是因为所有意识形态的功能**（这种功能定义了意识形态

---

① "唤问"原文为"interpelle"，其动词原形和名词形式分别为"interpeller""interpellation"，关于这个词的译法，详见第 364 页译注。"主体"原文为"sujet"，又有"臣民"的意思，与动词"s'assujettir"（"臣服"）对应，"基督教的宗教意识形态"一节结尾说明了这种"歧义性"，具体参见第 497 页相关论述。——译注

② 它借用"权利的主体"这个法律范畴制造了一种意识形态概念：人生来就是一个主体。（"权利的主体"原文为"sujet de droit"，其中"droit"也译为"法"。详见第五章"法"。——译注）

本身)就在于把具体的个人"**构成**"为**主体**。正是在这双重构成的运作中存在着所有意识形态的功能的发挥,意识形态无非就是它在其功能得以发挥的物质存在形式中所发挥的功能。

为了理解后面的内容,必须提醒大家注意,无论是写这几行文字的作者,还是读这几行文字的读者,他们本身都是主体,因此都是意识形态的主体(这是个同义反复的命题),也就是说,在我们所说过的"人天生是一种意识形态动物"①这个意义上,这几行文字的作者和读者都"自发地"或"自然地"生活在意识形态中。

就作者写了几行自称是科学的话语而言,他作为"主体"在"他的"科学话语中是完全不在场的(因为所有的科学话语按照定义都是没有主体的话语,"科学的主体"只存在于关于科学的意识形态中)。这是另一个问题,我们暂且把它搁下不谈。

圣保罗说得好,我们是在"**逻各斯**"中,也就是说在意识形态中"生活、动作、存留"的。② 因此,主体范畴对于你我来说,是一件最初的"显而易见的事情"(显而易见的事情总是最初的):显然,你我都是主体(自由的、道德的……主体)。像所有显而易见的事情那样,包括使得某个词"意味某个事物"或"具有某种意义"这种显而易见的事情(因此也包括像语言的"透明性"这件显而易见的事情)一样,你我作为主体这件显而易见的事情——以及它的无可置疑——本身是一种意识形态的最基本的后果,意识

---

① 参见第 188 页注释。——译注

② 参见《新约·使徒行传》17:28。——译注

形态的基本后果①。事实上,意识形态的特性就是把显而易见的事情当作显而易见的事情强加于人(而又不动声色,因为这些都是"显而易见的事情"),使得我们无法不**承认**那些显而易见的事情,而且在它们面前我们还免不了要产生一种自然的反应,即(大声地或在"意识的沉默"②中)对自己惊呼:"那很明显!就是那样的!完全正确!"

在这种反应中起作用的是意识形态的**承认**功能,它是意识形态的两种功能之一(其反面是**误认**功能)。③

举一个非常"具体的"例子吧:我们都有一些朋友,当他们来敲门时,我们隔着门问:"谁呀?"回答是(因为"这是显而易见的"):"我。"于是我们认出"是她",或"他"。我们打开门,"没错,真的是她。"再举一个例子:当我们在街上认出某个(老)相识④,我们会说"你好,亲爱的朋友!"随后跟他握手(这是在日常生活中进行意识形态承认的一种物质的仪式性实践——至少在法国是这样,不同地方有不同地方的仪式),这就向他表明我们认出了他(而且承认他也认出了我们)。

通过这种事先的说明和这些具体的例证,我只想指出,你我

---

① 语言学家和那些为了不同目的而求助于语言学的人会碰到许多困难,出现这些困难是由于他们误认了意识形态后果对所有话语(甚至包括科学话语)的作用。

② "意识的沉默"原文为"« silence de la conscience »",详见第 366 页译注。——译注

③ 关于"承认"和"误认",详见第 339 页注释。——译注

④ "(老)相识"即"(re)-connaissance",也即"(重新)相识",是动词"reconnaître"(即"认出""承认""认识到")的名词形式。——译注

总是已经①是主体,并且就以这种方式不断地实践着意识形态承认的各种仪式;这些仪式可以向我们保证,我们确确实实是具体的、个别的、独特的、(当然也是)不可替代的主体。我目前正在从事的写作和你目前②正在进行的阅读,从这方面来说,也都是意识形态承认的仪式,我思考中的"真理"或"谬误"或许就会随着这里所包含的"显而易见性"强加给你。

但是,承认我们都是主体,并且我们是通过最基本的日常生活的实践仪式发挥功能的(握手、用你的名字称呼你、知道你"有"自己的名字——哪怕我不知道这个名字是什么,等等,这些行为都使得你被承认为一个独一无二的主体)——这种承认只能让我们"意识"到我们是在进行意识形态承认的不断的(永恒的)实践(对它的"意识"也就是对它的**承认**),但丝毫没有为我们提供关于这种承认机制的(科学的)**认识**。然而,尽管我们是在意识形态中而且是在意识形态深处进行言说的,但如果我们要勾画出一套打算跟意识形态决裂的话语,大胆地使之成为关于意识形态的(无主体的)科学话语的开端,我们必须达到的正是那种认识。

因此,为了表述"主体"为什么是构成意识形态的基本范畴,而意识形态也只存在于把具体的主体构成为主体的过程中,我要使用一种特殊的阐述方式:既"具体"到足以被认出,又抽象到足

---

① 注意,"总是已经"原文为"toujours déjà",详见第367页译注。——译注

② **注意**:这个双重的**目前**又一次证明了意识形态是"永恒的",因为这两个"**目前**"是被一段不确定的时间间隔分开的;我在1969年4月6日写下这几行字,而你可以在今后任何一个时候读到它们。

以被思考且经过了思考,从而提供一种认识。

作为第一个提法,我要说的是:**所有意识形态都**通过主体这个范畴发挥的功能,**把具体的个人唤问为具体的主体**。

这个命题要求我们暂时把具体的个人和具体的主体区分开来,尽管在这个层面上,具体的主体只有通过具体的个人的担当才存在。

如此一来,我们要提出,意识形态"起作用"或"发挥功能"的方式是:通过我们称之为**唤问**的那种非常明确的活动,在个人中间"招募"主体(它招募所有的个人)或把个人"改造"成主体(它改造所有的个人)。我们可以通过平时最常见的警察(或其他人)的呼唤——"嗨!您,叫您呢!"①——来想象那种活动。

假定我们所想象的理论场景发生在大街上,那么被呼唤的个人就会转过身来。就这样,仅仅作了个一百八十度的转身,他就变成了一个**主体**。为什么呢?就因为他已经承认那个呼唤"正"是冲着他的,承认"被呼唤的**正是他**"(而不是别人)。经验表明,呼唤的远距离通信实践就是这样的,而且这种呼唤在实践上很少落空:无论是口头呼叫,还是一声哨子响,被呼唤的人总会承认正是他被人呼唤。然而这是一种奇怪的现象,尽管有大量的人在"因为做了什么事而自责",但单凭"犯罪感"是解释不了这种现象的。

自然是为了让我们的小理论剧的展示方便实用、明了易懂,我们才不得不用一种前后连贯的形式,也就是按照时间的顺序,

---

① 呼唤(interpellation)作为一种服从于明确仪式的日常实践,在警察的呼唤实践中采取了非常"特殊的"形式:它是对"嫌疑人"的唤问。(详见第364页译注。——译注)

把事情表演出来。有几个人在一起溜达,从某个地方(通常是他们背后)传来一声呼唤:"嗨!您,叫您呢!"有个人(十有八九总是被叫的那个人)转过身来,相信—怀疑—知道这是在叫他,从而承认呼唤声所叫的"正是他"。但实际上,这些事情的发生是没有任何顺序性的。意识形态的存在和把个人唤问为主体完全是一回事。

我们可以补充一句:像这样好像发生在意识形态之外(确切地说,发生在街上)的事,实际上发生在意识形态当中。因此,实际上发生在意识形态当中的事,也就好像发生在它之外。这就是那些身处意识形态当中的人总是理所当然地相信自己外在于意识形态的原因:意识形态的后果之一,就是在实践上运用意识形态对意识形态的意识形态性加以**否认**。意识形态从不会说:"我是意识形态。"必须处于意识形态之外,也就是说,在科学的认识当中,才有可能说:我就在意识形态当中(这完全是例外的情况);或者说:我曾经在意识形态当中(这是一般的情况)。谁都知道,对身处意识形态当中的指责从来都是对人不对己的(除非他是真正的斯宾诺莎主义者或马克思主义者,在这一点上,两者的立场完全是一样的)。这就等于说,意识形态(对它自己来说)**没有外部**,但同时(对科学和现实来说)**又只是外部**。

斯宾诺莎比马克思早两百年就完美地解释过这一点,马克思实践了它,却没有对它作出详细的解释。不过,让我们把这一点搁下不谈吧,尽管它有重大的后果,不只是理论的后果,而且直接是政治的后果。因为,比如说,关于**批评和自我批评**的整套理论——马克思列宁主义阶级斗争实践的这个金子般的原则,就依赖于这一点。

因此，意识形态把个人唤问为主体。由于意识形态是永恒的，所以我们现在必须取消此前我们用来演示意识形态发挥功能的那种时间性形式，同时指出：意识形态总是—已经把个人唤问为主体，这就等于明确指出，个人总是—已经被意识形态唤问为主体。我们从这里必然得出最后一个命题：**个人总是—已经是主体**。因此，这些个人与他们总是—已经是的那些主体相比，是"抽象的"。这个命题可能好像是一个悖论。

然而，个人——甚至在出生前——总是—已经是主体，却是一个谁都可以理解的、明摆着的事实，根本不是什么悖论。个人与他们总是—已经是的那些主体相比，永远是"抽象的"，弗洛伊德仅仅通过指出围绕着期待孩子"出生"这桩"喜事"所进行的意识形态仪式，就已经证明了这一点。谁都知道，一个将要出生的孩子是以何种方式被寄予了多少期望的。这就等于平淡无奇地说：如果我们同意先将各种"感情"放在一边，即把对将要出生的孩子寄予期望的家庭意识形态的各种形式（父系的/母系的/夫妇的/兄弟的）放在一边不谈，那么事先可以肯定的是，这个孩子将接受父姓①，并由此获得一个身份，成为不可替代的。所以，在出生前，孩子就总是—已经是一个主体。它在特定的家庭意识形态的模子里并通过这个模子被规定为这样的存在，从被孕育开始，它就按照这个模子而被"期望"着。不用说，这个家庭意识形态的模子在其独特性方面是被强有力地结构着的；正是在这个不可改变的、多少有点"病态的"结构中（想想我们能给"病态的"这个说

---

① "父姓"原文为"le nom de son père"，即拉康的术语"父亲的名"。——译注

法赋予的任何意义),原先那个未来—主体必定会"找到""它的"位置,即"变成"它预先就是的一个有性别的主体(男孩或女孩)。我们都明白,这种意识形态的约束力和预定作用,以及在家庭中抚养和教育孩子的所有仪式,都跟弗洛伊德所研究的前生殖器"期"和生殖器"期"的各种性欲形式,从而与对被弗洛伊德(根据其后果)称为无意识的东西的"控制",有着某种关联。但是,让我们把这一点也搁下不谈吧。

让我们再多走一步①。我们现在要把注意力转向这样一个问题:置身于这个唤问场景中的"演员们",以及他们各自扮演的角色,是怎样被反映在所有意识形态的结构本身当中的。

一个例子:基督教的宗教意识形态

由于所有意识形态的结构在形式上总是相同的,因此,我们只分析一个所有人都能理解的例子——宗教意识形态,同时明确指出,对于道德、法律、政治和审美等意识形态,可以作出同样的证明。

接下来让我们来仔细考察一下基督教的宗教意识形态。我们要使用一种修辞手段"让它说话",也就是说,把它不仅通过《旧约》和《新约》、神学家和布道辞,而且通过它的实践、仪式、典礼和圣事所"言说"的东西,汇总到一篇虚构的演说②中。基督教的宗教意识形态大抵是这样说的:

它说:我有话对你说,那个叫彼得的人(每一个人都是通过他

---

① 关于"多走一步",还可参考第 269 页的相关论述。——译注
② "演说"原文为"discours",也译为"话语"。——译注

的名字被呼叫的,在这个被动意义上,他的名字从来不是他自己给的),为了要告诉你,上帝存在,而你对他负有一些责任。它又说:上帝藉我的声音传话给你(圣经记有上帝的言①,传统②使之远播世上,"教皇不谬"永远确定了它的"微言大义")。它说:这就是你,你是彼得!这就是你的起源③,你是永恒的上帝所造,尽管你生于主历1920年!这就是你在世上的位置!这就是你该做的事!像这样,如果你守"爱的律法",你就能得救,你,彼得,就能成为基督荣耀之躯的一部分!等等……

然而,这是一篇极其司空见惯的、陈腐的演说,但同时又是一篇极其令人惊奇的演说。

说它令人惊奇,是因为如果我们认为宗教意识形态的确是在对个人④说话,以便"把他们改造成主体"——它唤问彼得这个个人,就是为了让他成为一个主体,自由地服从或是不服从呼召,即上帝的诫命。如果它用这些个人的名字来称呼他们,因此承认他们总是—已经被唤问为具有某种个人身份的主体(以至于帕斯卡尔的基督说:"我这滴血正是为你而流!");如果它以那样的方式唤问他们,以至于主体回答"是的,**正是我!**"如果它能让他们**承认**

---

① "言"原文为"Parole",即"讲话、发言",这里指"圣言"。——译注
② "传统"原文为"Tradition",作为宗教用语,指"口头流传下来的教义"。——译注
③ "起源"原文为"origine",也可译为"出身",具体参见第335页译注。——译注
④ 尽管我们知道个人总是已经是主体,但我们还是继续使用这个方便的说法,因为它可以造成一种对比效果。

他们的确占据了它指派给他们在世上的位置、在这流泪谷①中的一个固定的所在,说:"完全正确,我在这里,是一个工人、老板或军人!"如果它能根据他们对"上帝的诫命"(化为爱的律法)所表现的敬与不敬,让他们承认某种命定的归宿(永生或入地狱);——在众所周知的洗礼、坚振礼、领圣餐、忏悔和终傅等仪式实践中,如果一切都确实是这样发生的话,我们就应该注意到:使基督教宗教主体得以演出的整套"程序"都由这样一种奇怪的现象统治着,即只有在存在一个独一的、绝对的**大他者主体**②即上帝的绝对条件下,才会有如此众多的、可能的宗教主体存在。

让我们约定,用一个大写字母 S 开头的 Sujet,来特指这个新的、独一无二的大主体,以区别于小写 s 开头的那些普通的小主体。③

可见,把个人唤问为主体,是以一个独一的、中心的大他者主体的"存在"为前提的,宗教意识形态就是奉这个大主体的名把所有个人都唤问为主体的。这一切都明明白白地④写在理所当然被称之为圣经的东西里。"那时,上帝耶和华从云中对摩西讲话。他呼叫摩西说:'摩西!'摩西回答说:'(正)是我!我是你的仆人摩西。你

---

① "在这流泪谷"原文为"dans cette vallée de larmes",语出《圣经·诗篇》84:6。——译注

② "大他者主体"原文为"Autre Sujet",详见下注。——译注

③ 按照本书通例,我们把这个大写的主体用楷体表示,并在表示对照的地方,在前面加上一个"大"字,相应地,在表示对照的地方,小写的主体前加上一个"小"字,以使原文的意思更加显豁。——译注

④ 我以糅合的方式,不是逐字逐句,而是"按精神实质"进行引用。(参见《旧约·出埃及记》3。——译注)

吩咐吧,我听着呢!'耶和华就对摩西说:'我是自有永有的。'"

上帝就这样把自己定义为典型的大主体,他由于自己并为了自己而存在("我是自有永有的"),他唤问他的主体,那个由于他的唤问本身而臣服于他的个人,那个叫摩西的人。那个通过其名字而被唤问—呼叫的摩西,因为承认上帝所呼叫的"正"是他,也就承认自己是一个主体、一个上帝的主体、一个臣服于上帝的主体、**一个通过这个大主体而存在并臣服于这个大主体的小主体**。证明是:他服从上帝,并使他的百姓服从上帝的诫命。

因此,上帝是大主体,而摩西和无数是上帝百姓的小主体则是这个大主体的唤问—对话人,是他的**镜子**、他的**反映**。人不就是照着上帝的**形象**造出来的吗?正如全部的神学思考都证明的那样,尽管上帝没有人也完全"能行",但他却需要人,这个大主体需要那些小主体,正像人需要上帝,那些小主体需要大主体一样。说得清楚点:上帝需要人,这个伟大的主体(grand Sujet)需要一些小主体,哪怕他的形象在他们身上发生了可怕的颠倒(当这些小主体沉迷于放纵也即沉迷于罪恶时)。

说得再清楚点:上帝把自己一分为二,并派圣子来到地上,作为一个仅仅被他"离弃"的主体(客西马尼园里漫长的抱怨直到被钉上十字架才结束①),既是小主体又是大主体,既是人又是上帝,专门要为最后的救赎即基督的复活预备道路。因此,上帝需要"让自己成为"人,大主体需要变成小主体,好像是为了完全在经验上显现出来,为那些小主体的眼所能见,手所能触(见圣多马②);而只要

---

① 可参见《新约·马太福音》26:36—46;27:46。——译注
② 圣多马(Saint Thomas),耶稣十二门徒之一,曾因怀疑耶稣的复活而用手触摸耶稣受伤处。详见第378页译注。——译注

他们是小主体,就会臣服于大主体,仅仅是为了最后在末日审判时,能够像基督一样,回归上帝的怀抱,也就是说,回归那个大主体。①

让我们用理论语言将这种从**大主体**分出一些**小主体**,从**大主体本身分出小主体—大主体**的奇妙的必然性翻译出来吧。

我们看到,所有意识形态的结构——以一个独一的、绝对的大主体之名把个人唤问为主体——都是**镜像的**,也就是说像照镜子一样,而且还是一种**双重镜像的**结构:这种镜像的重叠是意识形态的构成要素,并且保障着意识形态功能的发挥。这意味着所有意识形态都是**中心化的**,意味着这个绝对的大主体占据着这个独一无二的中心位置,并围绕这个中心,通过双重镜像的关系把无数个人唤问为小主体,以使那些小主体**臣服于**大主体,同时,通过每个小主体能藉以凝思自身(现在和将来)形象的那个大主体向他们作出**保证**:这确实关系到他们,也确实关系到他,而因为一切都发生在家庭(神圣家庭:家庭本质上都是神圣的)中,所以"上帝将在那里**承认**归他的人",也就是说,那些承认上帝且通过他而进行自我承认的人,将会得救。

让我们概括一下我们就意识形态一般所得到的东西。

意识形态重叠的镜像结构同时保障着:

1. 把"个人"唤问为主体;
2. 他们对大主体的臣服;
3. 小主体与大主体的相互承认,小主体们之间的相互承认,

---

① 三位一体的教义正是关于从大主体(圣父)分出小主体(圣子)以及这两者的镜像关系(圣灵)的理论。

以及主体最终的自我承认;①

4. 这种绝对的**保证**,即一切都确实会这样,只要主体承认自己的身份并做出相应的行为,一切都会顺利:"**但愿如此!**"②

结果是:那些小主体落入了被唤问为小主体、臣服于大主体、普遍承认和绝对保证的四重组合体系中,他们"运转起来"了,而且在绝大多数情况下都是"自动运转起来"的,除了一些"坏主体"时而会招惹(镇压性)国家机器出动某些小分队前来干预。但绝大多数(好)主体则是"自动"地,也就是靠意识形态(它的具体形式在各种意识形态国家机器中得到了实现)而顺利地运转的。他们被嵌入由 AIE 的仪式所支配的各种实践当中。他们"承认"现存事物(das Bestehende③)的状态,承认"它确实就是如此而不

---

① 黑格尔作为一位讨论了普遍承认的"理论家",(在无意间)也成了一位令人钦佩的意识形态"理论家",可惜他最终落入了绝对知识的意识形态。费尔巴哈是一位令人惊讶的讨论镜像关系的"理论家",可惜他最终落入了人类本质的意识形态。要找到某种手段,以发展一种关于"保证"的理论,我们必须回到斯宾诺莎。

② "但愿如此!"原文为"Ainsi soit-il!"即祈祷结束时说的"阿门",直译过来是一个祈使句:"让它成为这样的吧!"另参见第 380 页的相关论述。——译注

③ "das Bestehende",德文,即马克思的"现存事物"一词。参见马克思《资本论》第二版跋,《资本论》第一卷,前引,第 22 页:"辩证法,在其神秘形式上,成了德国的时髦东西,因为它似乎使现存事物显得光彩。辩证法,在其合理形态上,引起资产阶级及其夸夸其谈的代言人的恼怒和恐怖,因为辩证法在对现存事物的肯定的理解中同时包含对现存事物的否定的理解,即对现存事物的必然灭亡的理解;辩证法对每一种既成的形式都是从不断的运动中,因而也是从它的暂时性方面去理解;辩证法不崇拜任何东西,按其本质来说,它是批判的和革命的。"——译注

是如彼",承认他们必须服从上帝、服从良知、服从本堂神甫、服从戴高乐、服从老板、服从工程师,承认必须"爱你的邻人如爱自己",等等。他们的具体的物质行为只不过是把这句绝妙的祈祷词铭刻进生活中罢了:"**但愿如此!**"

是的,小主体们在"自动运转"。产生这一后果的全部秘密就在于我们刚才讨论过的四重组合体系里的头两个环节,也许你更喜欢说,在于 sujet 这个词的歧义性①。在这个词的日常用法中,sujet 实际上指:(1)一种自由的主体性,一个主动性的中心,自身行为的发起人和责任人;(2)一个臣服的人,他服从于一个更高的权威,因而除了可以自由地接受这种服从地位之外,被剥夺了一切自由。后一条解释给我们提供了这种歧义性的含义,这种歧义性只不过反映了产生这种歧义性的那种作用:个人**被唤问**为(自由的)**主体**,为的是能够自由地服从**大主体**的诫命,也就是说,为的是能够(自由地)接受这种臣服的地位,也就是说,为的是能够"自动作出"其臣服的表示和行为。**主体只有通过臣服并为了臣服才存在**。这就是为什么他们会"自动运转起来"的原因。

"**但愿如此!**……"承载着有待去取得的结果,这个短语证明了事情并非"自然而然"就会如此("自然而然"就用不着祈祷,用不着意识形态的干预了)。这个短语证明,为了让事情成为它们应该是的那样,就**必须**如此——我们可以顺嘴说出:为了确保生产关系的再生产,甚至在每天的生产和流通过程中、在"意识"中,也就是说,在这些占据由劳动的社会—技术分工为他们指定的生

---

① 法语中的"sujet",既表示"主体",又有"臣民"的意思,作为"臣民"时与动词"s'assujettir"("臣服")相对应。——译注

产、剥削、镇压、意识形态化和科学实践等岗位的个人—主体的行为中,保障生产关系的再生产,就**必须**如此。在这样一套机制——对大主体和被唤问为小主体的个人的镜像承认,以及如果小主体自由地接受了对大主体"诫命"的臣服地位,大主体就为他们提供的保证——当中,实际上真正涉及的是什么呢？在这套机制中涉及的现实,即必然通过承认的形式本身而被**误认**(意识形态=**承认/误认**)①的现实,说到底,实际上就是生产关系的再生产,以及由生产关系派生的其他关系的再生产。

1969 年 1—4 月

附记:尽管这几个图式化的论点可以让我们阐明上层建筑发挥功能的某些方面,以及它对下层建筑进行干预的方式,但它们显然还都是**抽象的**,而且也必定会留下若干重要的难题悬而未解。关于那些难题,必须在这里说上几句:

1. 关于<u>生产关系再生产得以实现</u>的**总体过程**的难题。

作为该过程的一个要素,AIE **有助于**生产关系的再生产。但仅仅看到它们"有助于",这种观点就仍然是抽象的。

只有在生产和流通过程中,生产关系的再生产才得以**实现**。它是通过这些过程的机制来实现的:在这些过程中,劳动者的训练得以"完成",并被指定工作岗位,等等。正是在这些过程的内部机制中,不同意识形态的作用得以发挥(首先是法律—道德意

---

① 关于"承认"和"误认",详见第 339 页注释。——译注

识形态的作用)。

但这种观点仍然是抽象的。因为在阶级社会里,生产关系就是剥削关系,因此也就是敌对阶级之间的关系。生产关系的再生产,作为统治阶级的最终目标,因此也就不可能只是一项单纯的技术操作,只是为了劳动的"技术分工"的不同岗位的需要,对个人进行训练和分配。事实上,超出统治阶级的意识形态,就没有什么劳动的"技术分工":劳动的任何"技术"分工、任何"技术"组织,都是劳动的**社会**(=阶级)分工和组织的形式与伪装。因此,生产关系的再生产只能是一项阶级的事业。它是通过统治阶级与被剥削阶级相对立的阶级斗争来实现的。

因此,只要不采取这种阶级斗争的观点,实现生产关系再生产的**总体过程**就仍然是抽象的。因此,采取再生产的观点,归根到底也就是采取阶级斗争的观点。

2. 存在于某一社会形态中的**各种**意识形态的阶级性质的难题。

意识形态**一般**的"机制"是一回事。我们已经看到,它可以归结为用几句话表达出来的几条原则(就像按照马克思的说法来定义生产**一般**,或者弗洛伊德定义无意识**一般**的原则那么"贫乏")。尽管它包含了某些真理,但对于意识形态的任何实在形态来说,这种机制也还是**抽象的**。

我们已经提出,各种意识形态是在那些机构中、在它们的仪式和它们的实践中、在 AIE 中**得到实现的**。我们已经看到,它们正是因此有助于对统治阶级来说性命攸关的那种阶级斗争的形式,即生产关系的再生产。但是这种观点本身虽然如此符合实际,也仍然是抽象的。

实际上,只有从阶级斗争的观点出发,国家和国家机器作为保障阶级压迫、保证剥削及其再生产的条件的阶级斗争机器,才是有意义的。但是,没有相互敌对的阶级就没有阶级斗争。要谈统治阶级的阶级斗争,就要谈被统治阶级的抵制、反抗和阶级斗争。

正因如此,AIE 并不是意识形态**一般**的实现,甚至也不是统治阶级意识形态的无冲突的实现。统治阶级的意识形态不能靠老天的恩典,甚至也不能只靠掌握国家政权的功效①,而变成占统治地位的意识形态。只有通过装备 AIE,使统治阶级的意识形态在那里得到实现并在那里进行自我实现,才能成为占统治地位的意识形态。但是,这种装备不是自动就能完成的;相反,它是一场非常艰苦的持续不断的阶级斗争的赌注,这场斗争首先要反对先前的统治阶级以及它们在新旧 AIE 中的阵地,然后要反对被剥削阶级。

但是,这个关于 AIE 中阶级斗争的观点仍然是抽象的。实际上,AIE 中的阶级斗争的确是阶级斗争的一个方面,有时还是一个重要的、症状性的方面:例如 18 世纪反对宗教的斗争,例如今天各资本主义国家出现的学校的 AIE 的"危机"。但是,AIE 中的阶级斗争毕竟只是阶级斗争的一个方面,而阶级斗争超出了 AIE 的范围。掌握政权的阶级在其 AIE 中赋予统治地位的意识形态,的确是在那些 AIE 中"得到实现"的,但它却超出了这些机器的范围,因为它来自别的地方。同样,被统治阶级在上述 AIE 中为了

---

① "功效"原文为"vertu",也译为"德性""能力"。——译注

反对这些机器而成功捍卫的意识形态,也超出了这些机器的范围,因为它也来自别的地方。

只有从阶级的观点,即阶级斗争的观点出发,才有可能解释某一社会形态中存在的**各种**意识形态。不仅要从这点出发,才有可能解释占统治地位的意识形态在 AIE 中的实现,以及把 AIE 当作场所和赌注的那些阶级斗争的形式。而且尤其要从这点出发,才有可能理解在 AIE 中实现并在那里相互抗衡的各种意识形态的来源。因为,如果 AIE 真的代表了统治阶级的意识形态**必然**由以得到实现的**形式**,代表了被统治阶级的意识形态**必然**由以进行较量和抗衡的形式,那么,各种意识形态就不是从 AIE 当中"诞生"的,而是来自卷入阶级斗争的各社会阶级;来自他们的生存条件、他们的实践、他们的斗争经验等等。

1970 年 4 月

译名对照表

一、重要词语

a priori：先天的
absent：不在场（的）
abstraction：抽象
acte：行为（法令）
administration：行政部门
agent：当事人（执行人）
aliénant：使人异化的
aliénation：异化
anarchisme：无政府主义
anarcho-syndicalisme：无政府—工团主义
antagoniste：敌对的、对抗（性）的
anticipation：预支，预见
apolitisme：非政治主义
Appareil administratif d'État：行政的国家机器
Appareil Culturel：文化机器
Appareil d'État：国家机器

Appareil de l'Edition-Diffusion：出版—发行机器

Appareil de l'Information：信息机器

Appareil Familial：家庭机器

Appareil idéologique d'État politique：政治的意识形态国家机器

Appareil politique d'État：政治的国家机器

Appareil politique：政治机器

Appareil Religieux：宗教机器

Appareil Répressif d'État：镇压性国家机器

Appareil scolaire：学校机器

Appareil syndical：工会机器

Appareils Idéologiques d'État：意识形态国家机器

appropriation：占有

assujettissement：奴役（臣服）

autogestion：工人自治

autoritarisme：专横

autorité：权威

avant-garde：先锋队

base économique：经济基础

base：基础

bataille：战役、战斗

biens de subsistance：生存资料

biens matériels：物质财富

bourgeoisie：资产阶级

bureaucratique：官僚主义的

cas de conscience：良知问题

cas：情况、案例

censeur：监察官

centralisé：集中化的

Chef de l'État：国家元首

cinéma：电影

classe bourgeoise：资产者阶级

classe capitaliste：资本家阶级

classe des exploiteurs：剥削者阶级

classe exploitante：剥削阶级

classe exploitée：被剥削阶级

classe ouvrière：工人阶级

Code Civil：民法典

code de Droit commercial：商业法法典

code de Droit pénal：刑法法典

code de Droit Public：公法法典

Code Pénal：刑法典

cohérence：一致性

combinaison：组合

commencement：开端、开始

compagnons：帮工

concept：概念

conception：观念（构想）

condition：条件、状况、环境

conditions de la production：生产条件

conflits de devoirs：职责冲突

conjonction：汇合
conjoncture：形势
connaissance：认识
connaître：认识
conscience：意识、良知（良心）
consciente：有意识的（自觉的）
consensus：同意
conséquence：后果
consommation：消费
constitution du sujet：主体的构成
constitution：宪法、构成
contenu：内容
contradictoire：对立的、矛盾的
contrainte：强制
contrat：契约
contremaîtres：工头
contrepartie：补偿（交换物）
coopérative：合作社
corporation：行会
corporative：行会的
corps：体、身体、部队（实体）
correspondance：相适合、一致
couches sociales：社会阶层
crise de conscience：良知危机
critique：批评、批判（的）

culte de la personnalité：个人崇拜

d'arrière-garde：落后的

d'avant-garde：先锋的

décentrer：去中心化

décret：政令

démocratie populaire：人民民主

démocratie pour le peuple：为人民的民主

despotisme：专制主义

détenir：占有

détermination：规定性、决定作用

devoir：职责、应当

Dictature du Prolétariat：无产阶级专政

dispositif：配置

Distribution：分派

division du travail social：社会劳动的分工

division du travail：劳动分工

division sociale du travail：劳动的社会分工

division sociale-technique du travail：劳动的社会—技术分工

division technique du travail：劳动的技术分工

dominant：占统治地位的、统治的

domination：统治

dominé：被统治的

droit：法、权利、法权

Droit bourgeois：资产阶级法权

Droit constitutionnel：宪法

droit coutumier:习惯法
droit de propriété:所有权(财产权)
droit écrit:成文法
Droit pénal:刑法
Droit Romain:罗马法
droits de l'homme:人权
economie des services:服务经济
économisme:经济主义
économiste:经济主义的
effet:后果、作用、效应
efficace:效力(有效)
efficacité:作用力
égalité juridique:法律平等
équivoque:歧义(含糊不清的)
érotisme:爱欲主义
espèce humaine:人类
esthétique:审美(的)
état d'urgence:紧急状态
existant:现有的(现存的)
existence:生存、存在
expérience:经验(实验)
expérimentation:实验(过程)
exploitation:剥削
exploiteur:剥削者
féodalité:封建制度

finalité：合目的性

fonction：功能(函数)

fonctionnalisme：功能主义

fonctionnement：功能的发挥、发挥功能(的方式)、运行

fonctionner：运行,发挥功能

force de travail：劳动力

forces productives：生产力

formalisme：形式主义

formalité：形式性

formation sociale：社会形态

forme：形式

formulation：表达(方式)

formule：提法

fusion：融合

gouvernement：政府

groupements humains：人类群体

guerre de classe：阶级战争

guerre de tranchées：壕堑战

guerre：战争

hégémonie：领导权

humaniser：人性化

Humanisme：人文主义(人道主义)

humaniste：人道主义(的)

humanité：人类

hyper-centralisation：超—集中化

hyper-politique：政治过头（的）

idéal：理想的

idéaliste：唯心主义的

idée ：观念、思想、看法

idéel：观念的

idéologie bourgeoise：资产阶级（的）意识形态

idéologie d'État bourgeois：资产阶级国家的意识形态

Idéologie d'État：国家的意识形态

idéologie de l'État bourgeois：资产阶级国家的意识形态

Idéologie de l'État：(xx)国家的意识形态

idéologie en général：意识形态一般

idéologie juridico-morale：法律—道德的意识形态

idéologie juridique：法律意识形态

idéologie morale：道德意识形态

idéologie philosophique：哲学意识形态

idéologie religieuse：宗教意识形态

idéologie secondaire：次级意识形态

idéologie：意识形态

idéologisation：意识形态化

idéologue：意识形态家

illusion：幻象

imaginaire：想象的

imagination：想象（想象力）

impérialisme：帝国主义

inconscient：无意识的

individualisée:个体化了的

individualité:个性

infrastructure économique:经济的下层建筑

infrastructure:下层建筑

injection:灌输

instance:层级

institution:机构

instruments de production:生产工具

instruments de travail:劳动工具

interaction:相互作用

internationalisme:国际主义

interpellation:唤问,呼唤

interpeller:唤问(呼唤)

ipso facto:事实上

janséniste:詹森派(的)

jeu:游戏、作用(运作、活动)

juridique:法律的

juridiste:法律主义的

jurisprudence:判例

lacune:空白

le crétinisme parlementaire:议会迷

le droit de propriété:所有权

l'imaginaire:想象物,想象界

l'inconscient:无意识

le réel:实在界

le symbolique：象征界

légalité：合法（性）

léniniste：列宁主义的

liberté juridique：法律自由

liberté-égalité：自由—平等

librégal：自由—平等的

littérature：文学

loi martiale：军事管制法

loi：法律、法则（定律）

lutte de classe bourgeoise：资产阶级的阶级斗争

lutte de classe capitaliste：资本家的阶级斗争

lutte de classe prolétarienne：无产阶级的阶级斗争

lutte de classe idéologique：意识形态的阶级斗争

lutte de classe économique：经济的阶级斗争

lutte de classe ouvrière：工人的阶级斗争

lutte de classe politique：政治的阶级斗争

lutte：斗争

machine：机器

main d'œuvre：劳动人手

main-d'œuvre：劳动力

manœuvre：非技术工人

manufacture：工厂手工业

masses populaires：人民群众（人民大众）

Matérialisme dialectique：辩证唯物主义

Matérialisme Historique：历史唯物主义

matérialité：物质性

matière première：原料

matrice：母板

mécanique：机械装置

méconnaissance：误认（不了解）

méconnaître：误认

mode de production：生产方式

mœurs：风俗

Monarchie à Charte：宪章君主制

Monarchie absolue：绝对君主制

Monarchie Chartiste：宪章君主制

Monarchie constitutionnelle：立宪君主制

monarchie parlementaire：议会君主制

monothéisme：一神教

moralité：道德

moteur：火车头（原动力）

moyens de consommation：消费资料

moyens de production：生产资料

mystification：神秘化

nation：国家（民族）

nationaliste：民族主义的

néo-anarchiste：新无政府主义者

néocapitalisme：新资本主义

non-correspondance：不相适合

notion：概念

objectif: 目标
objet de travail: 劳动对象
obligation: 义务
opportuniste: 机会主义(者)
organe: 机构
organique: 有机的
organisation: 组织
organisé: 有组织的
pacte: 公约
para-juridiques: 超—法律的
parti d'Éat: 国家的党
parti de gouvernement: 政府的党
partis politiques: 政党
père: 神父
personnalité juridique: 法律人格
personne juridique: 法律人
personne de droit: 权利人
petit peuple: 小民
petit producteur: 小生产者
petite-bourgeoise: 小资产阶级
phase de transition: 过渡阶段
philosophe communiste: 共产党员哲学家
philosophie en général: 哲学一般
pièces: 部件
planification économique: 经济的计划化

planification étatique：国家的计划化

planification：计划化

plèbe：平民

plébiscite：全民公投

plus-value：剩余价值

politique：政治(的)、政策

populaire：人民的、人民大众(群众)的、通俗的

positions：阵地、立场

positive：实证的

positiviste：实证主义(的)

positivité：积极性

posséder：拥有

poujadisme：布热德主义

pouvoir répressif：镇压性政权

pratique politique：政治实践

première Idéologie：初级意识形态

prépoujadiste：前布热德分子的

présent：在场(的)

prévenir：预防(先发制人)

privé：私人的

procès de production：生产过程

procès de travail：劳动过程

production：生产

productivité：劳动生产率

prolétariat：无产阶级

propriété：所有(所有权、所有制)

publique：公共的(大众的)

puissance：势力(实力、力量、威力)

quadrillage：分区控制

qualification：合格能力

qualité：资格

raison：理性、理由

rapport des forces：力量对比

rapports de production：生产关系

rapports sociaux de production：社会生产关系

reconnaissance：承认、认出、相识

reconnaître：承认、认出

réel：实在的、真正的、现实的

réformist：改良主义

régime：(社会)制度

règle：规范、规则

rencontre：相遇

renouveler：更新

répartition：分配

représentation électorale：选举代表制

représentation parlementaire：议会代表制

répression：压迫、镇压

répressif：镇压(性)的

répressivité：镇压性

reproduction：再生产

république parlementaire：议会共和制

résignation：顺从

responsabilité：责任

résultat：结果

revendication：要求（请愿）、具体的物质要求

révisionnisme：修正主义

révolutionnariste：革命主义（的）

roturier：平民

s'approprier：占为己有

s'épuiser：消耗

s'user：损耗

salarié：雇佣劳动者

sanction：认可、惩罚

sanctionner：认可、惩罚

Savoir Absolu：绝对知识

savoir：知识、知道、明白

savoir-faire：本领

schéma：图式

sciences humaines：人文科学

sciences sociales：社会科学

scolarisation：学校教育

ségrégation：分隔

sensibilité：敏感性（高度敏感）

séparatiste：分离主义者

signifiant：能指

situation：情况、局势

socialisme：社会主义

socialist：社会主义者（社会党人）

socialiste：社会主义的

société civile：市民社会

société politique：政治社会

soumission：服从

spécifique：特定的、特殊的

spéculaire：镜像的

spontanément：自发地

Stoïcisme：斯多葛主义

stratégie：战略

subjectivité：主体性

subsistance：持续存在（生存）

suffrage universel：普选

sujet constituant：构成的主体

sujet：主体

sujets-militants：主体—战士

superstructure：上层建筑

surexploitation：过度剥削

sur-travail：剩余劳动

surveillance：监视

symbolique：象征的

syndicat：工会

syndicats ouvriers：工人工会

systématicité：系统性

système：系统、体系

tactique：战术（的）

techniciste：技术主义的

technique：技术（性）的

technocratique：专家治国论的

technologique：工艺学（的）

terrain：领地

théâtre：戏剧

thème：主题

théoriciste：理论主义的

théorie de la valeur-travail：劳动价值论

théorie descriptive：描述性的理论

théorie en générale：理论一般

théorie générale：一般理论

théorie tout court：理论本身

thèse：论点

titres de propriété：所有权凭证

titres juridiques：法律身份

topique：地形学

totalitaire：极权的

totalité：总体（性）

toujours-déjà：总是—已经

tout organique：有机的整体

tout organisé：有组织的整体

tout：整体（全部、一切）

trade-unionist：工联主义

transformation：变化、转变、改造

travail intellectuel：脑力劳动

travail manuel：体力劳动

travailler：劳动，加工

travailleur intellectuel：脑力劳动者

travailleur manuel：体力劳动者

travailliste：工党主义的

ultra-léniniste：极端列宁主义的

unique：独一的、唯一的、单一的

unité：统一、统一体（统一性）

usages：习惯

utopiste：乌托邦主义者

validité：有效性

vertu：德性、效能、能力

violence physique：肉体暴力

volonté consciente：自觉意志

volonté：意志

二、人名①

Abbé Dubos：度波长老

---

① 这里的人名，根据原文中出现的具体情况列出，有的有名有姓，有的只有名或姓。——译注

André Marty：安德烈·马蒂

Aneurin Bevan：比万

Ariella Azoulay：阿里拉·阿祖雷

Aristote：亚里士多德

Augustin Thiérry：奥古斯丁·蒂埃里

Babeuf：巴贝夫

Balzac：巴尔扎克

Bernstein：伯恩斯坦

Bonaparte：波拿巴

Bonaparte-Napoléon Ⅰ：波拿巴－拿破仑一世

Buonarotti：邦纳罗蒂

Camillo Torres Restrepo：托雷斯神父

César：凯撒

Ch. Bettelheim：夏尔·贝特兰

Charles Tillon：夏尔·狄戎

Christian Baudelot：克里斯蒂安·博德洛

Clement Richard Attlee：克莱门特·理查德·艾德礼

Croce：克罗齐

Daladier：达拉第

De Gaulle：戴高乐

Delay：德莱

Descartes：笛卡尔

Destutt de Tracy：德斯蒂·德·特拉西

Diderot：狄德罗

Dostoïevsky：陀思妥耶夫斯基

Duchêne：迪谢纳

Durkheim：涂尔干

Edgar Faure：埃德加・富尔

Emmanuel Terray：埃马纽埃尔・泰雷

Ernest Bevin：贝文

Étienne Balibar：艾蒂安・巴利巴尔

Feuerbach：费尔巴哈

Fourmies：富米尔

Franco：佛朗哥

François Bloch-Laîné：弗朗索瓦・布洛赫－莱内

François Boddaert：弗朗索瓦・鲍达埃尔

François Marty：弗朗索瓦・马蒂

François Matheron：弗朗索瓦・马特龙

Freinet：弗雷内

Freud：弗洛伊德

G. Bruno：乔尔丹诺・布鲁诺

G. Molle：居伊・莫勒

Galilée：伽利略

Gatti：加蒂

Giscard d'Estaing：吉斯卡尔・德斯坦

Grenelle：格勒纳勒

Guizot：基佐

Hegel：黑格尔

Heidegger：海德格尔

Henri Martin：亨利・马丁

Hitler：希特勒
Hobbes：霍布斯
Husserl：胡塞尔
Isolotto：伊索洛托
J. Fauvet：雅克·福韦
J. -J. Servan-Schreiber：让－雅克－塞尔旺－施赖伯
Jacques Bidet：雅克·比岱
James Harold Wilson：威尔逊
Jaurès：饶勒斯
Jean Bruhat：让·布律阿
Jean Cardonnel：让·卡多内尔神父
Jean Danielou：让·达尼埃卢（红衣主教）
Jean d'Ormesson：让·多麦颂
Judith Butler：朱迪斯·巴特勒
Jules Guesde：朱尔斯·盖德
Kant：康德
Karl Barth：卡尔·巴特
Kautsky：考茨基
Kérenski：克伦斯基
Koestler：库斯勒
Krouchtchev：赫鲁晓夫
Kroupskaïa：克鲁普斯卡娅
Laval Pétain：拉瓦尔·贝当
Lénine：列宁
Léon Blum：莱昂·布鲁姆

Lévi-Strauss：列维·斯特劳斯

Louis Armand：路易·阿尔芒

Louis Blanc：路易·布朗

Lyautey：利奥泰

M. Grimaud：格里莫先生

M. Thorez：莫里斯·多列士

Mably：马布利

Mac-Mahon：麦克－马洪

Mao-Tsé-Tung(Mao)：毛泽东(毛)

Marat：马拉

Marcel Cornu：马塞尔·科尔尼

Maria-Antonietta Macchiocchi：玛丽亚－安东尼塔·玛契奥琪

Marx：马克思

Mathiez：马迪厄

Maurice Couve：莫里斯·顾夫

Meslier：梅利耶

Michel Foucault：米歇尔·福柯

Michel Pêcheux：米歇尔·佩舍

Michel Tort：米歇尔·托尔

Mignet：米涅

Montesquieu：孟德斯鸠

Mussolini：墨索里尼

Napoléon III：拿破仑三世

Napoléon：拿破仑

Newton：牛顿

Nicolas II：尼古拉二世

Nikos Poulantzas：尼科斯·普朗查斯

Olivier Corpet：奥利维耶·科尔佩

P. J. G. Cabanis：卡巴尼斯

Pascal：帕斯卡尔

Paul Ricœur：保罗·利科

Paul VI：保罗六世

Père Cardonnel：卡多内尔神父

Père Torrès：托雷斯神父

Péron：庇隆

Pierre Bourdieu：皮埃尔·布尔迪厄

Pierre Macherey：皮埃尔·马舍雷

Pinel：皮内尔

Platon：柏拉图

Proudhon：普鲁东

Prouvost：普鲁沃

Ramadier：拉马迪埃

René Clair：勒内·克莱尔

René Passeron：勒内·帕斯隆

Renée Balibar：热内·巴利巴尔

Ricardo：李嘉图

Robespierre：罗伯斯庇尔

Roger Establet：罗歇·埃斯塔布莱

Rousseau：卢梭

Saint Thomas(1)：圣托马斯

Saint Thomas(2):圣多马

Saint-Paul:圣保罗

Serge Mallet:赛尔日·马勒

Siné(**Maurice Sinet**):西内

Smith:亚当·斯密

Spinoza:斯宾诺莎

Staline:斯大林

Sylvain Floirat:西尔万·弗卢瓦拉

Tallandier:塔朗迪耶

Teilhard de Chardin:德日进

Thalès:泰勒斯

Thiers:梯也尔

Turgot:杜尔哥

Valéry:瓦莱里

Wilson:威尔逊

Yves Sintomer:伊夫·桑多默

Zola:左拉

三、出版物

18 Brumaire:《雾月十八日》(即《路易·波拿巴的雾月十八日》)

A nouveau les Syndicats:《再论工会》(即《再论工会、目前局势及托洛茨基同志和布哈林同志的错误》)

A propos de l'article de Michel Verret sur Mai étudiant:《关于米歇尔·韦雷"论大学生的五月"一文》

Action:《行动》(周刊)

Althusser et Foucault, Révolution et Résistance, Interpellation et biopolitique：《阿尔都塞与福柯，革命与反抗，唤问与生命政治》

Antidühring：《反杜林论》

Atto di Stato. Palestina-Israele, 1967—2007. Storia fotografica dell'occupazione：《国家行为——巴勒斯坦—以色列，1967—2007：图说占领史》

Cahiers sur la Dialectique：《辩证法手册》（即《黑格尔辩证法手册》，系《哲学笔记》选本法文版）

Comment lire Le Capital？：《如何阅读〈资本论〉？》

Contribution à la critique de l'économie politique：《政治经济学批判》

Critique du Programme de Gotha：《哥达纲领批判》

D'où viennent les idées justes：《人的正确思想是从哪里来的？》

De la Contradiction：《矛盾论》

De la Pratique：《实践论》

Écoles：《学校》

Écrits philosophiques et politiques：《哲学与政治文集》

Écrits sur la psychanalyse：《精神分析论集》

Esprit：《精神》杂志

Explication et Reconstruction du Capital：《对〈资本论〉的解释和重构》

Figaro：《费加罗报》

France-Soir：《法兰西晚报》

Frères du Monde：《世界兄弟》杂志

Freud et Lacan：《弗洛伊德和拉康》

Gazette rhénane：《莱茵报》

Gramsci：*Œuvres choisies*：《葛兰西著作选》

Grande Logique：《大逻辑》(即黑格尔《逻辑学》)

Gundrisse：《大纲》[即《政治经济学批判(1857—1858年手稿)》]

Histoire de la Folie：《疯癫史》

Histoire de la sexualité：《性史》

Ideologie und ideologische Staatsapparate：《意识形态和意识形态国家机器》(德文版)

Il faut défendre la société：《必须保卫社会》

L'avenir dure longtemps：《来日方长》

L'École capitaliste en France：《法国的资本主义学校》

L'Esprit des Lois：《论法的精神》

L'État et la Révolution：《国家与革命》

L'État-monde：《国家—世界》

L'Humanité：《人道报》

L'Idéologie allemande：《德意志意识形态》

L'Unità：《团结报》

La 25ème heure：《第25小时》

la Charte d'Amiens：《亚眠宪章》

La Pensée：《思想》杂志

La philosophie comme arme de la révolution：《哲学作为革命的武器》

La récurrence du vide chez Louis Althusser：《阿尔都塞著作中虚空的循环》

La reproduction：《再生产》(布尔迪厄和帕斯隆著)

La volonté de savoir:《求知意志》

Le Capital:《资本论》

le Code civil:《民法典》

Le développement du capitalisme en Russie:《俄国资本主义的发展》

Le Manifeste:《共产党宣言》

Le marxisme devant les sociétés «primitives»:《马克思主义面对"原始"社会》

Le Monde:《世界报》

Le mouvement ouvrier français au début du XIXe siècle et les survivances de l'Ancien Régime:《19世纪初法国工人运动和旧制度的残留》

Le Nouvel Observateur:《新观察家》(杂志)

Le Piccolo, Bertolazzi et Brecht:《"小剧院",贝尔多拉西和布莱希特》

Le Quotient Intellectuel:《智商》

Le structuralisme: une destitution du sujet?:《结构主义:主体的革除?》

les Actes du Congrès de Psychanalyse de Tbilissi:《第比利斯精神分析大会会刊》

les Cahiers pour l'analyse:《分析手册》

Les problèmes des prix dans les pays socialistes d'Europe:《欧洲社会主义国家中的价格难题》

Les vérités de la Palice:《拉帕里斯的真理》

Lettere dall'interno del PCI a Louis Althusser:《从意大利共产党

内致阿尔都塞的信》

Lettres de la Prison :《狱中书简》

Lire Althusser aujourd'hui :《在今天阅读阿尔都塞》

Lire le Capital :《阅读〈资本论〉》

Ludwig Feuerbach :《路德维希·费尔巴哈和德国古典哲学的终结》

Machiavel et nous :《马基雅维利和我们》

Manuscrits de 44 :《1844年手稿》(即《1844年哲学经济学手稿》)

Marxisme et Humanisme :《马克思主义和人道主义》

Marxisme et luttes de classe :《马克思主义和阶级斗争》

Matérialisme dialectique et matérialisme historique :《论辩证唯物主义和历史唯物主义》

Matérialisme et Empiriocriticisme :《唯物主义和经验批判主义》

Métaphysique des mœurs :《道德形而上学》

Misère de La Philosophie :《哲学的贫困》

Notes sur les AIE :《关于意识形态国家机器的说明》

Nouvelle Critique :《新批评》杂志

Nuevos Escritos :《新著》(阿尔都塞西班牙语文集)

Philosophie de l'Histoire :《历史哲学》

Positions :《立场》

Pour Marx :《保卫马克思》

Pouvoir politique et classes sociales :《政治权力与社会阶级》

Préface de la Contribution à la critique de l'économie politique :《〈政治经济学批判〉序言》

Principes élémentaires du matérialisme historique :《历史唯物主义

基本原理》

Problèmes étudiants:《大学生难题》

Question Juive:《论犹太人问题》

Religieuse:《修女》

Revue de Métaphysique et de Morale:《形而上学和道德评论》

Sainte Famille:《神圣家族》

Sur les syndicats, la situation actuelle et les erreurs de Trotski:《论工会、目前局势及托洛茨基同志的错误》

Sur Marx et Freud:《论马克思和弗洛伊德》

The Civil Contract of Photography:《摄影的公民契约》

The psychic life of power. Theories in subjection:《权力的精神生活:臣服的理论》

Théorie générale:《一般理论》(中译本译为《总体理论》)

Théorie:"理论"丛书

Thèses sur Feuerbach:《关于费尔巴哈的提纲》

四、其他专名

Allemagne Fédérale:联邦德国

Angleterre:英国

Argentine:阿根廷

Association des Enfants de Parents d'Élèves:学生家长的子女协会

Associations de Parents d'Élèves:学生家长协会

Ateliers Nationaux:国家工场

Blanquiste:布朗基分子

Bonapartisme：波拿巴主义

CDR(**Comités de Défense de la République**)：保卫共和委员会

CFDT(**The Confédération Française Démocratique du Travail**)：法国劳工民主联盟（即"法国民主工会"）

CFTC(**Confédération Française des Travailleurs Chrétiens**)：法国天主教工人联盟

CGC(**Confédération générale des cadres**)：企业干部总联盟（即"企业干部总会"）

CGT(**Confédération Générale du Travail**)：法国劳工总联盟（即"法国总工会"）

CGTU(**Confédération Général du Travail Unitaire**)：联合劳工总联盟（即"联合劳工总工会"）

Charonne：夏龙（站）

CIA：美国中央情报局

Citroën：铁雪龙

CNPF(**la Confédération Nationale du Patronat Français**)：法国全国雇主联盟（即"法国雇主联合会"）

CRS：共和国保安部队

Dietz：狄茨（出版社）

Empire Macédonien：马其顿帝国

Espagne：西班牙

Europe Centrale：中欧

FO(**Force Ouvrière**)：法国工人力量劳工总联盟（即"法国工人力量总工会"）

France：法国（法兰西）

Franquiste：佛朗哥的

Fronts du Travail：劳工阵线

Gallimard：伽利玛(出版社)

Grande-Bretagne：英国

guerre du Rif：里夫战争

Hongrie：匈牙利

IMEC：当代出版纪念研究所

Impérialisme US：美帝国主义

Isolotto：伊索洛托

Italie：意大利

l'Inspection Ouvrière et Paysanne：工农检查院

l'Internationale des syndicats rouges：红色工会国际

la IIème Internationale：第二国际

la Commune de Paris：巴黎公社

la Loi Le Chapelier：《谢普雷法》

la nuit du 4 août：8月4日之夜

la Place Maubert：莫贝尔广场

la Presse：新闻报刊

la Réforme：宗教改革

la Renaissance：文艺复兴

la Résistance：抵抗运动

la RTF.：法国广播电视台

Labour-Party：工党

le Club Méditerranée：地中海俱乐部

le Comité de Salut Public：公安委员会

le Concordat：政教协议

le Consulat：执政府时期

le Labour（en Angleterre）：（英国）工党

le Parti communiste：共产党

le parti social-démocrate：社会民主党

les batailles de la Place Maubert：莫贝尔广场战役

les inspecteurs du Travail：劳动监察员

les Prud'hommes：劳资调解委员

Longue Marche：长征

Maspero：马斯佩罗（出版社）

Mexique：墨西哥

Ordre des Dominicains：多明我会

Parti ouvrier：工人党

Parti Socialiste Unifié（PSU）：统一社会党

Pétrograd：彼得格勒

POF（Parti Ouvrière Française）：法国工人党

Proudhonnien：普鲁东分子

Prud'hommes：劳资调解委员

PUF（Presses Universitaires de France）：法国大学出版社

Quatrième État：第四等级

Révolution Culturelle："文化大革命"

S. M. I. G.：行业最低保障工资

Sedan：色当

Sept Sages：七贤

SFIO（Section Française de l'Internationale Ouvrière）：工人国际

法国支部

Simca：西姆卡

SNI(**Syndicat National des Instituteurs**)：(法国)全国小学教师工会(即"全国小学教师联合会")

Syndicats d'État：国家工会

Tchécoslovaquie：捷克斯洛伐克

Terreur blanche：白色恐怖

Thermidor：热月政变

Tiers Monde：第三世界

Trade-Unions：工联(即英国的"工会")

Tripartisme：三党联合体制

Trois Glorieuses：光荣的三日

UNEF(**Union nationale des étudiants de France**)：法国全国学生联合会

Union Rationaliste：理性主义联盟

UNR(**Union pour la Nouvelle République**)：保卫新共和联盟

URSS：苏联

USA：美国

Yougoslave：南斯拉夫

译后记

首先要说明的是,我对这本著作的全部理解,已经包含在我的每一句译文、每一条译注,甚至每一个标点符号中了。所以凡是已经认真阅读了全文的读者,可以直接跳到最后,看有关本书翻译过程的部分。

雅克·比岱说,这部书稿"是阿尔都塞思想最理想的入门书"。巴利巴尔说,"这个文本已经成了、并将继续是阿尔都塞最重要的文本之一"。我想说,这本书最集中、最系统地展现了阿尔都塞对"历史科学"的真正贡献,甚至可以说,这是他唯一一部在"科学认识"的意义上着力推进马克思主义社会形态理论的著作①。

阿尔都塞在不同的场合多次提到过,马克思为"科学认识"开辟了一块新大陆,即"历史大陆",马克思因这个开创性贡献,而类似于科学史上的泰勒士和伽利略——前者开辟了"数学大陆",后者开辟了"物理学大陆";后来阿尔都塞还提到弗洛伊德——也为科学认识开辟了一块新大陆,即"人的无意识"。所以在他看来,弗洛伊德和马克思是出生于19世纪的两个最伟大的人。

---

① 关于阿尔都塞对马克思主义社会形态理论的补充和发展,参见拙稿《阿尔都塞与上层建筑问题——以〈论再生产〉为中心》。

阿尔都塞所说的历史科学,就是关于社会形态及其变化的理论。但他在谈到马克思开创的这门新科学时,总会有所保留,会说马克思只是为这门科学奠定了基础。在《论再生产》中,他也一再强调,马克思的社会形态理论还处于描述性的阶段,而他的全部努力,就是要促使这种仍然处于描述性阶段的理论发展成名副其实的理论。在我看来,阿尔都塞这里最大的贡献,就是通过对"法"和"意识形态"的深入研究,提出了一套"国家理论",从而填补马克思主义社会形态理论中的一个"空白"。因为在马克思和列宁那里,"不存在真正的'马克思主义国家理论'"①。实际上我们知道,在马克思最初的研究计划中,"国家"本来与"资本"是相并列的②,但可惜他最后写出了一部《资本论》(尽管未完成),却没能写出一部《国家论》。所以可以说,《论再生产》就是阿尔

---

① 参见阿尔都塞《马克思主义终于危机了!》(*Enfin la crise du marxisme!*),《宣言:后革命社会中的权力和对立》(*Il Manifesto: Pouvoir et opposition dans les sociétés postrévolutionnaires*),色伊出版社,1978年,第250页:"在马克思和列宁那里,存在着两个具有重大后果的理论空白:一方面是国家理论的空白,另一方面是阶级斗争组织理论的空白。我们可以说:不存在真正的'马克思主义国家理论'。"

② 在1858年2月22日给拉萨尔的一封信中,马克思曾说他要写的全部著作"分成六个分册:(1)资本(包括一些绪论性的章节);(2)土地所有制;(3)雇佣劳动;(4)国家;(5)国际贸易;(6)世界市场。"参见《马克思恩格斯文集》第十卷,人民出版社,2009年,第150页。此后,在写于1859年1月的《〈政治经济学批判。第一分册〉序言》一开头,马克思再次提道:"我考察资产阶级经济制度是按照以下的顺序:资本、土地所有制、雇佣劳动;国家、对外贸易、世界市场。在前三项下,我研究现代资产阶级社会分成的三大阶级的经济生活条件;其他三项的相互联系是一目了然的。"参见《马克思恩格斯全集》第三十一卷,人民出版社,1998年,第411页。

都塞替马克思写成的《国家论》(尽管也同样没有完成)。之所以说是替马克思写成的,是因为我认为,阿尔都塞在这里是向着《德意志意识形态》"费尔巴哈"章结尾匆匆提到的"国家和法同所有制的关系"所暗示的方向前进的。

在《论再生产》中,阿尔都塞从"再生产"的观点出发,对马克思通过大厦的空间隐喻指出了其存在、却又没有为其提供概念解答的一些问题进行了阐明。马克思关于社会形态的空间隐喻的地形学,主要来自《〈政治经济学批判。第一分册〉序言》里一段著名的话:

> 人们在自己生活的社会生产中发生一定的、必然的、不以他们的意志为转移的关系,即同他们的物质生产力的一定发展阶段相适合的生产关系。这些生产关系的总和构成社会的经济结构,即有法律的和政治的上层建筑竖立其上并有一定的社会意识形式与之相适应的现实基础。①

通过这个空间隐喻的地形学,任何社会结构都可以被设想为一座大厦,它由两"层"构成,即下层建筑(="生产关系的总和构成"的"社会的经济结构")和上层建筑;而上层建筑本身又包括两"层":一层是"法律的和政治的上层建筑",另一层是"一定的社会意识形式"。其中每一层都被赋予了不同的"作用力指数":下层建筑归根到底决定着上层建筑,法律—政治的上层建筑比意识形态的上层建筑"更"有效;同时,上层建筑相对于下层建筑,意

---

① 同前引,第412页。值得提醒的是,阿尔都塞在本书附录《论生产关系对生产力的优先性》中,非常细致地重读了这几句话所在的整段文本,并为我们把其中所包含的黑格尔观念清理了出来。

识形态的上层建筑相对于法律—政治的上层建筑，又都具有某种"相对自主性"乃至"反作用"，等等。

在论述过程中，阿尔都塞用带有连字符的"法—国家"这个对子，替换了"法律的和政治的上层建筑"这种表达，并指出处于连字符两端的"法"和"国家"孰前孰后的问题，"指示了一个应该用完全不同的措辞提出的难题"①。

接下来的内容特别能体现阿尔都塞的理论洞察力和叙述才能：他讨论"国家"，讨论"法"，讨论"意识形态"，既不是从"国家"开始，也不是从"意识形态"开始，而是从"法/权利/法权（droit）"开始。在《论再生产》遗稿出版之前，很少有人知道这种安排。因为此前大家读的都是《意识形态和意识形态国家机器》，它是由《论再生产》的某几章内容"拼合"而成的，中间恰恰省略了讨论"法"的那个重要环节。而阿尔都塞在讨论"国家"和"意识形态"之前，先讨论"法"，是为了预先通过"法"，把上层建筑与下层建筑结合到一起，或更确切地说，把"国家"和"意识形态"这两种上层建筑，结合进作为"生产力和生产关系统一体"的下层建筑中。因为"法"的存在，是为了保障一个在它自身中完全抽象掉了的内容，即资本主义的生产关系②。

---

① 参见本书第137页。
② 这里必须记住阿尔都塞在"法权"和"生产关系"之间进行的区分，其中重要的是，真正的社会主义生产关系，不能由"法权"来定义，因为任何法权在本质上最终都是资产阶级的。我们不能用生产资料的集体（社会主义）所有（propriété），而只能用由自由"联合的"人对生产资料的集体的或共同的占有（appropriation），来定义构成社会主义生产方式的生产关系。参见本书第145，146页正文及注释。

通过讨论"法",阿尔都塞引入了"国家"和"意识形态"。因为"法"要发挥功能,除了要依靠镇压性国家机器,还要依靠法律的和道德的意识形态。这样一来,"法"就一方面与镇压性国家机器联系在一起,另一方面又通过法律—道德的意识形态,与意识形态国家机器联系在一起。这就引入了阿尔都塞对经典马克思主义国家理论的一个重要补充,即在对国家政权和国家机器进行区分之后,阿尔都塞强调,还要在镇压性国家机器和意识形态国家机器之间进行区分。

为了说明这两种国家机器的区别,阿尔都塞作出了另一项理论创新,即借助斯宾诺莎和他自己改造过的精神分析话语,把马克思关于意识形态的消极理论,发展成了关于意识形态的积极理论,从而把在马克思那里几乎等同于"梦幻"的东西,变成了在历史上无所不在的现实,变成了构成社会的一个积极要素:在资本主义社会,就是保障"法"和"国家"运行的一个积极要素。

这样一来,事情就非常清楚了:首先,"意识形态"不再是高于"国家"的另一"层"上层建筑,而是直接就存在于"国家"当中,即存在于"意识形态国家机器"当中;其次,构成"国家"的"镇压性国家机器"和"意识形态国家机器",通过镇压和意识形态,保障着"法"的运行;最后,"法"保障着资本主义生产关系,从而保障着资本主义社会的生产(与再生产)。另一方面,各种"意识形态国家机器"在"镇压性国家机器"的支援下,除了保障"法"的运行之外,还通过其他种种途径保障着资本主义生产关系的再生产。

于是,原先在马克思的地形学中位于上层建筑中的两层,乃至上层建筑和下层建筑本身,就在阿尔都塞这里相互交织成了一个整体,一个"具体的整体"。这意味着,虽然下层建筑"归根到底"决定着上层建筑,但下层建筑本身的持续存在,要通过上层建筑(法、国家、意识形态)来保障。这已经远不是恩格斯所说的那种抽象的"反作用"了。

所以我前文说,阿尔都塞这部著作的最大贡献,就是提出了一套"国家理论",从而推进了马克思主义的社会形态理论即历史科学。

但阿尔都塞的国家理论,不仅是关于国家的性质、构成、运行机制和功能的理论;也是关于无产阶级如何夺取国家政权、利用国家机器为自己的政治服务的理论;同时还是关于革命的工人党与国家之间关系的理论,从而也就是关于推翻资产阶级国家机器所必需的阶级斗争战略的理论以及关于国家消亡的理论。要了解阿尔都塞国家理论的这些面向,就还需要去仔细阅读他讨论"政治的意识形态国家机器"(包括《关于意识形态国家机器的说明》一文)、"工会的意识形态国家机器"以及"生产关系的再生产与革命"等章节。这里要提醒的是,尽管阿尔都塞认为在资本主义社会形态中,"是学校的意识形态国家机器,即是学校,更准确地说是学校—家庭这个对子占据着统治地位"①,但相比学校的意识形态国家机器(更不用说其他的意识形态国家机器了),《论再生产》花了更多的篇幅专门讨论"政治的意识形态国家机器"和"工会的意识形态国家机器"。在我看来,这一方面是因为,当时由阿尔都塞的学生组成的理论小组已经有了专论"学校的意识形

---

① 参见本书第 312 页。

态国家机器"的著作①；另一方面是因为，"政治的意识形态国家机器"和"工会的意识形态国家机器"都涉及革命的工人党与国家的关系，因而关系到推翻资产阶级国家机器所必需的阶级斗争战略以及社会主义的未来②。这里尤其值得牢记于心的是：(1) 在政治的意识形态国家机器方面，革命的工人党可以、并且应该在环境有利时为促进阶级斗争的发展而参与政府，但它绝不能"陷入"政治的意识形态国家机器的"游戏"中，把自己的行动限制在议会竞争和管理国家事务上；相反，它必须借助那里的有利条件，把阶级斗争的范围扩大，为推翻资产阶级国家作准备。即使党通过革命建立了无产阶级政权，它也绝不能以自己的最终使命是管理国家事务为由而进入无产阶级专政政府，不能任由自己和国家融合在一起，相反，它必须为国家的消亡作准备。总之，在任何情况下，革命的工人党都不能作为普通的"政府的党"去行事，"因为做政府的党就意味着做国家的党，这就等于要么为资产阶级国家

---

① 具体可见巴利巴尔给本书法文版所作的序，见本书第 6 页及该页注释。另参见本书第 126 页注释，阿尔都塞在该注释中预告，那本专门研究资本主义学校的意识形态国家机器的著作《学校》(*Écoles*)，将于 1969 年秋出版。实际上该著一直没有出版。

② 从这个意义上来说，第七章"关于法国资本主义社会形态中政治的和工会的意识形态国家机器的简要说明"，第八章"政治的和工会的意识形态国家机器"，以及本书附录中的《关于意识形态国家机器的说明》，都具有非常重要的价值。它们历史地叙述了阶级斗争如何迫使资本主义国家将无产阶级的斗争组织纳入自己的国家机器当中，充分说明了"阶级斗争"对于国家机器的优先性，从而证明阿尔都塞的国家理论并没有陷入"功能主义"。

服务,要么使无产阶级专政国家永久化"①。(2)在工会的意识形态国家机器方面,必须反对工人运动中出现的两种偏向:经济主义偏向和"革命主义的"政治过头偏向。但与此同时,必须高度重视作为经济的阶级斗争形式的工会斗争。党必须作为名副其实的党出现在企业中,在那里密切联系群众,使自己的行动植根于工会成员争取具体物质条件的行动中。革命斗争的金子般的准则,就是"政治的阶级斗争尽可能深地植根于经济的阶级斗争,植根于群众为了物质要求而进行的工会斗争"②。因为经济的阶级斗争就像是下层建筑,归根到底决定着政治斗争本身。虽然政治的阶级斗争具有优先性,"但如果政治的阶级斗争的基础,即经济的阶级斗争,没有在正确路线的指导下每天坚持不懈地深入进行,这种优先性就仍然只是一句空话"③,毕竟"整个资本主义制度归根到底都建立在对工人阶级和其他非工人雇佣劳动者的直接经济剥削的基础上"④。

以上就是《论再生产》的基本思路和主要内容。但这些内容本身,又是阿尔都塞更大计划的一部分。在那个更大的计划中,他还要讨论资本主义社会形态中的阶级斗争,并要在由他发展了的马克思主义历史科学的基础上,为哲学下一个科学的定义。关于这一点,阿尔都塞已经在"告读者"中交代得很清楚了,不再赘述。这里我只想就这部著作与阿尔都塞其他关于哲学的著作的关系,补充一个简要说明:

---

① 参见本书第 425 页。
② 参见本书第 271 页。
③ 参见本书第 265 页。
④ 参见本书第 267 页。

从《保卫马克思》开始,阿尔都塞就越来越强调马克思所创立的历史科学的重要性,并且在相当长一段时期里,努力从历史科学方面来发展马克思主义,比如收入本书中的名文《意识形态和意识形态国家机器》,以及《论再生产》本身。但是,为什么后来阿尔都塞并没有沿着这条道路前进,转而又去研究那些已经被定义为"没有对象""没有历史"因而并不提供"客观认识"的哲学呢?

我们可能会疑惑,这难道不是一种倒退吗?如果说马克思从研究哲学转而研究政治经济学,是一种进步的断裂的话,难道阿尔都塞从研究关于社会形态的科学转向研究哲学,不是一种奇怪的倒退吗?

在我看来,实际上阿尔都塞从科学向哲学的退却,并不是马克思路线的倒退,而是以他自己发展了的马克思主义历史科学为指导,带着新的精良武器,重新向那个康德所说的永恒"战场"的挺进。因为正是通过对马克思主义历史科学的发展,阿尔都塞形成了一种新的哲学观,那就是:哲学并不是关于某个对象的客观认识体系,而是一种没有对象、只有目标和赌注的斗争,在整个社会结构中,它属于上层建筑领域,是意识形态实践的理论小分队,简言之,哲学归根到底是理论领域的阶级斗争。在这样一种新的哲学观的基础上,阿尔都塞不是退回到对"哲学"的研究当中去了,不是去建立一种"新的哲学"(所谓"实践哲学"),而是在已有的哲学阵地上进行一种"新的哲学实践"[①]。阿尔都塞晚年之所

[①] "我要谈的不是'马克思主义哲学',而是'哲学中的马克思主义立场'或'新的、马克思主义的哲学实践'。"参见阿尔都塞《写给非哲学家的哲学入门》(*Initiation à la philosophie pour les non-philosophes*),法国大学出版社,2014年,第375页。

以会不断地重新阐释那些偶然唯物主义哲学家的思想,是为了通过这种迂回,反对"起源论"和"目的论",反对引入"主体""精神"之类的唯心主义概念来解释世界。通过这种哲学实践,阿尔都塞要人们与一切形式的唯心主义划清界限,不断确立并保卫唯物主义立场——这不仅是因为真正的科学进步需要持续不断地清除唯心主义,通过唯物主义为自己开辟道路;还因为一切时代占统治地位的思想(即统治阶级的思想)都通过唯心主义观念来愚弄人民,掩盖社会矛盾,而只有唯物主义才能引导人们不断直面现实、看清矛盾,从而采取有效的革命行动,改造世界。

概括起来,如果说前期阿尔都塞的"哲学实践"主要是针对当时正在发生的政治事件进行理论干预,比如,特别重要的,从"左面"批判"斯大林主义",批判对马克思主义的"人道主义"解释,以"保卫"马克思主义,使之免受资产阶级唯心主义意识形态的损害,等等;那么,在《论再生产》之后,阿尔都塞的"哲学实践"则是在由他自己发展了的关于社会形态的科学、关于阶级斗争机制和条件的科学的基础上,非常自觉地进行的理论领域的阶级斗争。所以,这里看似存在着一种从"科学研究"到"哲学研究"的"倒退",但它实际上是在新的科学基础上进行自觉的哲学实践的"进步"。换句话说,这种"在不变成马克思主义哲学家的情况下在哲学中成为马克思主义者"[1]的实践,恰恰意味着阿尔都塞搞清楚了自己的战场及其性质所在,并已经在那里进行自觉的战斗了。这再次提醒我们注意本书的结构和阿尔都塞最初的构思:从"什么

---

[1] 参见阿尔都塞《在哲学中成为马克思主义者》(Être Marxiste en Philosophie),法国大学出版社,2015年,第16页。

是哲学"开始,然后兜一个大圈子,详细阐述马克思主义历史科学的根本成果(第一卷讨论"生产关系的再生产",第二卷讨论"阶级斗争"),最后回到"什么是马克思列宁主义哲学"。

那么,阿尔都塞最终对自己身处其中的战场即哲学得出了什么结论?他所从事的战斗又是什么性质的战斗?这种战斗与马克思主义历史科学是什么关系,与无产阶级为了自身和全人类的解放而进行的斗争又是什么关系?对于这些问题,我要留到另一篇文章中去探讨。

* * *

本书没有什么新术语,但我们尝试着对少数术语进行了新翻译,比如上层建筑与"下层建筑"(infrastructure)、意识形态的"唤问"(interpellation)功能、上层建筑和下层建筑中各层的"作用力"(efficacité)指数,以及上层建筑中不同的"层级"(instance),等等,其中的理由,我在这些概念出现的关键处都通过译注的方式作了说明。

这里格外值得一提的是"意识形态国家机器"的译法。因为有不止一位学者指出,"Appareils idéologiques d'État"这个词组应该译为"国家的意识形态机器",其理由是:从原文词组的构成来看,最靠近复数"机器"(Appareils)一词并对其进行限定修饰的"意识形态的"(idéologiques),是小写且复数,意味着那些"机器"的非专有性和多样性;而后面"国家的"(d'État)则为大写且单数,显示其唯一与独特的位置,所以整个词组指明了"国家"里存在着不同的"意识形态机器",如果译为"意识形态国家机器",就会让人"误以为还有其他种意识形态的'国家机器'"。这种理由存在两个误解:

(1) 法文中的"国家"(État)总是"大写的",因为不大写,就变成了另一个词即"状态"(état);(2) 无论是单数的"镇压性国家机器",还是复数的"意识形态国家机器",当然都是隶属于"国家"的机器,所以"国家"当然都要用单数。因而"意识形态国家机器"(在强调对照的地方,我们译为"诸意识形态国家机器")的译法,丝毫不会让人误以为"还有其他种意识形态的'国家机器'",而只会让人想到,还存在"其他种类的国家机器",这是当然的!因为确实还存在其他种类的国家机器,即"镇压性国家机器"。而"镇压性国家机器"之所以是单数的,是因为它"实际上表现为一个有机的整体,更准确地说,表现为一个集中化的实体,它自觉地直接受一个单一的中心领导",但"意识形态国家机器"就不是这样了。①

把"Appareils idéologiques d'État"译为"国家的意识形态机器"的另一个理由是,越远的限定词,翻译为中文时,就越要放到前面,所以表示隶属关系的"国家的"一词,翻译过来就应该放到形容词"意识形态的"前面。这种意见忽视了翻译不能这样机械僵化,否则"(法国)国家科学研究中心"(Centre national de la recherche scientifique),就只能译为"科学研究的国家中心"了。而本书中的"政治的意识形态国家机器"(Appareil idéologique d'État politique)",就只能译为"政治的国家的意识形态机器";"家庭的意识形态国家机器"(Appareil idéologique d'État familial),就只能译为"家庭的国家的意识形态机器";"无产阶级国家的意识形态国

---

① 关于为何"镇压性国家机器"是单数的,而"意识形态国家机器"是复数的,可参考本书第八章第七小节"镇压性国家机器是单数的,意识形态国家机器是复数的"。

家机器"(Appareils idéologiques d'État de l'État Prolétarien),就只能译为"无产阶级国家的国家的意识形态机器"了……这种意见还忽视了在中文语境里,"国家机器"已经是一个固定的用法——稍后我们就会谈到,这种固定性来自它的德文语源。

但把"Appareils idéologiques d'État"翻译为"国家的意识形态机器",最大的问题是,它忽视了马克思和恩格斯本人在提出"国家机器"这个概念时[1],用的就是结合在一起的一个词,即"Staatsmaschine"。阿尔都塞显然沿用了马克思和恩格斯的用法,如果从法文看这一点还不明显的话,那么从阿尔都塞生前用德文发表的《关于意识形态国家机器的说明》[2]一文看,就再明显不过了。因为这篇文章的标题就是"Anmerkung über die ideologischen Staatsapparate",撇开"Maschine"和"Apparate"的差别不说[3],其中的"意识形态国家机器"用的就是"ideologischen Staatsapparate",即"意识形态的""国家机器",而非"国家的""意识形态机器"。

---

[1] 这个概念的最早使用是在恩格斯用德文写于1842年的《普鲁士国王弗里德里希·威廉四世》中,马克思在《法兰西内战》中也沿用了这个词。不过在《法兰西内战》1876年版中,"Staatsmaschine"被改为"Staatsmaschinerie"。

[2] 该文是对《意识形态和意识形态国家机器》[原载《思想》(La Pensée)杂志,1970年6月]一文的补充说明,写于1976年,最早收入德文版《意识形态和意识形态国家机器》(Ideologie und Ideologische Staatsapparate, VSA, 1977年,第89-107页)。

[3] 阿尔都塞的"国家机器"与马克思的"国家机器"在构词上只有一个差别,即"机器"一词马克思原来用的是"Maschine"(对应法文"machine"),而阿尔都塞用的是"Apparate"(对应法文"appareil")。关于这两个词的区别,参见本书第27页译注。

* * *

2011年11月译完《政治与历史：从马基雅维利到马克思》之后，我立即着手翻译这本《论再生产》，但由于各种原因，直到2013年11月才译完初稿，这时我在尤里姆街（Rue d'Ulm）的巴黎高师访学已经一个月了。记得那天子夜时分把初稿译完，洗了个澡倒头便睡，第二天清晨半睡半醒中，一时失去了所有记忆，不知道自己在哪里，也不知道自己是谁，挣扎了很久，才清醒过来。外面阳光灿烂，我第一次沿着圣米歇尔大街散步，去看了一看巴黎。圣母院——那时安然无恙，尖顶刺入无云的天空，塞纳河水平缓流淌，几近无声。置身于异国他乡，看着街上或匆忙或悠闲的陌生行人，一种梦幻感油然而生。自然，我没有停下脚步，而是继续往前走，越走越远，越走也越踏实，就像脚下的大理石是那么坚实。

接下来的几个月，我一边校对《论再生产》，一边翻译阿尔都塞的其他一些短文。当阿尔都塞的另一部遗稿《写给非哲学家的哲学入门》出版后，又开始边阅读边着手进行翻译。这期间，我还利用周末和节假日，去了好几个与阿尔都塞特别有关系的地方。

我先是去了他早年接受治疗的圣安娜医院——也是拉康和福柯作为医生和学生待过的地方。医院不少地方杂草丛生，好像很久没有人打理了。逛了一圈之后，我找到阿尔都塞住过的公共病房所在的那幢楼，在楼边台阶上坐了很久。那幢楼很古老。

当熟悉了巴黎高师校园之后，我开始查找阿尔都塞在高师的公寓。阿尔都塞在高师留校工作后，就一直住在学校的公寓里，长达三十二年之久（1948年至1980年）。根据《来日方长》里的描绘,那一开始是一个"狭小的住所",后来建筑师们"着手把它扩大,合并了一间宽敞的学生阅览室"。他在那里住得很舒适,甚至把妻子埃莱娜也接来一起住。但悲剧事件发生后,他就再也没有回到那里。事隔多年,为了查证阿尔都塞住过的公寓的确切位置,我问了学校好几位老师,但他们都不清楚。最后问到了学校的一位老工人,才找到公寓。很难想象,阿尔都塞的公寓就在学校主体办公大楼里,那里现在已经被改成好几间办公室了。如果从尤里姆街进学校,校大门就正对着那幢主体楼,大楼正门上方,左右各有一座汉白玉雕像(巴黎高师校徽上用的就是它们的图案),阿尔都塞住过的公寓,在大楼右手边一层尽头。确定了公寓的位置和范围后,我先在外面转了一圈,用手臂量了一量,大致估测,那几间房子建筑面积约有 100 平方米。没想到在测量过程中,还发现了窗边煤气管道保护套上的一块铭牌,上面写着"M. ALTHUSSER"(阿尔都塞先生)。我大喜过望,是这个位置,绝对无疑了。这说明当时阿尔都塞用自己的名字开通过煤气,他住在里面是可以做饭的(后来我拿着照片向巴利巴尔先生询问更多信息时,他惊叹说,你简直是个侦探)。拍完照后,进入大楼里面,找到其中一间办公室,有一位语言文学系的老师正在办公(除这间之外,其他几间都成了"古代研究中心"的办公室)。我向他打听阿尔都塞的事,他告诉我,他现在的办公室正好就是阿尔都塞以前的厨房。他还指着自己放电脑的台子说,这就是以前的灶台。我拍了几张照片,也请他帮我拍了几张。然后他给我介绍了其他几个房间,说这些加在一起就是当时阿尔都塞的公寓,至少也有100 平方米。可高师总共才那么一点大!我问他艾蒂安大夫当时具体住在哪里(从《来日方长》里的描绘看,他住在大楼对面,当时的医务室,应该就在现在校门门房右边"信息中心"或更右边哲学系的楼上),他说他也不知道。他给我留了阿尔都塞一个学生的邮址,让我与后者联系。我谢过他,又到悲剧发生的房间去拍照,结果里面两位女办公人员不让,说这里现在是办公室,不是阿尔都塞以前住的地方了。

　　为了寻访阿尔都塞墓,我花了很大工夫从旧报纸上找到当年葬礼的报道(因为高师哲学系没有人知道)。由此获得公墓信息后,又从该公墓网站上查到了阿尔都塞墓的编号。记得那天清晨,我匆匆吃过早餐,带上面包和水,几经转车,再徒步跟着手机导航,来到维罗弗莱公墓(Cimetière de Viroflay)。公墓建在一个十字路口的山坡上,四周都是树林——这时已经枝丫光秃,枯叶满地了。但墓园里有几株不知名的树,吐着新绿,开着白花,遥遥地像要探到墙外。看墓人房间里有一个妇女,带着一个十岁左右的小女孩。进入墓地后,找了很久才找到阿尔都塞和他父母的合墓。墓碑很朴素,只有一块大理石,上面刻着他们的名字和生卒年,不仔细看很难辨认出来。我于是又走了很远的路,到附近镇上买了一束鲜花,在卡片上用中法文写下"向伟大的唯物主义哲学教师、共产主义战士路易·阿尔都塞致敬!"献到他墓碑上。公墓里冷冷清清。下午离开时,从对面小村公园里传来小孩的欢笑声。

　　也还记得有一天我去找阿尔都塞晚年的居所,找了很久才找到吕西安—洛文街八号(8 Rue Lucien Leuwen),却发现那条街很怪,是个死胡同,只有一个住宅小区,但铁门紧闭,也没有门卫,外人根本进不去。等了一会儿,等到一位老人,跟他一起进了小区,然而他也不知道阿尔都塞在这里住过。只得出了小区,在门外等到一个小伙子,结果他也说这公寓很可能是1990年之后新造的。

心想可能真是人非物非了，便离开走了一段路。想想还是不甘心，就又折返回来，终于找到一家老住户，这回得到的信息是，这里确实是阿尔都塞住过的地方，房子是20世纪六七十年代的。再进去，问到八号公寓里一名大学生，他知道阿尔都塞，也看过阿尔都塞的著作，但听说自己住的八号正是阿尔都塞当年住过的，他大吃一惊。跟他进了八号公寓，他上楼回家，我在门厅那儿再四处看了看。从门厅的信箱柜可知，公寓住了很多户人家，信箱柜上没有阿尔都塞的名字，也没有他外甥——他唯一的财产继承人——鲍达埃尔(François Boddaert)的名字，我猜想房子不是出租就是卖掉了。这时从公寓走出两位姑娘，我请她们帮我在公寓前拍照，其中一位笑问"为什么？"我解释了原因之后，她很主动地帮着多拍了几张，还问我是从中国哪儿来的，我说江西，她不知道，再说上海，就知道了。她显然很惊异于我跑这么远来寻访阿尔都塞，所以表现得非常友好，临走时还跟我说"加油"。离开前我又到小区深处逛了逛，真巧，遇到一白发老先生，就和他攀谈起来，他说自己一直住在这个小区。他非常确定地告诉我，阿尔都塞就住在这里的八号公寓，如果他没记错的话，阿尔都塞住的是七楼。我问他是不是认识阿尔都塞，他说认识，但很少碰到，问他对阿尔都塞有什么印象，他说没有，只在路上遇到过几次，没说过话，所以没法谈印象。又问阿尔都塞的房子，他说，房子已换过两次主人了。

我尤其记得2014年4月的某一天去塞纳河畔苏瓦西(Soisy-sur-Seine)。早春时节，依然是被精心修剪过的青翠的大草坪，依然是高大的树木……下了高速地铁，我向行人打听活水医院，两位年轻友善的漂亮姑娘直接开车把我送到了目的地。那是一个非常美丽安静的小镇。悲剧事件发生后，阿尔都塞曾于1981年6

月至 1983 年 7 月住在那里,起初一段时间,"白天大部分时间继续醒着做噩梦,绝望地在附近树林里寻找树杈想要上吊"。那天我没有进活水医院,而是无目的地在那个四处繁花绿草的小镇里漫步,听小孩欢笑,鸟儿歌唱,我想起了《来日方长》结尾处的几句话:"从那以后,我认为学会了什么是爱:爱不是采取主动以便对自己不断加码、做出'夸张',而是关心他人,是有能力尊重他的欲望和他的节奏,不要求什么,只学会接受,把每一项馈赠当作生命中的惊喜来接受,并且有能力给别人同样的馈赠和同样的惊喜,不抱任何奢望,不做丝毫强迫。总之就是自由而已。为什么塞尚随时都在画圣维克图瓦山呢?这是因为每时每刻的光线都是一种馈赠。"①那一刻,我感觉自己完全领悟了阿尔都塞的偶然唯物主义,也以另一种方式理解了为什么"历史是没有目的的过程"。我再也不用像马勒伯朗士追问"为什么天下雨要下到大海里,下到沙丘上和大路上"②一样,去追问为什么要有这个世界,为什么这个世界要有我(我还记得小时候有一天突然被这个问题击中时的恐惧)。世界并"不为什么"而"存在",它就是存在着,我们也并"不为什么"来到这个世界,我们的存在本身是一种没有理由的"馈赠"。从此,我也把每一刻的时光,当作一种馈赠。

---

① 参见阿尔都塞《来日方长》,前引,第 293 页。
② 参见阿尔都塞《相遇唯物主义的潜流》:"马勒伯朗士很奇怪'为什么天下雨要下到大海里,下到沙丘上和大路上',因为虽然这天上之水在别处可以滋润农作物(这很好),但它对海洋毫无增益,落在路上和沙丘上也是白白浪费。"《哲学与政治文集》(*Écrits philosophiques et politiques*)第一卷,Stock/IMEC 出版社,1994 年,第 553 页。

就这样，在巴黎近一年的日子，让我以不同的方式、从不同的角度接近了阿尔都塞。趁这个机会，我把这些事情写下来，以免日后淡忘。

为此，我要感谢在申请访学时给了我热情帮助的倪文尖老师和郁振华老师。倪老师一直亲切待我，在很多事情上，也总能用他那精辟有力的一两句话让我拨云见雾。郁老师虽与我从未谋面，却不辞烦劳，为我多方联系，后来也对我常有鼓励之词。感谢时任巴黎高师"法国当代哲学国际研究中心"（CIEPFC de l'ENS）主任 Frédéric Worms 先生，正是由于他的邀请，我才有机会到阿尔都塞呆了大半辈子的巴黎高师访学一年。作为我的访学合作导师，他在学术研究方面给了我最大的自由。

感谢本书法文版编者雅克·比岱（Jacques Bidet）先生，虽然在访学期间未能拜访他，但我通过邮件，把自己在翻译过程中发现的原文中的不少编辑错误，发给他进行确认。他热情地回了一封长信，帮我确认了其中大多数错误，并对我表示恭喜和感谢，说"看来中文版会比法文版更好"。我知道这是一句玩笑话，但我更把它当成是一种激励，所以我对本书译文校对再三，如履薄冰，直到现在依然战战兢兢。

为此不得不顺便提一下该书的英文版，因为在我校完一遍初稿后，该书的英文版出版了，于是我又参照英文版逐句校对。英文版的译者是戈什加连（G. M. Goshgarian）先生，他不但是好几本阿尔都塞著作的英译者，更是不少阿尔都塞遗稿的法文版整理者。我从他的英译文中学到了不少东西，这是我应该表示感谢的。但我还是想指出，这本书的英译本存在不少错误和失误，有些甚至还相当严重。比如法文中的"idéologie = reconnaissance/

méconnaissance"（意识形态＝承认/误认），在英译本中成了"ideology ＝ misrecognition/ignorance"（意识形态＝误认/无知）①，完全曲解了"意识形态"这个关键性概念的含义；再比如，英译本未加任何说明，就把书中特别重要的另一个关键词"droit"（法、权利、法权）直接译为"law"，但实际上"droit"同时包含了英文中"law"（法）的部分含义和"right"（权利、正当、右边）的全部含义，相当于德文中的"Recht"，而与英文"law"真正对应的法文单词，其实是"loi"（法律、法则、定律）。其他的例子，就不再多举了。这也提醒我们，翻译是多么充满风险的事业。无论如何，我还是要对戈什加连先生表示感谢，近些年来，他每整理出版一部阿尔都塞的遗稿，都会第一时间告诉我，并特别关心阿尔都塞著作在中国的翻译和出版进展。

说到阿尔都塞著作在中国的翻译和出版，我要特别感谢艾蒂安·巴利巴尔（Etienne Balibar）先生，在翻译阿尔都塞著作的过程中，我每有问题向他请教，他都会认真回复。在巴黎期间，他曾邀我去他家里进行了一下午的长谈，他的热情和蔼，以及国际主义的友爱精神，让我倍感亲切。他不但帮我联系了法国一些阿尔都塞研究专家，还欣然为我们这套"中文版阿尔都塞著作集"作序，并持续关注着它的出版。当收到著作集第一本后，他大为夸赞，还专门询问了中国读者对他那篇序言的反应。

我还要感谢"当代出版纪念研究所"（IMEC）阿尔都塞资料

---

① 这个错误出现在《意识形态和意识形态国家机器》一文最后，戈什加连英译本《论再生产》中的这篇文章，采用的是布鲁斯特（Brewster）1971 年的译文，但他没有改正这个在英文学界存在了近半个世纪的错误。

库负责人桑松（Sandrine Samson）女士，她为我在研究所查阅资料提供了热情指导，并帮忙校订了我整理的一些资料。在查阅资料期间，卡昂大学的游敏兄对我多有照顾，这里也深表感谢。

在本书的翻译过程中，我还就一些语言上的问题向冯象老师、梁展老师和李雁博士多有请教，在此向他们表示由衷的感谢。

感谢孟登迎、霍炬、赵文、杨国庆、王立秋等朋友，这些年来，在查找资料方面遇到任何问题，我都随时可以找他们帮忙。

感谢本书责任编辑任洁女士在编辑过程中付出的耐心。

这部译著最后能以这种面目出版，尤其要感谢陈越老师，在整个翻译过程中，他以自己极端认真的态度、深厚的理论功底，给了我很大帮助和促进，最后他还通读了本书译文，提出了许多宝贵意见和建议。当然，这本书中出现的一切错漏，均由我自己负责。

我还想借此机会，表达我长久以来深藏于内心的感谢：感谢薛毅老师和陈子善老师，虽然在专业上我一直愧对两位导师，但他们总是对我关爱有加；感谢罗岗、毛尖、张炼红、孙晓忠诸位老师，十多年来，他们在学业上和生活上对我有太多的关心关照……

从着手翻译本书，到今天正式出版，中间隔了近八年时光。在这八年里，我先是从马达加斯加回到南昌，然后在不同时间段分别赴巴黎和北京访学一年，最后又回到南昌，辗转数地，其间虽然也翻译了一些别的东西，并为创办和运营"保马"微信公众号费了一些时间和精力，但我一直没有完全放下过译稿。除了几次系统的校对之外，我还随时根据自己的阅读和思考，不断修改译文、查找引文、补充注释。书中涉及的好几位人物，前几次校稿时还健在，再次校稿时，却已经不在人世了，这让我不得不修改相关译注，更不由地感叹人生短暂，时光易逝。实际上从 2007 年我翻译

第一篇阿尔都塞的文章到现在,已经 12 年了,虽说"来日方长",但剩下的人生,又能做成几件事?我还记得那篇文章中有这样一句话:"对于有干劲的人来说,前面有一系列必须做的工作在等着他们。"①我想无论有没有干劲,必须做的工作,总是要去做的。感谢小英和添一,有你们的理解和支持,做什么事都不会没有干劲。

这部著作是写给那些"愿意自己思考"、认真探求科学真理的人,是写给那些"正在或将要投身"于改变这个世界的伟大事业中的人。作为译者,我也希望这部中译本的出版,有助于促进真正的思想,而不是又一批学术垃圾的生产。

最后,我要把这本译作献给我的父母,他们曾与亿万普通劳动者一起,在极其落后的生产条件下,手提肩挑,为了新生活而艰苦奋斗,因而无论自觉与否,事实上都为建设社会主义新中国奉献了自己的青春。那亿万普通劳动者,把自己的汗水,洒在了中国的每一寸土地上,把自己的足迹,留在了中国的山山水水间。他们的劳动成果,是我们今天一切成就的基础;他们的付出和贡献,是任何"后悔史学家"和"炮灰文学家"所绝不能抹杀的。

吴子枫
2019 年 6 月 30 日于南昌艾溪湖畔
wzfeng1977@126.com

---

① 参见阿尔都塞《哲学的形势和马克思主义理论研究(1966 年 6 月 26 日)》,吴子枫译,载《国外理论动态》2014 年第 1 期。

补记:借本次重印的机会,译者订正了一些排版上的错误和个别翻译上的欠妥之处。其中特别要指出的是把"教育的意识形态国家机器"和"教育机器"修改为"学校的意识形态国家机器"(Appareil Idéologique d'État Scolaire)和"学校机器"(Appareil Scolaire),因为(1)"scolaire"即便与"教育的"有关,也是指"学校教育的",从而与一般的"教育的"(éducatif)有区别;(2)无论是在"家庭""教会""军队",还是在其他机构,都存在"教育"(éducation, enseignement, formation, instruction)活动,资产阶级社会发明的不是"教育",而是现代"学校系统",而"学校的意识形态国家机器"就是阿尔都塞用以概括由各级学校构成的那个系统。

本书出版后,受到许多师友和无数读者的鼓励与支持,在此深表感谢。我尤其要感谢几位不认识的读者,他们把自己阅读过程中发现的印刷问题或翻译上有疑点的地方通过不同的方式告诉我,虽然其中大多数地方我之前已经注意到,但有个别地方如果不是他们指出来,我可能就遗漏了,所以感谢他们的无私"扫雷"工作,让我可以更全面地订正译稿。翻译难以达到完美,但认真的读者永远是我追求完美的动力。

2020 年 5 月 12 日

著作权合同登记号:陕版出图字 25-2012-222

图书在版编目(CIP)数据

论再生产/(法)路易·阿尔都塞著;吴子枫译.—西安:西北大学出版社,2019.7(2025.3重印)
ISBN 978-7-5604-4396-6

I. ①论… II. ①路… ②吴… III. ①马克思主义—政治哲学—研究 IV. ①A811.64

中国版本图书馆 CIP 数据核字(2019)第 143177 号

论再生产

[法]路易·阿尔都塞 著
吴子枫 译

出版发行:	西北大学出版社
地　　址:	西安市太白北路 229 号
邮　　编:	710069
电　　话:	029-88302590
经　　销:	全国新华书店
印　　装:	陕西博文印务有限责任公司
开　　本:	889 毫米×1194 毫米　1/32
印　　张:	18.875
字　　数:	400 千
版　　次:	2019 年 7 月第 1 版　2025 年 3 月第 7 次印刷
书　　号:	ISBN 978-7-5604-4396-6
定　　价:	138.00 元

本版图书如有印装质量问题,请拨打电话 029-88302966 予以调换。

Sur la reproduction
By Louis Althusser
Copyright © Presses Universitaires de France 2011.
Chinese simplified translation copyright © 2019
By Northwest University Press Co. , Ltd.
ALL RIGHTS RESERVED

精神译丛（加*者为已出品种）

第一辑

*从莱布尼茨出发的逻辑学的形而上学始基	海德格尔
*德国观念论与当前哲学的困境	海德格尔
*正常与病态	康吉莱姆
*孟德斯鸠：政治与历史	阿尔都塞
*论再生产	阿尔都塞
*斯宾诺莎与政治	巴利巴尔
*词语的肉身：书写的政治	朗西埃
*歧义：政治与哲学	朗西埃
*例外状态（重译本）	阿甘本
*来临中的共同体	阿甘本

第二辑

*海德格尔——贫困时代的思想家	洛维特
*政治与历史：从马基雅维利到马克思	阿尔都塞
*怎么办？	阿尔都塞
*赠予死亡	德里达
*恶的透明性：关于诸多极端现象的随笔	鲍德里亚
*权利的时代	博比奥
*民主的未来	博比奥
帝国与民族：1985—2005年重要作品	查特吉
*政治社会的世系：后殖民民主研究	查特吉
*民族与美学	柄谷行人

第三辑

*哲学史:从托马斯·阿奎那到康德	海德格尔
布莱希特论集	本雅明
*论拉辛	巴尔特
马基雅维利的孤独	阿尔都塞
写给非哲学家的哲学入门	阿尔都塞
*康德的批判哲学	德勒兹
*无知的教师:智力解放五讲	朗西埃
*野蛮的反常:巴鲁赫·斯宾诺莎那里的权力与力量	奈格里
*狄俄尼索斯的劳动:对国家—形式的批判	哈特 奈格里
免疫体:对生命的保护与否定	埃斯波西托

第四辑

*古代哲学的基本概念	海德格尔
黑格尔《精神现象学》的发生与结构(上卷)	伊波利特
卢梭讲稿	阿尔都塞
*野兽与主权者(第一卷)	德里达
*野兽与主权者(第二卷)	德里达
*黑格尔或斯宾诺莎	马舍雷
第三人称:生命政治与非人哲学	埃斯波西托
二:政治神学机制与思想的位置	埃斯波西托
领导权与社会主义战略:走向激进的民主政治	拉克劳 穆夫
德勒兹:哲学学徒期	哈特

第五辑

*基督教的绝对性与宗教史	特洛尔奇
黑格尔《精神现象学》的发生与结构（下卷）	伊波利特
哲学与政治文集（第一卷）	阿尔都塞
*疯癫，语言，文学	福柯
*与斯宾诺莎同行：斯宾诺莎主义学说及其历史研究	马舍雷
事物的自然：斯宾诺莎《伦理学》第一部分导读	马舍雷
*感性生活：斯宾诺莎《伦理学》第三部分导读	马舍雷
拉帕里斯的真理：语言学、符号学与哲学	佩舍
速度与政治：论竞速学	维利里奥
潜能政治学：意大利当代思想	维尔诺 哈特（编）

第六辑

生命科学史中的意识形态与合理性	康吉莱姆
哲学与政治文集（第二卷）	阿尔都塞
心灵的现实性：斯宾诺莎《伦理学》第二部分导读	马舍雷
人的状况：斯宾诺莎《伦理学》第四部分导读	马舍雷
帕斯卡尔和波-罗亚尔	马兰
非哲学原理	拉吕埃勒
*连线大脑里的黑格尔	齐泽克
性与失败的绝对	齐泽克
*探究（一）	柄谷行人
*探究（二）	柄谷行人

第七辑

论批判理论：霍克海默文集（一）	霍克海默
*美学与政治	阿多诺 本雅明等
历史论集	阿尔都塞
斯宾诺莎哲学中的个体与共同体	马特龙
解放之途：斯宾诺莎《伦理学》第五部分导读	马舍雷
黑格尔与卡尔·施米特：在思辨与实证之间的政治	科维纲
十九世纪爱尔兰的学者和反叛者	伊格尔顿
炼狱中的哈姆雷特	格林布拉特
*活力物质："物"的政治生态学	本内特
葛兰西时刻：哲学、领导权与马克思主义	托马斯

第八辑

论哲学史：霍克海默文集（二）	霍克海默
哲学和科学家的自发哲学（1967）	阿尔都塞
模型的概念	巴迪乌
文学生产理论	马舍雷
马克思1845：《关于费尔巴哈的提纲》解读	马舍雷
艺术的历程·遥远的自由：论契诃夫	朗西埃
狱中札记（第一卷，笔记本Ⅰ—Ⅴ）	葛兰西
第一哲学，最后的哲学：形而上学与科学之间的西方知识	阿甘本
谢林之后的诸自然哲学	格兰特
摹仿，表现，构成：阿多诺《美学理论》研讨班	詹姆逊